JN161473

変動期における投票行動の全国的・時系列的調査研究（JES Ⅳ）

平野　浩

有権者の選択

日本における政党政治と
代表制民主主義の行方

木鐸社

目　次

序章　なぜ「政党政治」と「代表制民主主義」なのか……………………8
　　1　はじめに　(8)
　　2　分析対象とするデータ　(12)

第一部　選択の主体：ミリュー概念から見た有権者像……………15

第1章　ミリューの析出…………………………………………………19
　　1　はじめに　(19)
　　2　ミリュー析出に用いる変数　(19)
　　3　2次的因子分析による因子得点の算出　(32)
　　4　クラスター分析によるミリューの析出　(35)
　　5　まとめ　(41)

第2章　ミリューと政治意識・政治行動………………………………44
　　1　はじめに　(44)
　　2　各ミリューの党派的志向　(44)
　　3　各ミリューの政治意識・政治行動　(50)
　　4　考察とまとめ　(60)

第3章　2大政党間での投票移動と政治的ミリュー…………………70
　　1　はじめに　(70)
　　2　2005年衆院選から2009年衆院選にかけての投票移動　(72)
　　3　2009年衆院選から2010年参院選にかけての投票移動　(75)
　　4　3回の選挙を通じた投票移動　(78)
　　5　まとめ　(81)

補論1　政権交代前後におけるイデオロギーの構造変容……………83
　　1　はじめに　(83)
　　2　イデオロギー構造の変化　(84)
　　3　四つのイデオロギー次元と保革自己イメージ　(87)
　　4　まとめ　(88)

第二部　選択の対象：政党間競争と有権者……………………89

第4章　政策を媒介とした政党－有権者関係……………………92
1　はじめに　(92)
2　「政策がすぐれた政党」の認知と支持政党・投票政党　(92)
3　争点態度の構造と各党支持者の政策位置　(95)
4　支持政党別に見た各党の政策位置の認知　(104)
5　2大政党への支持・投票と政策選好　(116)
6　まとめ　(123)

第5章　職業利益を媒介とした政党－有権者関係……………………127
1　はじめに　(127)
2　職業的属性と支持政党　(128)
3　職業利益代表政党に関する認知　(132)
4　回答者自身の職業カテゴリーと職業利益代表政党の認知　(141)
5　職業利益代表政党の認知と2大政党への支持　(144)
6　まとめ　(146)

第6章　選挙活動を媒介とした政党－有権者関係……………………148
1　はじめに　(148)
2　働きかけのパターン　(148)
3　働きかけを受けた政党と支持政党・投票政党　(154)
4　自民・民主両党からの働きかけと投票行動　(160)
5　まとめ　(163)

第三部　選択の意味：有権者は何を選択しているのか…………165

第7章　党派的対立軸の構造……………………168
1　はじめに　(168)
2　分析の方法　(168)
3　主観的な党派的対立軸　(171)
4　世代別に見た党派的対立軸の構造　(174)

5　まとめ　(177)

第8章　党派的態度と政党選択 …………………………………179
　　1　はじめに　(179)
　　2　党派的選好変数の作成　(179)
　　3　党派的選好と政策・価値・イデオロギー的選好の関連　(181)
　　4　感情温度差の説明モデル　(204)
　　5　感情温度差と投票行動　(215)
　　6　まとめ　(219)

第9章　2大政党間の選択の意味 …………………………………221
　　1　はじめに　(221)
　　2　感情温度差の規定要因　(221)
　　3　感情温度差と投票行動　(225)
　　4　まとめ　(229)

補論2　世代と政治的記憶 …………………………………………231
　　1　はじめに　(231)
　　2　政治的記憶の測定　(231)
　　3　政治的記憶の内容　(232)
　　4　回答者の属性と政治的記憶　(233)
　　5　「概念」レベルにおける記憶の構造　(235)
　　6　党派的態度と記憶　(235)
　　7　政治意識と記憶　(238)
　　8　まとめ　(240)

終章　日本における「政党政治」と「代表制民主主義」の行方 …………241
　　1　本書で得られた知見　(241)
　　2　今後の日本における政党政治と代表制民主主義　(245)
　　3　暫定的結論　(251)

補論3　業績投票と合意争点型政治 ………………………………252
　　1　はじめに　(252)

2　政権交代期における業績投票　（252）
　3　政権交代期における経済投票　（258）
　4　合意争点型政治の投票行動モデル　（265）
　5　まとめ　（268）

付録 …………………………………………………………269

参考文献 ……………………………………………………273

あとがき ……………………………………………………279

索引 …………………………………………………………280

有権者の選択

日本における政党政治と
代表制民主主義の行方

序章
なぜ「政党政治」と「代表制民主主義」なのか

1 はじめに

　今日の日本は，政党政治を媒介とする代表制民主主義の国である。本書は「有権者の選択」という視点から日本における政党政治と代表制民主主義に関する考察を行おうとするものである。

　代表制民主主義は，有権者が自らの代表を，主に選挙というメカニズムを通じて選択するプロセスに基礎を置く。であるならば，ある国の有権者が「どのような理由で」，「何を／誰を」選んでいるのかが，その国の民主主義の特徴を最も端的に示していると言えるのではないか。周知の通り，郵政民営化が最大の争点であった2005年衆院選では，小泉首相率いる自民党が大勝し，4年後の2009年衆院選では政権交代を掲げる民主党が大勝，「選挙による政権交代」が実現するも，さらに3年後の2012年衆院選では再び自民党が大勝し，政権は自民党に戻った。では，これらの選挙で有権者は一体何を選択したのだろうか。これは日本の民主主義の本質に関わる問いである。

　他方，ある国の政治が政党政治であるということは，何らかの意味で有権者との繋がりを持った複数の政党が，政策的な対立やパフォーマンスの優劣をめぐって競争し，選挙での票の獲得を通じて政権の獲得（あるいは政権への参画）を目指す政治であると言えるだろう。であるならば，政党間の競争／対立の構図，そしてそれぞれの政党が何を有権者にアピールし，支持の調達を目指すのかに，その国の政党政治の本質が表れていよう。

　もちろん，すべての有権者が同じ一つの理想的な政治や社会を望んでいるわけではない。むしろ，こうした理想における対立こそが政治の存在理由だとも言える。であるならば，「どのような有権者が」，「何を望み／目的として」，「どのような政党／候補者を選択しているのか」が，その国における政党政治と代表制民主主義の中心点と言えよう。

しかし，今日の日本においては，こうした「有権者の選択」を結節点とした政党政治と代表制民主主義のプロセスが十全に機能していないのではないか，というのが本書の基底にある問いである1。

　この問いの背景には次のような問題関心がある。今日の日本政治におけるヴォラティリティ（volatility）の亢進である。先述のとおり2005年，2009年，2012年と3回の衆院選では大勝と大敗が繰り返され，またそれらに挟まれた2007年，2010年の参院選では直近の衆院選で大勝した与党が敗北する——それにより「ねじれ」国会が生じる——といったように，選挙結果は大きく揺れ動く2。また内閣支持率を見ても，小泉内閣の後を継いだ（第一次）安倍内閣以降，成立直後の高支持率がほどなく急落し，内閣自体も短期間で交代するという不安定なパターンが続いた。

　その根底には，日本における有権者と政党との関係のあり方——言い換えれば政党支持の意味——の問題が存在しているのではないか。欧米諸国においては，本来，政党支持とは単なる政党に対する「評価」や「好き嫌い」，あるいは「心情的に応援している」といったものではなく，「自分たちを代表す

1　筆者の視点とはやや異なるが，やはり有権者の選択という視点から現代の日本における民主主義の機能不全について論じたものとして小林（2008），Kobayashi（2010）を参照。他方，戦後日本における世論に対する政策的応答性の一定の存在を論じたものとして大村（2012）も参照。また1990年代以降の日本の政党政治の特質を，「参加デモクラシー」と「競争デモクラシー」（さらにその下位類型としての「エリート競争型デモクラシー」と「市場競争型デモクラシー」といった民主主義類型論と関連付けた論考として中北（2012）も参照。

2　もちろん，衆院選の結果におけるヴォラティリティは，小選挙区を中心とした選挙制度によって増幅されている部分がある。しかし，下の表に示す通り，これら3回の選挙における上位2政党の得票率（2012年選挙の比例代表においては日本維新の会が第2党となったため，同党についても示してある）を見ても，やはり選挙間での変動は小さくない。

表序注－1　上位2政党の得票率と議席率

	2005年		2009年		2012年		
	自民党	民主党	自民党	民主党	自民党	民主党	維新
小選挙区得票率	47.8	36.4	38.7	47.4	43.0	22.8	11.6
小選挙区議席率	73.0	17.3	21.3	73.7	79.0	9.0	4.7
比例代表得票率	38.2	31.2	26.7	42.4	27.6	16.0	20.4
比例代表議席率	42.8	33.9	30.6	48.3	31.7	16.7	22.2
全体議席率	61.7	23.5	24.8	64.2	61.3	11.9	11.3

る党」といった意識や「自分は〇〇という党派の一員だ」といった感覚を基にした，政治・社会意識の基底をなす，長期的な態度を意味するものである。しかし，今日の日本においては，一般的に政党支持がこのような強固な社会的および心理的基盤を持つものとは考えられてはいない[3]。逆に政党支持無し率の高さ，支持強度の弱さや流動性の高さ（三宅，1998），政党支持の意味の希薄さ（すなわち，一部の有権者にとっては直近の選挙における投票政党名以上の意味を持たない）（前田，2004），特定の支持政党を持たずにその時々の政党選好を表明する「そのつど支持」の広がり（松本，2006），などが日本における政党支持の特徴として指摘されてきた。

その一方で，小選挙区比例代表並立制という小選挙区を主体とする選挙制度は，本書が直接的な分析の対象とする2000年代の後半には，その効果によって，（少なくとも外見的には）2大政党的なプラットフォームを有権者に提供し，有権者はこのプラットフォーム上で選択を行わなくてはならなくなった[4]。では，有権者は一体何を選んでいたのだろうか。

たとえば，有権者の主観的世界における党派間の対立の構図の中に，「自民対民主」という対立軸がそもそも存在していたのか。仮に存在していたとしても，それを有権者が日本の政党政治を見る上で，最もセイリエントな対立軸として認知していたのか。いずれにしても有権者は，そうした2大政党制的なプラットフォームの上で，何を基準に選択していたのだろうか。

政権選択の選択肢（ないしは受け皿）として，とにかく二つの大きな陣営が存在しているということ自体に大きな意味を認めるという考え方もあるだろう。筆者もその意味を否定するものではない。しかし，例えば大統領制の国において，選挙の大きな意味が，その国における様々な対立の構図に明確な形を与え，これを提示する契機となることにあるといった場合とは異なり，日本のような議院内閣制の国においては，その選択に，個々の政党の存立基

---

3 日本における社会構造と政党システムの結びつきの弱さ，およびその裏返しとしての「文化政治」（cultural politics）的な対立軸の優位については平野（2007, 2011a）も参照。また谷口（2012）はやや異なる視点からではあるが，日本における政党支持概念をその歴史的来歴をも含めて詳細に考察した上で，この概念自体の解体を提唱している。谷口は，アメリカにおける政党帰属意識の日本における近似的な対応物として，「長期的党派性」（「長期的に見ると，自分は△△党寄りだ」といった意識に見られる党派性）の使用を推奨している。

4 並立制導入の効果については平野（2011c）も参照。

盤と密接な関連を持つ，政策的選択——個別具体的な，というよりは大枠としての，であるが——の意味がなければならないであろう。2大政党間の選択の意味が問われなければならない所以である。

　これらの点を念頭に，先述の日本における政党支持（の希薄さ）の問題をもう一度考えてみよう。日本における政党支持の不安定さ，「そのつど支持」の増大，選挙時以外は恒常的に高い支持無し率などの原因としてしばしば言及されるのは，政党や政治家，そして政治そのものに対する不信や不満，あるいは無関心などである[5]。しかし本書が問いたいのは，むしろ今日の日本において，そもそも有権者が政党を支持する何らかの理由があるのだろうか，ということである。言い換えれば，日本の有権者には，政治について考え，行動するにあたって，どのような政党をも「支持する」必要が無いのではないか，という疑いである。これを政党の側から見れば，個々の政党が有権者の（そして社会の）中に確固とした存立基盤や存在理由を持っていないのではないか，ということである。

　以上のように，本書の射程は狭義の選挙研究，投票行動研究の範囲を超えたところを目指している。ただし，本書の主たる内容は，選挙世論調査データの実証的な分析である。本来であれば，上記のような大きなテーマに取り組むには，より広範な理論的・方法論的なアプローチを総動員しなければならないであろう。しかし，現在の筆者に課された使命は，まず自分にとって最も自由に使えるデータとアプローチによって，この大きな問題に挑むことである。

　以下，本書は，まず第一部において，そもそも「選択の主体」である「日本の有権者」とはどのような人たちなのかについて考察する。もとより，日本の有権者は単一の特質を持った同質的な集団ではない。むしろ，それぞれが比較的類似した特徴を備えた人々から成る複数のグループからできあがっていると考えるべきであろう。そして各グループ内では，それぞれに特徴的な政治意識や政治行動のパターンが見られると予想される。本書ではこれを「ミリュー」（milieu）という概念で捉え，各ミリュー・グループの分析を通じて，有権者の実態に迫ってみたい。

　次いで第二部では，こうした「選択の主体」としての有権者と政党との関

5　ただし，支持無し層の多くが決して政治的に無関心ではないことは，田中愛治が「積極的無党派層」の概念を用いてつとに論じている（例えば田中，1997）。

係を，(1)政策を媒介とした関係，(2)職業的利益を媒介とした関係，(3)選挙活動を始めとする政治的な働きかけを媒介とした関係，という三つの側面から考察し，日本の政党が有権者の中にどのような形で根を下ろしているのか，あるいはいないのかについて明らかにしていきたい。

最後の第三部では，有権者の目から見た政党間競争の構造を分析し，その構造の中で彼ら／彼女らが自分たちの投票行動を通じて何を選択しているのか――「選択の意味」――を明らかにした上で，終章において，本書で得られた知見をもとに日本の政党政治と代表制民主主義の現状とその将来についての全般的な検討を行いたい。

2 分析対象とするデータ

本書における分析は，主としてJES Ⅳ調査によって得られたデータに基づくものである。この調査は文部科学省／日本学術振興会科学研究費特別推進研究（平成19－23年度）「変動期における投票行動の全国的・時系列的調査研究」（研究代表者：平野浩，研究分担者：小林良彰，池田謙一，山田真裕）の一環として行われたもので，2007年参院選後調査から2011年政治意識調査に至る前後7回に及ぶパネル調査である[6]。また，時系列的な比較を行う目的で，JES Ⅳプロジェクトの先行プロジェクトであるJES Ⅲプロジェクトの調査データ（特に2005年衆院選前後調査）も適宜利用した[7]。

従って，本書の分析における時間的なパースペクティヴは民主党政権下の2011年までであって，再び自民党に政権を戻した2012年衆院選やその後の2013年参院選における有権者の選択については，直接的には分析の対象となってはいない。しかし分析結果の解釈や，日本の政党政治，代表制民主主義の今後に関する考察においては，当然のことながらこれらの選挙の結果をも

---

6 調査の概要については本章補遺を参照。

7 JES Ⅲ調査は，文部科学省科学研究費特別推進研究（平成13－17年度）「21世紀初頭の投票行動の全国的・時系列的調査研究」（研究代表者：池田謙一，研究分担者：小林良彰，平野浩）の一環として行われたもので，小泉内閣下で行われた4回の国政選挙，すなわち2001年参院選，2003年衆院選，2004年参院選，2005年衆院選のそれぞれ選挙前と選挙後，それに2003年統一地方選時を含めた前後9回に及ぶパネル調査である。このうち2001年参院選の選挙後調査が電話調査，2003年統一地方選調査が郵送調査である以外はすべて面接調査である。調査の詳細については池田（2007）を参照。

念頭に置いたものとなろう。

補遺：JES Ⅳ調査の概要

(1) 第1波：2007年参院選事後調査

　全国の満20歳以上の男女から層化2段無作為抽出法により抽出した3000人を対象として，面接法により実施した。ただし，実際には正規対象者が転居，住所不明，調査期間中不在の場合に使用する予備対象者705名が調査対象に加えられた。調査期間は2007年9月15日～10月1日，有効回答者数は1673人であった。なお，同調査時には，JES Ⅲ調査における7回の面接調査の全てに回答した者523人に対しても，面接調査と同一の質問による郵送調査を実施したが（有効回答者数は295人），このデータは本書では分析の対象とはしていない。

(2) 第2波：2009年衆院選事前調査

　第1波調査の完了者1673人から以後の調査に対する協力拒否のあった24人を除いた1649人に，新規補充サンプル1351人を加えた3000人の正規対象者，および予備対象者330人に対して，面接法により実施した。調査期間は2009年8月19日～8月29日，有効回答者数は1858人であった。

(3) 第3波：2009年衆院選事後調査

　第2波調査の完了者1858人から，以後の調査への協力拒否のあった92人を除いた1766人に，第2波調査で不能であった者434人，および新たに対象とした予備サンプル6人を加えた2206人に対して面接法により実施した。調査期間は2009年9月1日～9月23日，有効回答者数は1684人であった。

(4) 第4波：2010年政治意識調査

　第2波および第3波調査の少なくとも一方の完了者1962人から以後の調査に対する協力拒否のあった者を除いた1782人に，新規補充サンプル1218人を加えた3000人を対象者とした。新規対象者の抽出に当たっては，継続対象者における年齢層の偏りを補正するため，JES Ⅲ第4波調査（2004年参院選調査）におけるサンプル補充の例に倣い，調査対象者を20～39歳，40歳～59歳，60歳以上の三つの層に分け，それぞれの層の対象者数が母集団比率にできるだけ近くなるように抽出を行った。この調査は非選挙時の政治意識調査として郵送法により実施され，継続対象者に対しては対象者の負担も考慮して基本調査項目のみの短縮版が用いられた。調査期間は2010年1月20日～2月17日，有効回答者数は，継続対象者1400人，新規対象者440人であった。

⑸ 第5波：2010年参院選事前調査

　第4波調査の対象者3000人のうち，以後の調査に対する協力拒否のあった89人に関して新たに補充を行った正規対象者3000人と，予備対象者184人に対して，面接法により実施した。調査期間は2010年6月30日～7月10日，有効回答者数は1767人であった。

⑹ 第6波：2010年参院選事後調査

　第5波調査の完了者1767人から以後の調査への協力拒否のあった43人を除いた1724人に，第5波調査で不能であった者352人を加えた2076人を対象者として，面接法により実施した。調査期間は2010年7月12日～8月4日，有効回答者数は1707人であった。

⑺ 第7波：2011年政治意識調査

　第5波および第6波の少なくとも一方の完了者1856人から以後の調査に対する協力拒否のあった53人を除いた1803人に，新規補充サンプル1197人を加えた3000人を対象者とした。新規対象者の抽出に当たっては，継続対象者の年齢層の偏りを補正するため，上記第4波調査におけるサンプル補充と同様に，調査対象者を20～39歳，40歳～59歳，60歳以上の三つの層に分け，それぞれの層の対象者数が母集団比率にできるだけ近くなるように抽出を行った。この調査も非選挙時の政治意識調査として郵送法により実施された。調査期間は2011年11月16日～12月9日，有効回答者数は1658人であった。なお，同調査時には，同一の質問項目によるインターネット調査（パネル対象者とは全く独立した20歳～69歳の男女対象者に対するもので，有効回答者数4355人）も実施したが，本書では分析対象とはしない。

　以上，前後7回のパネル調査（第1波の郵送調査，第7波のインターネット調査を除く）に少なくとも1回は回答した対象者は3639人，7回のすべてに回答した対象者は495人であった。

第一部

選択の主体：
ミリュー概念から見た有権者像

序章で述べた通り，今日の日本における政党政治と代表制民主主義の問題点を考える場合，政党と有権者の関係のあり方について改めて検討することが不可欠である。

Crouch (2004) は，*Post-Democracy* と題されたその著書において，西欧・北米では20世紀半ばにデモクラシー期——フォーディズム的生産・消費システムとケインズ主義的経済政策の下で，多かれ少なかれ労働者階級の政治的影響力が増大し，また一定の政治参加レベルが保たれる——を迎えた後，その危機，すなわちポスト・デモクラシー期に直面しているとする。彼によれば，デモクラシー期に見られた活力ある資本主義，すなわち一方における富裕エリート層と，他方における強力な労組，平等主義的価値観，ニューディール的福祉政策との創造的妥協は，1980年代以降，ケインズ主義的体制の行き詰まりと金融を中心とした世界規模での経済の自由化と流動化，アメリカにおいて典型的に見られる新自由主義的な価値観・政策とその結果としての格差拡大に取って代わられた。

よりマイクロな政治のプロセスに関しては，強大化したグローバル企業を始めとする強力な少数のグループが，その資源を利用した世論のコントロール等によって選挙に対して大きな影響力を持つとされる。人々の政治的アイデンティティの喪失，政治や政治家に対する不満や不信の高まりの中で，選挙の「個人化」が進む。これには，マス・コミュニケーションにおける商業モデルの進展（受け手の側から見れば，「市民」に対する「消費者」の勝利）も与るところ大である。そして争点の拡散により，左派政党は周辺化され，社会的基盤から切り離されたポスト・デモクラシー型の政党が優勢となるとされる。

もちろん，こうした議論を日本に当てはめようとした場合，そこにはいくつかの困難が生ずる。そもそも日本においては，ある程度強力な労働セクターを一方の主役とするような形での「デモクラシー期」を経験していない。仮に日本的な「デモクラシー期」が存在したとしても，それが富裕エリート層と労働勢力との間での「創造的妥協」によるものであったかどうかは疑わしい。むしろ，政府によって管理された市場における強者である大企業の経営・管理サイドと，「裁量的政策によるリスクの社会化」（山口，2004）によって保護された再分配依存セクターの両者をブリッジした，自民党一党優位体制の下での社会の平準化，という形での「デモクラシー」であったと見るべきであろう。そこでは，労働セクターや左派政党はあくまでも周辺的あるいは対抗的・抑止的な位置に留められていた。

しかし，その一方で，この「ポスト・デモクラシー論」には，経済のグローバル化を背景とした新自由主義的な政策の進展と，それに伴う社会的・経済的な変動の影響を大きく受けつつある今日の日本政治を分析する上で有効なアイディアも数多く含まれている[1]。その一つが，すでに指摘した社会と政党との乖離の問題である。

---

[1] 小泉内閣期後の日本の政治状況に関して「ポスト・デモクラシー」論の視点を交えて論じたものとして小川（2007）を参照。

Crouch は，社会－政党間の乖離を引き起こす社会の側の要因として，専門職，管理職，事務職，営業職，公務員や公的機関の職員など政治的に種々雑多な人々から成る「ミドル・マス」(middle mass) の増大を挙げている2。彼らは労働者階級と手を組むことに難色を示す一方，独自の政治姿勢や一貫した投票行動のスタイルを持たない。個人として利益団体や運動グループの活発なメンバーである場合もあるが，それらは政治的に広範囲に散らばっているために，政治体制に明確な実践的課題を突きつけるには至らないとされる。

言うまでもなく，こうした議論は日本においてもすでに存在している。村上 (1984) は，批判性と保身性という2面性を持った「新中間大衆」が，1980年代初頭における自民党政治の復調を支えていると考えていた。彼の議論に従えば，国民の極めて多くの部分が「新中間大衆」というアモルファスなカテゴリーに含まれることになる。

これらの議論に共通するのは，政治的レリヴァンスを持つ明確な社会的集団あるいは集団連合の解体ないしは不在という視点である。筆者も以前，1970年代から2005年にかけての有権者の職業的属性と支持政党・投票政党との関連を分析し，2000年代に入ってから自民党支持者集団（「55年連合」）の解体が——特に管理職層の離脱という形で——進んでいることを論じ（平野，2007），また2007年参院選時のデータを付け加えた分析から，全体として職業と支持政党との関連の希薄化が進んでいることを指摘した（平野，2008a）。

それでは，こうした政治的レリヴァンスを持つ社会集団の解体傾向あるいは不在状況は今後も続くのであろうか。この問題を検討するにあたっては，そもそも今日において政治的レリヴァンスを持つ社会集団ないしは社会的カテゴリーと言った場合に，どのようなものをイメージし得るかを考える必要がある。一つのアイディアは，「自分自身や家族が，様々な形で降りかかるリスクからどのような形で守られることを希望するのか」に関して態度を共有する人々の集団を考えることである。例えば1個人として守られたいのか，企業や業界あるいは地域社会や国家の一員として守られたいのか。また個別的な方法によって守られたいのか，普遍的な方法によって守られたいのか，等である3。この視点は，新自由主義的な政治・経済システムの下における社会の新たな階層化や「格差社会」の問題が注目される現在，一層大きな意味を持つであろう。

ただし，仮にこのような集団をイメージすることができたとしても，それは必ず

---

2 Crouch の "middle mass" に関しては，「中間大衆」といった訳語が当てられる場合もあるが，後述する村上 (1984) の「新中間大衆」概念などとの混同の恐れもあるため，本書では「ミドル・マス」という訳語に統一することとした。

3 山口 (2004) はこれを，「リスクの個人化－リスクの社会化」，「裁量的政策－普遍的政策」という二つの次元で簡潔に表現している。なお，こうしたリスクへの対応の問題に関してはベック (1986＝1998) も参照。

しも社会的に構造化され，特定のアイデンティティを共有する人々の集団ではなかろう。言い換えれば，学歴，職業，収入といった客観的な属性や，階級や階層といった区分のみによっては明確に定義できず，その一方で価値観，人間関係，ライフスタイルなどより幅広い特徴を共有した人々のグループを考える必要があろう。こうした人々のグループを呼ぶのに，ここでは「ミリュー」(milieu) という概念を用いたい。それは，この概念が客観的な社会－生活条件と主観的な内的態度，およびそれらの相互作用により構成された社会集団を指す（高橋，1998）という点で，上述のイメージに相応しいと考えられるためである[4]。

　もちろん，様々なミリュー・グループの析出が分析の第一義的な目的ではない。析出された各グループが持つ党派的・政策的な選好や，政治参加の態様における特徴を明らかにし，それが現代日本の政治のあり方に対して持つ意味を考察することが最終目的である。

　例えば Crouch は，彼の言うミドル・マス，特に下層ホワイトカラーについて，総じて反社会主義的でありながら，医療・年金を始めとする社会保障の強力な支持者でもあり，同時に教育を通じた競争的な社会的上昇に多大な関心を示し，特に民間セクターに属する人々は，公務員数の削減を求めながら公共サービスの質の向上も望んでいるとし，こうした政策選好が操作的な政治の格好の対象となると論じている。すなわち，人々の政策的要求は単純に拡散しているのではなく，相互に矛盾する内容を――ある一人の要求の中においても――多く含んでいる。さらに，ある一つの政策についてさえも，その提示方法（フレーム）や，それが置かれる文脈によって，人々は時に受容し時に拒否する。また，同じように提示された政策であっても，受け手が異なれば，それらは異なるストーリーの中に位置付けられるであろう。例えば同じ新自由主義的な改革路線の支持者でも，40代の大企業の上層ホワイトカラーと20代の非正規雇用労働者では，その改革が持つ物語的な意味は全く異なるに違いない。

4　ミリュー概念の歴史と内容，およびその現代日本政治分析へのインプリケーションについては，松谷他（2007），丸山（2007）を参照。特に前者は東京都民の政治意識と投票行動を実証的に分析したもので，投票行動研究におけるミリュー概念の適用可能性を示したものである。筆者も平野（2008a）において，JES Ⅲ 2005年衆院選調査データを用いて，日本の有権者を構成するミリュー・グループの析出およびそれら各グループの政策選好と政治参加に関する分析を試みた。本セクションの記述および以下の章におけるミリューの析出方法に関しては，この論文およびその改訂版である Hirano (2010) に多くを負っている。

第1章

ミリューの析出

1 はじめに

　本章ではまずミリュー・グループの析出を行い，各グループの基本的な属性や性格に関する特徴を確認する。分析には，2009年衆院選の前後2回に渡って行われた面接調査データを用いる。ミリューの析出を行う際には，できる限り広範な属性や意識・行動に着目してこれを行うことが望ましいが，そのためには選挙の前後2回に渡る面接調査のデータを用いるのが適切である。JES Ⅳプロジェクトにおいては，2009年衆院選時と2010年参院選時にこうした前後2回の調査を実施したが，2009年衆院選が歴史的な政権交代選挙であったこと，この2009年に析出された各ミリューに属する有権者が続く2010年参院選時にどのような投票行動を取ったかを明らかにすることが興味深いテーマの一つであることから，2009年調査のデータを用いてミリューの析出を行うこととした。

　以下，第2節において，ミリュー析出のために使用した変数について概観し，次いで第3節において実際にミリューの析出を行い，最後に第4節において各ミリューの特徴について考察し，それぞれのミリューが持つ性格を明らかにしたい。

2 ミリュー析出に用いる変数

　具体的な変数の説明に入る前に，変数選択に関する基本的な考え方を示しておきたい。ミリューの析出に関しては，基本的な価値観，社会・経済・生

活意識といった主観的変数および社会的なネットワーク・人間関係や団体加入といった客観的変数を用いた。ただし，政党支持や投票行動に代表されるような党派的な態度や行動，政策的・イデオロギー的な選好等は，ここに含めなかった。理由は，これらの変数を含めてミリュー・グループの析出を行った場合，初めから党派的な特徴を持つグループが析出されることが予想され，分析の本来の目的である，より一般的な意味での社会意識や社会関係を同じくする人々がどのような党派的態度や政策選好を持つに至るかを考察するのに適切ではないからである。析出されたミリュー・グループと党派的態度，政策選好との関連は，次章以降において事後的に分析の対象となる。また，性別，年齢，職業，学歴といった基本的な属性もミリュー析出のための変数には含めなかった。これらの変数も，社会意識や社会関係に基づくミリュー・グループの析出後，各グループのデモグラフィックな特性を事後的に考察する際に用いるためである（本章の後半で行われる）。

　これらの点を確認した上で，ミリュー析出に用いた変数を以下に示そう。これらの変数は，理論的，内容的な観点からいくつかのグループに分けられるため，それぞれのグループごとに説明することとしたい。

(1) 権威主義的態度

　広義の権威主義的態度は，戦後の日本政治を特徴付ける cultural politics (Watanuki, 1967)，すなわち「保守」対「革新」を基本的な対立軸とする政治構造の中で，有権者の「保革間の選好」に最も大きな影響を与える要因であると考えられてきた。より具体的には，権威への服従と集団への同調が，こうした権威主義的態度の二つの重要な要素とされてきたが[1]，本書では，より最近の権威主義的態度研究の成果に準拠した理論的な枠組に基づき分析を行いたい。

　今日，権威主義はパーソナリティや態度における単一のユニークな特性なのではなく，相対的に独立した複数の次元からなるものだと考えられるようになってきた。中でも特に重要とされるのが，「保守的権威主義」(Right-Wing Authoritarianism = RWA) (Altemeyer, 1996) と「社会的支配志向」(Social Dominance Orientation = SDO) (Sidanius & Pratto, 1999) の2次元である[2]。

  1　これらの点に関する概括的な解説として，蒲島・竹中（2012，第3章）を参照。
  2　RWA は直訳すれば「右翼的権威主義」となるが，今日の世界において，伝統的な

前者は伝統的価値や伝統的権威への服従を重んじ，それらを危険にさらす人物や行動に対してはこれを抑圧しようとする傾向であり，後者は，強者と弱者，勝者と敗者，上位者と下位者といった社会的な優劣の関係を当然視し，またこうした関係を生み出すようなプロセスを肯定的に捉える傾向である。そしてこれらは，例えばマイノリティに対する差別的・抑圧的行動などに対して相互に独立的かつ補完的な影響を及ぼすとされる[3]。確かに，このような二つの独立した次元から権威主義的態度を見直すことには今日的な意味があるように思われる。すなわち，競争による格差の拡大を良しとする態度は伝統的な権威の軽視と表裏一体である場合も多いであろうし，伝統的な共同体的価値の擁護は格差の拡大に反発する態度と親和的であると考えられるからである。

そこで，ここではまず権威主義的態度に関連した五つの質問項目について因子分析を行い[4]，これらの次元に対応する因子が抽出されるかどうかを見たところ，表1-1のような結果となった[5]。

表1-1　権威主義に関する因子分析の結果

	I	II	III
しきたりを破る者には厳しい制裁	.84	.02	.00
下の者に威厳をもって接する	.72	.19	.16
男女別々の学校に通わせる	−.02	.85	.01
どんなことでも親に従う	.24	.74	.04
力の差があるのは当然	.11	.03	.99
寄与率（％）	26.1	26.0	20.1

注：主成分法，バリマックス回転後の負荷量。

　　価値・権威への態度と，政治的立場としての「右－左」とを直接的に結びつけるのは適切ではないと考えたため，本書ではこれを「保守的権威主義」と訳すことにした（もちろん，この場合でも「保守的」という言葉が特定の保守主義的な思想を指しているわけではない）。同様な訳語を採っているものとしては，高・雨宮（2011）がある。
3　これら二つの次元の相互関係や行動に対する補完的影響力などについてはAltemeyer (1998)を参照。また日本における最近の実証的研究については保坂（2003）も参照されたい。
4　以下，本章での分析に用いられた質問項目の詳細については，原則として巻末の付録を参照。権威主義的態度に関わる五つの質問は，付録1-①〜⑤である。なお，本文(1)〜(3)の質問項目に関しては，分析対象となるケース数の減少を避けるため，DK/NA回答には尺度の中間的な値（5段階尺度の場合は3番目の値，4段階尺度の場合には2番目と3番目の値の中間値）を与えることにした。
5　上位3因子の初期の固有値は1.70, 1.05, 0.86であり，固有値1以上の基準では2因子解が選ばれることになるが，以下に見る通り3因子解が最も解釈しやすい結果を示したため，これを採用することとした。なお，1995年（JES II），2001年，2003年，2005年（JES III），2007年（JES IV）の5回の調査データを用い，ここでの分析

これは，保守的権威主義が第Ⅰ因子（本来の権威主義的態度）と第Ⅱ因子（伝統的価値の尊重）に分かれ，社会的支配志向が第Ⅲ因子を形成していると見做すことができる。そこで以下，第Ⅰ因子を「保守的権威主義」因子，第Ⅱ因子を「伝統的価値」因子，第Ⅲ因子を「社会的支配志向」因子と呼び，これら3因子の因子得点を後述のミリュー析出のための分析に用いることとする。

(2) 信頼とリスク選好

他者への一般的信頼や互酬性の規範は，社会的ネットワークと並んで，社会関係資本（social capital）の主要な構成要素とされ，そこから更に政治参加や政治的信頼の促進要因であると考えられてきた（Putnam, 1993, 2000）。他方，一般的信頼感は，他者の信頼性を判断する能力と表裏一体であることを通じて，「安心」に基づく狭いコミットメント関係から人々を解き放ち，敢えてリスクを取る積極的な選択に導くものであるとも言われている（山岸，1998）[6]。

そこで，信頼およびリスク選好に関する八つの質問項目について因子分析を行い，その構造を見たものが表1－2である[7]。

この結果を見ると，第Ⅰ因子は互酬性の規範に関する因子（「互酬性」），第Ⅱ因子は一般的な信頼感に関する因子（「一般的信頼」），第Ⅲ因子はリスク（尺度の方向としてはリスクの回避）に関する因子（「リスク回避」）であると解釈できる[8]。そこで，これら3因子の因子得点もミリュー析出のために用

と同じ5項目に「心の豊かさか物質的な豊かさか」という質問を加えた六つの項目に関して同様の因子分析を行った平野（2012）では，2因子解を採用したため，ここでの第Ⅰ因子と第Ⅲ因子が融合した「支配志向」因子と，第Ⅱ因子に「「心の豊かさか物質的な豊かさか」が加わった「伝統・物質主義」因子からなる構造という解釈を取った。より純粋なSDO因子を抽出するためには，本書のような3因子解の方が適切であると考える。

6 日本において，リスクへの選好と選挙行動との関連を分析した文献は多くないが，最近における一つの試みとして飯田（2013a, 2013b）を参照。

7 これら8項目は，付録1－⑥～⑪および2－①～②である。

8 第Ⅲ因子を見ると，「自分は信頼できる人と信頼できない人を見分ける自信がある」がマイナスに負荷しており，他者の信頼性の判断に関する自信の無さがリスク回避的な態度に関連していることが分かる。ただし，この因子に対して一般的な信頼感はほとんど負荷しておらず，一般的信頼がリスクの選好に繋がることを直接的

表1－2　信頼とリスク選好に関する因子分析の結果

	I	II	III
直接の感謝やお礼を期待できなくても人には親切にする	.82	.11	.08
誰かに助けてもらったら自分もまた他の誰かを助ける	.80	.17	.02
人に親切にすると，めぐりめぐって自分にいいことがある	.64	.05	−.03
ほとんどの人は信頼できる	−.01	.87	−.02
たいていの人は人から信頼された場合，相手を信頼する	.25	.77	.07
信頼できる人と信頼できない人を見分ける自信がある	.26	.31	−.30
新しい世界を拡げるよりも確実な一歩	−.10	.09	.78
利回りよりも安全性	.21	−.06	.72
寄与率（％）	23.8	18.8	15.2

注：主成分法，バリマックス回転後の負荷量。

いることとした。

(3) 社会意識と価値観

次に，以上の(1)，(2)以外の広義の社会意識（非党派的な政治意識，経済意識，生活意識等を含む）および価値観に関する45の質問項目について因子分析を行ったところ，固有値1以上の因子が12抽出された[9]。各因子への負荷の大きな項目は表1－3に示す通りである[10]。各因子の意味は以下のように明確に解釈できたため，これら12因子の因子得点もミリュー析出のために用いることとした。

①社会との関わり　　第I因子は，社会的な出来事が自分自身の生活にどれだけ関わりを持っているか，翻って，人々は社会についてどれだけ関心を持ち，働きかけて行くべきかについての意識の因子である。社会的な出来事と自分の生活との関わりを大きいものと認識し，社会に関心を持ち働きかけていくべきと考える者とそうでない者を分ける軸となる。

②疎外感とシニシズム　　第II因子は，「自分は社会に入れられない」といった疎外感や，「正直者は損をする，結局は学歴や金」といったシニシズムに関する意識の次元である。回答者はこの軸に沿って，強い疎外感とシニシズムを抱く者とそうでない者に分けられる[11]。

　　に示す結果とはなっていない。
9　これら45項目は，付録1－⑫〜㉙，2－③〜⑪，3－①〜⑰，4である。
10　原則として，各項目とも（絶対値で）最も大きく負荷している因子の欄に表示されている。ただし，複数の因子に跨って比較的大きな負荷を示した項目については，それらいずれの因子の欄にも表示してある。

表1-3 社会意識と価値観に関する因子分析の結果

Ⅰ 社会との関わり		Ⅶ 政治的無効感	
世の中の出来事はつきつめれば自分に影響してくる	.80	政治はあまりに複雑なので自分にはよく理解できないことがある	.7
社会で起こっていることは,多かれ少なかれ自分に関係している	.78	自分には政府のすることに対して,それを左右する力はない	.6
世の中の出来事が自分の暮らしに多大な影響を及ぼす	.77	国会議員は当選したらすぐ国民のことを考えなくなる	.5
ひとりひとりが社会について考えていくべき	.73		
自分の生活だけでなく社会のことにも関心を持つべき	.72		
社会に対して自分から積極的に働きかけるべき	.72		
ニュースで見る出来事と自分の生活とのあいだには深い関係がある	.69		
能力や性格の違う人たちが協力することで社会が成り立っている	.67		
Ⅱ 疎外感とシニシズム		Ⅷ 国際的開放性	
自分の言いたい事や考える事は世間の人には入れられない	.69	日本に在住許可を持つ外国からの移民の数は増えた方がよい	.6
今のような生活をしていては自分の夢は実現できそうにない	.68	機会があったら2~3年外国で生活してみたい	.5
今の世の中では,正直者が損をし要領のいい人が得をする	.67	違う価値観を持つ人たちを寛容に受け入れる必要がある	.3
今の世の中は結局学歴やお金がものをいう	.59		
いろいろな事が伝えられているがどれを信用していいかわからない	.55		
世の中がどう変わるかわからないので先のことを考えても仕方ない	.37		
Ⅲ 将来への悲観		Ⅸ 政治監視	
人々の暮らし向きは,だんだんと悪くなってきている	.75	政治とは,監視していくもの	.7
世の中の移り変わりを考えると子供の将来に希望がもてない	.73	政治とは,自分から積極的に働きかけるもの	.5
今の日本の政治家はあまり私たちのことを考えていない	.64		
全体として日本は良い方向に向かっている	−.61		
このごろ,世間はだんだんと情が薄くなってきている	.53		
Ⅳ 政治忌避		Ⅹ 収入重視と受益志向	
政治的なことにはできればかかわりたくない	.77	毎日の生活を楽しむより,貯蓄などで将来に備える	.7
私と政治との間に何の関係もない	.72	国のために何かをするより,国から何かをしてもらいたい	.4
政治とは,なるようにしかならないもの	.53	収入よりも自由な時間を増やしたい	−.4
政治に関心を持つより自分の生活を充実することに時間を使いたい	.51		
政治とは,自分から積極的に働きかけるもの	−.41		
自分一人くらい投票してもしなくてもかまわない	.35		
Ⅴ 私生活志向		Ⅺ 個人的自由	
私にとって友人や家族と過ごす時間が何より重要だ	.73	脱物質志向	.6
快適で豊かな消費生活こそ重要だ	.66	物質的な面よりも心の豊かさやゆとりのある生活を重視したい	−.4
私にとって仕事の充実感は何よりの生き甲斐だ	.60	自分一人くらい投票してもしなくてもかまわない	.4
政治に関心を持つより自分の生活を充実することに時間を使いたい	.40	国民の間に国を愛する気持ちをもっと育てるべき	−.3
Ⅵ 公志向		Ⅻ 反民主主義への寛容性	
個人の利益よりも国民全体の利益を大切にすべき	.72	規則に従った申請なら反民主主義団体の集会でも許可すべき	.79
個人の生活より国や社会のことにもっと目を向けるべき	.70	民主主義に反対する団体は違法とすべき	−.57
収入よりも自由な時間を増やしたい	.41		
国民の間に国を愛する気持ちをもっと育てるべき	.37		

注:主成分法,バリマックス回転後の負荷量。

③将来への悲観　　　第Ⅲ因子は，世の中や人々の暮らし向きがどのような方向に進んでいるかに関する意識の因子であり，将来に関して悲観的な者と楽観的な者を分ける軸となっている。

④政治忌避　　　第Ⅳ因子は，「政治的なことにはできればかかわりたくない」という意識に代表される，政治への忌避態度に関する因子である。西澤（2004）は，日本において投票以外の政治参加の「利用率」が低いことの主たる原因として，有権者の間に，こうした「政治にはできればかかわりたくない」という意識（西澤の用語では「参加逃避意識」）があることを明らかにし，「参加の機会が保証され，そして参加の必要性を感じたとき，人は政治的解決手段としての政治参加の権利を行使するものである」という前提に基づく欧米流の政治参加理論を「そのまま日本に当てはめるわけにはいかない」としている（西澤, 2004, 26頁）。いずれにしても，回答者はこの軸によって，政治を避け，遠ざけようとする者と，そのような意識の弱い者に分けられる。

⑤私生活志向　　　続く第Ⅴ因子も「政治に関心を持つより自分の生活を充実することに時間を使いたい」という項目の負荷が比較的大きい点では上の第Ⅳ因子と同じであるが，この因子に最も負荷の大きな項目は「私にとって友人や家族と過ごす時間が何より重要だ」であり，ここではむしろ私的な生活の充実を求める意識が中心となっている。すなわち，この因子は私生活の充実を第一に求める者とそうでない者を分ける軸と考えられる。

⑥公志向　　　これとは対照的に，第Ⅵ因子は，「個人の利益よりも国民全体の利益を大切に」，「個人の生活より国や社会のことにもっと目を向けるべき」といった「公」を重視する意識に関するものとなっている。回答者はこの軸に沿って，公志向の高い者と低い者に分けられる。

⑦政治的無効感　　　第Ⅶ因子は「政治はあまりに複雑なので自分にはよく理解できないことがある」，「自分には政府のすることに対して，それを左右する力はない」，「国会議員は当選したらすぐ国民のことを考えなくなる」といった内的および外的な政治的有効性感覚に関する因子であり，回答者を政治的有効感の高低によって弁別する軸となっている[12]。

11　以下の議論で用いられる「疎外感」，「無効感」といった用語は，必ずしも厳密な定義に則ったものではない。これらの概念に関するシステマティックな定義・分類に関しては善教（2013）を参照。

12　尺度の方向に関して，有効性感覚が低くなるほど因子得点が大きくなるという関

⑧ 国際的開放性　　第Ⅷ因子は, 外国からの移民の増加に肯定的, 外国での生活に関心がある, 価値観の異なる人々の受け入れに寛容, といった態度からなる因子であり,「国際的開放性」と名付けることができよう。グローバル化の進む世の中に対して, オープンな態度で臨もうとする者と, 必ずしもそうではない者を弁別する軸とも言えるだろう。

⑨ 政治監視　　先に見た第Ⅳ因子が政治に対する忌避意識を示すものであったのに対し, この第Ⅸ因子は,「政治とは, 監視していくもの」という項目の負荷が特に大きく, 政治への監視意識に関する因子であると解釈できる。「政治とは, 自分から積極的に働きかけるもの」もそれに続く負荷を示しているが, この項目は第Ⅳ因子でも中程度の（マイナスの）負荷を見せており, 政治への積極的なコミットメント意識が忌避意識とは負の, 監視意識とは正の関連を持っていることが分かる。いずれにしても, 回答者はこの軸によって, 積極的に政治を監視しようとする者と, そのような意識の弱い者に分けられる13。

⑩ 収入重視と受益志向　　次の第Ⅹ因子は,「毎日の生活を楽しむより, 貯蓄などで将来に備える」という項目の負荷が最も大きく, これに「国や社会のために何かをするより, 国や社会から何かをしてもらいたい」,「収入よりも自由な時間を増やしたい」（マイナスの負荷）といった項目が続いている。このことから, この因子は, 一方における「将来に備えて今は貯蓄をし, そのためにはより多くの収入を求め, また国や社会から

係になっているため, 因子の名称を「政治的無効感」とした。言うまでもなく, 方向を逆転させれば「政治的有効感」の尺度となる。

13　平野（2012）は, JES Ⅲの2003年, 2004年, 2005年それぞれの調査データを用いて, 政治に対する参加／忌避態度の構造を分析した。具体的には, ここでも分析の対象となっている「政治とは, 自分から積極的に働きかけるもの」,「政治とは, 監視していくもの」,「政治とは, なるようにしかならないもの」,「政治的なことにはできればかかわりたくない」,「私と政治との間に何の関係もない」の5項目に関して因子分析を行い, 3回の調査のいずれに関しても「できればかかわりたくない」,「何の関係もない」,「なるようにしかならない」の3項目が第Ⅰ因子,「監視していくもの」と「積極的に働きかけるもの」が第Ⅱ因子（ただし「積極的に働きかけるもの」は, 第Ⅰ因子にも中程度のマイナスの負荷を示す）を形成するという, 表1－3における第Ⅳ因子／第Ⅸ因子と全く同じ構造を得た。これらの結果から, 日本の有権者の意識における, 政治に対する「忌避」と「監視」がそれぞれ独立した次元を成すという構造は, かなり安定したものと思われる。

も様々なサポートをしてもらいたい」と考える者と,他方における「現在の生活を楽しんだり,国や社会に対して何か貢献するために,収入よりも自由な時間が欲しい」と考える(恐らく一定の余裕を持つ)者を分ける軸となっていると考えられる。

⑪個人的自由　　第XI因子は,政治文化論的に興味深い内容を持つ因子である。最も負荷の大きな項目は「脱物質志向」であるが,これはInglehartによる「物質主義－脱物質主義」に関する一連の議論(Inglehart, 1971, 1977, 1990)に依拠した質問項目であり,具体的には初期の4項目質問によるものである。これに続く負荷を示すのが「物質的な面よりも心の豊かさやゆとりのある生活を重視したい」であるが,負荷の方向はマイナス,すなわちInglehart的な「脱物質志向」の者ほどこうした意識が低いという論理的および常識的な予想に反する結果となっている。さらに続くのが,「自分一人くらい投票してもしなくてもかまわない」,「国民の間に国を愛する気持ちをもっと育てるべき」(マイナスの負荷)の2項目である。すなわち,この因子は,一方における「国家目標として言論の自由や国民の声の反映を重視し,心の豊かさよりも物質的な豊かさを重んじ,投票への義務感が低く,愛国心は個々人に任せるべき」と考える者と,他方における「国家目標として秩序の維持と経済の安定を重視し,物質的な豊かさよりも心の豊かさを重んじ,投票への義務感が高く,愛国心を育てるべきである」と考える者とを分ける軸となっている。こうした軸の性格をどのように要約するかは一意ではないであろうが,ここでは前者の人々の特徴を,精神論からは離れた個々人の自由を重んずる意識に求め,「個人的自由」因子と名付けることとした[14]。

14　「脱物質主義」に関しては,JES IV調査の先行プロジェクトであるJES, JES II, JES III各調査においても同じ4項目質問が用いられている(JES調査に関しては綿貫(1986),JES II調査に関しては綿貫(1997),JES III調査に関しては平野(2007)を参照)。これらの先行研究を通じて言えることは,Inglehart的な「物質主義」が,戦後の日本政治における対立軸としての「保革イデオロギー」との関連では「保守」の方向と正に相関している(裏返せば「脱物質主義」と「革新」が正に相関している)ということである。同様の知見は,福祉社会学の分野における大規模意識調査データの分析を行った小渕(2006)においても報告されている。この第XI因子においても「国民の間に国を愛する気持ちをもっと育てるべき」がマイナスに負荷しており,ここでの「個人的自由」志向が,「革新」と重なり合う(言い換えれば反「個人的自由」志向が「保守」と重なり合う)ものであると推察できる。「脱物質主義」と「保革」に関するより直接的な考察については本書第8章を参照。また関連する

⑫反民主主義への寛容性　　最後の第XII因子には,「規則に従った申請なら反民主主義団体の集会でも許可すべき」および「民主主義に反対する団体は違法とすべき」(マイナスの負荷)といった項目の負荷が大きく,反民主主義的な団体の活動に対して寛容な者と,そうではない者を分ける軸となる因子であることが分かる。

(4) 社会的ネットワーク

Ikeda (2010) も明らかにしている通り,対人的政治環境(interpersonal political environment = IPE)は,日本の有権者の投票行動や政治参加に大きな影響を与える要因となっている。こうした対人環境の基盤となる社会的ネットワークについても[15],いくつかの項目群によってミリュー析出のために変数を作成した。

まず,組織・団体およびインフォーマルなグループへの加入・参加について,14の団体・グループに関する質問への回答を因子分析にかけたところ,固有値1以上の因子が五つ抽出されたので,この5因子に関してバリマックス回転を施したところ,表1－4のような結果となった[16]。

この結果は,JES III の2003年参院選データを用いて同様の分析を行った平野

表1－4　団体・グループ加入に関する因子分析の結果

	I	II	III	IV	V
趣味や遊び仲間のグループ	.80				
習い事や学習のグループ	.72				
職場仲間のグループ	.66				
学校の同窓会	.45	.34			
農協・同業者団体		.78			
自治会・町内会		.63			
NPO・NGO			.73		
ボランティア団体			.71		
住民運動・市民運動団体			.42		
PTA				.72	
生協・消費者団体				.62	
労働組合				.54	
宗教団体					.77
政治家の後援会		.35			.49
寄与率(%)	13.6	10.2	9.8	9.7	7.9

注:主成分法,バリマックス回転後の負荷量の絶対値が.30以上のもののみを示す。

　　議論として Inglehart & Flanagan (1987),平野(2012)も参照。
15　日本の有権者の党派的選好に対して,社会的ネットワークが保革イデオロギーと並んで果たす役割の大きさは,つとに指摘されてきたとおりである(代表的な議論として,Flanagan & Richardson (1977) を参照)。
16　表にある14の団体やグループのそれぞれについて,「メンバーではない」(=0),「メンバーになっている程度」(=1),「メンバーとして積極的に参加している」(=2)の3段階尺度に変換したうえで分析を行った。

(2007) と，因子の順序を除いて，ほぼ同じである。ただし，一点重要な相違点は，2003年データにおいては，労働組合への加入が第Ⅴ因子に（プラスに）負荷し，また宗教団体への加入が同じ第Ⅴ因子にマイナスに負荷していたのが，2009年データでは労組への加入はPTAや消費者団体への加入と同一の因子に纏められ，宗教団体への加入が独立した一つの因子を成すようになったことである。そこで，これら第Ⅰ〜第Ⅴ因子を平野（2007）にほぼ倣って，順に「仲間グループ・同窓会」，「地域・業界団体」，「市民・ボランティア団体」，「PTA・消費者・労働団体」，「宗教団体・後援会」と名付け，それぞれの因子得点をミリュー析出のために用いることとした。

次に，各回答者の持つ人脈的な人間関係についても，平野（2007）に倣ってposition generator (Lin, 2001; Lin et al., 2001) を用いた質問からスコアを作成した。すなわち，「町内会・自治会の役員」，「国会議員」，「警察官」など23の職業について，そうした仕事に就いている知り合い（「話をすることがあるくらいよく知っている人」）がいるかどうかを尋ねた質問への回答について因子分析を行ったところ，固有値1以上の因子が五つ抽出されたため，この5因子に関してバリマックス回転を施した。結果は表1－5の通りである[17]。

この結果から，各

表1－5　人脈に関する因子分析の結果

	Ⅰ	Ⅱ	Ⅲ	Ⅳ	Ⅴ
看護師	.73				
郵便配達	.63				
医師	.62				
小学校教諭	.61				
警察官	.59				.33
ウェイター・ウェイトレス	.39		.37		.30
国会議員		.74			
市区町村の首長		.62			
議員秘書・後援会の世話役		.62	.36		
地方議会議員		.61			
都道府県の部課長以上の役職者		.51			.42
市区町村の部課長以上の役職者	.35	.47			.42
情報処理技術者・プログラマー			.67		
裁判官・弁護士			.60		
記者・ディレクター・編集者		.33	.53		
大企業の社長			.50		
守衛・ビル管理人	.32		.43		.39
町内会・自治会の役員				.68	
同業組合の役員				.58	.32
小売店主	.42			.51	
ボランティア・市民運動団体の役員				.31	.47
労働組合の役員					.50
中央官庁の部課長以上の役職者		.38			.46
寄与率（％）	12.4	12.3	9.8	7.3	6.9

注：主成分法，バリマックス回転後の負荷量の絶対値が.30以上のもののみを示す。

17　実際には，個々の職業について「男性の知り合いがいるか」と「女性の知り合い

因子をⅠ～Ⅴの順に,「地域生活」,「政治・行政」,「高等教育」,「地域団体」,「労働・公務」の人脈因子と解釈し,それぞれの因子得点をミリューの析出に用いることとした[18]。

　第三に,より個人的な対人ネットワークに関する質問として,「日本の首相や政治家や選挙のことが話題になる人で20歳以上の方」を最高4人まで具体的に挙げてもらっている。そこで,この質問に対して何人の話し相手を挙げたか（最低が0,最高が4）を,対人ネットワークの豊富さに関する指標としてミリュー析出のために用いることとした。

　最後に,2009年調査では「今年の正月に出した年賀状の数（メールによるものを含む）」を質問しているが,これは所謂「弱い紐帯」(Granovetter, 1973)の豊富さを示す指標となると考えられる[19]。そこで,この質問への回答（出した年賀状の枚数）を弱い紐帯に関する変数として以下の分析で用いることとした[20]。

(5) メディア接触

　最後に,回答者のメディア接触に関して,テレビ,ラジオ,週刊誌,新聞,

　　　がいるか」を別々に聞いているが,ここでは男女いずれかの知り合いがいれば1,いずれの知り合いもいなければ0とする変数を作成し,この変数について因子分析を行った。
　18　この5因子構造も,基本的には平野（2007）の分析結果と大きく異なってはいないが,若干の注意すべき相違点が見られる。すなわち,2003年のデータでは政治・行政に関する人脈が「国政」に関する因子と「地方政治・行政」に関する因子に分かれる一方,地域的な人脈は一つの因子にすべて纏まっていた。それに対して2009年データの分析結果では,地域的な人脈がより日常的な性格の「地域生活」因子と,より組織・団体的な「地域団体」因子に分かれ,他方,政治・行政に関連した人脈はほぼ一つの因子に纏まっている。ただし,2003年データでは,労働人脈の因子に役所・官庁の役職者の大きな負荷は見られなかったが,ここではこうした役職者の負荷も大きいため,第Ⅴ因子を「労働・公務」因子と考えることとした。
　19　年賀状の枚数を弱い紐帯の指標とした研究の例としては,小林・池田（2005）がある。
　20　回答の分布に関しては,最小値は0,最大値は600,平均値は51.4,中央値は30,標準偏差は64.7であった。分析対象となるケース数の減少を避けるため,DK/NA回答には中央値の30を与えた。このように,年賀状枚数の分布には偏りがあるため,上記の小林・池田（2005）では対数変換値を用いているが,ここでは回答実数をそのまま用いた。

インターネットのそれぞれについて、変数を作成した。このうち、インターネット以外のメディアに関しては、平野（2010）において用いたものと同じものを使用することとした。

すなわち、まずテレビに関しては、「選挙期間中によく見聞きしたもの」として提示された31のテレビ番組について、それらへの接触パターンに関する因子分析を行ったところ、六つの因子が抽出された[21]。その結果を見ると、各因子には特定の放送系列の番組の負荷が大きいというパターンが見られたため、Ⅰ～Ⅵの順に、「ANN」、「JNN/NNN」、「NNN」、「TXN」、「FNN」、「NHK」と名付けた[22]。またラジオ番組と週刊誌に関しては、同じく「選挙期間中によく見聞きしたもの」として提示された選択肢の中にある「ラジオ番組」と「週刊誌」について、「接触あり」を1「接触なし」を0とする2値変数とした。

次に新聞については、「ふだん政治についての情報を得ている新聞」として提示された13の選択肢（うち一つは「その他の新聞」）から該当するものすべてを挙げさせる質問への回答を用い、「読売」、「朝日」、「毎日」、「産経」、「日経」の5紙に関してはそれぞれ挙げられた場合を1、挙げられない場合を0とする2値変数とした。また「東京」、「北海道」、「河北」、「中日」、「神戸」、「中国」、「西日本」の7紙については、その中の一つでも挙げられた場合を1、一つも挙げられなかった場合を0とする「ブロック紙」変数を作成した。更に「その他の新聞」も、挙げられた場合を1、挙げられなかった場合を0とする独立した変数とした。

最後に、インターネットに関しては、携帯電話およびパソコンの使用に関

---

21 質問は、接触したもの全てを挙げさせる形式であるため、それぞれの番組について「接触あり」を1、「接触なし」を0とコード化した上で、主成分法による因子抽出、バリマックス法による回転を施した。抽出因子数に関してはいくつかのものを試してみたが、各因子が放送局の系列に最も明確に対応している6因子解を採用することとした。なお、平野（2010）では、各因子得点を最小値が0、最大値が1となるように再スケール化したが、ここでは因子得点をそのまま使用することとした。

22 各因子に負荷の大きな番組については、平野（2010）の表1を参照されたい。なお、若干の番組は、その系列以外の因子に負荷している。具体的には「みのもんたの朝ズバッ！」（JNN系列）が「ANN」因子に、「サキヨミLIVE」（FNN系列）が「JNN/NNN」因子に、それぞれ負荷している。またNNN系列の番組で第Ⅱ因子に負荷しているのは「情報ライブ　ミヤネ屋」、「NEWS ZERO」など、第Ⅲ因子に負荷しているのは「ズームイン!! SUPER」、「スッキリ!!」などである。

する五つの質問への回答を因子分析した結果，固有値1以上の因子が一つだけ抽出されたため，その因子得点を以下の分析に用いることとした[23]。

3　2次的因子分析による因子得点の算出

次に，以上において説明した計46個の変数に対して，もう一度因子分析を行った。この2次的因子分析の結果得られた各因子の因子得点を，ミリュー析出のためのクラスター分析（次節参照）で用いるためである。

この因子分析の結果，固有値1以上の因子が19抽出された。バリマックス回転後の各因子に負荷の大きな変数は，表1−6に示す通りである[24]。以下，各因子の内容を簡単に確認しておきたい。

①インターネット・労働ネットワーク　　第Ⅰ因子は，「インターネットを広範に利用する一方でNHKのニュースを視聴せず，PTAや消費者・労働団体に加入し，労働組合や役所の役職者との人脈を持ち，国際化に対するオープンな意識や積極的にリスクを取る態度を示す一方で，将来に備えた貯蓄も重視する」といった特徴を持つ者と，それとは反対の特徴を持つ者を分ける軸である。

②地域・業界団体ネットワーク　　第Ⅱ因子は，「地域的な団体や業界団体に加入し，それらの団体の役職者との人脈を持ち，また年賀状の枚数に見られるような『弱い紐帯』も豊富である」者と，それとは反対の特徴を持つ者とを分ける軸である。

③地域生活ネットワーク　　続く第Ⅲ因子は，「インフォーマルな仲間のグループや同窓会のメンバーであり，日常生活に関係した人々との人脈を持ち，『弱い紐帯』も比較的豊富で，社会と自分との関わ

23　「携帯電話で通話している」，「携帯電話でメールを使っている」，「携帯電話でホームページを見るなどしている」，「パソコンで電子メールを使っている」，「パソコンでホームページを見るなどしている」の5項目（いずれも「よく使う」から「使わない」までの4段階尺度）について主成分法により因子抽出を行った。（「携帯での通話」はインターネットの使用ではないが，別因子になるかどうかの確認も含めて分析に投入した。）各項目の負荷量は，上記の順に.68，.80，.68，.81，.84であった。

24　ここでも，原則として，各項目は最も大きく負荷している因子の欄に表示されている。ただし，複数の因子に跨って比較的大きな負荷を示した項目については，それらいずれの因子の欄にも表示してある。

表1-6 ミリュー析出変数に対する2次因子分析の結果

I インターネット・労働ネットワーク	
メディア「インターネット」	.70
団体加入「PTA・消費者・労働団体」	.59
メディア「NHK」	−.46
人脈「労働・公務」	.45
社会意識「国際的開放性」	.42
社会意識「収入重視・受益志向」	.40
信頼「リスク回避」	−.31
II 地域・業界団体ネットワーク	
人脈「地域団体」	.74
団体加入「地域・業界団体」	.70
ネットワーク「年賀状」	.29
III 地域生活ネットワーク	
人脈「地域生活」	.71
団体加入「仲間グループ・同窓会」	.63
社会意識「社会との関わり」	.39
ネットワーク「年賀状」	.28
IV 市民団体・高等教育ネットワーク	
団体加入「市民・ボランティア団体」	.68
人脈「高等教育」	.59
V 保守的権威主義・疎外感	
権威主義「保守的権威主義」	.67
社会意識「疎外感とシニシズム」	.51
社会意識「私生活志向」	.48
信頼「互酬性」	.46
VI 政治の関与	
社会意識「政治忌避」	−.68
団体加入「宗教団体・後援会」	.57
メディア「ANN」	.48
人脈「政治・行政」	.38
ネットワーク「対人ネットワーク」	.32
VII 政治の有効感・伝統的価値	
社会意識「政治的無効感」	−.64
権威主義「伝統的価値」	.64
信頼「互酬性」	−.40
社会意識「疎外感とシニシズム」	.30
VIII ブロック紙購読（*）	
メディア「ブロック紙」	−.79
メディア「その他の新聞」	.64
IX 読売購読	
メディア「読売新聞」	.85
メディア「その他の新聞」	−.38
X 朝日購読	
メディア「朝日新聞」	.83
メディア「その他の新聞」	−.37

XI 政治監視・一般的信頼	
社会意識「政治監視」	.71
信頼「一般的信頼」	.55
メディア「FNN」	−.38
XII 週刊誌・ラジオ	
メディア「週刊誌」	.58
メディア「ラジオ番組」	.56
メディア「NNN」	−.36
人脈「労働・公務」	.35
XIII 産経・日経購読	
メディア「産経新聞」	.64
メディア「日経新聞」	.44
社会意識「国際的開放性」	−.35
XIV 公志向	
社会意識「公志向」	.77
人脈「政治・行政」	.39
メディア「NNN」	−.30
XV 個人的自由（*）	
社会意識「個人的自由」	−.80
信頼「リスク回避」	.39
XVI 社会的支配志向	
権威主義「社会の支配志向」	.68
社会意識「反民主主義への寛容性」	.50
XVII 社会的関与	
メディア「TXN」	.80
社会意識「私生活志向」	−.39
社会意識「社会との関わり」	.33
XVIII 将来悲観	
メディア「JNN/NNN」	.69
社会意識「将来への悲観」	.41
人脈「政治・行政」	−.32
XIX 毎日購読（*）	
メディア「毎日新聞」	−.82
社会意識「将来への悲観」	.33

注：主成分法，バリマックス回転後の負荷量。（*）意味的に逆転しているもの。

りの大きさを認識している」者と，それとは反対の特徴を持つ者を分ける軸である。

④市民団体・高等教育ネットワーク　第Ⅳ因子は，「NPO・NGO，ボランティア団体，住民・市民運動団体などに加入し，IT，法曹，マスメディア，大企業といった場で管理的・専門的な仕事に就いている人々との人脈を持つ」者と，それとは反対の特徴を持つ者とを分ける軸である。

⑤保守的権威主義・疎外感　第Ⅴ因子は，「保守的権威主義，疎外感，シニシズム，私生活志向などが強いが，その一方で互酬性に関する規範的態度をも示す」者と，それとは反対の特徴を持つ者とを分ける軸である。

⑥政治的関与　次の第Ⅵ因子は，「政治への忌避意識が低く，宗教団体や政治家の後援会に加入し，政治や行政に関わる人々との人脈を持ち，政治について話を交わす人の数も多く，ANN系列の報道番組を視聴する」者と，それとは反対の特徴を持つ者を分ける軸である。

⑦政治的有効感・伝統的価値　第Ⅶ因子は，「政治的有効感が高く，伝統的価値を尊重する一方，互酬性への規範的意識が低く，疎外感やシニシズムもやや高い」者と，それとは反対の特徴を持つ者を分ける軸となっている。

⑧ブロック紙購読　第Ⅷ因子は「ブロック紙を購読し，（県紙などの）『その他の新聞』を購読していない」者と，その反対の特徴を持つ者を分ける軸である。なお，この因子は，ブロック紙購読者の因子得点がマイナスとなる逆転因子であることに留意されたい。

⑨読売購読　この第Ⅸ因子も新聞購読に関するもので，「読売新聞を購読し，『その他の新聞』を購読していない」者と，その逆の特徴を持つ者を分ける軸である。

⑩朝日購読　同様に第Ⅹ因子も，「朝日新聞を購読し，『その他の新聞』を購読していない」者と，その逆の特徴を持つ者とを分ける軸である。

⑪政治監視・一般的信頼　第ⅩⅠ因子は，「政治に対する監視・働きかけの意識や一般的信頼感が高く，FNN系列の報道番組をあまり視聴しない」者と，その反対の特徴を持つ者を分ける軸である。

⑫週刊誌・ラジオ　　第XII因子は、「週刊誌を購読し、ラジオ番組を聴取するが、NNN系列の報道番組はあまり視聴せず、労働組合や役所の役職者との人脈を若干持つ」者と、その反対の特徴を持つ者を分ける軸である。

⑬産経・日経購読　　続く第XIII因子は、「産経新聞、日本経済新聞を購読し、国際化に対するオープンな意識がやや低い」者と、その反対の特徴を持つ者を分ける軸となっている。

⑭公志向　　第XIV因子は、「個人よりも国や社会全体を重視する意識が高く、政治や行政に関わる人々との人脈を持ち、NNN系列の報道番組はあまり視聴しない」者と、その反対の特徴を持つ者を分ける軸である。

⑮個人的自由　　第XV因子は、「脱物質志向で個人の自由を尊重するが、その一方で物質的な豊かさも重視し、積極的にリスクを取る態度をも持つ」者と、その反対の特徴を持つ者を分ける軸である。なお、この因子も、個人的自由を尊重する人々の因子得点がマイナスになる逆転因子である。

⑯社会的支配志向　　第XVI因子は、「社会的支配志向が強く、反民主主義的な団体への寛容度が高い」者と、その反対の特徴を持つ者を分ける軸である。

⑰社会的関与　　次の第XVII因子は、「TXN系列の報道番組を視聴し、私生活志向が弱く、自分と社会との関わりを強く意識している」者と、その反対の特徴を持つ者を分ける軸である。

⑱将来悲観　　第XVIII因子は、「JNN/NNN系列の報道番組を視聴し、将来への悲観が強く、政治や行政に関わる人々との人脈を持たない」者と、その反対の特徴を持つ者とを分ける軸である。

⑲毎日購読　　最後の第XIX因子は、「毎日新聞を購読し、将来についてやや楽観的」な者と、その反対の特徴を持つ者を分ける軸である。この因子も、毎日新聞購読者の因子得点がマイナスとなる逆転因子である。

4　クラスター分析によるミリューの析出

以上の19変数を用いて本節ではミリューの析出を行う。手法としてはクラスター分析を用いるが、具体的には、平方ユークリッド距離により個体間の距離を算出し、Ward法によりクラスターの結合を行うという方法を採った。

クラスター数に関しては様々な数を試した結果，次章で見るような政治的属性との関連性が最も明確であった12を採用した[25]。以下，これらのクラスターを12の社会的ミリューとして分析の対象とする。

まず表1－7には，各ミリューの人数と，分析に用いた19の因子得点のミリュー別の平均値が示してある。表注にもある通り，19の因子得点全てに関して，一元配置分散分析の結果は0.1％水準で有意であり，いずれの因子もミ

表1－7　各ミリューの因子得点平均値

ミリュー	N	(％)	I	II	III	IV	V	VI	VII	VIII	IX	X
1	43	(2.2)	−0.10	0.04	0.10	−0.68	0.83	0.05	−0.72	−0.46	0.03	0.75
2	453	(23.1)	−0.29	−0.02	0.16	−0.08	0.13	−0.16	0.32	0.43	−0.19	−0.38
3	141	(7.2)	−0.12	−0.20	−0.13	−0.12	−0.31	−0.08	0.22	0.09	−0.22	1.88
4	94	(4.8)	−0.04	0.11	0.14	−0.26	0.15	−0.02	−0.00	0.05	0.02	−0.24
5	177	(9.0)	0.83	0.02	−0.19	−0.21	−0.08	0.06	−0.18	0.43	−0.37	0.26
6	222	(11.3)	0.02	0.09	−0.04	0.01	0.15	0.06	−0.21	−1.56	−0.48	−0.27
7	271	(13.8)	0.02	−0.13	−0.12	−0.08	−0.15	−0.35	−0.24	0.22	1.09	−0.24
8	39	(2.0)	−0.11	−0.10	0.43	−0.41	−0.13	−0.17	−0.11	−0.16	0.02	0.08
9	42	(2.1)	0.07	0.64	−0.21	3.29	−.022	0.63	−0.24	−0.27	−0.18	0.23
10	20	(1.0)	−0.31	0.39	−0.48	−0.05	−0.41	−0.09	0.13	0.46	−0.03	0.11
11	58	(3.0)	0.24	−0.03	0.12	0.63	−0.39	2.30	0.12	0.19	0.03	−0.85
12	20	(1.0)	−0.23	0.33	−0.09	0.28	0.16	0.18	0.20	0.86	−0.34	0.57
ミリュー	N	(％)	XI	XII	XIII	XIV	XV	XVI	XVII	XVIII	XIX	
1	43	(2.2)	0.53	2.28	−0.51	−0.72	−0.45	−0.84	0.41	−0.17	0.79	
2	453	(23.1)	−0.24	−0.06	−0.18	0.04	−0.15	0.14	−0.04	−0.12	0.21	
3	141	(7.2)	0.05	−0.21	−0.13	0.03	0.15	−0.07	−0.14	−0.14	0.22	
4	94	(4.8)	0.33	−0.18	−0.00	−0.07	0.02	−0.14	0.12	0.06	−2.80	
5	177	(9.0)	0.36	−0.18	0.01	−0.02	−0.21	0.46	−0.22	0.45	0.08	
6	222	(11.3)	−0.13	−0.20	−0.05	−0.08	0.13	0.22	−0.02	0.14	0.29	
7	271	(13.8)	0.02	−0.21	−0.03	−0.05	0.10	−0.31	−0.12	0.07	0.15	
8	39	(2.0)	−0.23	−0.10	3.87	0.02	−0.21	−0.18	−0.17	−0.19	−0.16	
9	42	(2.1)	−0.10	−0.39	−0.78	0.05	0.26	−1.11	0.08	0.07	−0.23	
10	20	(1.0)	−0.29	−0.05	−0.46	0.39	−0.33	0.80	4.76	0.13	−0.39	
11	58	(3.0)	0.64	0.48	0.01	0.61	0.55	−0.26	0.26	−1.08	0.77	
12	20	(1.0)	−0.56	5.13	1.47	0.25	0.74	0.15	−1.09	0.57	−1.70	

注：19の因子全てに関して，一元配置分散分析の結果は p<.001で有意。

25　クラスター分析には多様な方法があり，あるデータに対してどの方法が最も適切であるかについて先験的に決定することはできない。本分析においても，個体間の距離の算出に関しては通常のユークリッド距離と平方ユークリッド距離，クラスターの統合に関しては群平均法とWard法を試したが，本文中に述べた通り，平方ユークリッド距離とWard法による12クラスターという解が解釈上最も適切と思われたため，これを採用した。従って，ここでのクラスタリングはあくまでも「一つの」解である。

リュー間の弁別に一定の役割を果たしていることが分かる。

またデモグラフィックな属性に関する各ミリューの特徴を見るために，表1－8～表1－10にはミリューごとの性別，年齢，学歴，職業，世帯年収，居住都市規模の分布を示してある。

これらの結果から，各ミリューの特徴をまとめたものを章末の補遺に掲げ

表1－8　各ミリューの基本属性（性別，年齢，学歴）

ミリュー	性別		年齢						学歴			
	男	女	20代	30代	40代	50代	60代	70以上	中学	高校	短大	大学
1	44.2	55.8	0.0	0.0	16.3	20.9	23.3	39.5	26.2	47.6	9.5	16.7
2	44.6	55.4	6.8	7.7	9.7	17.4	29.7	29.6	22.5	45.4	17.0	12.1
3	40.4	59.6	3.5	8.5	13.5	15.6	35.5	23.4	9.2	45.4	26.2	19.1
4	54.3	45.7	4.3	6.4	11.7	23.4	30.9	23.4	12.8	40.4	22.3	24.5
5	44.6	55.4	7.9	19.2	26.6	23.2	14.1	9.0	6.2	42.9	25.4	25.4
6	39.6	60.4	2.3	8.1	16.7	21.6	23.0	28.4	17.7	47.7	15.9	18.6
7	41.0	59.0	6.3	14.0	13.7	20.3	23.2	22.5	19.0	48.1	21.6	11.2
8	69.2	30.8	0.0	23.1	10.3	10.3	33.3	23.1	10.5	44.7	18.4	26.3
9	42.9	57.1	2.4	11.9	21.4	26.2	28.6	9.5	7.1	26.2	26.2	40.5
10	75.0	25.0	0.0	5.0	0.0	25.0	40.0	30.0	15.0	60.0	10.0	15.0
11	62.1	37.9	0.0	5.2	12.1	27.6	34.5	20.7	12.3	47.4	8.8	31.6
12	70.0	30.0	0.0	10.0	15.0	25.0	35.0	15.0	10.0	35.0	20.0	35.0
Cramer's V	.15***		.14***						.16***			

注：数字は%
学歴の「短大」は高専，専修学校を，「大学」は大学院を，それぞれ含む。
*p<.10　**p<.05　***p<.01

表1－9　各ミリューの基本属性（職業）

ミリュー	職業						職業（有職者の内訳）						
	勤め	自営	家族従業	学生	専業主婦	無職	農林漁業	商工サービス	自由業	管理職	専門技術職	事務職	販売サービス労務
1	35.7	14.3	2.4	0.0	28.6	19.0	0.0	31.8	0.0	0.0	4.5	13.6	50.0
2	33.6	15.5	1.3	0.4	20.8	28.5	9.7	20.3	1.8	2.2	1.3	25.3	39.2
3	38.3	5.0	2.8	0.0	28.4	25.5	3.1	10.9	3.1	3.1	4.7	29.7	45.3
4	39.4	14.9	3.2	0.0	19.1	23.4	5.7	20.8	3.8	0.0	0.0	22.6	47.2
5	55.4	13.0	2.3	1.1	19.8	8.5	2.4	18.5	0.8	1.6	1.6	33.1	41.9
6	34.7	12.2	2.7	0.5	27.5	22.5	5.6	20.4	3.7	1.9	0.9	25.9	41.7
7	41.0	9.6	1.5	0.4	23.2	24.4	2.2	18.5	1.5	1.5	0.7	28.1	47.4
8	38.5	25.6	0.0	0.0	23.1	12.8	4.0	32.0	4.0	4.0	4.0	24.0	28.0
9	38.1	21.4	2.4	0.0	23.8	14.3	7.7	26.9	3.8	0.0	11.5	26.9	23.1
10	20.0	30.0	0.0	0.0	20.0	30.0	10.0	40.0	0.0	0.0	10.0	0.0	30.0
11	39.7	24.1	3.4	0.0	8.6	24.1	10.5	21.1	10.5	13.2	0.0	21.1	23.7
12	45.0	25.0	0.0	0.0	10.0	20.0	0.0	38.5	0.0	15.4	0.0	38.5	7.7
Cramer's V	.11***						.15***						

注：数字は%
*p<.10　**p<.05　***p<.01

表1−10 各ミリューの基本属性（年収，居住都市規模）

ミリュー	世帯年収							都市規模				
	200万未満	200万以上400万未満	400万以上600万未満	600万以上800万未満	800万以上	DK	NA	政令指定都市	20万以上の市	10万以上20万未満	10万未満の市	町村
1	16.3	23.3	9.3	4.7	9.3	14.0	23.3	11.6	20.9	14.0	30.2	23.3
2	7.9	28.0	13.7	6.0	7.7	21.6	15.0	15.5	28.3	13.9	26.0	16.3
3	6.4	23.4	16.3	13.5	12.8	17.0	10.6	28.4	24.8	20.6	19.9	6.4
4	11.7	26.6	10.6	9.6	13.8	16.0	11.7	16.0	27.7	22.3	25.5	8.5
5	2.8	22.6	16.4	20.9	12.4	12.4	12.4	23.2	26.0	15.8	21.5	13.6
6	8.1	18.9	14.4	9.0	15.8	18.5	15.3	32.0	20.3	14.4	22.5	10.8
7	6.6	25.8	11.4	8.1	10.7	17.7	19.6	24.7	22.9	14.4	30.6	7.4
8	12.8	20.5	12.8	17.9	20.5	2.6	12.8	23.1	12.8	43.6	17.9	2.6
9	2.4	21.4	16.7	11.9	23.8	7.1	16.7	38.1	21.4	7.1	21.4	11.9
10	5.0	25.0	10.0	10.0	15.0	15.0	20.0	15.0	35.0	20.0	20.0	10.0
11	6.9	24.1	20.7	8.6	22.4	6.9	10.3	19.0	24.1	12.1	29.3	15.5
12	0.0	20.0	15.0	20.0	20.0	15.0	10.0	15.0	50.0	25.0	10.0	0.0
Cramer's V	.11***							.13***				

注：数字は%
*p<.10　**p<.05　***p<.01

る。以下，この表の内容に沿って，ミリュー一つ一つの特徴を確認していこう。なお，以下の説明における，あるミリューの特徴に関する「相対的に」という表現は，特に断りのない限り「他のミリューと比較して相対的に」という意味である[26]。

ミリュー1　年齢的に中高年層に偏っており，学歴や年収が相対的に低く，非ホワイトカラーの労働者や専業主婦の比率が高い。また小規模の市や町村居住者が多い。NPO・NGO，ボランティア団体，住民・市民運動団体などへの加入が少なく，管理的・専門的職業に就いている者との人脈にも乏しい。週刊誌やラジオといったメディアへの接触が多い。社会意識としては，保守的権威主義の傾向が強く，疎外感や政治的な無効感も強く感じている。その一方で，社会的支配志向，伝統的価値の尊重意識，公志向は弱く，一般的信頼や個人的自由の意識は高い。また政治への監視意識も比較的高い。

ミリュー2　人数の上では最大のミリュー。相対的に学歴や年収が低く，無職の比率が高い。PTA，消費者団体，労働団体への加入が少

26　各ミリューについて，その特徴から何らかのラベルを作ることも考えたが，どのミリューの特徴も豊富なニュアンスを持っており，また単純なラベルはそれぞれのミリューに対する先入観を形成する恐れも大きいため，あえてそうしたラベルは作成しないこととした。

なく，労働組合や役所の役職者との人脈にも乏しい。インターネットの使用も限られている。政治的有効感，伝統的価値の尊重意識が強い一方，政治に対する忌避意識が比較的強く，監視や働きかけの意識はやや弱い。また国際化へのオープンな意識も弱く，リスク回避志向が見られる。

ミリュー3　　女性，60代の比率が相対的に高い。短大卒の比率が高く，専業主婦の比率も相対的に高い。地域団体・業界団体への加入が少なく，それらの団体の役職者との人脈にも乏しい。朝日新聞の購読者が多い。政治の有効感，伝統的価値の尊重意識が比較的強く，保守的権威主義の傾向や疎外感が相対的に弱い。

ミリュー4　　特に目立った特徴の少ないミリューであるが，有職者の中では非ホワイトカラーの労働者の比率が比較的高く，年収400万未満の比率も相対的に高い。毎日新聞を購読し，将来に対する悲観的意識が弱く，政治に対する監視意識や一般的信頼感がやや高い。

ミリュー5　　40代以下の比率が高い，最も若いミリュー。職業では勤めの比率が全ミリュー中最高で，その中では事務職の比率が相対的に高い。年収は400万〜800万の層が多い。PTA，消費者団体，労働団体への加入が多く，労働組合や役所の役職者との人脈も豊富である。インターネットの利用度が高く，JNN/NNN系列の報道番組への接触が多い。社会的支配志向や反民主主義的団体への寛容度が高い一方，将来に関しては悲観的である。

ミリュー6　　人数では3番目に大きなミリュー。女性の比率が6割以上と最も多く，専業主婦の比率も相対的に高い。ブロック紙の購読者が多いが，社会意識における目立った特徴は見られない。

ミリュー7　　人数では2番目に大きなミリュー。やはり女性の比率が多く，大学卒の比率は全ミリュー中最も低い。有職者の中では非ホワイトカラー労働者の比率が相対的に高く，人口10万未満の市に居住する者の比率が相対的に高い。読売新聞の購読者が多い。宗教団体や後援会への加入が少なく，政治に対する忌避意識が最も強い。政治的有効感や伝統的価値の尊重意識もやや低い。

ミリュー8　　男性の比率が高く，また30代の比率が高く50代の比率が低い。職業では自営，有職者の中では商工サービス業者の比率が相対的に高く，また年収では600万以上の者の比率が高い。人口10万以上20万未満の市に居住する者の比率が突出して高い。産経新聞，日本経済新聞の購

読者が多い。仲間のグループや同窓会のメンバーが多く，日常生活に関わる人々との人脈も豊富である一方，NPO・NGO，ボランティア団体，住民・市民運動団体，宗教団体，後援会などへの加入は少なく，管理的・専門的な職業に就いている人々との人脈にも乏しい。政治に対する忌避意識もやや強い。

ミリュー9　40代と50代の比率が相対的に高く，大学卒の比率が全ミリュー中最も高い。有職者中の専門技術職の比率，年収800万以上の者の比率がやはり全ミリュー中最高。NPO・NGO，ボランティア団体，住民・市民運動団体，地域団体，業界団体などへの加入が多く，管理的・専門的な職業に就いている人々や地域団体・業界団体の役職者などとの人脈も全ミリュー中最も豊富である。社会的支配志向，反民主主義的団体への寛容度が突出して低く，伝統的価値の尊重態度も相対的に低い。また政治に対する忌避意識が低い一方で，政治的有効感もやや低い。

ミリュー10　ミリュー12と共に人数の上では最小のミリュー。男性の比率，60代の比率，高校卒の比率が高く40代以下の比率が低い。職業では自営と無職の比率が高く，勤めの比率が低い。有職者の中では商工サービスの比率が高く，事務職や非ホワイトカラー労働者の比率が相対的に低い。地域団体，業界団体などへの加入やそれらの役職者との人脈はやや多いが，PTA，消費者団体，労働団体，同窓会や仲間のグループのメンバーが少なく，労働組合や役所の役職者，日常生活に関わる人々との人脈にも乏しい。TXN系列およびNHKの報道番組への接触は多いが，インターネットの利用は限られている。社会への関与の意識，公志向，社会的支配志向，反民主主義的団体への寛容度が高いと同時に，個人的自由の意識も比較的高い。その一方で，国際化に対するオープンな意識や政治に対する監視や働きかけの意識，一般的信頼感が弱く，また保守的権威主義の傾向や疎外感も低い。

ミリュー11　男性の比率，また50代，60代の比率が高い。職業では自営の比率が相対的に高く，専業主婦の比率が低い。有職者では農林漁業，自由業，管理職などの比率が相対的に高い。年収では400万以上600万未満の比率が高いが，800万以上の比率も相対的に高い。NPO・NGO，ボランティア団体，住民・市民運動団体，宗教団体，後援会への加入の多さ，管理的・専門的な職業に就いている人々や政治・行政に関わる人々との人脈の豊富さに特徴がある。政治に関する話をする相手の数も多く，ANN系列の報道番組をよく視聴する。政治への忌避意識が突出して低く，政治に対する監視や働きかけの意識，公志向，一般的信頼感が高い。他方，保守的権威主義

の傾向，疎外感，個人的自由の意識などが相対的に低い。

ミリュー12　ミリュー10と共に人数の上では最小のミリュー。50代，60代の比率，大学卒の比率が相対的に高い。有職者の比率が高く，その中では管理職と事務職の比率が全ミリュー中最高，商工サービスの比率も相対的に高い。年収400万未満の者の比率が低い。地域団体・業界団体などへの加入やそれらの役職者との人脈はやや多いが，PTA，消費者団体，労働団体への加入，労働組合や役所の役職者との人脈にはやや乏しい。週刊誌やラジオ，JNN/NNN系列の報道番組への接触が顕著であるが，インターネットの利用はやや少ない。物質主義的で私生活志向が強く，政治への監視や働きかけの意識が弱い。一般的信頼感も低いが，心の豊かさや愛国心は重視している。

5　まとめ

以上，本章では，2009年調査データに基づき，回答者の社会意識や価値観，社会的ネットワーク，メディア接触などの変数を用いて，12の社会的ミリューの析出を行い，それぞれの特徴についての考察を行った。次章では，これら各ミリューの政治意識，政治行動における特徴へと分析を進めることとしたい。

補遺　各ミリューの特徴

表1補-1　各ミリューの特徴

ミリュー1
全員40代以上で70代以上の比率が全ミリュー中最高。
義務教育卒の比率も全ミリューで最も高く職業では「専業主婦」の比率が高い。
有職者では「販売・サービス・労務」の比率が全ミリュー中最高で，「商工サービス」の比率も比較的高い。
年収では400万未満の比率が全ミリューで最も高く，400万以上の比率は低い。
町村居住の比率が全ミリュー中で最高，10万未満の市の比率も高い一方，政令指定都市居住の比率は最も低い。
「市民団体・高等教育ネットワーク」因子の得点が全ミリューで最低。
「週刊誌・ラジオ」因子，「朝日購読」因子，「毎日購読」因子（*）1の得点が高く，「ブロック紙購読」因子（*），「産経・日経購読」因子の得点が低い。
「保守的権威主義・疎外感」因子の得点が全ミリュー中最高，「政治監視・一般的信頼」因子，「社会的関与」因子の得点も相対的に高い。その一方で「政治的有効感・伝統的価値」因子，「公志向」因子，「社会的支配志向」因子，「個人的自由」因子（*）の得点が最低。

ミリュー2
分析対象者の23%を含む最大のミリュー。 20代の比率が全ミリューで2番目に高いが、60代以上の比率も相対的に高い。 義務教育卒の比率が高く、大学卒の比率が低い。職業では「無職」の比率が高く有職者では「農林漁業」の比率が相対的に高い。年収では600万以上の者の比率が低く、DK回答の比率が最も高い。 「インターネット・労働ネットワーク」因子の得点が相対的に低い。「ブロック紙購読」因子（*）の得点がやや高く、「朝日購読」因子の得点が低い。 「政治的有効感・伝統的価値」因子の得点が全ミリュー中最高である一方、「政治的関与」因子、「政治監視・一般的信頼」因子の得点は相対的に低い。
ミリュー3
女性の比率が比較的高い。60代の比率も全ミリュー中2番目に高い。義務教育卒の比率が相対的に低く、短大卒の比率が高い。職業では「専業主婦」の比率が相対的に高く、「自営」の比率は全ミリューで最も低い。有職者でも「商工サービス」の比率は最も低い。 「地域・業界団体ネットワーク」因子の得点が全ミリュー中最低。「朝日購読」因子の得点が高く、「週刊誌・ラジオ」因子の得点は相対的に低い。 「政治の有効感・伝統的価値」因子の得点が相対的に高く、「保守的権威主義・疎外感」因子の得点は相対的に低い。
ミリュー4
性別、年齢、学歴に関しては、特に目立った特徴が無い平均的なミリュー。 有職者の職種に関して「販売・サービス・労務」の比率が相対的に高く、年収では400万未満の比率が相対的に高い。 社会的ネットワークや社会意識に関しても明確な特徴は見られないが、「毎日購読」因子（*）の得点が顕著に低く、「市民団体・高等教育ネットワーク」因子の得点も相対的に低い。また「政治監視・一般的信頼」因子の得点が相対的にやや高い。
ミリュー5
20代の比率が全ミリューの中で最も高く、また40代以下が全体の54%を占める。一方、60代以上の比率が突出して低い、最も若いミリュー。 義務教育卒の比率が最も低く、職業では「勤め」が半数以上で全ミリュー中最高、「無職」の比率は最も低い。有職者の職種では「事務職」の比率が相対的に高い。年収では400万～800万の層の比率が高い。 「インターネット・労働ネットワーク」因子の得点が全ミリュー中最高だが、「地域生活ネットワーク」因子の得点などは相対的に低い。「ブロック紙購読」因子（*）の得点が相対的に高く、「読売購読」因子の得点が相対的に低い。 「将来悲観」因子、「社会的支配志向」因子、「政治監視・一般的信頼」因子の得点が相対的に高く、「社会的関与」因子、「個人的自由」因子（*）の得点がやや低い。
ミリュー6
分析対象者の11%を含む、全体で3番目に大きなミリュー。 女性の比率が6割を超え、全ミリュー中最も高い。職業に関しても「専業主婦」の比率が相対的に高い。政令指定都市居住の比率も相対的に高い。 「ブロック紙購読」因子（*）の得点が最も低く、「読売購読」因子、「朝日購読」因子、「週刊誌・ラジオ」因子の得点も相対的に低い。また「毎日購読」因子（*）の得点が相対的に高い。 「社会的支配志向」因子の得点が相対的にやや高く、「政治的有効感・伝統的価値」因子の得点がやや低い。
ミリュー7
分析対象者の14%を含む、全体で2番目に大きなミリュー。 女性の比率が相対的に高い。大学卒の比率が全ミリュー中最も低い。 有職者の職種に関して「販売・サービス・労務」の比率が相対的に高い。また人口10万未満の市に居住する者の比率が全ミリュー中最も高い。 「読売購読」因子の得点が最も高く、「週刊誌・ラジオ」因子の得点が相対的に低い。「政治的関与」因子の得点が全ミリュー中最低で、「社会的支配志向」因子、「政治的有効感・伝統的価値」因子の得点も相対的に低い。
ミリュー8
男性の比率が約7割と相対的に高い。30代の比率が全ミリュー中最高である一方、50代の比率は最も低い。職業では「自営」の比率が相対的に高く、「無職」の比率が低い。有職者の職種に関しては「商工サービス」の比率が相対的に高く、「販売・サービス・労務」の比率がやや低い。年収600万以上の者の比率が高く、DKの比率は最も低い。4割以上が人口10万以上20万未満の市に居住しており、この比率は全ミリュー中最高である一方、人口20万以上の非政令市に居住する者の比率は最も低い。 「地域生活ネットワーク」因子の得点が全ミリュー中最高である一方、「市民団体・高等教育ネットワーク」因子の得点は相対的に低い。「産経・日経購読」因子の得点が突出して高い。 「政治の関与」因子、「政治的監視・一般的信頼」因子、「個人的自由」因子（*）因子の得点が相対的に低い。

第1章 ミリューの析出　43

ミリュー9
40代と50代の比率が相対的に高く、70代の比率が低い。高校卒以下の比率が全ミリュー中最も低く、大学卒の比率は最も高い。職業では「無職」の比率が相対的に低く、有職者の職種では「専門技術職」の比率が全ミリュー中最も高い。他方、「販売・サービス・労務」の比率は相対的に低い。年収400万未満の者の比率が低く、800万以上の者の比率は全ミリュー中最高。 「市民団体・高等教育ネットワーク」因子の得点が突出して高く、「地域・業界団体ネットワーク」因子の得点も全ミリュー中最も高いが、「地域生活ネットワーク」因子の得点は相対的に低い。「産経・日経購読」因子と「週刊誌・ラジオ」因子の得点は全ミリュー中最低。 「政治的関与」因子の得点は相対的に高いが、「政治的有効感・伝統的価値」因子の得点はやや低い。「社会的支配志向」因子の得点が突出して低い。
ミリュー10
ミリュー12と並んで分析対象者の1％のみを含む最も小さなミリュー。 男性の比率が75％と最も高く、40代以下の比率が最も低い。60代の比率は全ミリュー中最も高い。高校卒の比率が60％と全ミリュー中最高。職業では「自営」と「無職」の比率が高く、「勤め」の比率が全ミリューで最も低い。有職者の職種では「商工サービス」の比率が高く、「農林漁業」の比率も相対的に高い。他方、「事務職」と「販売・サービス・労務」の比率が相対的に低い。人口20万以上の非政令市居住者の比率が相対的に高い。 「地域・業界団体ネットワーク」因子の得点は相対的に高いが、「インターネット・労働ネットワーク」因子、「地域生活ネットワーク」因子の得点は全ミリュー中最も低い。「ブロック紙購読」因子（*）の得点が相対的に高く、「産経・日経購読」因子、「毎日購読」因子（*）の得点が相対的に低い。 「社会的関与」因子の得点が突出して高く、「社会的支配志向」因子の得点も全ミリュー中最も高い。「公志向」因子の得点も相対的に高い。他方、「保守的権威主義・疎外感」因子の得点は全ミリュー中最も低く、「政治監視・一般的信頼」因子、「個人的自由」因子（*）の得点も相対的に低い。
ミリュー11
男性の比率が相対的に高く、50代の比率が全ミリュー中最高、60代の比率も高い。短大卒の比率は最も低いが、大学卒の比率は比較的高い。職業では「自営」の比率が相対的に高い一方で、「専業主婦」の比率は全ミリュー中最も低い。有職者の職種では「農林漁業」と「自由業」の比率が全ミリュー中最高、「管理職」の比率も相対的に高い。他方「販売・サービス・労務」の比率は相対的に低い。年収では400万以上600万未満の比率が低く、800万以上の者の比率も相対的に高い。 「市民団体・高等教育ネットワーク」因子、「インターネット・労働ネットワーク」因子の得点が相対的に高い。「朝日購読」因子の得点が最も低く、「毎日購読」因子（*）の得点が相対的に高い。「政治的関与」因子の得点が突出して高く、「政治監視・一般的信頼」因子、「公志向」因子の得点も全ミリュー中最も高い。「個人的自由」因子（*）、「社会的関与」因子の得点も相対的に高い。「将来悲観」因子の得点が突出して低く、「保守的権威主義・疎外感」因子の得点も相対的に低い。
ミリュー12
ミリュー10と並んで分析対象者の1％のみを含む最も小さなミリュー。 50代と60代の比率が相対的に高い一方、70代の比率は相対的に低い。高校卒以下の比率が低く、大学卒の比率が相対的に高い。職業では「勤め」と「自営」の比率が相対的に高く、「専業主婦」の比率が相対的に低い。有職者の職種では「管理職」と「事務職」の比率が全ミリュー中最高、「商工サービス」の比率も相対的に高い一方、「販売・サービス・労務」の比率は全ミリュー中最も低い。年収400万未満の者の比率は最も低く、400万以上の者の比率は高い。人口20万以上の非政令市居住者の比率が最も高く、人口10万未満の市と町村居住者の比率は低い。 「地域・業界団体ネットワーク」因子、「市民団体・高等教育ネットワーク」因子の得点が相対的に高く、「インターネット・労働ネットワーク」因子の得点が相対的に低い。「週刊誌・ラジオ」因子の得点が突出して高く、「ブロック紙購読」因子の得点も全ミリュー中最高、「産経・日経購読」因子、「朝日購読」因子の得点も相対的に高い。 「個人的自由」因子（*）、「将来悲観」因子の得点が全ミリューで最も高く、「政治的有効感・伝統的価値」因子、「公志向」因子の得点も相対的に高い。他方、「社会的関与」因子の得点が突出して低く、「政治監視・一般的信頼」因子の得点も全ミリュー中最も低い。

注：表中での「相対的に」という表現は、特に断りのない限り「他のミリューと比較して相対的に」という意味である。

第2章
ミリューと政治意識・政治行動

1　はじめに

　前章で行ったミリューの析出を受けて，本章では各ミリューの政治意識，政治行動における特徴を分析し，様々に異なる社会的環境と政治意識・政治行動との間にはどの程度の関連が存在するのか，更には今日の日本の社会において政党が社会の中にどのような形で根を下ろしているのか（あるいはいないのか）を明らかにしていきたい。

　具体的には，まず第2節で各ミリューの支持政党，投票行動，イデオロギーといった党派的志向性を確認し，次いで第3節において，それぞれのミリューにおける政治的信頼感，階層帰属意識，生活および政治への満足度，政治的関心と政治知識，政治参加といった様々な政治意識・政治行動上の特徴について分析した上で，第4節において総合的な考察を行う。

2　各ミリューの党派的志向

(1) 支持政党と政党感情温度

　各ミリューの支持政党は表2−1の通りである。「支持無し」に関しては，「あえていえば，最も好ましいと思っている政党」によって，さらに「自民寄り」，「民主寄り」，「その他（の政党）寄り」，「純支持無し」に分けて示してある[1]。

　1　以下，本書における支持政党の分類では，原則的に支持無し層をこのようなグル

表2−1　各ミリューの支持政党

ミリュー	自民	民主	公明	社民	共産	その他	自民寄り	民主寄り	その他寄り	純支持無し
1	29.3	26.8	0.0	4.9	9.8	0.0	0.0	19.5	2.4	7.3
2	44.3	22.2	3.1	1.3	1.3	0.7	8.3	8.8	2.0	7.9
3	34.1	23.9	0.7	5.1	5.1	0.0	2.9	13.0	5.8	9.4
4	43.5	20.7	1.1	3.3	5.4	0.0	7.6	9.8	2.2	6.5
5	38.3	20.6	2.3	1.7	4.6	0.6	5.1	19.4	2.9	4.6
6	39.7	22.9	2.8	2.3	2.8	0.5	4.7	10.7	4.2	9.3
7	44.7	17.2	1.1	1.9	1.5	0.4	6.5	11.1	5.0	10.7
8	68.4	7.9	0.0	2.6	0.0	2.6	2.6	10.5	2.6	2.6
9	39.0	22.0	0.0	4.9	9.8	2.4	7.3	4.9	7.3	2.4
10	47.4	21.1	5.3	0.0	5.3	0.0	0.0	15.8	0.0	5.3
11	41.1	10.7	26.8	3.6	3.6	0.0	1.8	5.4	1.8	5.4
12	20.0	25.0	0.0	0.0	5.0	0.0	10.0	20.0	5.0	15.0

注：数字は%。
Cramer's V = .13 (p<.001)

　明確な特徴を持つミリューから順に挙げて行くと，まずミリュー8は7割近くが自民支持と，突出して自民志向が強い（そして民主支持が1割以下と突出して低い）。これに続いて自民の支持率が高いのはミリュー10, 7, 2, 4であるが，このうちミリュー10以外は「自民寄り」を合わせると5割以上が自民志向である（ミリュー10は全て「支持者」で「自民寄り」はいない）。ただしミリュー7は純支持無しの比率も相対的に高い。これに対して民主支持率が相対的に高いのがミリュー1, 12, 3であるが，このうちミリュー1と12は「民主寄り」の比率も高く，さらに自民支持率が突出して低い，民主志向の強いミリューであると言える（ただし，ミリュー12は，純支持無しの比率も最も高い）。またミリュー1は共産支持率が相対的に高く，更に（ミリュー3に次いで）社民支持率も高いという点で，「革新」志向の強いミリューでもある。同様に，ミリュー9も，共産および社民支持率が相対的に高い「革新」志向の強いミリューである。これに対してミリュー11は，公明支持率が突出

ープに分けて考える。これは，第一に，本書の大きなテーマの一つが，日本において「2大政党」（すなわち，この時期においては自民と民主）の対立が意味するものの考察にあること，第二に，政党支持に関するこれまでの研究から，「特定の政党寄りの支持無し層」（leaner）は，単なる「弱い支持層」とは質的に異なる（例えば，自分自身を「無党派」の一員であるとする意識が，場合によっては「純支持無し」以上に強い）と考えられるからである（平野，2002）。この第二の点については西澤(1998)，Petrocik (2009) も参照。

表2-2　各ミリューの政党感情温度

ミリュー	自民	民主	公明	社民	共産
1	-0.08	0.91	-0.65	-0.05	-0.12
2	0.38	0.68	-0.22	-0.31	-0.53
3	0.09	0.76	-0.42	-0.08	-0.35
4	0.44	0.75	-0.36	-0.26	-0.57
5	0.08	0.92	-0.27	-0.28	-0.45
6	0.09	0.80	-0.33	-0.22	-0.33
7	0.19	0.75	-0.17	-0.27	-0.50
8	0.47	0.69	0.06	-0.59	-0.63
9	0.10	0.59	-0.50	-0.04	-0.14
10	0.37	0.78	-0.10	-0.29	-0.76
11	0.43	0.30	0.30	-0.42	-0.62
12	0.14	1.11	-0.58	-0.23	-0.44
分散分析	p<.01	p<.01	p<.001	p<.01	p<.001

注：数字は平均値。

して高いと同時に，上述のミリュー8と並んで民主支持率が低いという特徴を持つ。残るミリュー5と6は，いずれも自民，民主両党の支持率は平均的で明確な特徴を持たないが，ミリュー5は「民主寄り」の比率が高く，その点ではやや民主志向が強いミリューであると言える。それに対してミリュー6は純支持無しの比率が比較的高い。

さらに，各ミリューの，自民，民主，公明，社民，共産の5党に対する感情温度を見たものが表2-2である。本書では，政党に対する感情温度は原則として個人内で標準化された得点を用いるため[2]，ここでも数値は個人内標準得点の平均値（大きな正の値が高い感情温度を表わす）である。

この結果を見ると，まず支持政党に関して最も自民志向が強かったミリュー8を筆頭に，自民支持率の高かったミリュー4，2，10において，自民に対する感情温度が高い。ただし，同じく自民支持率の高かったミリュー7ではこうした自民への高い好感度が見られない（更に，いずれの政党に対する感情温度に関しても顕著な特徴が見られない）が，これは前章で見たように，このミリューが政治への忌避意識を最も強く持つことと関係があろう。これに対して，支持政党において公明志向の強さを見せたミリュー11では，連立のパートナーである自民への高い感情温度が認められる。

他方，支持政党において民主志向の強かったミリュー1と12では，予想される通り民主への感情温度が高い。ただし，同様に民主志向の強かったミリュー3では，民主への感情温度が顕著に高いとは言えない。また，支持政党に関して明確な特徴が見られなかったミリュー5と6において，民主への高い感情温度（そして自民への相対的に低い感情温度）が見られるのは興味深い。すなわち，これらのミリューは，支持政党のレベルでは自民，民主のい

2　個人内標準得点を使用する意義およびその算出方法については，第7章第2節を参照。

ずれかに対する強い志向を持つわけではないが、感情のレベルにおいては、かなり明確な親民主・反自民の傾向を示している。

この他、支持政党における「革新」志向の強いミリュー9と1では社民、共産両党への感情温度が相対的に高く、またこれほど顕著ではないが、ミリュー3も社民への感情温度が相対的に高い。同時に、これら三つのミリューでは、自民、公明両党への低い感情温度が特徴的である。逆に顕著な自民志向を持つミリュー8および公明志向のミリュー11では、社民、共産両党への感情温度が低い。また自民志向が相対的に強いミリューの中ではミリュー2で社民への、ミリュー10で共産への感情温度が低い。

最後に、公明への感情温度は、予想されるとおり、ミリュー11において顕著に高く、ミリュー8がこれに続く。これに対して、先に見た「革新」志向の強い三つのミリューに加えて、民主志向の顕著なミリュー12において公明への感情温度が相対的に低い。

(2) 投票政党

次に、2009年衆院選における各ミリューの投票行動を見たものが表2-3（比例代表）および表2-4（小選挙区）である[3]。

まず比例代表での投票政党についてであるが、この2009年衆院選の状況を反映して、ミリュー8以外のすべてのミリューにおいて、民主への投票率が自民への投票率を上回っていることに注意されたい。その上で、まず自民への投票率が相対的に高いのは、ミリュー8、続いてミリュー2, 4, 7, 10など、また投票率が低いのはミリュー12, 1,

表2-3　各ミリューの投票政党（比例代表）

ミリュー	自民	民主	公明	社民	共産	その他	投票せず
1	16.7	57.1	2.4	2.4	11.9	0.0	9.5
2	32.2	44.4	6.8	1.8	3.6	4.1	7.0
3	24.3	46.3	3.7	7.4	5.9	5.1	7.4
4	30.8	42.9	6.6	4.4	8.8	0.0	6.6
5	20.5	54.5	2.8	2.8	6.2	8.0	5.1
6	27.9	47.4	5.6	6.0	7.4	2.8	2.8
7	30.1	47.4	6.8	3.0	3.0	3.0	6.8
8	43.6	33.3	5.1	0.0	2.6	10.3	5.1
9	29.3	34.1	2.4	14.6	12.2	2.4	4.9
10	30.0	55.0	0.0	0.0	5.0	10.0	0.0
11	25.9	29.3	32.8	1.7	1.7	5.2	3.4
12	15.8	57.9	5.3	5.3	10.5	5.3	0.0

注：数字は%。
Cramer's V = .14 (p<.001)

3　小選挙区における投票政党に関しては、それぞれの回答者の選挙区における各党候補者の立候補状況は全く考慮せず、単純に集計を行っている点に留意されたい。

表2−4　各ミリューの投票政党（小選挙区）

ミリュー	自民	民主	公明	社民	共産	その他	投票せず
1	16.7	64.3	0.0	0.0	7.1	2.4	9.5
2	40.4	41.7	0.7	3.2	1.1	6.6	6.3
3	26.2	55.4	0.8	2.3	3.8	4.6	6.9
4	38.0	48.9	0.0	1.1	3.3	3.3	5.4
5	28.0	52.0	2.3	2.3	5.1	4.6	5.7
6	33.7	53.8	0.0	3.8	2.4	3.4	2.9
7	37.6	42.6	1.5	5.3	2.3	3.8	6.8
8	45.9	43.2	5.4	0.0	0.0	2.7	2.7
9	36.6	36.6	0.0	7.3	9.8	2.4	7.3
10	35.0	55.0	0.0	5.0	0.0	0.0	0.0
11	51.7	32.8	5.2	0.0	3.4	3.4	3.4
12	10.0	80.0	0.0	0.0	5.0	5.0	0.0

注：数字は%。
回答者の選挙区での各党の立候補状況は考慮していない。
Cramer's V = .11（p<.001）

5などであるが、これは先に見た支持政党および政党感情温度に関する特徴と整合的な結果である。これに対して、民主への投票率が相対的に高いのはミリュー12, 1, 10, 5など、相対的に低いのは11, 8, 9などであり、これらもほぼ支持政党や感情温度における特徴を反映したものと言える。

ただし、ミリュー10に関しては、支持政党や感情温度においては相対的に自民志向であり、自民への投票率も相対的に高い一方で、民主への投票率も高い点が興味深い。このほか、公明投票率がミリュー11において突出して高いこと、社民、共産両党への投票率がミリュー9で最も高いことなども、支持政党や感情温度に示された特徴と一致するものである。また、「投票せず」の比率はミリュー1において最も高い。最後に、ミリュー3と6については、比例代表での投票政党に関する明確な特徴が見られない。

次に、小選挙区での投票政党においても、自民への投票率が民主への投票率を上回っているのはミリュー8と（公明の候補が立候補していない選挙区では自民の候補に投票した者が多いと考えられる）ミリュー11のみである。これら二つのミリューに加えて、ここでもミリュー2において自民への投票率が相対的に高い。逆に自民への投票率が低いのは、ここでもミリュー12, 1, 5, さらに3などである。そしてこれら四つのミリュー、およびミリュー10, 6において民主への投票率が5割を超えている。他方、公明志向の強いミリュー11および「革新」志向の強いミリュー9では民主への投票率が明確に低いが、自民志向の強いミリュー8ではそれほど顕著に低くはない。このほか、公明への投票がミリュー11と8において、社民への投票がミリュー9, 7, 10において、また共産への投票がミリュー9と1において——絶対的な比率は低いが——それぞれ特徴的に見られる。なお、ここでも「投票せず」の比率はミリュー1において最も高い。ミリュー4は明確な特徴を示し

ていない。

(3) イデオロギー

次に各ミリューのイデオロギー的な特徴を見ていこう。表2－5は，保革自己イメージ，および11項目の質問から抽出された四つのイデオロギー尺度，すなわち「安全保障」，「参加」，「平等」，「ネオリベラル」の平均値をミリューごとに示したものである[4]。

まず，保革自己イメージについては，最も「保守」的であるのがミリュー8，これに続いてミリュー2と4が保守寄りである。他方，最も「革新」的であるのがミリュー1，続いてミリュー12と9が革新寄りである。この結果は，これらのミリューの支持政党，投票政党に見られる党派的志向とも整合的である。

次に，四つのイデオロギー次元について見ていくと，まず「安全保障」の次元に関しては，やはりミリュー8，次いでミリュー2が「防衛力や日米安保体制の強化」に肯定的であり，他方，ミリュー9を筆頭に，ミリュー3，11，12などが否定的である。自民志向の強いミリュー8と公明志向の強いミリュー11が，この次元においては方向性を異にしていることが分かる。

「参加」の次元に関しては，ミリュー1，次いでミ

表2－5　各ミリューのイデオロギー

ミリュー	保革自己イメージ	安全保障	参加	平等	ネオリベラル
1	4.88	−0.13	0.51	0.03	0.06
2	5.68	0.29	−0.09	−0.06	0.10
3	5.43	−0.30	0.06	−0.02	−0.05
4	5.55	0.03	0.07	−0.19	−0.05
5	4.92	0.08	−0.01	−0.05	−0.05
6	5.23	−0.20	0.01	0.21	0.06
7	5.23	−0.04	0.04	−0.01	−0.01
8	6.15	0.43	−0.65	−0.03	−0.29
9	4.34	−0.40	−0.15	0.39	−0.19
10	4.90	−0.17	−0.29	−0.89	0.32
11	5.22	−0.26	0.17	0.11	0.04
12	4.60	−0.24	0.24	0.11	0.33
分散分析	p<.001	p<.001	p<.01	p<.01	p>.10

注：数字は平均値。

4　保革自己イメージに関しては，「あなたの政治的な立場」についての，「革新的」（0）から「保守的」（10）までの11段階尺度による質問への回答の平均値。他の四つのイデオロギー尺度については，付録1－㉚～㊵の11の質問項目に対する因子分析により抽出された四つの因子の因子得点で，いずれも回答者全体の平均値が0，標準偏差が1である。因子分析の結果は，補論1の表補1－2（85頁）の2009年の欄にあるとおりである。因子抽出の詳細および因子分析の結果に対する考察については補論1を参照されたい。

リュー12が「女性や労働者の地位向上，公務員のスト権」などに肯定的，ミリュー8，続いてミリュー10が否定的である。ここでは「革新」志向の強いミリュー9が平均よりもむしろ否定の側である点が目を引く。

　これに対して「平等」の次元では，ミリュー9，次いでミリュー6が「福祉の充実」に肯定的である一方，ミリュー10が突出して否定的，またミリュー4も否定的である。

　以上に見た保革自己イメージおよび三つのイデオロギー次元に関する一元配置分散分析の結果が，いずれも1％以下の水準で有意であった——すなわち，ミリューの間に何らかの差異が存在することが示された——のに対し，最後の「ネオリベラル」次元においては，10％水準でも有意な差が示されなかった。ただし，平均値を見ると，相対的にミリュー12と10が「小さな政府，自助努力」に肯定的，ミリュー8と9が否定的である。ミリュー10は，「平等」次元において突出して否定的であった点と考え合わせると，最も競争志向・市場志向の強い——すなわち「ネオリベラル」志向の強い——ミリューであると推測できるが，党派的志向に関しては，自民，民主両党に対して必ずしも一方に偏ってはいなかった[5]。他方，最も「保守」的なミリュー8や，明確に「革新」的なミリュー9において，こうした「ネオリベラル」志向は弱い。このように，「ネオリベラル」志向と「保革自己イメージ」や党派的選好との関係は必ずしも単純なものではない。この点については，補論1，また第三部の分析においても更に考察を続けたい。

3　各ミリューの政治意識・政治行動

(1) 政治的信頼感

　ここでは，各ミリューが様々な政治制度，組織，アクター等に対してどれほどの信頼を寄せているかを見ていこう[6]。

---

[5]　前章で見た通り，このミリューは「社会的支配志向」因子の得点も突出して高いことに注目されたい。

[6]　政治的な信頼感が投票行動，政党支持，政策選好といった政治行動・政治意識に与える影響を広範に分析したものとして善教（2013）を参照。ただし，善教は政治的信頼を認知的信頼と感情的信頼という二つの側面に区別するという理論的枠組を設定し，それぞれ本書での政治的信頼感とは異なる質問を用いた操作的変数化を行っているため，結果を直接的に比較することは難しい。

2009年調査では，計28の対象に対する信頼感を質問している。そこでまず，これら28の質問に関する因子分析を行ったところ，「地方政治への信頼」，「マスメディアへの信頼」，「国の政治への信頼」，「公共機関への信頼」，「労働・市民・経済団体への信頼」という五つの因子が得られた。これら5因子の因子得点の平均値を各ミリューについて示したものが表2－6である[7]。

表2－6　各ミリューの政治信頼

ミリュー	地方政治	マスメディア	国の政治	公共機関	労働・市民・経済団体
1	0.03	−0.12	0.15	−0.01	0.18
2	0.12	−0.03	−0.04	0.11	−0.08
3	0.01	−0.09	0.16	0.06	0.15
4	0.06	−0.07	0.28	0.06	0.06
5	−0.05	0.15	−0.15	−0.01	0.01
6	−0.01	0.02	−0.12	−0.07	0.14
7	−0.14	0.04	−0.03	−0.10	−0.13
8	−0.28	0.04	0.39	0.13	−0.19
9	0.04	−0.04	−0.15	−0.01	0.28
10	−0.11	−0.47	0.40	−0.38	−0.32
11	0.32	0.03	0.15	−0.03	0.07
12	−0.19	−0.07	0.02	−0.30	−0.46
分散分析	p<.05	p>.10	p<.001	p>.10	p<.01

注：数字は平均値。

この結果を見ると，まず「地方政治」に関しては，党派的にはミリュー11，次いで2において信頼感が高く，ミリュー8，次いで12と7において信頼感が低い。これらのうち，ミリュー11は公明志向，8，7，2は自民志向の強いミリューであるが，地方政治への信頼に関しては評価が分かれる点で興味深い。「マスメディア」に関しては，分散分析の結果は10％水準で有意ではないが，最も若いミリュー5において平均値は最高で，「ネオリベラル」志向のミリュー10において突出して低い。

他方，「国の政治」への信頼感は，このミリュー10（国の政治を信頼していないために「小さな政府」志向であるわけではないように見える）と自民

7　各対象への信頼感は，「信頼していない」（0）から「信頼している」（10）までの11段階尺度で質問された。DK/NA回答を尺度の中央値（5）に再コードした上で，主成分法による因子抽出を行いバリマックス回転を施した（紙幅の関係で結果は省略）。その結果，第Ⅰ因子（「地方政治への信頼」）には「都道府県知事」，「都道府県議会」，「都道府県の役所」，「市区町村長」，「市区町村議会」，「市区町村の役所」が，第Ⅱ因子（「マスメディアへの信頼」）には「民放テレビ」，「読売新聞」，「朝日新聞」，「毎日新聞」，「日経新聞」，「産経新聞」，「ブロック紙」，「地方紙」が，第Ⅲ因子（「国の政治への信頼」）には「国の政治」，「選挙制度」，「間接代議制」，「政党」，「国会」，「裁判所」，「中央官庁」が，第Ⅳ因子（「公共機関への信頼」）には「警察」，「病院」，「公立小中学校」，「NHKテレビ」が，第Ⅴ因子（「労働・市民・経済団体への信頼」）には「労働組合」，「市民団体」，「財界」が，それぞれ大きな負荷を示した。

志向の強いミリュー8で高く、やはり自民志向のミリュー4がこれに続く（ただし、同じ自民志向であっても、ミリュー2の信頼感は高くはない）。これに対して信頼感が低いのは、「革新」志向のミリュー9と緩やかな民主志向のミリュー5である。続く「公共機関」への信頼感も、分散分析の結果は有意ではないが、ミリュー8と2で比較的高く、「ネオリベラル」志向のミリュー10（ここでは論理的に整合的である）および民主志向の強いミリュー12で低い。最後の「労働・市民・経済団体」に関しては、「革新」志向の強いミリュー9と1で信頼感が高いが、民主志向のミリュー12と「ネオリベラル」志向のミリュー10で信頼感が低い。

以上のように、政治的信頼感の高低は、部分的には各ミリューの党派的、イデオロギー的志向から説明可能である——例えば「国の政治」におけるミリュー8、4、9、「労働・市民・経済団体」におけるミリュー9、1、10など——が、必ずしも全面的に、また相互に矛盾なく説明できるわけではない。

また、前章の表1-7で見た通り、「一般的信頼」を含む第XI因子の得点が高いミリューは11と1（次いで5と4）、低いのは12（次いで10、2、8）であるが、ここでの政治的信頼との間に明確な関連は認められない[8]。この点については、今後更に詳細な吟味が必要であろう。

表2-7　各ミリューの階層帰属・生活満足・政治満足

ミリュー	階層帰属	生活満足	政治満足
1	0.43	0.49	0.23
2	0.43	0.57	0.33
3	0.47	0.61	0.24
4	0.48	0.62	0.32
5	0.45	0.56	0.25
6	0.44	0.52	0.25
7	0.45	0.59	0.28
8	0.42	0.60	0.26
9	0.54	0.59	0.21
10	0.41	0.59	0.34
11	0.42	0.62	0.37
12	0.54	0.68	0.29
分散分析	$p<.10$	$p<.01$	$p<.001$

注：数字は平均値。

(2) 階層帰属・生活満足・政治満足

以上のような政治意識・政治行動の背景にあると考えられる、各ミリューの階層帰属意識、生活への満足度、政治への満足度を示したものが表2-7である[9]。

---

[8] 敢えて関連を探せば、この第XI因子の得点が突出して低いミリュー12は、「地方政治」、「公共機関」、「労働・市民・経済団体」への信頼感が低く、また「マスメディア」、「国の政治」に対しても信頼感は高いと言えず、全体として信頼感の低いミリューであると言えるかもしれない。

[9] 階層帰属意識は「上」、「中の上」、「中の下」、「下の上」、「下の下」の5カテゴリーからなり、「上」が1、「下の下」が0となるように再コードされている。また生活満足度は現在の暮らし向きについて「かなり満足している」から「かなり不満であ

まず階層帰属意識について見ると，ミリュー間の差はあまり大きくないが（分散分析の結果は10％水準で有意），平均値が最も高いのは「革新」志向のミリュー9と民主志向の強いミリュー12であり，逆に低いのは「ネオリベラル」志向のミリュー10，自民志向のミリュー8，公明志向のミリュー11である。このうちミリュー8に関しては，高い階層帰属意識と自民党支持の結び付きを指摘する従来の知見と整合的でない結果である[10]。

他方，前章の表1-8～表1-10に示された客観的属性と比較してみると，ミリュー9は大学卒，専門技術職，年収800万以上の比率がそれぞれ全ミリュー中最高であり，この結果とも整合的である。そして，こうした主観的にも客観的にも高い階層的特徴を示す層が，最も「革新」志向であるという点にも，日本の政治の特徴——社会構造と政党システムの結びつきの弱さ，およびその裏返しとしての「文化政治（cultural politics）」的な対立軸の優位——の一端が現れているように思われる。またミリュー12も大学卒，自営の商工サービス，管理職や事務職などのホワイトカラーの比率が高く，年収も4割が600万以上と，客観的にも高い階層的特徴を示している。他方，ミリュー10，8，11は，いずれも相対的に自営が多い（そしてミリュー10に関しては高校卒，無職の比率が高い）という特徴があるが，特に年収等で低いカテゴリーに偏っているわけではない[11]。また階層帰属意識が相対的に低いミリュー10が「ネオリベラル」志向である点は理論的に興味深いが，階層帰属自体が「ネオリベラル」志向に結びついているのではなく，学歴や職業における特徴が見掛け上こうした関係を生みだしているのかも知れない。

それでは，現在の生活に対する満足度についてはどうであろうか。まず，生活満足度が高いのはミリュー12，次いで11と4である。先に見た通り，このうちミリュー12の主観的帰属階層は高いが，ミリュー11は低く，ミリュー

る」までの5段階尺度，政治満足度は現在の政治について「かなり満足している」から「かなり不満である」）までの5段階尺度で，それぞれ最も満足度の高い場合が1，最も不満な場合が0となるように再コードされている。ある。表中の数字は，それぞれに関する各ミリューの平均値である。

10　高い階層への主観的な帰属意識と自民党への支持が結びついていたことについては，平野（2007），田辺（2011）を参照。

11　ただし，ミリュー8は年収200万未満が相対的にやや多い。しかし，少なくとも年収400万未満の比率がより多いミリュー1，4，2がこれらのミリューよりも低い階層帰属意識を示してはいない。

4は平均的で，階層帰属と生活満足度の間に一貫性は見られない。また生活満足度が低いのはミリュー1，次いで6であるが，やはりここでも階層帰属との明確な関連は見られない。そして全体として，生活満足度と党派的，イデオロギー的志向との間の関連も明確ではない。

最後に政治への満足度を見ると，満足度の高いのはミリュー11，次いで10，2，4で，いずれも自民あるいは公明という与党への感情温度が高いグループである。ただし，自民志向の最も強いミリュー8の政治満足度は高くない。これは，この質問がなされた2009年衆院選の直前における政治状況が，自民にとって明らかに好ましくないものであったことを反映するものかも知れない。他方，政治満足度が低いのは，ミリュー9，次いで1と3であり，いずれも「革新」志向を持ったミリューである。このように，政治満足度に関しては，一定の留保つきではあるが，党派的志向との関連性が認められる。なお，表に見られる通り，政治満足度と階層帰属意識や生活満足度との間の関連は明確ではないが，生活満足度と政治満足度の双方が相対的に高いのはミリュー11と4，低いのがミリュー1で，特にミリュー11は低い階層帰属との組み合わせという点で特徴的である。

(3) 政治関心・政治知識

次に各ミリューの政治関心および政治知識を見たものが表2－8である。政治関心は「政治上の出来事に，どれくらい注意を払っているか」に対する回答の平均値，政治知識は12の質問項目に対する回答を因子分析にかけた結果得られた三つの因子，すなわち「アクター」に関する知識，「マニフェスト」に関する知識，「制度」に関する知識それぞれの因子得点の平均値である[12]。

表2－8　各ミリューの政治関心・政治知識

ミリュー	関心	知識アクター	知識マニフェスト	知識制度
1	0.60	−0.33	0.15	−0.19
2	0.55	−0.09	−0.09	−0.14
3	0.60	0.18	−0.02	0.18
4	0.62	0.15	0.01	0.24
5	0.60	−0.02	0.07	0.19
6	0.58	−0.15	−0.02	0.00
7	0.55	−0.11	−0.08	−0.08
8	0.57	0.34	−0.03	0.02
9	0.59	0.30	0.30	0.12
10	0.72	0.50	0.26	0.13
11	0.81	0.46	0.30	0.14
12	0.72	1.03	1.00	−0.28
分散分析	p<.001	p<.001	p<.001	p<.001

注：数字は平均値。

12　政治関心は4段階尺度による質問で，「かなり注意を払っている」が1，から「ほとんど注意を払っていない」が0となるように再コードされている。知識に関する

これを見ると、まず政治関心が高いのはミリュー 11、次いで 12 と 10 である。ミリュー 11 は政治に対する忌避意識が突出して低く、政治への監視や働きかけの意識も高く、また大学卒の比率が相対的に高い。ミリュー 12 は意識の面では政治への関与度はあまり強くないが（ただし、投票への義務感は強く、2009 年衆院選での棄権者はゼロである）、やはり大学卒の比率が高く、また自営やホワイトカラー（管理職の比率は最も高い）が多いことが関心の高さに繋がっているのではないかと思われる。またミリュー 10 は社会への関与の志向が強く（ミリュー 12 同様、2009 年衆院選での棄権者はいない）、また大学卒の比率は低いが自営業者が多いことが高い関心をもたらしているのかも知れない[13]。

他方、政治関心の最も低いのはミリュー 2 と 7 である。このうちミリュー 7 は女性の比率が高く、大学卒の比率は最も低く、また政治に対する忌避意識が強い。ミリュー 2 もやはり大学卒の比率が低く、無職の比率が高く、政治への忌避意識も比較的強いという特徴を持つ。

ここで興味深いのは、上記の関心の高い三つのミリューは、すべて「アクター」および「マニフェスト」に関する知識においても得点が高く（特にミリュー 12 は突出して高い）、他方関心の低い二つのミリューはこれらの領域における知識の得点も低い。すなわち、政治への関心度と「アクター」や「マニフェスト」に関する知識の間には一定の関連があるように見える。このほか、「アクター」に関してはミリュー 1 と 6 の得点が低く、「マニフェス

質問は、「戦争放棄条項を含むのは憲法第何条か」、「裁判員制度における判事と裁判員の数」、「法案の衆議院での再可決に必要な多数の定義」という制度的な質問が 3 項目、2009 年衆院選における政党のキャッチフレーズがそれぞれ何党のものかに関する質問が 5 項目、国内外の政治家の現職を尋ねる質問が 3 項目、省庁名を知っているだけ挙げてもらう質問が 1 項目の計 12 項目で、因子分析の結果、これらの質問カテゴリーがそれぞれ「制度」、「マニフェスト」、「アクター」の因子を形成した（省庁名に関する質問は、「アクター」因子に含まれる）。この構造は、今井（2008）による政治知識の 3 領域構造、すなわち「統治の仕組み」、「政党政治の動向」、「政治リーダー」という 3 次元にほぼ対応するものである。個々の質問項目と因子分析結果の詳細、および政治知識の構造に関する議論については、平野（2010）を参照。

13　井出・村瀬（2011）も、2000 年、2003 年、2005 年の明推協調査データを用いて、有権者の社会階層的な属性が選挙への関心に与える影響の分析を行い、大学卒であること、また（男性の場合）「自営」、「管理」、「専門・事務」といった職業に就いていることが関心を高めるといった、本稿と同様な結果を報告している。

ト」に関してはミリュー9の得点が比較的高い。ミリュー1は学歴が相対的に低く，専業主婦の比率が高い。またミリュー6も女性の比率が最も高く，専業主婦の比率も相対的に高いという特徴を持っている。他方，ミリュー9は大学卒の比率や（有職者中の）専門技術職の比率が全ミリュー中最高である。

ところが，政治知識の残る一つの領域である「制度」的知識に関しては，これとは全く異なるパターンが現れる。すなわちミリュー4，次いで5と3の得点が高い一方で，ここではミリュー12の得点が最も低く，次いでミリュー1と2の得点が低い。得点の高い三つのミリューはいずれも中学卒の比率が相対的に低く，また短大卒以上の学歴の者が4割台の半ばから5割という相対的に学歴の高いグループであり，これが大きな要因の一つであることは間違いなかろう。逆にミリュー1と2は，中学卒の比率が最も高い二つのミリューである。しかし，大学卒の比率の高い，相対的に高学歴のミリュー12において，最も得点の低い理由はここからは説明できず，更なる検討が必要であろう[14]。

政治知識とメディア接触との関連については，以下の点が指摘できる。同じ2009年データを用いて分析を行った平野（2010）は，3領域の政治知識に対するメディア接触の効果に関する重回帰分析の結果から，3領域すべての知識にプラスの効果を与えるものとして，NHKおよびANNのテレビ接触と対人ネットワークの豊富さを挙げている[15]。前章におけるミリュー抽出のための因子分析結果（表1－6，33頁）において，NHKの報道番組への接触は第Ⅰ因子に（マイナスの方向で）負荷しており，ANNの報道番組への接触と対人ネットワークの豊富さは第Ⅵ因子に（共にプラスに方向で）負荷していた。そこで，各ミリューにおけるこれらの因子得点を改めて見ていくと，第Ⅰ因子については因子得点がマイナス方向で大きいのはミリュー10, 12, 2，プラス方向で大きいのはミリュー5，第Ⅵ因子についてはプラス方向で（突出して）大きいのはミリュー11，次いで9，マイナス方向で大きいのはミリュー7，次いで8と2である。いずれも大枠としては，上記の傾向と一致するが，第Ⅰ因子のミリュー2のように矛盾する部分もあり，これも更に異なる

14　ミリュー12はケース数が最少のミリューであるため，少数のメンバーによってミリュー全体に関する指標が影響されやすいことにも留意が必要である。

15　平野（2010）の表5で，「テレビNHK」の「アクター」に対する効果の回帰係数がマイナス.08となっているが，これは.08の誤植であり，本文中の記述が正しい。

視点からの検討が必要であろう[16]。

(4) 政治参加

最後に，各ミリューの政治参加における特徴を見ていこう。調査では14の参加形態に関して「この5年間に経験した」ことがあるかどうかを聞いている。そこで，これらの質問への回答についての因子分析を行ったところ，四つの因子が得られた。その結果が表2－9である[17]。

これを見ると，第Ⅰ因子は有力なアクターへの接触や選挙運動の手伝いといった，どちらかと言うとエリート親和的な参加活動に関する因子（「接触・選挙運動」因子），第Ⅱ因子は請願書への署名，献金やカンパ，市民運動や住

表2－9　政治参加に関する因子分析の結果

	Ⅰ	Ⅱ	Ⅲ	Ⅳ
選挙で投票	.09	.14	.05	−.58
自治会や町内会で活動	.26	.47	−.15	−.17
地元の有力者と接触	.71	.10	.12	.04
政治家や官僚と接触	.72	.00	.24	.10
議会や役所への請願や陳情	.37	.32	.10	.29
選挙や政治に関する集会に出席	.65	.30	−.07	−.05
選挙運動の手伝い	.71	.11	−.07	−.12
市民運動や住民運動に参加	.24	.49	−.07	.16
請願書に署名	.22	.65	.15	.08
献金やカンパ	−.07	.69	.14	−.04
デモに参加	.08	.22	.01	.71
インターネットを通して意見を表明	.02	.07	.66	−.20
マスコミに連絡，投書，出演などをして意見を表明	.19	−.19	.64	.23
環境保護的，政治的，倫理的理由での商品購入あるいは購入拒否	−.01	.38	.57	−.01
寄与率（%）	16.4	13.0	9.6	7.9

注：主成分法，バリマックス回転後の負荷量。

16　平野（2010）の結果との関連でもう一点興味深いのは，そこでは週刊誌への接触の効果が「アクター」と「マニフェスト」においては有意なプラスの効果，「制度」に関しては有意なマイナスの効果となっていたことである。本章での分析結果から，ミリュー12は「アクター」と「マニフェスト」に関する知識は突出して高いが，「制度」に関する知識は最も低いことが明らかとなった。他方，前章の因子分析において週刊誌への接触が含まれるのは第ⅩⅡ因子であるが，この因子の得点が突出して高いのがミリュー12である。このグループの存在が，上述の平野（2010）の分析結果にも影響を与えているように思われるが，これらの変数間の因果関係に関しては今後さらに検討が必要である。

17　各参加形態について，過去5年間に経験があれば1，なければ0とコーディングし，主成分法による因子抽出の後，バリマックス回転を施した。

表2−10　各ミリューの政治参加

ミリュー	接触・選挙運動	献金・署名・市民運動	意見表明	デモ−投票
1	−0.25	−0.07	−0.16	−0.11
2	−0.04	−0.09	0.01	0.03
3	−0.24	−0.08	−0.09	−0.15
4	−0.10	0.06	−0.06	−0.04
5	−0.08	0.14	−0.01	−0.04
6	−0.07	0.10	−0.03	−0.05
7	−0.20	−0.16	0.01	−0.04
8	−0.01	−0.05	0.01	−0.14
9	0.91	0.78	0.09	0.35
10	−0.03	0.37	0.46	0.12
11	1.93	0.34	0.08	0.06
12	0.05	0.25	−0.14	−0.10
分散分析	p<.001	p<.001	p>.10	p>.10

注：数字は平均値。

民運動への参加といった相対的にエリート対抗的な政治参加に関する因子（「献金・署名・市民運動」因子）であることが分かる。また第Ⅲ因子は、インターネット、マスメディア、商品の購買等を通じた意見の表明に関する因子（「意見表明」因子）、第Ⅳ因子はプラス方向がデモへの参加、マイナス方向が選挙での投票という、（日本においては）比較的ラジカルな形態の参加か定常的な形態の参加かに関する因子（「デモ−投票」因子）と解釈できる。

そこで、各ミリューにおける、これら4因子の因子得点の平均値を見たものが表2−10である。

全体として、ミリュー11, 9、次いで10と12が積極的な参加を見せるグループ、他方ミリュー1, 3、次いで7などが消極的なグループであることが分かる。積極的な四つのミリューの中で、公明志向の強いミリュー11は、特にエリート親和的な「接触・選挙運動」において突出して積極的な参加を見せ、またエリート対抗的な「献金・署名・市民運動」においても顕著に積極的である。他方、「革新」志向の強いミリュー9は、エリート対抗的な「献金・署名・市民運動」と（分散分析の結果は有意ではないが）「デモ−投票」において突出して積極的（「デモ−投票」ではデモに積極的）であり、またエリート親和的な「接触・選挙運動」においても顕著に積極的である[18]。また「ネオリベラル」志向の強いミリュー10は、（やはり分散分析の結果は有意ではないが）「意見表明」において突出して積極的であり、「献金・署名・市民運動」についても積極的である。最後に、民主志向の強いミリュー12は、「接触・選挙運動」、「献金・署名・市民運動」、「意見表明」の3領域においてそれほど顕著とは言えないが相対的に積極的である一方、「デモ−投票」に関しては

18　「エリート親和的」というのは必ずしも特定の（特に保守的な）党派性を意味しているわけではないことに留意されたい。

「デモではなく投票」という志向を示している。これら四つのミリューのうち、ミリュー 11, 10, 12 は、いずれも先に見たように政治への関心や知識の最も高いミリューであり、政治への関心・知識と実際の参加との間に明確な関連が存在することが分かる。

他方、参加に消極的なグループの中では、民主／「革新」志向のミリュー 1 と 3 が、いずれも「接触・選挙運動」、「献金・署名・市民運動」、「意見表明」の 3 領域において消極的であり、また「デモ－投票」では「デモではなく投票」という志向である。また党派的志向において（相対的に自民志向ではあるが）特徴に乏しく、政治への忌避意識も強いミリュー 7 は、「献金・署名・市民運動」において最も消極的であり、また「接触・選挙運動」についても明確に消極的である。このほか、自民志向の最も強いミリュー 8 において「デモではなく投票」という明確な志向が見られること、同じく自民志向のミリュー 2 が「献金・署名・市民運動」に消極的であることなどが指摘できる。

以上の分析においては、投票参加は「デモ－投票」というトレードオフ的な因子に含まれていたため、投票参加自体へのコミットメントを見ることが難しい。そこで更に投票参加に対する意識をミリュー間で比較したものが表 2-11 である[19]。

「投票は義務」と考える者の比率はミリュー 12 で 9 割、次いで 11 と 9 で 8 割前後と、上記の参加に積極的なミリューとほぼ一致している。またミリュー 12 と 10、および（参加には消極的であった）ミリュー 1 において、「参加しなくてもよい」とする者は見られない[20]。他方、参加に消極

表 2-11　各ミリューの投票に対する意識

ミリュー	投票は義務	できるだけ参加すべき	参加しなくてもよい
1	74.4	25.6	0.0
2	64.6	31.2	4.2
3	75.0	21.4	3.6
4	64.9	33.0	2.1
5	62.1	32.2	5.6
6	68.6	27.3	4.1
7	60.0	31.5	8.5
8	66.7	30.8	2.6
9	78.6	19.0	2.4
10	65.0	35.0	0.0
11	81.0	13.8	5.2
12	90.0	10.0	0.0

注：数字は％。
Cramer's $V = .11$ $(p<.05)$

19　質問は三つの選択肢、すなわち「投票に行くことは有権者の義務であり、当然、投票に行かなくてはならない」、「有権者はできるだけ選挙に参加した方がよい」、「投票に行くかどうかは有権者が決めることなので、必ずしも選挙に参加しなくてもよい」から一つを選択する形式であり、表には各ミリューにおけるそれぞれの回答の比率（DK/NA は欠損値として除外）が示されている。

的であったミリュー7，次いでミリュー5において「投票は義務」と考える者の比率は6割程度と低く，また「参加しなくてもよい」とする者の比率が相対的に高い。

　そこで最後に，参加に積極的なミリューの特徴を，前章の分析結果に戻って更に考察してみると，まずミリュー10，11，12は男性，50代，60代，「自営」の比率が高い。またミリュー9，12，11は大学卒，「管理職」（11，12）あるいは「専門技術職」（9），年収800万以上の比率が高い。また団体加入や人脈の点でも，「地域・業界団体ネットワーク」因子および「市民団体・高等教育ネットワーク」因子に関しては，ミリュー9を筆頭に，ミリュー10，12で得点が高く，「宗教団体・後援会」への加入や「政治・行政」人脈を含む「政治的関与」因子に関しては突出してミリュー11の，次いで9の得点が高い。このほか「公志向」因子に関してはミリュー11を筆頭に，10，12の得点も高く，また「社会的関与」因子に関してはミリュー10の得点が突出し，ミリュー11の得点も比較的高い。全体として，政治への関心および参加度の高いミリューには，その基盤となる社会的および心理的な特性があることが明らかである[21]。

4　考察とまとめ

(1) 各ミリューの政治意識・政治行動における特徴

　まず，本章での分析から明らかとなった各ミリューの政治意識・政治行動における特徴を，前章で見た各ミリューの基本的な特性と関連付けながら整

20　表2－3（47頁）および表2－4（48頁）に示されている通り，ミリュー12と10では意識と一致するように，この選挙における棄権者が存在しないのに対し，ミリュー1では棄権者の比率が1割に近く，全ミリュー中最高である。

21　2005年SSM調査のデータに基づき政治参加に対する階層的要因の影響を分析した仁平（2011）は，「投票」，「政治や選挙への支援」，「市民運動への参加」，「ボランティア活動への参加」，「自治会町内会への参加」の五つの領域のいずれに対しても世帯資産は影響するものの，世帯年収の効果は「政治や選挙への支援」，「市民運動への参加」，「ボランティア活動への参加」に対しての影響は見られず，既存の多くの研究の知見と整合しないとしているが，本章での分析結果はむしろ既存の諸研究と整合的である。また仁平の分析結果には，教育年数や「自営」であることが全般的に見て参加を促進することが示されているが，これらの点については本章での分析結果と整合的である。

理しておこう。

　12のミリューは，その党派的な傾向によっていくつかのグループに分けられる。第一のグループ（ミリュー8, 2, 4, 7）は「保守」的な傾向を持ち，党派的には相対的に自民志向が強いグループであるが，その中でも最も突出した自民志向を示すのがミリュー8である。前章で見たとおり，このミリューの基本的な特性は，中規模の市に住む，男性，30代，自営，年収600万以上といった者の比率が相対的に高く，同窓会や日常的な生活に密着した人々との繋がりは豊富だが，市民団体や後援会などへの加入は少なく，管理・専門的な職業に就いている人々との繋がりにも乏しい。日経あるいは産経を購読し，国際的な開放性には否定的であり，政治に対する忌避意識もやや強い。本章で示されたのは，このミリューが支持政党，政党感情温度，投票政党のいずれにおいても突出した自民志向を見せ，また保革自己イメージ，「安全保障」，「参加」といったイデオロギーの次元においても明確な「保守」的スタンスを示し（同時に「ネオリベラル」に対しては否定的であり），国政に対する信頼感も高いが，国政への満足度は必ずしも高くはなく，政治への関心・知識・参加の程度も特に高くない，といった特徴である。言い換えれば，強い党派性を持ちながらも，政治への関与度はそれほど高くない人々である[22]。

　これに次いで「保守」的な性格を持つのがミリュー2である。このミリューは，女性がやや多く，学歴や年収が相対的に低く，無職の比率（有職者の中では「農林漁業」の比率）が相対的に高い。また消費者団体や労働団体への加入や，それに関連した人々との人脈にも乏しく，インターネットの使用も限られている。政治的有効感，伝統的価値の尊重意識が強い一方，政治に対する忌避意識も比較的強い。国際化へのオープンな意識が弱く，リスク回避志向が強い。本章では，このミリューが支持政党，政党感情温度，投票政党（相対的にではあるが）に関して明確な自民志向を持ち，保革自己イメージや「安全保障」に関するイデオロギーも「保守」的であること，地方政治や公共機関を信頼し，政治への満足度も高いが，政治的な関心や知識には乏

---

[22] 以上のミリューの特徴に関する記述について注意を要するのは，ここで示されたような人々が——例えば回帰分析の結果からシミュレートされるような意味での——「典型的な自民党支持者」である，ということを意味するものでは全くないということである。そうではなく，強い自民党支持者の中における「一つの」明確な特徴を持つグループであるという意味で理解する必要がある。これは以下の各ミリューに関する記述においても同様である。

しく，参加の程度も高くはないことなどが示された。言い換えれば，伝統を重んじ，政治の現状に満足し，リスクを避けるという意味で「保守」的な人々である。

　同じく「保守」的なグループに含まれるミリュー4は，属性的には目立った特徴はあまりないが，男性がやや多く，年収400万未満，有職者中の非ホワイトカラー労働者の比率などが比較的高く，将来に関する悲観的な意識が弱い一方，政治に対する監視意識や一般的信頼感はやや高かった。本章での分析は，このミリューが支持政党，政党感情温度，比例代表での投票政党（相対的に）などにおいて明確に自民志向であり，保革自己イメージや「平等」に関するイデオロギー次元においても「保守」的な立場（「平等」に関しては福祉の充実に否定的）を示し，また国政に対する信頼感，生活満足度，政治満足度のいずれもが高く，制度に関する知識も高い（ただし，参加度に関しては明確な特徴を持たない）ことを示した。ミリュー2と比較して，相対的に若く，男性が多く，生活の現状に満足し将来にも楽観的で，自民中心の政治への信頼と満足を感じている人々と言えるだろう。

　最後に，「保守」的なグループの中で，その性格が最も希薄であるのがミリュー7である。属性的には，小都市居住，女性，有職者の中では非ホワイトカラー労働者の比率が高く，大学卒の比率は最も低い。そして宗教団体や後援会への加入が少なく，政治に対する忌避意識が最も強く，政治的有効感や伝統的価値の尊重意識はやや弱い。本章の分析から，このミリューが，支持政党や比例代表での投票政党においては（相対的に）自民志向であるものの，「純支持無し」の率も同様に高く，また政党感情温度においても自民志向は明確でないこと，イデオロギー的にも「保守」的な性格は特に見られないこと，政治への関心，知識，投票義務感なども低く，参加にも消極的であることなどが明らかになった。基本的に政治に対して消極的，忌避的であるが，敢えて選ぶとすれば自民，といった人々と言えよう。

　さて，支持政党や政党感情温度に関しては自民志向が見られるミリュー10ではあるが，その性格は上記の四つのミリューとはいささか異なるものであった。属性的には，男性，60代，高校卒，自営および無職の比率が高く，40代以下，事務職や非ホワイトカラー労働者の比率が低い。地域団体，業界団体への加入やそれらの役職者との人脈が比較的多く見られ，TXN系列およびNHKの報道番組への接触が多い。また社会への関与の意識，公志向，社会的支配志向，反民主主義的団体への寛容度，個人的自由の意識が高い一方，国

際化に対するオープンな意識，政治に対する監視や働きかけの意識，一般的信頼感，保守的権威主義の傾向，疎外感などは低かった。本章での分析は，このミリューが支持政党や政党感情温度においては自民志向であるものの，投票政党に関しては自民と民主に分かれ，またイデオロギー的には「参加」と「平等」の次元に関しては「保守」的スタンス（言い換えれば，「反平等・競争志向」）を示すと同時に，明確な「ネオリベラル」的な志向を持つものであることを明らかにした。また国政への信頼感や政治満足度は高いが，メディア，公共機関，労働団体などに対する信頼感は低く，低い階層への帰属意識を持つ。政治に対する関心，知識，投票義務感が高く，政治への参加度も高い，といった特徴も示された。社会的支配志向に裏打ちされた「ネオリベラル」志向の強い，また政治への関与度の高い人々であると言えるだろう。

次に，自民のパートナーである公明への強い志向を見せるのがミリュー11である。属性的には，男性，50〜60代，自営，年収400万〜600万および800万以上の比率が相対的に高い[23]。宗教団体や後援会を含む様々な団体に加入し，専門・管理的な職業や政治・行政に関わる人々との人脈も豊富で，政治に関する話をする人の数も多い。政治への忌避意識が突出して低く，政治に対する監視や働きかけの意識，公志向，一般的信頼感が高い一方，保守的権威主義の傾向，疎外感，個人的自由の意識などは相対的に低い。本章での分析により，このミリューが支持政党，政党感情温度，比例代表での投票政党などにおいて突出して公明志向であり，また政党感情温度や小選挙区での投票政党に関してはパートナーである自民にも非常に好意的であるが，その一方でイデオロギー的には「安全保障」の次元で「革新」的なスタンスであることが示された。また地方政治への信頼感が突出して高く，政治満足度も高い。階層帰属意識が低い一方で，生活満足度は高く，政治への関心，知識，投票義務感も高い。参加に対しても積極的である。強い公明志向と高い政治・社会的な関与度を示す人々である。

次に，程度の差はあるが相対的に「革新」的な傾向を持つグループ（ミリュー9，1，3）について整理しよう[24]。まず，最も「革新」的な性格が顕著

---

[23] ここでも，このミリュー11が「典型的な公明党支持者」像ではないことに注意が必要である。通常の回帰分析のような手法で公明党支持者の特徴を分析した場合，階層的には低い属性が公明党支持に繋がるという結果となることが多い。例えば平野（2007）においても，学歴，居住形態，収入に関して低いほど公明党支持に繋がりやすいという結果となっている。

であるのがミリュー9である。属性的には，女性，40代～50代の比率が相対的に高く，大学卒の比率も最も高い。有職者中の専門技術職の比率，年収800万以上の者の比率も全ミリュー中最高。NPO・NGO，ボランティア団体，住民・市民運動団体，地域団体，業界団体などへの加入が多く，管理・専門的な職業に就いている者や地域団体・業界団体の役職者などとの人脈も全ミリュー中最も豊富である。社会的支配志向，反民主主義的団体への寛容度が突出して低く，伝統的価値の尊重態度も相対的に低い。政治に対する忌避意識が低い一方で，政治的有効感はやや低い。本章での分析は，このミリューが支持政党，政党感情温度，投票政党などにおいて（他のミリューと比べて相対的に）社民，共産両党に好意的であり，また投票政党に関しては（相対的に）民主への投票率が低いことを明らかにした。また保革自己イメージ，「安全保障」，「平等」といったイデオロギー次元においては明確な「革新」的スタンスを示す（また反「ネオリベラル」的な志向も示す）こと[25]，労働団体などに対する信頼感は高いが，国政に対する信頼感は低く，政治満足度も低いこと，高い階層帰属意識を持つこと，マニフェストに関する知識，投票義務感が高く，参加（特に「献金・署名・市民運動」や「デモ」）の程度も高いことが示された。一方において客観的・主観的に高い階層に所属していながらも，「革新」的イデオロギーを持ち，自民中心の政治に不満を抱き，社共両党へのシンパシーが相対的に強く，政治的関与度も高い人々と言えよう。

　次いで「革新」的な性格が強いのはミリュー1である。このミリューは，小規模の市や町村居住者が多く，年齢的に中高年層に偏っており，学歴や年収が相対的に低く，非ホワイトカラーの労働者や専業主婦の比率が高い。NPO・NGO，ボランティア団体，住民・市民運動団体などへの加入は少なく，管理・専門的職業に就いている者との人脈にも乏しい。保守的権威主義の傾向が強く，疎外感や政治的な無効感も強いが，一般的信頼，個人的自由の意

24　ここで「革新」的傾向という場合，あくまでもミリュー間での相対的な傾向を意味することに注意されたい。表2－1で見たとおり，これら三つのミリューにおいても，社民，共産支持者よりも自民，民主支持者の方がはるかに多い。

25　ただし，先述のとおり「革新」志向のグループであれば明確に肯定的な態度を示すであろう「参加」に関しては，そうした傾向が全く認められない。すでに高い階層的地位にあるために，女性や労働者の地位向上のための施策や公務員のスト権については否定的であるのかも知れない。この点，第一部の導入部分で紹介したCrouch (2004) のミドル・マスの議論とオーバーラップする部分があり興味深い。

識，政治への監視意識も比較的高い。また社会的支配志向，伝統的価値の尊重意識，公志向は弱い。ここでの分析は，このミリューが支持政党，政党感情温度，投票政党において民主志向であると同時に，支持政党や政党感情温度の面で他のミリューと比較して相対的に社共両党へのシンパシーが見られる（また反自民的な意識が見られる）こと，小選挙区での投票においても共産への投票率が相対的に高いこと，保革自己イメージや「参加」の次元においてイデオロギー的にも「革新」の立場を示していることを明らかにした。また労働団体などへの信頼感は高いが生活満足度，政治満足度はともに低く，アクターや制度に関する知識も低い。政治への参加度も押し並べて低く，投票義務感はやや高いものの，2009年衆院選で棄権した者の率は全ミリューで最も高い。やや上の世代に属し，自民へのネガティヴな意識と「革新」へのシンパシーを抱くが，政治的な関与度は低い人々であるように見える。

最後のミリュー3は，上記の二つのミリューに比べて「革新」的な性格はかなり希薄である。このミリューは，女性，60代，短大卒，専業主婦などの比率が相対的に高い。地域団体・業界団体への加入や，それらの団体の役職者との人脈に乏しい。朝日新聞を購読し，政治的有効感，伝統的価値の尊重意識が比較的強く，保守的権威主義の傾向や疎外感は相対的に弱い。本章での分析は，このミリューが，支持政党に関しては民主志向を持つと同時に，他のミリューと比較して相対的に社民の支持率も高く，また政党感情温度においても，相対的に社民に好意的である（そして自公に非好意的である）ことを明らかにした。ただし，比例代表での投票政党に関しては明確な特徴を持たず，小選挙区での投票政党については民主志向である。「安全保障」の次元において「革新」的スタンスを示し，政治的満足度が低い。また制度に関する知識は高いが，参加については全ての次元において消極的である。比較的年配でやや学歴の高い女性を中心とし，民主と並んで社民へのシンパシーも抱く（そして自民へのネガティヴな意識を持つ）が，政治的関与度は低い人々というイメージである。

先に見たミリュー8は強い自民志向を持つミリューであったが，同様に強い民主志向を持つのがミリュー12である。属性的には，50代〜60代，大学卒，有職者（その中では管理職，事務職，商工サービス）の比率が相対的に高く，年収400万未満の比率が低い。地域団体・業界団体などへの加入や，それらの団体の役職者との人脈はやや多い。物質主義的で私生活志向が強く，政治への監視や働きかけの意識が弱い。一般的信頼感も低いが，心の豊かさや愛国

心は重視する。本章での分析から，このミリューは支持政党，政党感情温度，投票政党に関して明確な民主志向を持ち（ただし，支持政党に関しては「純支持無し」の率もすべてのミリューの中で最も高い），イデオロギー的には保革自己イメージ，「安全保障」，「参加」の各次元で「革新」的なスタンスを示す一方，「ネオリベラル」志向も強い（そして「平等」の次元では明確な傾向を示さない）ことが明らかとなった。また地方政治，公共機関，労働団体などへの信頼感は低いが，高い階層への帰属意識を持ち生活満足度も高い[26]。政治への関心，アクターやマニフェストに関する知識が高く（ただし制度に関する知識は低い），投票義務感や参加度も高い（ただし，「デモか投票か」に関しては明確な「投票」志向）といった特徴も示された。要約すれば，「安全保障」次元における「革新」的な志向と，経済・社会的な領域における「ネオリベラル」志向を伴う明確な民主志向を持ち，高い政治的関与を示す人々である。

　残る二つのミリュー，すなわちミリュー5と6は，相対的に党派性の弱いミリューであるが，2009年衆院選においては民主寄りのスタンスを示したグループと言える。まずミリュー5は，属性的には，40代以下，勤め（その中では事務職），年収400万～800万の比率が相対的に高い。PTA，消費者団体，労働団体などへの加入が多く，労働組合や役所の役職者との人脈も豊富で，インターネットの利用度も高い。社会的支配志向や反民主主義的団体への寛容度が高い一方，将来に関しては悲観的，といった特徴を持つ。ここでの分析結果から，このミリューが支持政党においてはやや民主寄りといった程度であるが，政党感情温度および投票政党においては明確に民主志向（そして反自民志向）であることが示された。またメディアへの信頼感は高いが国政への信頼感は低く，制度的な知識は高いが投票義務感は低い，といった特徴も明らかとなった。すなわち，相対的に最も若く，インターネットの情報などにも接し，固い政党支持やイデオロギー的なスタンスよりもその時の好感によって民主に投票した人々と言えるだろう。

　最後のミリュー6も民主寄りとは言え，その性格はより希薄なものである。このミリューは，属性的にもあまり目立った特徴は無いが，女性の比率が最

---

[26] これらのイデオロギー的志向や信頼感における特徴――「参加」における「革新」的傾向は見られるが――から，このミリューが先述のミリュー10に次いで比較的明確な「ネオリベラル」志向を持つことが窺える。

も高く，専業主婦の比率も相対的に高い。またブロック紙を購読し，社会的支配志向がやや高く，政治的有効感，伝統的価値の尊重意識がやや低い。本章の分析結果は，このミリューが，支持政党においては明確な傾向を示さない（また「純支持無し」の率も比較的高い）が，政党感情温度および小選挙区での投票政党に関しては明確な民主志向を示すこと，イデオロギー的には「平等」の次元において「革新」的な立場を示すことを明らかにした。また，生活満足度が低く，アクターに関する知識にも乏しいといった特徴も示された。基本的には党派性が希薄で，社会との関わりにも乏しいが，この選挙においては感情的な好感から民主に投票した人々であると考えられる。

以上，同じ党派的な志向を持つミリューの間でも，その生活環境や社会意識における特徴は様々であり，また政治意識や政治行動においても相互に異なる部分が多いことが明らかとなった[27]。社会的ミリュー概念を用いたアプローチの意義の一つが，ここにある。

(2) 政党と社会の関係

社会的ミリューの概念を用いるアプローチのもう一つの大きな意義は，政党と社会の関係についての重要な知見をもたらしてくれることである。

---

[27] 例えば，平野（2007）は，社会心理学的な変数の中で「権威志向」が最も明確に自民支持に繋がる効果を持つことを明らかにした。同様に，2009年衆院選後に実施された全国郵送調査データを分析した伊藤（2011）も，「権威主義」（本書での「保守的権威主義」に近い），「競争主義」（本書での「社会的支配志向」に近い），「愛国主義」，「外国人権利意識」（マイナスの方向で），「生活満足感」などが自民支持にプラスの効果を与える（ただし，「権威主義」や「愛国主義」は民主党支持にもプラスの効果を示す）ことを明らかにしている。さらに2005年SSM調査データを分析した轟（2011）も，「権威主義」の効果はかつてより弱まってはいるものの，やはり自民支持とプラスの相関が見られることを示している。しかし本章の分析結果は，各ミリューの党派的志向と保守的権威主義や社会的支配志向の強さとの関係は単純ではないことを示している。例えば，保守的権威主義が強く社会的支配志向が弱いのは，「革新」／民主志向のミリュー1，社会的支配志向が強く保守的権威主義が弱いのは「ネオリベラル」志向で党派的には自民，民主双方への志向が見られるミリュー10，社会的支配志向が強く保守的権威主義は平均的であるのは民主寄りのミリュー5，保守的権威主義が弱いのが公明志向のミリュー11，社会的支配志向が弱いのが「革新」志向のミリュー9で，自民志向の強いミリュー8はいずれの次元においても特に権威主義的というわけではなかった。これらの結果が意味するところについては，今後さらに検討を続けていきたい。

第一に，分析の結果，明確な党派的あるいはイデオロギー的な特徴を持つミリューが五つ，すなわち自民志向のミリュー 8，公明志向のミリュー 11，民主志向のミリュー 12,「革新」志向のミリュー 9,「ネオリベラル」志向のミリュー 10 が析出された。しかし，これらのミリューに属する回答者の数はいずれも少なく，五つのミリューを合わせても，全ミリューに属する者の 11.3％に過ぎない（表 1 − 7 ，36 頁参照）。さらに，このうちミリュー 8 は政治的な関与度が必ずしも高くはなく，政治的にもアクティヴである残り四つのミリューに属する回答者は，全体の 8.9％のみとなる。このように，明確な党派性を持ち，政治的にもアクティヴなミリューは確かに存在はするが，それは社会全体から見て，かなり小さな部分に留まっている。

　第二に，その他のミリューにも，濃淡の差はあれ何らかの党派色は見られるが，それらはすべて政治的関与度が低く，また多くのミリューが明確な政策イデオロギー上のスタンスを示さない。また以下にも見るとおり，支持政党と投票政党の一貫性にも欠ける。そして上述の党派色にしても，それが何らかの社会構造上の分界線に沿って形成されたものには見えない。これらの点から考えると，回答者の大部分を含むこれらのミリューの性格は，Crouch (2004) の言うミドル・マスに近いものであるように思われる。これを政党の側から見れば，今日の日本の政党が押し並べて社会の中に根を下ろしていない，そしてこれが日本の政治におけるヴォラティリティの大きな原因なのではないか，ということになる。

　そして第三に，以上の点は，日本における 2 大政党的な政党システムのあり方を考える上で特に重要なインプリケーションをもたらす。すなわち，一方において相対的に自民志向の強いミリューにしても，その政治・社会意識上の特徴として見られたのは「伝統志向とリスク回避的態度」（ミリュー 2 ），「現状への満足と将来への楽観」（ミリュー 4 ），「政治を忌避した上での消極的選択」（ミリュー 7 ）などであり，何らかの積極的な理由に基づく自民への支持とは異なるように見える。他方，相対的に民主志向の強いミリューに関しても，その政治・社会意識上の特徴は「反自民志向」（ミリュー 1 , 3)[28],「民主への明確な支持や政策的志向には基づかない感情的な好感」（ミリュー

28　これら二つのミリューは，先の整理では「革新」志向のミリューに分類したが，「自民か民主か」という点においては明らかに民主志向であるため，ここでは民主志向のミリューに含めて論ずる。

5，6）など，やはり積極的な理由に基づく民主への支持ではないように思われる。すなわち，自民を選択した者の多くは現状維持やリスク回避といった消極的な理由で選択を行い，民主を選択した者の多くは現状への不満と一時的な感情で選択を行った可能性がある。特に政治的な関与度の低い四つのミリューに関しては，自民志向のミリュー2と4で政治満足度が高く，民主志向のミリュー1と3で政治満足度が低いことから，これらのミリューに関しては，政治や社会の現状に対する満足／不満の意識が，自民／民主という2大政党的なプラットフォーム上での選択にそのまま表れたとの推測も可能である[29]。

　いずれにしても，2009年衆院選の時点における「2大政党」は，いずれも社会構造の中に堅固な広がりを持った基盤の上に立つものではなく，また積極的な「政治的・政策的」な選択の対象でもなかったと言えるのではなかろうか。言い換えれば，有権者にとって，これら二つの政党のいずれかを支持する積極的な理由が存在しなかった可能性がある。それは，一方において，表2－1に示されたように，支持政党に関してはミリュー12を除く全てのミリューにおいて自民への支持率が民主への支持率を上回っている（ミリュー1を除き，その差はかなり大きい）にもかかわらず，表2－1と表2－3に見られるように，政党感情温度に関してはミリュー11を除く全てのミリューで，また比例代表での投票政党に関してはミリュー8を除く全てのミリューで，それぞれ民主への好意度や投票率が——多くの場合，大きな差をもって——上回っているところにも示されていよう。二つの政党の一方を支持する確固とした理由がないからこそ，政党支持と感情温度や投票行動の間に一貫性が見られず，これが先述のとおり政治的なヴォラティリティの亢進に拍車をかけているのではないかと考えられる。この点については次の第3章でさらに検討を加える。

　他方において，仮に有権者が政党間の選択に何らかの積極的な意味を見出していたのであれば，そこには自分自身の利益や各党の政策的な立場に関する一定の認識が存在していなければならず，それが実際にどの程度存在していたのかが経験的に検証されなければならない。以下本書の第二部（特に第4章，第5章）ではこの点を集中的に検討する。

29　自民に対する不満の受け皿としての民主という視点については前田（2011）も参照。

第3章
2大政党間での投票移動と政治的ミリュー

1　はじめに

　序章で述べた通り，2000年代後半以降の日本政治を大きく特徴付けるものの一つがヴォラティリティの高まりである。特に選挙におけるヴォラティリティの亢進が，政治過程全体のヴォラティリティを高めていると言っても過言ではなかろう。

　こうした選挙におけるヴォラティリティ亢進の原因として注目を集め，また研究の対象ともされてきたのが自民，民主という，この時期における「2大政党」間での投票移動，特に同一の有権者内における投票政党の振れである。

　山田（2010, 2012）は，2005年衆院選では自民党に投票し，2009年衆院選では民主党に投票するという「スウィング・ヴォーティング」を行った有権者（「スウィング・ヴォーター」）の特性を，JES Ⅳの2009年衆院選調査データに基づき分析し，「スウィング・ヴォーター」は自民党継続投票者に比べて麻生内閣への期待度が低く，民主党の政権担当能力を高く評価している（山田，2010），また政治的会話の相手の中に麻生内閣や自民党を支持している者が少なく，投票理由としてより政策志向が強い，ただし政治的な知識や関心，インターネットの利用等に関しては顕著な差が見られない（山田，2012），といった諸点を明らかにした[1]。

　1　山田（2010）では小選挙区と比例代表の双方での投票行動について，また山田（2012）では主として比例代表での投票行動についての分析が行われている。これら

また，東京大学・朝日新聞社共同世論調査の2009年有権者調査データを分析した谷口（2010）は，2005年には自民，2009年には民主に投票した「スウィッチャー」は，伝統的保守色を薄く持ちながらも，自民あるいは民主に一貫して投票した有権者に比べて「小さな政府」志向で「基礎年金は税方式」を支持，やや若めといった，かつて小泉政権を支持したであろう保守的改革派の有権者像を思い起こさせるとしている。

　更に，2009年衆院選後に実施された郵送調査データに基づき，2005年は自民，2009年は民主に投票した「時流層」の分析を行った米田（2011）は，「時流層」は2回とも自民に投票した「自民忠実層」に比べて生活満足度，愛国主義，競争主義が低い（弱い）一方，外国人権利意識，セキュリティ意識などが高く，また2回とも民主に投票した「民主忠実層」に比べて権威主義，愛国主義，政党制不信が強いことを明らかにした。そして，「時流層」はイデオロギー的には「自民忠実層」と「民主忠実層」の中間（言い換えれば特徴がない）であり，また小泉内閣後の自民党政権がネオリベラリズムから方向転換したことに反発するネオリベラル派が民主党に投票先を転じたのか，小泉内閣のネオリベラル的政策が格差を拡大させたことに不安を感じ反ネオリベラルとなった人達が投票先を民主党に変えたのか，という問いに対しては，後者がより妥当な解釈であると論じている[2]。

　本章では，これらの研究と関心を共有しつつ，やや異なる理論的および方法論的なアプローチにより，選挙政治におけるヴォラティリティを引き起こす，こうした2大政党間での投票移動について分析を行いたい。すなわち，本書全体を貫く問題関心である，政党と社会との関係——より正確に言えば，前章で示唆されたような政党と社会との関係の希薄さ——という視点から，前章までと同じミリューの分析によって，誰がヴォラティリティを引き起こしているのかを明らかにしていきたい[3]。

　　いずれの分析においても，2005年における投票政党は，2009年の調査時になされた回顧質問への回答によるものである。また小選挙区での投票行動の分析に関しては，2回の選挙のいずれにおいても，その選挙区で自民，民主双方の候補者が立候補している回答者のみが分析対象となっている。

2　分析は比例代表での投票行動を対象としており，またここでも2005年の投票政党は回顧質問への回答によるものである。

3　分析手法の点では，上記の諸研究はいずれも2項あるいは多項ロジスティック回帰分析によって，投票先を変更した者が自民や民主に一貫して投票した者と比べて

以下，第2節では2005年衆院選から2009年衆院選にかけての投票移動，第3節では2009年衆院選から2010年参院選にかけての投票移動，第4節では2005年，2009年，2010年の3回の国政選挙を通じての投票移動について分析を行った上で，最後の第5節で全体的な考察とまとめを行う。

2　2005年衆院選から2009年衆院選にかけての投票移動

　2005年衆院選とそれに続く2009年衆院選は，前者が小泉内閣の下で自民党の大勝，後者が麻生内閣の下で民主党の大勝による政権交代という，全く対照的な結果となった――その意味で，2000年代の政治的ヴォラティリティを象徴する――選挙であり，この2選挙間での投票移動についてすでにいくつかの分析がなされていることは上述の通りである[4]。

　本節では，前章までに分析してきた各ミリューにおいて，この2005年衆院選から2009年衆院選にかけてどのような投票移動のパターンが見られるかを考察する。2大政党間での移動に着目するため，投票パターンは小選挙区と比例代表のそれぞれについて「自民→自民」，「自民→民主」，「民主→自民」，「民主→民主」，「その他」の5パターンに分けることとした[5]。言うまでもなく，最も注目されるのは「自民→民主」のパターンである。なお，小選挙区

　　　　どのような特徴があるかを明らかにしようとしたものである。これに対して本章の分析は，どのような集団（統計的に析出されたものではあるが，実際に存在する）がヴォラティリティを引き起こしているのかを明らかにしようとするものであり，山田（2012）が示した社会的ネットワークの効果に対しても別の側面から光を当てることが期待できる。

4　これら二つの選挙の間には，国政選挙として2007年参院選が行われ，2年前の衆院選で大勝した自民が大敗し，国会が「ねじれ」状態となった。従って，2005年→2007年，あるいは2007年→2009年という選挙間での投票先の移動も分析対象とすべきであるかも知れないが，ここでは上記の先行研究と同様に2005年→2009年という衆院選間における移動に分析対象を絞ることとした。なお，今井（2013）が示唆するように（注8参照），二つの衆院選間の振れと，ある衆院選とそれに続く参院選の間での揺り戻しには，それぞれ異なる論理が働いている可能性もある。こうした点については，次節における2009年→2010年の移動に関する分析の中で考察を行う。なお，2005年→2007年の移動を含めた分析についても今後の課題としたい。

5　データは2009年衆院選調査のデータを用い，2005年の投票政党については，2009年調査における回顧質問への回答を用いている。また2005年と2009年のいずれかの選挙で投票しなかったと回答した者は分析から除外した。

での投票に関しては，それぞれの回答者の選挙区における各政党の立候補状況を考慮せずに分析が行われていることに留意されたい6。各ミリューの投票パターンは表3－1（比例代表）および表3－2（小選挙区）の通りである。

まず比例代表での投票について見ていくと，「自民→自民」という一貫して自民に投票した者が相対的に多いミリューは，ミリュー8，次いで2，10である。このうちミリュー8と2は，前章で見た通り自民志向の強いミリューであり，この結果は納得できるものである。他方ミリュー10は「ネオリベラル」志向のミリューであり，2005年には高い比率で自民に投票していたのが，2009年には「自民→自民」グループと「自民→民主」グループに分かれたと見ることができる。逆に「自民→自民」の比率が相対的に低

表3－1　2005年→2009年の投票パターン
（比例代表）

ミリュー	自→自	自→民	民→自	民→民	その他
1	16.1	29.0	0.0	29.0	25.8
2	34.3	25.6	1.7	17.4	20.9
3	23.9	16.8	1.8	27.4	30.1
4	30.7	17.3	1.3	21.3	29.3
5	21.5	25.2	0.0	27.4	25.9
6	27.5	18.1	0.5	28.0	25.8
7	31.7	27.1	1.5	20.6	19.1
8	44.1	17.6	2.9	14.7	20.6
9	25.7	17.1	0.0	17.1	40.0
10	33.3	27.8	0.0	16.7	22.2
11	26.0	18.0	0.0	10.0	46.0
12	18.8	18.8	0.0	31.2	31.2

注：数字は％。
Cramer's $V = .12$ ($p<.05$)

表3－2　2005年→2009年の投票パターン
（小選挙区）

ミリュー	自→自	自→民	民→自	民→民	その他
1	18.2	30.3	0.0	33.3	18.2
2	40.7	22.9	2.3	18.4	15.8
3	24.0	18.3	1.9	37.5	18.3
4	36.0	20.0	2.7	26.7	14.7
5	27.9	27.2	1.5	26.5	16.9
6	31.2	21.6	2.3	27.8	17.0
7	40.7	23.2	1.5	20.6	13.9
8	42.4	27.3	6.1	12.1	12.1
9	32.4	11.8	5.9	23.5	26.5
10	38.9	27.8	0.0	22.2	11.1
11	52.0	20.0	0.0	12.0	16.0
12	11.1	33.3	0.0	44.4	11.1

注：数字は％。
各党の立候補状況は考慮していない。
Cramer's $V = .12$ ($p<.05$)

いのは，民主志向（あるいは民主／「革新」志向）の強いミリュー12と1，そして弱い民主志向のミリュー5である。

また「民主→民主」という一貫して民主に投票した者が相対的に多いミリ

6　いずれの選挙においても自民，民主両党の候補者が立候補している選挙区の回答者のみを分析対象とすることが望ましいが，2005年選挙時点での回答者の居住選挙区を特定できないため，以下の各節の分析も含め，本章での分析においては各選挙区の立候補状況は一律に考慮しないこととした。

ューは，民主志向の強いミリュー 12, 1, 3, そして弱い民主志向のミリュー 5, 6であり，こちらも党派的志向との矛盾はない。

　そこで「自民→民主」と投票先を変えた者について見ていくと，こうした者が相対的に多いのはミリュー 1, 10, 7, 2, 5などである。このうちミリュー 1, 5は，前章で見た通り，2009年において民主への投票比率が最も高い四つのミリューのうちの二つであるが，それはこれらのミリューにおいて自民から民主に投票政党を変えた者が多かったためであることが分かる。これら二つのミリューでは「自民→自民」の比率よりも「自民→民主」の比率の方が高く，自民から民主への移動の大きさが分かる。「革新」志向の強いミリュー1でこのような移動が顕著である——すなわち，2005年にはかなりの者が自民に投票していた——ことはやや意外であるが，その理由としては，2005年における小泉首相の「既得権打破」的な方向性や従来型の自民党政治との対決姿勢などが，このミリューに属する人々を引きつけたことが考えられる。これが2009年には民主へと移動したのは，一方において彼ら／彼女らが小泉内閣のネオリベラル的改革の結果に不安を感じたからであるとも考えられるが，他方において小泉改革がその後の自民党内閣では後退したことへの不満によるものとも考えられる。より若く，社会的支配志向の強いミリュー 5についても，小泉改革の後退が投票移動の理由になっている可能性は高いと思われるが，ここでの分析からはそれ以上の確証を得ることは難しい。他方，ミリュー 2と7は2009年における自民への投票率が相対的に高いミリューであったが，それでもこれらのミリューにおいて「自民→民主」というパターンがかなりの比率で見られる。ただし，これは，これらのミリューが2005年において自民への投票率が相対的に高かったことを反映した結果であるかも知れない。また，これら二つのミリューが政治への忌避意識，関心，参加程度などの点から，総じて政治に対する関与度が低いミリューであることも，ヴォラティリティの観点からは興味深い。最後に，「ネオリベラル」志向や社会的支配志向の強いミリュー 10で「自民→民主」の比率が高かったのは，自民のネオリベラル路線からの方向転換に不満な層がこのミリューに多く含まれていたことによるものではないかと思われる[7]。

　7　ここでの推測どおり，小泉改革の後退に不満を感じたために自民から民主へと投票先を変えた者がミリュー 10やミリュー 5に多く含まれているとすれば，先に見た米田（2011）の解釈に一定の留保を迫るものとなろう。ただし，「革新」志向のミリュー 1の移動者の中には小泉改革の結果に不安を感じた者も多く含まれていると考

これら以外のパターンに関しては，予想される通り，「民主→自民」という移動はほとんど見られない。また「その他」のパターンに関して，公明志向のミリュー11，社民，共産という「革新」志向のミリュー9でその比率が特に高いことも予想される通りである。

次に小選挙区に関する結果を見ると，「自民→自民」の比率が最も高いのはミリュー11である。公明志向のミリュー11は，多くの場合，選挙区に公明の候補者がいないため，連立のパートナーである自民の候補に一貫して投票していることが分かる。次いで，比例代表と同様にミリュー8と2，そしてここではミリュー7が相対的に高い比率を示している。逆にミリュー12と1でこのパターンが少ないのも比例代表と同じである。他方，「民主→民主」も比例代表と同様，ミリュー12，3，1でその比率が高い。

注目の焦点である「自民→民主」に関しては，ミリュー1，10，5でその比率が高いことは比例代表の場合と同様であるが，ここではミリュー12と8も相対的に高い比率を示している。ミリュー12は2009年においては民主志向の最も強いミリューであるが，それでも2005年には小選挙区で自民に投票した者が一定数あったのが，2009年にはその多くが民主に移動したことが分かる。逆にミリュー8は最も自民志向の強いミリューであるが，それでも2009年選挙においてはかなりの数が民主に移動したことが分かり興味深い。

このほか，「民主→自民」のパターンは総じて極めて少ないこと，「その他」に関してはミリュー9が高い比率を示すことも比例代表と同様である。

3　2009年衆院選から2010年参院選にかけての投票移動

次に2009年衆院選から2010年参院選にかけての投票移動について同様に集計した結果が表3－3（比例代表／比例区）および表3－4（小選挙区／選挙区）である。この二つの選挙の間隔が約10カ月しかない，また2010年選挙は政権に対する中間評価的な意味を持つ参議院選挙である[8]，といった点に

　えられるため，実際にはこれら二つの相反する理由が同時に働いたと考えるのが妥当であろう。

8　ただし，参院選の性格に関しては，政権に対する単純な中間評価以上の意味があるかも知れない。今井（2013）は，2003年から2010年にかけての6回の国政選挙における投票行動の分析から，イデオロギー的に自民と民主の中間にある有権者の一部は，総選挙では政権に就く可能性の高い政党の候補者に投票し，それに続く参院

表3－3　2009年→2010年の投票パターン
（比例代表／比例区）

ミリュー	自→自	自→民	民→自	民→民	その他
1	7.4	3.7	3.7	48.1	37.0
2	28.3	4.0	5.1	28.7	33.8
3	13.8	7.4	7.4	37.2	34.0
4	23.8	1.6	0.0	33.3	41.3
5	13.5	2.9	5.8	33.7	44.2
6	21.4	2.9	3.6	32.9	39.3
7	20.3	3.9	4.6	26.8	44.4
8	32.1	0.0	3.6	21.4	42.9
9	18.5	0.0	3.7	25.9	51.9
10	21.4	0.0	0.0	42.9	35.7
11	20.0	0.0	5.0	15.0	60.0
12	13.3	0.0	6.7	40.0	40.0

注：数字は％。
Cramer's V ＝ .12（p>.10）

表3－4　2009年→2010年の投票パターン
（小選挙区／選挙区）

ミリュー	自→自	自→民	民→自	民→民	その他
1	11.5	3.8	11.5	53.8	19.2
2	36.5	6.9	7.9	27.4	21.3
3	18.7	5.5	6.6	44.0	25.3
4	29.7	4.7	4.7	37.5	23.4
5	17.3	6.7	5.8	35.6	34.6
6	23.9	5.8	7.2	37.0	26.1
7	24.8	9.8	5.9	27.5	32.0
8	25.9	3.7	7.4	29.6	33.3
9	25.9	11.1	0.0	33.3	29.6
10	14.3	0.0	0.0	50.0	35.7
11	55.0	0.0	2.5	17.5	25.0
12	12.5	0.0	18.8	31.2	37.5

注：数字は％。
各党の立候補状況は考慮していない。
Cramer's V ＝ .14（p<.01）

留意しながら，この結果を検討していこう9。

まず比例代表／比例区から見ていくと，ここではCramerのV係数は10％水準で有意ではない。すなわち，統計的には五つの投票パターンとミリューの間に何らかの関係があるとは言い切れないが，これを念頭に置いたうえで，特徴的な数値を確認しておこう。

まず，与党となった民主党に一貫して投票した「民主→民主」パターンに関しては，ここでも民主志向の強いミリュー1，12，3，そして新たに「ネオリベラル」志向のミリュー10でその比率が高い。ミリュー10に関しては，2009年衆院選で自民から民主に投票移動した者の多くがそのまま民主支持に留まった様子が窺える。

また，「自民→自民」につい

選では野党第一党に投票することにより，政策的なバランスを取ることを意図した「（時間差を伴う）分割投票」を行っている可能性を示唆している。この点については，以下においても検討を加えたい。

9　本節の分析において前節での分析と方法論的に異なるのは，前節の分析では2005年の投票政党は回顧質問への回答を用いていたが，本節の分析ではパネル調査の特性を活かして（同時に，2009年時点のミリューを分析の枠組とするため），2010年の投票政党は2010年調査における実際の投票政党に関する質問への回答を用いている点である。このため，分析対象は，2009年と2010年のいずれの調査にも回答した者

ても，やはり自民志向の強いミリュー8と2で相対的に高い比率となっている。

　これに対して，民主から自民への揺り戻しを特徴とする選挙結果から注目される「民主→自民」というパターンに関しては，最高でも数％といった比率であり，少なくともここでの分析結果からは，こうした投票移動が明確に——そして特定のミリューにおいて顕著に——生じた，という確証は得られなかった。それでも，相対的にこうした投票移動が多く見られるのは，ミリュー3, 12, 5などである。これらのうち，ミリュー12は民主志向の強いミリューであり，2009年における民主への投票率が相対的に高かったことが，逆に2010年における自民への流出率を若干高めにしているのではないかと思われる。またミリュー3とミリュー5も，2009年においては相対的に民主寄りの投票行動が見られ，同時に本来党派性の希薄なミリューであるため，こうした結果になったのではないかと推測される[10]。

　なお，2009年には自民に投票したが2010年には民主に投票するという，選挙時点での与党に一貫して投票するという「自民→民主」パターンは，「民主→自民」よりも更に少ないが，相対的に一番比率が高いのは（「民主→自民」と同じく）ミリュー3である。このミリュー3における党派性の希薄さや政治への関与度の低さが，投票行動におけるヴォラティリティにも繋がっていると考えられるが，これは選挙政治におけるヴォラティリティの問題を考えるに当たっても重要なポイントであろう。最後に，ミリュー11と9で「その他」の比率が高い点も，2009年と同様であるが，全体的に2005年→2009年に比べて「その他」が多いのは，2010年の比例で「みんなの党」に投票した者が相当数に上ったことも一因と考えられる。

　次に小選挙区／選挙区の結果を見ると（こちらのV係数は1％水準で有意である），「民主→民主」の比率が高いのがミリュー1, 10, 3，「自民→自民」の比率が高いのがミリュー11, 2などであるのはこれまでの分析結果からも予想されるとおりである。ただし「民主→民主」に関してミリュー12の比率

　で，なおかつ2009年と2010年のいずれにおいても投票を行ったと回答した者に限られることに留意されたい。
10　とは言え，ミリュー3や5においても「民主→自民」の比率は数％程度であるため，今井（2013）が示唆するような，衆院選から参院選にかけての時間差を伴う分割投票が，特に中道的な有権者において明確に見られるという点を確認することはできなかった。

が，同様に「自民→自民」に関してミリュー8の比率が，それぞれ必ずしも相対的に高くはない（そしていずれのミリューも「その他」が多い）のはやや意外である。これは，2009年において前者では民主への，後者では自民への投票率が非常に高かったため，若干の揺り戻しが生じたためではないかと推測される。「民主→自民」に関して，民主志向の強いミリュー12と1でその比率が相対的に高いことも，これと表裏一体の結果と考えることができよう。この結果は，民主あるいは自民への強い志向を持ったミリューにおいてさえ，それらの政党に対する堅固な持続的投票が必ずしも見られないということを示しており，ここにも政党と社会との関係の希薄さ，またそれを原因とする選挙政治のヴォラティリティの一端を見ることができる。

なお，「自民→民主」に関しては，ミリュー9，次いで7でその比率が相対的にやや高いが，これら二つのミリューは党派的志向性の面でも，政治へのコミットメントの面でも対照的なところがあるミリュー（前者は「革新」志向，後者は弱い自民志向）であり，こうした投票行動を生じさせた原因は必ずしも明確ではない。最後に，「その他」に関しては，先に見たミリュー12と8の他，ミリュー10，5，7などで多くなっているが，民主，自民それぞれへのコミットメントの強いミリュー12と8，「ネオリベラル」志向のミリュー10，党派的なコミットメントが相対的に弱いミリュー5，7など，2大政党以外への投票を含むパターンは，党派性に関する性格にかかわらず多様なミリューで生じていることが分かる。

4　3回の選挙を通じた投票移動

最後に，2005年→2009年→2010年という3回の選挙を通じての移動パターンについても見ておこう。これまでと同様，自民，民主両党間の移動に関する8パターンおよびそれ以外のすべてを「その他」にまとめた計9パターンをミリューとクロスさせたものが表3－5（比例代表／比例区）および表3－6（小選挙区／選挙区）である[11]。

移動パターンの数が多いため，注目すべき，あるいは興味深いポイントに

---

[11] 分析に用いた質問はこれまでと同じで，2005年の投票政党に関しては2009年調査での回顧質問，2009年と2010年についてはそれぞれの年の投票政党に関する質問への回答である。また3回の選挙のすべてで投票したと回答した者のみが分析対象となっている。

表3－5　2005年→2009年→2010年の投票パターン（比例代表／比例区）

ミリュー	自→自→自	自→自→民	自→民→自	自→民→民	民→自→自	民→自→民	民→民→自	民→民→民	その他
1	8.3	4.2	4.2	25.5	0.0	0.0	0.0	20.8	37.5
2	27.8	4.1	5.0	12.4	1.7	0.4	0.8	14.1	33.6
3	14.0	7.0	4.7	8.1	0.0	1.2	1.2	27.9	36.0
4	26.3	0.0	0.0	14.0	0.0	0.0	0.0	15.8	43.9
5	13.6	2.3	2.3	14.8	0.0	0.0	1.1	19.3	46.6
6	20.6	3.2	3.2	8.7	0.8	0.0	0.0	23.0	40.5
7	20.0	3.8	4.6	13.8	0.0	0.0	0.0	16.2	41.5
8	30.8	0.0	3.8	11.5	3.8	0.0	0.0	7.7	42.3
9	19.2	0.0	3.8	7.7	0.0	0.0	0.0	19.2	50.0
10	25.0	0.0	0.0	16.7	0.0	0.0	0.0	16.7	41.7
11	16.7	0.0	5.6	8.3	0.0	0.0	0.0	5.6	63.9
12	16.7	0.0	0.0	0.0	0.0	0.0	0.0	33.3	50.0

注：数字は％。
Cramer's V = .11 (p>.10)

表3－6　2005年→2009年→2010年の投票パターン（小選挙区／選挙区）

ミリュー	自→自→自	自→自→民	自→民→自	自→民→民	民→自→自	民→自→民	民→民→自	民→民→民	その他
1	12.5	4.2	4.2	33.3	0.0	0.0	4.2	20.8	20.8
2	36.0	6.0	6.4	11.6	1.2	0.8	1.2	15.2	21.6
3	14.8	4.9	3.7	11.1	1.2	0.0	1.2	34.6	28.4
4	30.4	3.6	1.8	16.1	0.0	1.8	1.8	19.6	25.0
5	15.6	6.7	5.6	13.3	0.0	1.1	0.0	26.7	31.1
6	23.2	4.8	5.6	12.0	1.6	0.0	1.6	21.6	29.6
7	24.0	9.3	4.7	13.2	0.0	0.8	1.6	16.3	30.2
8	28.0	4.0	8.0	20.0	0.0	0.0	0.0	12.0	28.0
9	28.0	4.0	0.0	8.0	0.0	4.0	0.0	24.0	32.0
10	16.7	0.0	0.0	16.7	0.0	0.0	0.0	25.0	41.7
11	50.0	0.0	2.8	8.3	0.0	0.0	0.0	11.1	27.8
12	14.3	0.0	7.1	7.1	0.0	0.0	14.3	28.6	28.6

注：数字は％。
各党の立候補状況は考慮していない。
Cramer's V = .13 (p<.10)

絞って論じよう。まず比例代表／比例区に関しては（ここでも Cramer の V 係数は10％水準で有意ではないが），最も「時流」に沿った投票パターンとも考えられる「自民→民主→自民」というパターンは意外に少なく，最も高い率を示すミリュー11においても5.6％である。これに限らず，自民，民主の2大政党内での移動に限ると，それらは「自民→自民→自民」という自民一貫投票，「民主→民主→民主」という民主一貫投票，そして「自民→民主→民主」という2005年から2009年にかけて民主に移動し，2010年もそのまま民主

に留まるというパターンの三つにほぼ集約されることが分かる。

このうち，自民一貫投票者は自民志向の強いミリュー 8, 2, 4 および「ネオリベラル」志向のミリュー 10 で多く，民主一貫投票者は民主志向の強いミリュー 12, 3, 1, およびやや民主寄りのミリュー 6 などで多い。そして 2009 年に民主に移動し 2010 年もそのまま民主に留まった者は，ミリュー 1 で最も多く，これにミリュー 5, 4, 7, 10 などが続く。このうちミリュー 5 および 7 は党派的なコミットメントが相対的に弱いミリュー，またミリュー 10 は「ネオリベラル」志向のミリューであるため，こうした移動パターンに関しても不思議ではないが[12]，ミリュー 4 は 2009 年においては相対的に自民志向のミリューである点，やや特異である。最後に「その他」のパターンは，予想される通り公明志向のミリュー 11，「革新」志向のミリュー 9 で多いほか，民主志向のミリュー 12 でも多くなっている。

小選挙区／選挙区でも，2 大政党内での移動に限定すれば，自民一貫投票，民主一貫投票，2009 年に自民から民主に移動しそのまま留まる，という三つのパターンにほぼ集約される。そして自民一貫投票は，公明志向のミリュー 11 で最も多く，次いで自民志向のミリュー 2 と 4 で多い。他方，民主一貫投票は，民主志向のミリュー 12, 3, 相対的に民主寄りのミリュー 5 のほか，「革新」志向のミリュー 9 や，「ネオリベラル」志向のミリュー 10 でも比較的多い。これに対して 2009 年に民主に移行してそのまま留まった者は，民主志向のミリュー 1, それに続いて（やや意外なことに）自民志向のミリュー 8 で多い。このほか，小選挙区／選挙区では，先に見た比例代表／比例区に比べて，「自民→民主→自民」という「時流」に沿った投票パターンを取る者の比率が若干高い。特にこうした者の比率が相対的に高いのは，自民志向のミリュー 8 と 2, 民主志向のミリュー 12, 相対的に民主寄りだが党派的なコミットメントの弱いミリュー 5 と 6 などである。また「自民→自民→民主」という，遅れて民主に移動した者が，政治への関与度の低いミリュー 7 でやや多いことも興味深い。最後に「その他」のパターンは，「ネオリベラル」志向のミリュー 10,「革新」志向のミリュー 9, 党派的コミットメントの弱いミリュー 5 と 7 などで相対的に多い。

---

[12] 先に論じたとおり，ミリュー 10 に関しては，小泉改革の後退に対する不満から 2009 年以降民主に投票するようになった者が存在すると考えられる。

5 まとめ

　以上，本章では，2000年代の日本政治を特徴付けるヴォラティリティの亢進の大きな原因となっている，各選挙間における投票政党の振れについて，2005年→2009年，2009年→2010年の投票移動に焦点を置き，各ミリューの投票パターンを比較することを通じて，どのような有権者がこうした振れを引き起こしているかを考察してきた。

　第一に確認しておかねばならないのは，確かに回答者の投票政党に関する各選挙間での移動が相当程度見られはするが，ただし，それほど極端なものではないということである。自民，民主両党への投票に限って言えば，2005年から2010年にかけて，自民一貫投票，民主一貫投票，および2009年に自民から民主に移動して2010年もそのまま民主に留まる，といった三つのパターンにかなりの程度まで集約されると言ってよい。その一方で，当然のことながら，こうした２大政党内での移動パターンには収まらない「その他」のパターンもかなりの割合に上り，2005年から2010年にかけての比例代表／比例区での投票パターンにおいては，３分の１から５割前後（ミリュー11では６割）に及んでいる。これらの中には，公明，社民，共産，「みんな」などへの一貫した，あるいは一時的な投票が含まれている。言い換えれば，この時期の日本政治は，２大政党化が進み，一時的にではあってもそれが定着したと言える部分もあったが，投票行動のパターンに限って言えば，２大政党への凝集力は必ずしもそれほど強いものとは言えなかったことが，ここには示されている。

　第二に，自民と民主の間の投票移動は，一方において党派性が弱く政治的関与度の低いミリューにおいて相対的に多いという傾向も見られるが，他方において，党派性が強く政治的関与度の高いミリューにおいても場合によっては相対的に高い比率で見られた。むしろ，ここで重要なのは，党派性の方向や強弱，政治的関与度の高低にかかわらず，様々なミリューを通じて同じようなパターンでの投票移動——典型的には2005年→2009年における自民→民主という移動——が見られることである。言い換えれば，選挙前における各党の勢いなどの影響が，どのミリューに対しても多かれ少なかれ同じように作用しているということである。ここにも，今日の日本の有権者のミドル・マス的性格を見てとることができよう。そして，政治のアリーナにおける

「風」のようなものを選挙結果にストレートに結び付けることに対して，こうした「マス」としての性格が促進的に働いていることは疑い得ないように思われる。

　最後に，やや個別的な論点として，2005年から2009年にかけての自民から民主への移動が，「ネオリベラル」志向の有権者における，小泉改革の後退への不満から生じたのか，「反ネオリベラル」志向の有権者における，小泉改革の結果への不安から生じたのか，という点に関しては，各ミリューの投票パターンを比較した限りでは，いずれの方向の影響も働いていたであろうと推測される。このことから，より一般的に，見掛け上は類似した投票移動のパターンであっても，それを引き起こす有権者側のロジックには多様なものがあり得るということに，常に注意を払う必要があると言えるだろう。

補論 1

政権交代前後におけるイデオロギーの構造変容

1 はじめに

　戦後の日本政治を特徴付ける，政党間対立軸としての保革イデオロギーは，有権者の支持政党を規定する要因としても，社会的ネットワークと並んで重要なものとされてきた（平野，2011a）[1]。平野（2007）は，JES調査（1983年），JES Ⅱ調査（1993年，1996年），JES Ⅲ調査（2004年，2005年）において共通に質問されている11の政策イデオロギー項目を用いて，1980年代から2000年代前半にかけての保革イデオロギーの構造的変容についての分析を行った（表補1－1）[2]。

　その結果，(1)1983年には3因子，1993年，1996年，2004年には4因子，2005年には5因子と，因子数が徐々に増えており，保革イデオロギーの構造自体が時代とともに拡散しつつあるように見える，(2)ただし，個々の因子の内容を吟味すると，この変化は保革イデオロギーの意味構造自体の大きな変化によるものではなく，主に既存の因子の分化によるものである，(3)すなわち，1983年には「安全保障」，「参加と平等」，「ネオリベラル」の3因子構造であ

　1　綿貫譲治は，ヨーロッパ的な社会的亀裂（social cleavage）ではない，価値亀裂としての保革対立を支配的原理とする戦後の日本政治を cultural politics と規定した（Watanuki, 1967）。なお，保革イデオロギーに関する理論的および実証的な側面からの包括的研究として，蒲島・竹中（1996, 2012）を参照。

　2　このうち1983年～1996年に関する分析は，蒲島（1998）の分析の追試である。分析においては，まず付録1－㉚～㊵と同じ11の質問項目（「賛成」であるほど値が大きくなるように尺度の方向を調整した）について，主成分法により固有値1以上の基準で因子抽出を行い，抽出された因子についてバリマックス回転を施した。付録1－㊵の質問については，平野（2007）の表記に合わせて，以下本書においても「自助努力」と表記する。なお，1976年のJABISS調査データも含めた比較分析を行ったものとして，平野（2005）も参照。

表補1−1　保革イデオロギーの構造（1983年〜2005年）

	1983年			1993年				1996年			
	I	II	III	I	II	III	IV	I	II	III	IV
安保体制の強化	.78	−.03	.03	.76	−.08	.17	−.06	.72	.04	.16	−.00
防衛力の強化	.73	−.23	−.00	.70	−.13	−.17	−.00	.70	−.20	−.00	.03
核兵器の不保持	−.53	.28	.08	−.37	−.12	.53	−.01	−.49	.11	.28	.12
天皇の発言権	.49	.18	.24	.61	.18	.07	.10	.62	.27	.05	.13
貿易摩擦の解消	.37	.24	.20	.25	−.10	.58	.22	.18	−.02	.58	.26
社会福祉の充実	.10	.64	−.24	.05	.20	.65	−.17	−.05	.09	.77	−.20
労働者の発言権	−.09	.64	.09	−.02	.49	.45	−.02	−.15	.45	.39	−.01
女性の地位向上	.03	.57	.10	.11	.72	.02	.08	.07	.67	.24	.03
公務員のスト権	−.26	.48	−.07	−.11	.74	−.04	−.10	−.02	.80	−.18	−.04
小さな政府	.06	.17	.74	−.10	.06	.15	.76	−.12	.11	.09	.67
自助努力	.08	−.28	.68	.13	−.06	−.17	.69	.15	−.13	−.08	.75
寄与率（％）	17.2	15.4	10.9	15.2	13.0	12.3	10.6	15.6	13.2	11.7	10.4

注：主成分法，バリマックス回転後の負荷量。

ったものが，1993年以降はその中の「参加と平等」因子が「参加」因子と「平等」因子に分かれ，さらに2005年には「安全保障」因子が狭義の「安全保障」因子と「天皇の発言権」を中心とする因子に分かれたと見ることができる，といった諸点が明らかになった。また，意味的に考えれば相互に対立する内容を持つ項目として，一つの因子の両極を形成しても不思議ではない「平等」と「ネオリベラル」が，一貫してそれぞれ独立した因子を形成している点について，イシュー・オーナーシップの観点からの考察を行った[3]。

　この分析結果を受けて，本補論1では，JES Ⅳ調査のうち同じ11項目の質問を行っている3回の調査（2009年衆院選調査，2010年参院選調査，2011年政治意識調査）のデータを用いて同様の分析を行い，民主党への政権交代という政治的に大きな意味を持つ出来事が，有権者のイデオロギー構造に対しても何らかの強いインパクトを与えたかどうかについて考察したい。

2　イデオロギー構造の変化

[3] 具体的には，1970年代までの革新政党による福祉国家的な主張と，1980年代以降の自民党内新保守主義グループや1990年代以降の新党によるネオリベラル的主張が，それぞれ独立したイシュー・オーナーシップの関係を形成し，それが有権者の側におけるイデオロギーの主観的構造にも反映しているのではないか，という仮説が提示された。なお蒲島らは，この平野（2007）における分析結果——イデオロギー構造の多次元化——をも含めて，争点態度に対する保革イデオロギーの「拘束力の低下は共通理解となっている」と総括している（蒲島・竹中, 2012, 132頁）。

	2004年				2005年				
	I	II	III	IV	I	II	III	IV	V
	.76	−.07	.06	−.01	.70	.02	.28	.14	.16
	.70	−.18	−.11	−.08	.82	.03	−.04	.11	−.00
	−.19	.21	.57	.07	−.05	.15	.11	.29	.44
	.44	.22	−.12	.12	.14	.10	.76	−.05	−.12
	.51	.24	.16	.12	−.03	.08	.69	.07	.28
	.21	.03	.77	−.03	.10	.06	.08	−.16	.83
	.00	.48	.29	.29	−.01	.69	−.13	.16	.27
	.20	.60	.19	−.03	.13	.69	.16	−.06	.05
	−.12	.80	−.07	−.15	−.21	.66	.18	−.25	−.22
	−.04	−.09	.12	.83	.10	.04	−.15	.72	.07
	.24	.06	−.41	.54	.04	−.08	.23	.69	−.23
	15.6	13.0	11.6	10.2	13.9	13.0	11.8	11.2	10.8

まず，上述の3回の調査（2009年，2010年，2011年）のそれぞれについて，平野（2007）と同じ方法で11の質問項目に関する因子分析を行った結果が表補1-2である。

表にある通り，いずれの年に関しても四つの因子が抽出されたが，その内容はいくつかの重要な点において少しずつ異なっている。まず2009年に関しては，1990年代から2000年代前半にかけての基本構造がそのまま見られる。すなわち，第Ⅰ因子が「安全保障」，第Ⅱ因子が「参加」，第Ⅲ因子が「平等」，第Ⅳ因子が「ネオリベラル」であり，細部を除けば2004年の結果とほぼ同じである[4]。

これに対して，2010年では「参加」と「平等」が第Ⅱ因子として一つの因

表補1-2　保革イデオロギーの構造（2009年～2011年）

	2009年				2010年				2011年			
	I	II	III	IV	I	II	III	IV	I	II	III	IV
安保体制の強化	.73	.03	.06	.04	.72	.04	−.28	.05	.58	.51	−.05	.11
防衛力の強化	.71	−.35	.04	−.04	.51	−.05	−.65	.03	.82	.17	−.07	.04
核兵器の不保持	−.21	.56	−.06	.04	.08	.06	.81	−.09	−.72	.33	.07	−.05
天皇の発言権	.62	.17	−.11	.05	.59	.05	.06	−.03	.08	.54	.16	.22
貿易摩擦の解消	.46	.16	.33	.21	.55	.14	.26	.32	−.05	.66	.05	−.16
社会福祉の充実	.03	.04	.87	.00	.26	.41	.29	−.02	.03	.39	.18	−.61
労働者の発言権	.10	.59	.26	−.07	.00	.62	.15	−.02	−.11	.24	.52	−.09
女性の地位向上	.32	.54	.08	−.08	.23	.58	−.00	−.01	.04	.11	.68	.00
公務員のスト権	.02	.67	−.04	.03	−.09	.71	−.08	.00	−.10	−.10	.74	.05
小さな政府	−.05	.00	.31	.75	.08	.16	−.16	.82	.16	−.02	.16	.50
自助努力	.18	−.05	−.31	.72	.20	−.29	.03	.61	.04	.26	−.13	.74
寄与率（％）	16.5	14.4	10.5	10.4	14.5	14.0	12.3	10.6	14.5	12.9	12.7	11.6

注：主成分法，バリマックス回転後の負荷量。

---

[4] 最も異なる点は，2004年には「平等」因子に負荷していた「核兵器の不保持」が2009年においては「参加」因子に負荷していることである。

子に融合している。上述の通り，この「参加と平等」因子は1983年には見られたが，それ以後は「参加」と「平等」に分化していたものである。またここでは「核兵器の不保持」と「防衛力の強化」（マイナスの方向で）が，第Ⅲ因子として独立した「防衛力」因子を形成している。ただし，「防衛力の強化」は第Ⅰ因子にも比較的大きな負荷を示しており，第Ⅰ因子の性格はこれまでと同様な意味での「安全保障」因子であると考えられる。また第Ⅳ因子は，ここでも「ネオリベラル」因子である。

しかし，この構造は2011年にはまた変化を見せる。すなわち，ここでは「社会福祉の充実」が第Ⅳ因子に（マイナスに）負荷し，「平等」因子と「ネオリベラル」因子の融合が見られるのである。より具体的に言えば，この因子は「社会福祉の充実を求め，小さな政府や自助努力といった考え方に否定的」であるか，その逆であるか，というイデオロギーの軸である。平野（2007）でも指摘した通り，論理的にはこうした因子は常に存在していても不思議ではないものであるにも拘わらず，1983年から2010年まで一度も見られなかったものである。他方ここでは，2005年においてのみ見られた，「天皇の発言権」と「貿易摩擦の解消」の2項目の負荷の大きな因子（「天皇の政治的発言権を強化し，日本が譲歩しても貿易摩擦を解消すべき」という考え方に賛成か反対か）が第Ⅱ因子として独立し，そのほかは第Ⅰ因子が「安全保障」因子，第Ⅲ因子が「参加」因子となっている。この第Ⅱ因子については，そのイデオロギー的な論理は明確ではないが，2005年と2011年の2度に渡って見られることから，より詳細に検討する必要があるかも知れない。

以上のような，2009年から2011年にかけての構造的な変遷はどのように解釈すべきであろうか。一方において，安全保障に関する次元と経済・社会的な次元の独立といった構造的な大枠に関しては，それ以前の時期と比較して大きな変化は認められない。この点を重視すれば，ここに見られたような構造的な揺らぎは，探索的な因子分析の手法を用いた結果として過大に現れたものであり，より確証的な分析手法を用いた場合には，過去に見られた構造により近い結果が得られるかも知れない[5]。また，特に2011年に関しては，他の年とは異なり郵送調査によるデータであることから，回答者がより時間をかけて論理的に回答したという解釈もあり得よう[6]。

---

 5 確証的な手法による時系列的な比較分析については稿を改めて検討したい。
 6 2000年代以降の有権者の意識においても，「小さな政府」に対する賛否が，論理的

しかし，他方において，これらの変化がより本質的な意味を持つものであるという可能性も否定しきれない。すなわち，民主党への政権交代によって保革イデオロギーの凝集性が一時的にせよ高まった，あるいは1980年代に端を発するネオリベラル的言説が，有権者の日常的な意識の中に定着することによって，イデオロギー的にもより論理的な位置付けを得ることになった，といった可能性である。これらの点についての更なる分析は今後に残された課題である。

3　四つのイデオロギー次元と保革自己イメージ

それでは，上に見たようなイデオロギーの各次元と保革自己イメージとはどのように関連しているのであろうか。この点を確認するため，最も典型的な4因子構造を示した2009年における各因子の因子得点を独立変数とし，「革新的」（0）から「保守的」（10）までの11段階尺度で質問した保革自己イメージを従属変数として行った重回帰分析の結果が表補1－3である。

この表に見られる通り，保革自己イメージに直接明確な影響を与えているのは，「安全保障」と「参加」（マイナスの方向で）であり，1970年前後までの保革対立のコアとなっていたこれらの次元が現在においても保革自己イメージを規定する主たる要因となっていることは明らかである[7]。

これに対して，「平等」と「ネオリベラル」はいずれも10％の有意性水準に僅かに達しておらず

表補1－3　イデオロギー4因子による保革自己イメージの予測（2009年）

安全保障	.19***
参加	−.18***
平等	−.05†
ネオリベラル	.05†
adj R^2	.07***

注：数字は標準化偏回帰係数（OLS）。
†p<.11 ***p<.01（両側検定）

にはこれと融合すると予想される他の因子から独立した一つの因子を形成するという結果は，本書とは異なるデータセットと分析方法を用いた蒲島・竹中（2012）や竹中（2010）においても見られる。いずれも，東大・朝日世論調査データ（質問項目は本書と部分的にのみ重なる）に基づき，主因子法による因子抽出と斜交のプロマックス回転を用いたものであり，蒲島・竹中（2012，表5－5）では，2003年の調査で質問された13項目が分析に用いられ，竹中（2010，表5－2）では，2003年と2007年の調査に共通する8項目が用いられている。これらの分析結果は，「小さな政府」が，「年金持続のための消費増税」，「公共事業による地方雇用確保」，「景気対策のための財政出動」といった項目とは別の独立した因子を形成することを示している。

7　「参加」については，2009年にはこの因子に「核兵器の不保持」も大きく負荷していることにより，保革自己イメージとの関連がより強められたものと推測される。

——符号の方向は前者がマイナス，後者がプラスと予想される通りのものではあるが——これらの経済・社会的な次元が保革自己イメージとは弱い関連しか持たないものであることがここでも確認された。

4 まとめ

以上，本補論では，2009年の政権交代前後における有権者のイデオロギー構造の変容を，それ以前の時期とも比較しつつ考察した。その結果，(1)構造の大枠に関しては，1980年代以降の変化の延長線上にあり，政権交代によっても基本構造には変化が見られない，(2)また，保革自己イメージとの関連が大きいのは，今日においても「安全保障」や「参加」といった，戦後政治の早い時期から保革の政治的対立のコアを形成していた要因である，(3)ただしその一方で，「参加」因子と「平等」因子の再融合，あるいは「平等」因子と「ネオリベラル」因子の新たな融合，といった興味深い変化の兆候も認められる，といった諸点が明らかになった。特にこの第3の点は，今後の日本における様々な経済・社会的政策に対する受容／拒否や，政党再編といった問題をも射程に収めるものであり，時系列的な分析が今後も引き続き行われることが重要である。

第二部

選択の対象：
政党間競争と有権者

第一部では、「選択の主体」である有権者について、社会的ミリューという枠組からその実態を明らかにしてきた。そこで示唆された重要なポイントの一つが、政党と社会との間の関係の希薄さである。すなわち、明確な党派性と政治的関与を示すミリューに属する有権者の数は一割に満たない。これは、本書の冒頭でも述べた、今日の日本における政治的なヴォラティリティの亢進と表裏一体のものであると考えられる1。

特に自民、民主の2大政党間での振れに関しては、第3章で見たとおり、投票において両党の間を頻繁に行き来する有権者はそれほど多くないとは言え、それらへの支持は安定したものではない。表二-1は、2009年と2010年の支持政党に関するクロス表であるが2、自民の歩留まりは5割台、民主でも7割台であり、2009年の自民支持者のうち2010年に民主支持あるいは「民主寄り」になった者は21%に上る。これ以外の政党についても、わずか1年弱の間にかなりの移動が見られる。

第二部では、この「選択の主体」としての有権者（そしてその有権者の集合体としての社会）と「選択の対象」である政党との関係を、三つの――いずれも政治的に非常に重要な――個別的側面から考察し、今後の日本における政党政治と代表制民主主義のあり方を考える上での材料としたい。具体的には、まず第4章で政策を媒介とした政党-有権者関係を、次いで第5章では職業利益を媒介とした政党-有

表二-1 2009年から2010年にかけての支持政党の変化

2009年	2010年 自民	民主	公明	社民	共産	みんな	その他	自民寄り	民主寄り	その他寄り	純支持無し	計	
自民	58.2	15.2	1.4	0.6	0.2	2.6	0.8	5.5	5.7	5.1	4.7	100.0	(493)
民主	3.6	77.7	0.4	0.8	0.8	3.2	1.2	0.0	6.8	2.4	3.2	100.0	(251)
公明	0.0	2.9	80.0	2.9	2.9	0.0	0.0	0.0	5.7	2.9	2.9	100.0	(35)
社民	0.0	33.3	10.0	46.7	0.0	0.0	0.0	0.0	6.7	0.0	3.3	100.0	(30)
共産	2.4	9.8	0.0	0.0	75.6	2.4	2.4	0.0	0.0	7.3	0.0	100.0	(41)
みんな	0.0	0.0	0.0	0.0	0.0	100.0	0.0	0.0	0.0	0.0	0.0	100.0	(1)
その他	50.0	0.0	0.0	0.0	0.0	0.0	33.3	0.0	0.0	16.7	0.0	100.0	(6)
自民寄り	27.4	8.1	0.0	0.0	1.6	3.2	0.0	17.7	16.1	8.1	17.7	100.0	(62)
民主寄り	3.1	37.0	0.8	0.0	0.0	3.1	0.0	3.1	38.6	11.8	2.4	100.0	(127)
その他寄り	2.6	20.5	0.0	5.1	5.1	7.7	0.0	0.0	23.1	33.3	2.6	100.0	(39)
純支持無し	9.1	10.1	0.0	1.0	2.0	0.0	2.0	8.1	16.2	11.1	40.4	100.0	(99)

注：数字は%、（ ）内はN。
Cramer's V = .48 ($p<.001$)
2009年の「みんな」には個別の選択肢がない。

---

1 松本（2013）は、彼のいう「そのつど支持」（松本、2006）が、2009年選挙前後から中高年層など、地域、年代を超えて広がり、一般化したと論じている。
2 いずれの調査においても有効な回答を行った者のみが示されている。なお「みんな」に関しては、2009年には個別の選択肢がなく、「その他」支持の中で具体的にこの政党名を挙げた1名のみが該当者となっている。

権者関係を，そして最後の第6章では選挙活動を始めとする政治的な働きかけを媒介とした政党－有権者関係を分析し，日本の政党が有権者の中にどのような形で根を下ろしているのか，あるいはいないのかについて，明らかにしていきたい[3]。

---

3 Kitschelt (2000) は，市民と政治家を結ぶ「リンケージ」のメカニズムとして，政策に基づく「プログラム」，利益の交換に基づく「クライエンテリズム」，個人的な魅力に基づく「カリスマ」の三つを挙げている。本書の第4章は「プログラム」と，第5章と第6章は「クライエンテリズム」と，それぞれ深く関連した内容を扱う。残る「カリスマ」に関しては，第9章における「首相への好感」についての分析がこれと関連するものである。

第4章

政策を媒介とした政党－有権者関係

1 はじめに

　今日の日本における政党－有権者関係について，本章では政策を媒介とした政党－有権者関係，より具体的には有権者自身の政策争点態度と（有権者の認知における）政党の政策位置との関係が，有権者の政党支持や投票行動とどのように結びついているかについて，2009年衆院選および2010年参院選時のデータに基づいて分析する。

　以下，第2節で，「基本的立場・政策がすぐれた政党」に関する認知と支持政党・投票政党との関連について概観し，続く第3節で，有権者が政策的対立軸の構造をどのように認知しているか，またその構造の中に自分自身や各党をどのように位置付けているのかを確認する。第4節では，「景気対策か財政再建か」，「憲法改正」，「補助金か自由競争か」という三つの争点に的を絞り，回答者自身の支持政党・投票政党別に各党の政策位置に関する認知を詳細に検討する。第5節では，これら3争点に関する回答者の立場が，自民，民主の2大政党への支持，投票にどう関連しているか，さらに2009年選挙から2010年選挙にかけての回答者の政策的立場の変化が投票先の異同パターンとどのような関連を持つかについて分析を加え，最後の第6節で全体のまとめを行う。

2 「政策がすぐれた政党」の認知と支持政党・投票政党

　まず，回答者の支持政党・比例投票政党別に「基本的立場・政策が一番す

ぐれた政党」としてどの党が挙げられたかを見たものが表4-1(2009年)および表4-2(2010年)である[1]。

表4-1 基本的立場・政策が一番すぐれた政党(2009年)

	自民	民主	公明	社民	共産	その他	無しDK/NA	計	
全回答者	18.9	43.1	2.6	2.1	3.0	1.1	29.3	100.0	(1684)
自民支持	37.5	28.8	0.9	0.9	1.4	0.6	29.9	100.0	(643)
民主支持	1.3	77.7	1.6	1.9	1.3	0.9	15.4	100.0	(319)
公明支持	6.7	20.0	53.3	0.0	0.0	0.0	20.0	100.0	(45)
社民支持	5.6	41.7	2.8	33.3	0.0	0.0	16.7	100.0	(36)
共産支持	4.2	25.0	0.0	0.0	50.0	0.0	20.8	100.0	(48)
その他支持	12.5	25.0	0.0	0.0	12.5	25.0	25.0	100.0	(8)
自民寄り	22.0	35.2	0.0	0.0	0.0	1.1	41.8	100.0	(91)
民主寄り	5.1	63.6	1.7	0.0	1.1	1.1	27.3	100.0	(176)
その他寄り	7.5	35.8	3.8	13.2	3.8	5.7	30.2	100.0	(53)
純支持無し	7.4	27.0	0.0	1.6	1.6	0.8	61.5	100.0	(122)
自民投票	48.9	14.0	0.9	0.6	0.9	0.2	34.5	100.0	(464)
民主投票	4.8	71.0	1.1	1.6	1.3	0.8	19.4	100.0	(756)
公明投票	18.3	19.2	28.8	0.0	1.9	0.0	31.7	100.0	(104)
社民投票	3.3	31.3	0.0	24.6	6.6	0.0	34.4	100.0	(61)
共産投票	9.3	32.6	0.0	2.3	26.7	0.0	29.1	100.0	(86)
その他投票	21.5	26.2	1.5	1.5	4.6	13.8	30.8	100.0	(65)

注:数字は%、( )内はN。投票政党は比例代表。

表4-2 基本的立場・政策が一番すぐれた政党(2010年)

	自民	民主	公明	社民	共産	みんな	その他	無しDK/NA	計	
全回答者	19.7	22.3	2.8	0.9	2.1	14.7	2.1	35.5	100.0	(1707)
自民支持	47.2	7.0	0.5	0.0	0.2	12.6	2.6	30.0	100.0	(430)
民主支持	6.9	49.5	1.1	0.6	0.9	13.3	1.7	26.0	100.0	(465)
公明支持	8.5	3.4	55.9	0.0	0.0	6.8	0.0	25.4	100.0	(59)
社民支持	12.1	18.2	0.0	27.3	6.1	3.0	0.0	33.3	100.0	(33)
共産支持	8.3	12.5	0.0	0.0	39.6	10.4	0.0	29.2	100.0	(48)
みんな支持	9.3	2.3	0.0	0.0	0.0	67.4	0.0	20.9	100.0	(43)
その他支持	11.8	17.6	0.0	0.0	0.0	17.6	29.4	23.5	100.0	(17)
自民寄り	34.8	1.4	2.9	0.0	0.0	1.4	1.4	58.0	100.0	(69)
民主寄り	11.3	32.7	1.2	0.6	0.6	16.1	3.0	34.5	100.0	(168)
その他寄り	9.4	8.5	0.9	0.9	3.4	36.8	0.9	39.3	100.0	(117)
純支持無し	7.6	7.6	0.0	0.8	0.8	6.1	1.5	75.8	100.0	(132)
自民投票	52.4	4.2	0.7	0.0	0.2	9.7	2.0	30.8	100.0	(403)
民主投票	5.7	49.6	0.7	0.4	1.1	10.1	0.9	31.6	100.0	(564)
公明投票	18.3	5.3	27.8	0.8	0.0	8.7	0.0	38.1	100.0	(126)
社民投票	9.1	15.9	0.0	27.3	2.3	9.1	0.0	36.4	100.0	(44)
共産投票	6.9	12.5	0.0	0.0	34.7	8.3	0.0	37.5	100.0	(72)
みんな投票	9.0	9.0	0.0	0.0	0.5	52.1	0.5	28.7	100.0	(188)
その他投票	5.7	12.9	0.0	0.0	0.0	20.0	21.4	40.0	100.0	(70)

注:数字は%,( )内はN。投票政党は比例区。

2009年の結果を見ると，この時点での政治状況を反映して，民主の政策に対する評価が高いことが分かる。回答者全体で見ると，4割以上の者が民主を挙げ，次いでほぼ3割が「無し・DK/NA」（以下「無し」と表記）と回答し[2]，自民を挙げた者は2割に満たない。支持政党別に見ても，社民支持者を除いては自分の支持政党を挙げる者が最も多いが，それに次いで民主を挙げる者が相当数に上っている（社民支持者では，民主を挙げる者が最も多い）。民主支持者では8割近くの者が民主を挙げる一方，自民支持者で自民を挙げる者は4割に満たず，ほぼ3割の者が「無し」と回答している（「無し」の率は自民支持者で顕著に高い）。また支持無しのグループでも，「民主寄り」の回答者は6割以上が民主を挙げているのに対し，「自民寄り」の回答者で自民を挙げた者は2割強で，「無し」の4割強，民主の3割5分よりも顕著に少ない。他方，「純支持無し」では2割強が民主を挙げているものの，「無し」が6割以上と突出して多く，このグループがどの政党の政策をも評価していない様子が窺われる。最後に投票政党別の回答に関しても，支持政党別の結果とほぼ同様の傾向が見られる。自民，民主，公明各党への投票者では，それぞれの投票政党を挙げる者が最も多く，自民・公明投票者では民主を挙げる者がそれに次いでいる。社民，共産両党への投票者では，逆に民主を挙げる者が最も多く，自分の投票政党を挙げる者がそれに次いでいる。ここでも民主投票者において民主の挙名率は7割以上と突出しているが，自民投票者の自民挙名率もほぼ5割に達しており，支持よりも投票の方が政策評価との関連が明確になっている。いずれにしても，2009年の結果からは，一方において確かに自分の支持政党・投票政党の政策を相対的に高く評価する傾向は認められるものの，他方において，この選挙時の状勢を反映して民主への評価が押し並べて高かったことが確認できる。

次に2010年の結果を見ると，この1年弱の間の政治状況の変化を反映してか，かなり様相が変化している。回答者全体で見ても，自民の挙名率は前年とほぼ同じであるが，民主を挙げる者はほぼ半減し，相対的には最も挙名率が高いとは言え，自民とほぼ同レベルとなっている。また，2大政党以外では「みんな」が突出した挙名率を示し，この選挙時における同党の勢いを示

---

  1 「みんなの党」は2009年調査では独立した選択肢がなく，「その他」に含まれている。

  2 「無し」の実際のワーディングは「そういう政党はない・どれも同じ」である。

す一方,「無し」の率も前年よりも若干増加している。これを支持政党別に見ていくと,やはり民主への全体的な高評価が見られなくなる一方,各党への支持と政策評価との関連がより明確なものとなった——言い換えれば,民主ブームが去り,より定常的な状態に戻った——ことが分かる。特に,「みんな」支持者においては「みんな」を挙げる者が7割近く,政策評価と支持との強い関連が窺われる。同様の変化は支持無しグループにおいても見られ,「自民寄り」では自民,「民主寄り」では民主,「その他寄り」では「みんな」を挙げる者がそれぞれ3割台で最も多くなっている。同時に,どのグループにおいても2009年に比べて「無し」の比率が高まっており,「自民寄り」では6割近く,さらに「純支持無し」では4分の3が「無し」と回答している。最後に,投票政党と政策評価との関連も2009年と比較してより明確なものとなっており,ここでは全ての政党の投票者において,自分の投票政党を挙げる者が最も多くなっている。特に自民,民主,「みんな」3党の投票者において,それぞれの政党の挙名率は5割前後と高くなっている。

以上のように,2009年,2010年のいずれの結果においても,支持政党・投票政党とそれぞれの政党の政策評価の間には一定の関連が見られるが,2009年においては民主へのブームの影響でその関連はより弱く,ブームが去り定常的な状態に戻りつつあった2010年には,関連がより明確なものとなっていたと言えるだろう。

3 争点態度の構造と各党支持者の政策位置

本節では,回答者の政策争点に関する態度の次元構造を明らかにし,さらに彼らがそうした構造の中に自分自身や各党をどのように位置付けているかを見ていきたい。まず表4-3と表4-4は,6項目の政策争点に関する質問についての因子分析結果を,2009年,2010年のそれぞれについて示したものである[3]。

---

[3] 各項目の具体的なワーディングは付録2-⑫~⑰の通りである。いずれも「Aに近い」,「どちらかといえばA」,「どちらかといえばB」,「Bに近い」の4段階での回答を求めたが,政策関連の質問の場合DK/NA回答が多くなるため,サンプル数の減少を防ぐために,DK/NA回答には「どちらかといえばA」と「どちらかといえばB」の中間の値を与えた。因子分析(主成分法による抽出の後,バリマックス回転を施す)に当たっては,表中の言明に賛成の態度がプラスの方向となるように尺度

表4-3　争点態度の構造（2009年）

	I	II
財政再建より景気対策	.40	.41
集団的自衛権を認める	.75	.05
負担軽減より福祉充実	.20	.45
自由競争より補助金	.04	.67
憲法改正すべき	.73	−.03
格差是正は積極的に	−.27	.62
寄与率（％）	23.0	20.2

注：主成分法、バリマックス回転後の負荷量

表4-4　争点態度の構造（2010年）

	I	II
財政再建より景気対策	.39	.22
集団的自衛権を認める	.70	.02
負担軽減より福祉充実	.32	.51
自由競争より補助金	.00	.71
憲法改正すべき	.75	−.15
格差是正は積極的に	−.09	.64
寄与率（％）	22.0	20.8

注：主成分法、バリマックス回転後の負荷量

　この結果を見ると、いずれの年に関しても、第Ⅰ因子は「憲法改正」と「集団的自衛権」が大きく負荷した「憲法・安全保障」の軸、第Ⅱ因子は「福祉」、「補助金」、「格差是正」が大きく負荷した「経済・社会政策」の軸であることが分かる。すなわち第Ⅰ因子においてはプラスの方向に行くほど「積極的安全保障志向」、第Ⅱ因子においてはプラスの方向に行くほど「積極的経済・社会政策志向」となっている。こうした2次元構造は、これ以前の時期に関する分析結果（例えば平野（2007））とも基本的に一致するものである[4]。なお、「財政再建より景気対策」は2009年では両因子に均等に負荷しており、二つの政策的対立軸を繋ぐような位置にあるが、2010年にはそのバランスが「憲法・安全保障」の因子に傾いている。いずれにしても、改憲や積極的な安全保障政策を望む者ほど、財政再建よりも景気対策を望むということが示されている[5]。

　次に、この2次元空間上に支持政党別（自民支持、民主支持、公明支持、社民支持、共産支持、「みんな」支持（2010年のみ）、自民寄り、民主寄り、純支持無し）、比例投票政党別（自民投票、民主投票）の因子得点の平均値、および回答者の認知における各党（自民、民主、公明、社民、共産、「みんな」（2010年のみ）の政策位置をプロットしたものが図4-1（2009年）および図4-2（2010年）（101頁）である[6]。横軸が「憲法・安全保障」の軸で、

　　の向きを調整した。
　4　ただし平野（2007）では、ここでの「経済・社会政策」に当たる次元を、「市場競争（志向）対再分配（志向）」の軸と呼んでいる。
　5　この理由に関しては、必ずしも争点の内容自体に基づく論理的関連性だけではなく、回答者の属性（例えば年齢、性別、職業）などが媒介的な作用を果たしていることも考えられる。

図 4 − 1　各党支持者の政策位置と認知された各党の政策位置（2009年）

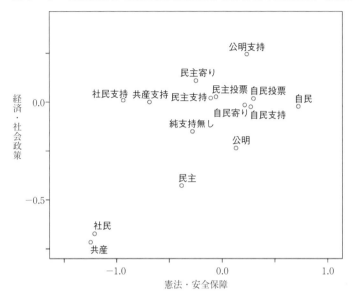

右へ行くほど改憲・積極的安全保障志向，縦軸が「経済・社会政策」の軸で，上に行くほど積極的な経済・社会政策志向である。

　まず2009年における各党の支持者グループの位置を見ると，横軸に沿って右から左に，すなわち改憲・積極的安全保障政策に賛成の立場から反対の立場にかけて，自民支持，公明支持，「自民寄り」，民主支持，「民主寄り」，「純支持無し」，共産支持，社民支持と並んでいる。すなわち，自公支持者および自民寄りの支持無しが最も改憲・積極的安全保障志向であり，民主支持者，民主寄りの支持無し，純支持無しが中間的な位置にあり，社共支持者が最も護憲・消極的安全保障志向である。これは基本的に55年体制期における保革対立の構図そのままの布置であると言えるだろう。ただし，公明支持者がほぼ自民支持者と同じ程度に積極的安全保障志向であることは注目に値しよう。

　6　各党の政策位置に関しては，回答者自身の争点態度についての質問と同様の形式で，「各党がどのような主張をしていると思うか」についても尋ねている。その回答に基づき，2 次元空間上の各党の位置を計算した。なお，この認知は，それぞれの党の支持者グループによる認知ではなく，全回答者による認知である点に注意されたい。

約10年にわたって連立政権を組んできたことにより，両党支持者の政策選好も非常に近いものになってきたように見える。自民支持者と自民投票者，民主支持者と民主投票者の横軸上の位置もそれぞれ非常に近く，それぞれの支持者と投票者の政策選好が，安全保障の次元に関しては乖離していないことが示されている。

　一方，各党支持者・投票者グループの縦軸に沿った位置関係に関しては，こうした明確な布置パターンは認められない。むしろ，公明支持者が経済・社会政策に対して明確に積極的，「民主寄り」がやや積極的，逆に「純支持無し」が明確に消極的である以外，他のグループはほぼ平均値（0）付近に固まって位置している。民主支持者と民主投票者はこの次元においてもほぼ同じ位置であるが，自民投票者は自民支持者に比べて若干積極的な経済・社会政策志向である。

　この布置は，直観的には必ずしも常識と一致するものではない。特に社共両党支持者がこの次元において自民支持者とほぼ同じ位置にあることに関しては，両党がより積極的な経済・社会政策志向であると認識する者にとっては，違和感を覚えるであろう。しかし，この「経済・社会政策」因子を構成する個々の質問は，様々なトレードオフを含んでいる。回答の分布（表は省略）を見ると，社民支持者は自民支持者に比べて格差是正に積極的ではあるが，その一方でより財政再建志向で補助金に反対，その上増税にも反対である。また共産支持者は格差是正，福祉充実，補助金に関しては自民支持者とほぼ同じ態度であるが，やはり景気対策よりも財政再建志向である。このため，個々の質問に対する回答が集約された軸の上では，自民支持者と社共両党支持者の位置がほぼ同じという結果になったものと思われる[7]。両党支持者とも，景気対策や福祉の充実そのものには賛成であろうが，与党である自民による既得権者への裁量的財政支出や，家計を直撃する増税には反対する態度が強く働くため，回答が必ずしも積極的な社会・経済政策への肯定に繋がっていないように見える[8]。

---

[7]　同時に，個々の質問にトレードオフが含まれるため，それぞれの党の支持者グループ内での意見のばらつきも大きくなる。しかしいずれにしても，各党支持者グループの平均値の間に大きな違いが見られないという意味で，経済・社会政策は——少なくとも2009年選挙時においては——依然として有権者間における主要な政策的対立軸とはなり得なかったと言ってよかろう。

[8]　このことは，政策的な既得権の受益者という性格が薄いと考えられる「純支持無

それでは，2009年選挙時における各党の政策位置については，回答者はどのように見ていたのであろうか。再び図4－1を見ると，支持者自身の布置パターンとは異なる，興味深い布置パターンが見られる。すなわち，自民（横軸上のほぼ右端，縦軸上では0付近に位置する）から，公明，民主，社民・共産へと，右上から左下に向けてほぼ一直線上に各党が並んでいる。このことは，第一に，憲法・安全保障の次元に関しては，支持者グループ自身の政策選好の布置と，認知された各党の政策位置とがきれいに対応し，またそれは，かつての保革対立の構造を反映したものであることを示している。言い換えれば，憲法・安全保障問題に関して，少なくとも有権者の側では，彼ら自身の政策選好についても，また各党の政策位置に関する認知についても，55年体制期の保革対立の構図が明確に持続している——そこには強い慣性が働いている——ことが明らかである。これに対して，第二に，経済・社会政策に関しては，各党の支持者グループ自身の政策選好には大きな差がなかったのに対し，各党の政策位置の認知に関しては明確な違いが存在している。しかも，「積極的」から「消極的」にかけて，自民，公明，民主，社民・共産と，憲法・安全保障における並びと同じ，言い換えれば改憲・積極的安全保障志向の政党ほど経済・社会政策においても積極的，護憲・消極的安全保障志向の政党ほど経済・社会政策に関しても消極的——すなわち，二つの次元とも，保革対立の構造を反映している——であると認知されている。その理由に関しては，「革新」政党ほど，「財政再建」志向，「反増税」志向，「反補助金」志向であると認識されていることによるものと考えられる。言い換えれば，各党の政策位置の認知においても，自民による「既得権者＝自民支持者へのばら撒き」と「庶民いじめの増税」に強く反対するのが「革新」政党であるという強固なイメージ——やはり55年体制期からの強い慣性——が働いているために，その裏面である「福祉の充実」，や「野放図な競争への反対」という「革新」政党の主張への認知が弱められているものと考えられる。そして結果的に，「革新」寄りの政党ほど，支持者グループの政策選好と当該政党の（認知された）政党位置との乖離が大きくなっていると考えられる[9]。

このような政策位置の認知は，より客観的な各党の政策位置と比較した場

し」グループが，最も消極的経済・社会政策志向であることにも見てとれる。

9　ただし，ここでの各党の政策位置の認知は回答者全体によるものであり，その党の支持者グループによる認知においても同様の乖離があるとは限らない。この点については次節でさらに詳しく検討する。

合，妥当なものと言えるであろうか。同じ2009年選挙時における各党政治家への調査データ（東大・朝日調査データ）を分析した大川（2011b）は[10]，「安保外交・社会問題」の次元（本稿における「憲法・安全保障」次元に近い）では，「保守・タカ派」から「リベラル・ハト派」にかけて，自民，民主，公明，共産，社民の順に並ぶことを示している。これは（共産と社民の差は本章の分析結果と大川の分析結果のいずれにおいても小さなものであるので）公明と民主の位置関係を除けば，有権者の認知と実際の各党の政策位置は——保革対立の軸と重なるという点も含めて——ほぼ一致したものであることを意味している。ただし，公明に関しては，本章で明らかとなった支持者グループの政策選好，認知された政策位置とも民主よりも「保守」の側にあるのに対し，公明の政治家自身の政策的立場は民主よりも「革新」の側にあり，重要な食い違いが生じているように見える。また政治家調査における「経済政策」の次元は，財政出動や公共事業への賛否を中心とした政策軸で，本章での「経済・社会政策」次元と重なる部分が大きい。そこでは財政出動や公共事業に積極的な「従来型」から消極的な「改革型」にかけて，自民，公明，共産，民主，社民の順に各党が並んでいる。共産が民主よりも「従来型」という重要な相違点はあるが，全体として見ると，やや意外ではあるが，本章における回答者の認知と一致する部分が大きい。またこのことから，やはり本章における回答者の認知には，与党による裁量的な財政支出への賛否の側面がより強く反映されていると考えられる。

　それでは，こうした回答者の政策選好や政党の政策位置の認知に，2009年から2010年にかけて何らかの変化が認められるであろうか。図4－2を見ると，まず各党支持者の憲法・安全保障次元における政策選好に，いくつかの興味深い変化が認められる。各党支持者の布置は，改憲・積極的安全保障志向から護憲・消極的安全保障志向にかけて，自民支持，「みんな」支持，民主支持，公明支持，共産支持，社民支持となり，「みんな」支持者が自民支持者に次いで改憲・積極的安全保障志向であるほか，民主支持者が公明支持者よりも改憲・積極的安全保障志向へと変化している。これは，この1年の間，民主が与党の座にあり，支持者も安全保障に関してより「現実的」な考えを

---

[10] 各党の「客観的」な政策位置を明らかにする方法には，政治家へのアンケート調査，公約やマニフェストの内容分析，専門家調査などがあるが，ここでは本章の分析とできるだけストレートな比較が可能となるよう，政治家調査に基づく研究を取り上げた。

図4-2 各党支持者の政策位置と認知された各党の政策位置（2010年）

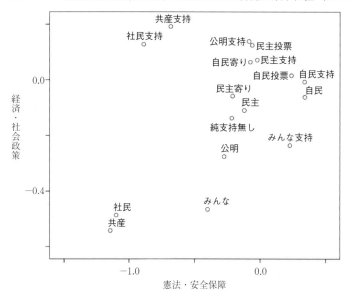

持つようになったのに対し，公明支持者は野党支持者として本来の選好に戻りつつあったことによると思われる[11]。他方，社民，共産両党支持者のポジションは，他のグループから明確に隔たっている。支持無しグループでは「自民寄り」が民主支持と公明支持の間，「民主寄り」と「純支持無し」が公明支持者より若干護憲・消極的安全保障志向となっている。自民，民主とも支持者グループに比べて"leaner"のグループはより改憲・積極的安全保障志向が弱い（言い換えれば，純支持無しに近い）。投票者グループに関しても，自民投票者，民主投票者とも，それぞれ自民支持者，民主支持者と比べてやや改憲・積極的安全保障志向が弱い。

また，経済・社会政策の次元に関しても興味深い変化が認められる。2010

---

[11] ただし，すでに表二-1で見た通り，2009年から2010年にかけて支持政党を変えた回答者もかなり存在しており，2009年の自民支持者の15％ほどは2010年には民主支持者となっていた（逆のパターンは非常に少ない）。従って，この変化のもう一つの理由として，支持者の入れ替わりにより，民主支持者の中により改憲・積極的安全保障志向の者が流入し，そうした志向を持つ者の比率が増えたということが考えられる。

年においては各党支持者の間にかなり明確な選好の違いが見られるようになった。すなわち，積極的経済・社会政策志向から消極的経済・社会政策志向にかけて，共産支持，公明支持，社民支持，民主支持，自民支持，「みんな」支持と並び，「みんな」支持者の消極的志向が明確に示された。また支持無しグループでは「自民寄り」が自民支持と民主支持の間，「民主寄り」と「純支持無し」が自民支持と「みんな」支持の間で，「純支持無し」が「みんな」を除けば最も消極的志向である点は2009年と同様である。また「自民寄り」は自民支持者よりも経済・社会政策に積極的であるのに対し，「民主寄り」は民主支持者よりも消極的である点も興味深い。投票者グループについては，自民投票者，民主投票者とも，それぞれ自民支持者，民主支持者よりも若干積極的である。

図からも明らかな通り，2009年との最も大きな違いは，社民，共産両党支持者が公明支持者と並んで積極的経済・社会政策志向となり，「みんな」支持者と対極をなすようになったこと，より大きな布置パターンで言えば，憲法・安全保障の次元で護憲・消極的安全保障志向のグループほど経済・社会政策の次元で積極的な志向を示すようになったことである。ただし，この結果の解釈についてはやや慎重を要する。すなわち，第一に，先に表4－3，表4－4で見た通り，2010年は2009年と比較して「景気対策か財政再建か」のウェイトが低下し，代わりに「憲法改正」のウェイトが（負の方向で）やや増している。社共両党支持者は，2010年においても自民支持者に比べて財政再建志向であるが（表は省略），この要因の効果が減少し，代わりに（本来，経済・社会政策とは意味をやや異にする）「憲法改正」に対する反対の態度の効果が増加したことが，両党支持者の位置が縦軸上で上方に移動したことの一因となっているように思われる。ただし同時に，2010年においては，社共両党支持者は「福祉の充実」に関しては自民支持者とほぼ同じ，社民支持者は自民支持者よりも補助金に肯定的，共産支持者は自民支持者よりも積極的な格差是正に肯定的というように，実質的な政策選好の変化も影響しているように見える。これには政権交代によって，裁量的な財政出動の主体が自民から民主に変わったことも影響しているのではないかと思われる。

それでは，各党の政策位置に関する認知についてはどうであろうか。基本的に，自民から社民，共産まで，右上から左下にかけて布置するという構図に変化は無い。ただし，この次元においても民主と公明の位置関係が入れ替わり，民主がより自民に近い位置となっている。そして「みんな」が公明と

社民・共産の間に位置している。「みんな」と社共両党は憲法・安全保障の次元では大きく離れているが、経済・社会政策の次元では非常に近い距離にある。ただし、社共両党と「みんな」に関する認知には、少なくとも一つ重要な違いが存在している。すなわち、社共両党は「みんな」よりも明確に反増税志向であると認知されている（表は省略。言うまでもなく、これが客観的に正確な認知であるかどうかは別問題である）。以上の布置全体を見ると、2009年と同様に、経済・社会政策次元上での公明、社民、共産各党支持者の政策選好と、これらの党の認知された政策位置との乖離が顕著である。すなわち、各党の政策位置は支持者の選好よりもはるかに経済・社会政策に対して消極的であると認知されている。さらに「みんな」に関しては、二つの次元のいずれに関しても、かなりの乖離が見られる。すなわち、「みんな」の政策位置は、支持者の政策選好よりもかなり護憲・消極的安全保障志向であり、また経済・社会政策に関してもより消極的であると認知されている。

　それでは、こうした各党の政策位置に関する認知は、より「客観的」な各党の政策選好にどの程度一致したものであろうか。2010年の東大・朝日調査（政治家調査）データによる2次元空間上の布置を見ると（境家, 2011）[12]、「安保・外交・社会政策」の次元（本章での憲法・安全保障次元に対応する）では、自民と「みんな」が最も「保守」の側に位置し、そこから「リベラル」の方向に民主、公明が並び、社民および共産が「リベラル」の極に位置している。この並びは、「みんな」の位置を除けば、本章における各党の政策位置の認知と一致したものとなっている。すなわち「みんな」の「客観的」な政策位置は、ほぼ自民と同じ——従って、支持者の政策選好に関するポジションとは一致する——であるが、本章での回答者に認知された政策位置は、はるかに「リベラル」寄りになっている[13]。本章における経済・社会政策の次

12　朝日新聞の紙面に掲載された2因子解による布置。ただし、境家自身は、この2因子解では政党間の政策的対立軸を十分に表現しきれていないとし、4次元の政策空間をより妥当なものであるとして提示している。なお、朝日新聞の分析結果には国民新党も含まれているが、ここでは本稿の分析に含まれている政党の位置についてのみ紹介した。

13　「みんな」に関するこの乖離は、同党が結成後まだそれほど時間を経ていないため、明確な政策イメージが形成されていないこと、そして特に保革の対立軸上にうまく位置づけられていないことによるものと考えられる。この点については次節での分析も参照。

元と部分的に（特に景気対策や補助金などの項目に関して）重なる「経済政策」の次元では，財政出動や公共事業に積極的な「従来型」から消極的な「改革型」にかけて，自民，公明，共産，社民，民主，「みんな」の並びとなっているが，この中では自民が突出して「従来型」，「みんな」が突出して「改革型」である。自民と「みんな」が対極的な位置にあることは，本章での布置と同じであるが，他方，部分的には先に述べた政党イメージにより，また部分的には次元の内容がやや異なることにより，ここでの回答者は公明，社民，共産をより「改革型」に，また民主はより「従来型」的に認知しているように見える。

　以上，2009年，2010年を通じて憲法・安全保障の次元においては支持者の政策選好の布置と認知された各党の政策位置は——かつての保革対立の軸を概ね反映した形で——ほぼ一致しているが，経済・社会政策の次元においては——トレードオフ型の質問形式の影響もあり——かなりの乖離が見られた。次節では，こうした乖離が各党の支持者においても見られるものであるのかを中心に，さらに検討を進めたい。

4　支持政党別に見た各党の政策位置の認知

　本節では，分析対象を三つの政策争点，すなわち二つの政策次元の双方にまたがる性格を持つ「景気対策か財政再建か」，憲法・安全保障次元を代表する「憲法改正」，経済・社会政策の次元を代表する「補助金か自由競争か」に絞り，各党の支持者・投票者グループ別の特徴を見ていきたい。まず各項目に関する回答者全体の政策選好および各党の政策位置の認知に関する（やはり回答者全体の）回答分布および平均値を示したものが表4－5（2009年）および表4－6（2010年）である[14]。また，「補助金か自由競争か」については，これが選挙における争点として重要な意味を持っていた2005年の結果も

14　本節以降の分析においては，前節とは異なり，各選択肢の値はオリジナルの質問文どおり，すなわち「景気対策か財政再建か」では「1」が「景気対策」，「4」が「財政再建」，「憲法改正」に関しては「1」が「改憲賛成」，「4」が改憲反対，「補助金か自由競争か」では「1」が「補助金」，「4」が「自由競争」となっており，平均値もこれに従って算出されていることに注意されたい。またここではDK/NAを一つのカテゴリーとして集計し，平均値の計算からは除いている。そのため，前節の分析で用いた各変数の平均値とは一致しない。

第4章 政策を媒介とした政党－有権者関係　105

表4－5　回答者自身の政策位置と認知された各党の政策位置（2009年）

景気対策か財政再建か	景気対策		財政再建			
	1	2	3	4	DK/NA	平均値
本人	42.7	23.3	12.6	10.8	10.5	1.91
自民	37.5	23.1	8.5	4.6	26.3	1.73
民主	17.6	26.5	15.7	6.2	34.0	2.16
公明	22.9	23.2	8.0	3.3	42.7	1.86
社民	8.1	16.3	15.9	6.3	53.4	2.44
共産	7.9	14.7	14.3	8.2	54.9	2.51

憲法改正	改憲賛成		改憲反対			
	1	2	3	4	DK/NA	平均値
本人	26.2	23.8	15.1	19.6	15.4	2.33
自民	32.0	20.3	7.9	3.4	36.4	1.73
民主	11.1	27.8	14.2	5.4	41.6	2.24
公明	14.6	24.6	10.0	3.9	46.9	2.06
社民	3.9	8.3	14.3	28.7	44.8	3.23
共産	4.5	7.4	12.5	29.1	46.5	3.24

補助金か自由競争か	補助金		自由競争			
	1	2	3	4	DK/NA	平均値
本人	31.0	25.5	16.4	14.1	13.1	2.16
自民	20.1	21.4	11.8	5.9	40.8	2.06
民主	11.0	23.3	15.4	5.8	44.6	2.29
公明	13.0	22.1	10.4	3.9	50.7	2.11
社民	7.4	16.0	13.4	5.5	57.7	2.40
共産	7.6	14.2	12.9	6.5	58.9	2.44

注：数字は％（N＝1858）
自民と民主の差：
景気対策か財政再建か p<.001
憲法改正 p<.001
補助金か自由競争か p<.001

表4－6　回答者自身の政策位置と認知された各党の政策位置（2010年）

景気対策か財政再建か	景気対策		財政再建			
	1	2	3	4	DK/NA	平均値
本人	36.2	26.7	16.6	13.2	7.2	2.07
自民	19.8	31.1	13.4	4.4	31.3	2.03
民主	11.9	28.0	21.5	7.2	31.4	2.35
公明	9.3	26.1	12.5	3.5	48.6	2.20
社民	7.0	19.1	16.8	5.5	51.5	2.43
共産	8.6	16.9	14.5	7.1	52.8	2.43
みんな	7.2	21.8	14.1	4.2	52.7	2.32

憲法改正	改憲賛成		改憲反対			
	1	2	3	4	DK/NA	平均値
本人	27.8	25.6	19.0	14.8	12.8	2.24
自民	26.5	27.6	8.0	2.3	35.5	1.78
民主	10.8	33.6	12.3	3.2	40.3	2.13
公明	9.6	24.8	14.3	3.3	48.0	2.22
社民	3.1	10.4	17.1	25.8	43.7	3.17
共産	3.6	8.5	15.6	27.2	45.1	3.21
みんな	6.2	24.7	9.0	2.0	58.1	2.16

補助金か自由競争か	補助金		自由競争			
	1	2	3	4	DK/NA	平均値
本人	27.5	30.6	19.3	11.2	11.4	2.16
自民	15.8	26.2	12.7	3.5	41.8	2.06
民主	10.0	23.5	19.8	3.3	43.5	2.29
公明	7.8	25.3	11.3	2.4	53.2	2.18
社民	6.9	19.4	13.4	3.6	56.8	2.31
共産	7.6	16.6	12.5	5.3	58.0	2.37
みんな	4.9	19.2	13.1	2.6	60.1	2.34

注：数字は％（N＝1767）
自民と民主の差：
景気対策か財政再建か p<.001
憲法改正 p<.001
補助金か自由競争か p<.001

表4－7　回答者自身の政策位置と認知された各党の政策位置（2005年）

補助金か自由競争か	補助金		自由競争			
	1	2	3	4	DK/NA	平均値
本人	29.1	21.0	14.8	20.7	14.4	2.32
自民	18.0	9.9	11.9	23.9	36.3	2.66
民主	13.5	12.2	14.2	13.4	46.6	2.52
公明	12.9	10.3	12.9	17.6	46.4	2.66
社民	17.1	10.7	8.1	10.7	53.3	2.27
共産	18.5	9.2	7.7	10.6	54.0	2.23

注：数字は％（N＝1517）
自民と民主の差：p<.10

表4－7として合わせて示す。

まず，この表から明らかなことは，各党の政策位置に関してはDK/NA回答の比率が極めて高いことである。回答者自身の政策選好に関しては，こうしたDK/NA回答はほぼ10～15％程度の範囲に収まっているが（特に2009年，2010年を通じて，「景気対策か財政再建か」に関する回答でのDK/NA率が他の2争点と比較して少ない），政党の政策位置の認知に関しては，2009年の

「景気対策か財政再建か」に関する自民の立場についてのDK/NA回答が26%であるのを除いて，すべて3割以上がDK/NAである[15]。相対的には自民，次いで民主に関するDK/NA率が低く，逆に公明，社民，共産，「みんな」に関しては高い。特に「補助金か自由競争か」に関するDK/NA率は高く，これらの政党に関しては5割から6割の回答者が「分からない」と答えている。この結果は，争点投票モデルの現実性に疑問を呈するのみならず，代表制民主主義のあり方に関しても問題を投げかけるものであり，以下でも更に論じたい。

このほか，表4－3～表4－5で注目すべき点として，まず回答者自身の政策選好の変化に関して，「景気対策か財政再建か」ではいずれの年においても「景気対策」寄りではあるが，2009年から2010年にかけて若干「財政再建」側に動いている。「憲法改正」については，いずれの年も平均値は若干「改正賛成」の側にあるが，それは2010年においてより明確である。最後に「補助金か自由競争か」については，平均値で見れば常に「補助金」寄りではあるが，郵政選挙の2005年では「自由競争」側に近づいており，それが2009年にはまた「補助金」側への揺り戻しが起き，2010年もその傾向が続いている。

次に各党の政策位置の認知に関しては，「景気対策か財政再建か」ではいずれの年においても自民，次いで公明が最も「景気対策」寄り，社民・共産両党が最も「財政再建」寄り（平均値で言えば，二つの立場の中間あたり）と認知されている。「憲法改正」に関しては，いずれの年に関しても自民が突出して「改正賛成」であると認知されており，2009年では公明，2010年では民主がこれに次いでいる。他方，いずれの年においても社民・共産両党が明確に「改正反対」の立場であると認知されている。最後に「補助金か自由競争か」の変化は非常に興味深い。2005年においては，小泉内閣の与党である自民，公明両党が最も「自由競争」寄りであり（平均値も中間より「自由競争」の側にある），社民，共産両党が最も「補助金」寄りであると認知されている。それが2009年になると自民，次いで公明が「補助金」寄り，社民，共産両党

---

15 実際にはNA回答の比率はすべて1%前後であり，ほとんどがDK回答であると考えて良い。なお本章では詳しく検討する余裕がないが，DK回答は単純に政治的知識の指標としてだけではなく，より広く政治意識や政治行動の特性に関する指標ともなり得るものである。実際にJESⅡ調査データに基づきDK回答の多さと政治行動との関連を分析した神林（2005）は，DK回答の多い者ほど政治的行動にも消極的であるとしている。

が「自由競争」寄り（ただし平均値では中間よりも「補助金」寄りではあるが）と位置が逆転しており，2010年にもその傾向は続いている（2010年には「自由競争」寄りのグループに「みんな」が加わっている）。全体として見ると，いずれの年のどの争点に関しても，自民対社共の構図になっている。特に「補助金か自由競争か」では，自民に対する認知が大きく変わると（それ自体は実際の政策的な変化をある程度反映していると言えるが），これに対応して社共両党に対する認知が逆方向に変化している。こうした点にも，有権者の認知における保革対立の強い「慣性」が現れているように思われる。

なお，自民，民主両党の認知された政策位置の平均値の差について t 検定を行った結果，2009年と2010年に関しては三つの争点すべてにおいて0.1%水準でその差が有意であることが示され，少なくともこの二つの政党の政策的立場に何らかの違いがあると認識されていることは明らかとなった。ただし2005年の「補助金か自由競争か」については10%水準でのみ有意であり，やはりこの選挙におけるネオリベラル的な政策軸上の立場に関しては，自民と民主がそれほど明確には見分けられていなかったことも明らかである。

それでは，こうした政策位置の認知は回答者の支持政党，投票政党によって何らかの影響を受けるものなのであろうか。例えば，ある政党の政策位置に関する認知は，その党の支持者とそうでない者との間でシステマティックに異なる部分があるのであろうか。この点を検討するために，同じ三つの争点に関して，回答者の支持政党別，投票政党別（図4-1，図4-2と同じ分類による）に，回答者自身の政策選好および各党の政策位置に関する認知の平均値を示したものが表4-8（2009年），表4-9（2010年），表4-10（2005年，「補助金か自由競争か」のみ）である。

まずここでも，DK/NA率から確認しておこう。回答者自身の政策選好に関しては，調査年，争点，支持政党，投票政党を通じて，ほぼ1ケタから10%台のDK/NA率であるが，「純支持無し」のみは常に2割以上，「憲法改正」に関しては3分の1がDK/NAであり，やはりこのグループが相対的に明瞭な争点態度を持たないことが分かる。その他では，「自民寄り」の「補助金か自由競争か」におけるDK/NA率が高いのがやや目立っている。

それでは，回答者は自分の支持政党，投票政党の政策位置に関しては，それ以外の政党よりも（DK/NA率が低いという意味で）「よく知っている」と言えるであろうか。まず支持政党に関するDK/NA率を見ていくと，ほぼ2割台から3割台，しかし場合によっては4割以上（共産支持者の「景気対策

表4−8 支持政党・投票政党別の平均値とDK/NA率（2009年）

	景気対策か財政再建か						憲法改正					
	本人	自民	民主	公明	社民	共産	本人	自民	民主	公明	社民	共産
自民支持	1.83	1.70	2.22	1.86	2.56	2.61	2.11	1.79	2.23	2.12	3.13	3.15
	8.9	21.8	32.7	40.8	54.1	55.7	16.8	35.1	40.7	47.3	47.5	48.3
民主支持	2.01	1.77	2.04	1.90	2.34	2.40	2.36	1.78	2.22	2.04	3.17	3.14
	8.3	18.9	21.6	35.1	43.5	46.8	10.8	25.2	29.0	37.3	34.1	37.1
公明支持	1.57	1.75	2.53	1.70	2.69	2.85	2.28	1.91	2.41	2.23	3.07	3.07
	10.9	20.0	38.2	20.0	52.7	52.7	9.1	36.4	47.3	36.4	45.5	49.1
社民支持	2.15	1.78	2.42	1.72	2.48	2.78	3.18	1.37	2.29	2.04	3.40	3.31
	2.4	22.0	24.4	29.3	34.1	34.1	4.9	26.8	31.7	34.1	26.8	36.6
共産支持	2.01	1.95	2.44	2.10	2.52	2.35	3.09	1.46	2.19	2.00	3.25	3.48
	14.0	31.6	40.4	47.4	52.6	45.6	7.0	28.1	36.8	38.6	36.8	29.8
自民寄り	1.68	1.63	2.10	1.86	2.40	2.40	2.13	1.64	2.08	1.91	3.25	3.35
	13.9	33.3	45.4	52.8	58.4	58.4	17.6	46.3	54.7	56.5	55.6	54.7
民主寄り	2.01	1.75	2.09	1.84	2.31	2.42	2.50	1.73	2.29	2.08	3.35	3.37
	9.8	23.0	26.0	39.7	51.0	53.5	7.8	32.4	35.3	42.2	33.3	37.7
純支持無し	1.88	1.67	2.00	1.61	2.29	2.31	2.51	1.55	2.38	1.92	3.69	3.56
	20.9	54.9	62.1	68.0	73.2	74.5	34.0	69.3	72.5	73.9	70.6	70.6
自民投票	1.77	1.70	2.24	1.85	2.56	2.56	2.12	1.72	2.33	2.15	3.23	3.27
	11.6	20.7	34.9	39.6	53.7	54.9	18.0	34.4	42.1	47.4	47.8	48.5
民主投票	1.96	1.76	2.09	1.93	2.38	2.44	2.33	1.79	2.18	2.05	3.21	3.17
	7.0	23.2	27.2	41.7	50.5	52.0	12.3	31.0	34.4	43.7	39.5	42.4

注：上段は平均値、下段はDK/NA率。投票政党は比例代表
N：自民支持=743，民主支持=370，公明支持=55，社民支持=41，共産支持=57
自民寄り=108，民主寄り=204，純支持無し=153，自民投票=439，民主投票=712

表4−9 支持政党・投票政党別の平均値とDK/NA率（2010年）

	景気対策か財政再建か							憲法改正						
	本人	自民	民主	公明	社民	共産	みんな	本人	自民	民主	公明	社民	共産	みんな
自民支持	1.93	1.88	2.38	2.19	2.47	2.45	2.31	1.98	1.75	2.24	2.18	3.09	3.14	2.08
	4.3	25.5	30.4	45.6	50.3	51.4	50.7	10.4	33.7	40.6	48.3	47.1	47.3	56.2
民主支持	2.12	2.04	2.23	2.13	2.46	2.51	2.32	2.32	1.78	2.10	2.22	3.17	3.19	2.23
	5.6	26.3	22.4	42.5	46.1	48.3	48.1	8.6	29.1	32.1	41.7	36.3	37.1	55.3
公明支持	1.88	2.18	2.78	2.00	2.62	2.61	2.30	2.35	1.92	2.18	2.37	3.09	3.22	2.27
	5.8	44.9	47.8	39.1	53.6	55.1	56.5	17.4	46.4	50.7	49.3	50.7	53.6	68.1
社民支持	2.67	2.23	2.47	2.46	2.46	2.27	2.38	3.00	1.47	2.10	2.27	3.35	3.30	2.17
	2.5	22.5	20.0	40.0	30.0	35.0	40.0	5.0	25.0	25.0	35.0	22.5	25.0	42.5
共産支持	2.19	2.27	2.47	2.21	2.04	2.03	2.27	2.84	1.65	2.20	2.15	3.37	3.30	2.09
	11.3	30.2	32.1	54.7	49.1	41.5	58.5	3.8	24.6	34.0	35.9	34.0	24.5	58.5
みんな支持	2.02	2.08	2.69	2.29	2.45	2.32	2.22	1.80	1.82	1.97	2.41	2.97	3.11	2.18
	2.2	17.4	15.2	32.6	37.0	32.6	19.6	10.9	17.4	19.6	19.6	19.6	19.6	26.1
自民寄り	1.95	2.12	2.45	2.41	2.52	2.46	2.39	2.21	1.97	2.17	2.24	2.97	3.07	2.17
	8.4	38.6	41.0	61.4	67.5	71.1	72.3	15.7	53.0	57.8	65.1	61.4	63.9	72.3
民主寄り	2.24	2.21	2.26	2.38	2.42	2.26	2.33	2.44	1.85	2.09	2.17	3.31	3.31	2.08
	5.4	31.4	28.1	51.9	51.4	53.0	50.3	12.4	28.6	33.0	45.4	36.7	42.7	54.0
純支持無し	1.97	2.02	2.26	2.10	2.41	2.28	2.14	2.31	1.75	2.10	2.22	3.40	3.40	2.26
	22.8	57.7	59.1	72.5	73.9	73.9	75.2	33.6	62.4	65.7	69.8	65.1	65.1	76.5
自民投票	1.94	1.91	2.36	2.19	2.46	2.45	2.33	2.09	1.77	2.25	2.25	3.15	3.22	2.14
	4.9	26.2	31.2	45.7	52.5	52.5	51.7	13.2	35.1	42.1	49.4	48.8	49.3	58.1
民主投票	2.10	2.07	2.21	2.18	2.44	2.51	2.32	2.38	1.81	2.11	2.20	3.21	3.26	2.19
	5.2	27.0	23.1	46.0	50.0	51.5	50.3	10.9	28.2	30.8	42.0	36.4	39.2	55.4

注：上段は平均値、下段はDK/NA率。投票政党は比例区
N：自民支持=463，民主支持=499，公明支持=69，社民支持=40，共産支持=53，みんな支持=46
自民寄り=83，民主寄り=185，純支持無し=149，自民投票=385，民主投票=542

表4−10　支持政党・投票政党別の平均値 DK/NA率（2005年）

補助金か自由競争か					
本人	自民	民主	公明	社民	共産
2.10	1.94	2.26	2.01	2.45	2.46
13.2	39.7	45.1	51.0	57.8	59.2
2.24	2.05	2.23	2.11	2.30	2.41
8.1	30.2	31.9	42.8	50.3	51.1
1.88	1.89	2.50	1.92	2.70	2.91
10.9	32.7	41.8	34.5	58.2	58.2
2.28	2.04	2.27	2.23	2.44	2.55
2.4	31.7	36.6	36.6	39.0	46.3
2.11	2.33	2.22	2.39	2.42	2.23
19.3	36.8	43.9	50.9	54.4	47.4
2.09	2.28	2.44	2.32	2.35	2.45
19.4	56.5	60.2	68.5	71.3	71.3
2.17	2.19	2.37	2.19	2.45	2.40
8.8	36.8	38.2	44.6	53.4	55.9
2.25	2.29	2.24	2.17	2.38	2.48
25.5	68.0	70.6	72.5	77.8	78.5
2.03	1.96	2.31	2.05	2.49	2.52
15.5	41.0	48.0	54.0	60.3	60.9
2.21	2.08	2.25	2.12	2.34	2.37
8.9	34.4	37.1	46.4	53.1	55.1

	補助金か自由競争か					
	本人	自民	民主	公明	社民	共産
自民支持	2.24	2.64	2.51	2.70	2.26	2.28
	15.0	36.1	47.8	47.4	56.2	57.1
民主支持	2.41	2.48	2.50	2.49	2.26	2.25
	8.6	27.7	34.1	38.0	41.2	41.2
公明支持	2.23	2.79	2.54	2.58	2.13	2.07
	13.1	42.9	56.0	46.4	63.1	64.3
社民支持	2.00	3.21	2.45	3.23	1.95	1.89
	0.0	20.0	33.3	26.7	30.0	36.7
共産支持	2.12	2.79	2.83	2.91	2.30	2.09
	14.0	32.0	40.0	34.0	40.0	34.0
自民寄り	2.45	2.71	2.34	2.59	2.16	2.00
	21.1	44.7	53.9	55.2	57.9	61.8
民主寄り	2.50	2.85	2.52	2.61	2.20	2.00
	6.9	31.0	50.0	46.6	56.9	53.4
純支持無し	2.47	2.75	2.47	2.62	2.62	2.31
	25.9	50.9	59.8	59.8	59.8	62.5
自民投票	2.29	2.58	2.43	2.64	2.23	2.23
	15.3	33.7	45.9	43.4	52.1	52.6
民主投票	2.37	2.61	2.58	2.59	2.41	2.36
	12.1	29.9	39.0	41.4	47.6	48.4

注：上段は平均値，下段は DK/NA 率。投票政党は比例代表
N：自民支持=706, 民主支持=311, 公明支持=84, 社民支持=34, 共産支持=50, 自民寄り=76, 民主寄り=58, 純支持無し=112, 自民投票=581, 民主投票=405

補助金か自由競争か						
本人	自民	民主	公明	社民	共産	みんな
2.10	1.90	2.22	2.10	2.30	2.38	2.19
8.4	35.8	40.6	50.1	55.9	57.0	58.1
2.16	2.05	2.26	2.18	2.31	2.34	2.29
9.4	36.3	36.1	48.9	52.3	54.1	55.7
2.12	2.35	2.31	2.15	2.29	2.27	2.09
5.8	46.4	49.3	42.0	59.4	62.3	68.1
1.89	2.67	2.39	2.41	1.85	2.10	2.65
7.5	40.0	42.5	45.0	50.0	50.0	57.5
2.20	2.23	2.58	2.42	2.46	2.41	2.40
13.2	41.5	41.5	54.7	54.7	58.5	62.3
2.45	2.25	2.44	2.14	2.25	2.45	2.60
8.7	30.4	30.4	39.2	39.1	37.0	34.8
2.09	2.17	2.38	2.26	2.14	2.40	2.39
15.7	57.8	59.0	72.3	74.7	75.9	78.3
2.20	2.15	2.34	2.14	2.33	2.29	2.43
8.6	38.4	37.8	50.8	48.6	50.8	55.1
2.21	1.89	2.18	2.08	2.61	2.75	2.42
24.8	69.1	69.8	75.8	77.8	78.5	79.2
2.07	1.89	2.22	2.09	2.28	2.33	2.25
9.1	38.0	41.8	51.9	56.9	57.4	60.2
2.13	2.04	2.33	2.16	2.35	2.42	2.30
9.6	36.9	36.5	50.0	52.4	54.6	56.4

か財政再建か」（2009年，2010年），「補助金か自由競争か」（2009年，2010年），公明支持者の「憲法改正」（2010年），「補助金か自由競争か」（2005年，2010年），社民支持者の「補助金か自由競争か」（2010年））が DK/NA 回答となっており，必ずしも支持政党の政策位置を「よく知っている」とは言えない（特に「補助金か自由競争か」における DK/NA 率が高い）ことが分かる。また支持無し層では，「自民寄り」グループが，自民の政策位置について，いずれの年において

も「景気対策か財政再建か」で3割台,「憲法改正」と「補助金か自由競争か」では4割台から5割台のDK/NA率である。このグループの半数前後が憲法改正に対する自民のスタンスを「知らない」というのはやや驚きである。また「民主寄り」グループでも,民主の政策位置について,2005年の「補助金か自由競争か」では5割がDK/NA,それ以外の年でも「景気対策か財政再建か」を除いて常に3割台のDK/NA率である。最後に投票政党について見ると,いずれの政党への投票グループにおいても,「景気対策か財政再建か」で2割台,それ以外の争点では3割台のDK/NA率(2009年の「自民投票」グループにおける「補助金か自由競争か」のみ4割強)である。やはり「景気対策か財政再建か」に関する立場が最も良く「知られて」おり,「補助金か自由競争か」が最も「知られて」いない。

では,支持政党,投票政党以外の政党の政策位置に関する認知度はどの程度であろうか。これに関しては,ある程度予想される通り,政党別,争点別にやや異なるパターンが見られる。ただし,ここでもまず「純支持無し」グループにおけるDK/NA率の高さについて言及しなければならない。2005年(「補助金か自由競争か」)では自民について5割強であるほか他党に関してはすべて6割前後,2009年と2010年に関しては「景気対策か財政再建か」に関する自民(2009年,2010年)と民主(2010年)が5割台であるほかは,すべて6割台から8割近くのDK/NA率である。これに近いのが「自民寄り」グループで,ほとんどのケースで5割台から7割台のDK/NA率である。他方,認知の対象である政党の側から見ると,社民,共産両党,加えて2010年では結党後それほど時期を経ていない「みんな」の政策位置に関してDK/NA率が非常に高い。この中で,社民,共産においては「憲法改正」でDK/NA率が相対的に低くなる——言うまでもなく,これら両党の「護憲」イメージが比較的浸透しているためであろう[16]——のに対し,「みんな」では自民,民主などと同じく「景気対策か財政再建か」で若干DK/NA率が低くなる。これに対して,全体的に見て最もDK/NA率が低いのは,長期政権の下で政策的主張を含めた政党イメージが比較的明瞭であると考えられる自民であり,また2大政党の一角として自民に次いで情報量が多いと考えられる民主がそれに次いでいる。最後に,争点の側から見ると,いずれの政党に関しても「補助

---

[16] それでも2009年の「純支持無し」グループにおいては,「憲法改正」に関する社民,共産両党の政策位置に関して,7割以上の者がDK/NAである。

金か自由競争か」におけるDK/NA率が高い。これは，この争点の内容自体が他の2争点に比べて分かりづらい上に，各党の内部でも様々な立場の議員が存在することから，有権者の側でもそれぞれの党の政策位置を明確にイメージすることが困難であるためと思われる。

以上の結果から，有権者は自分の支持政党の政策位置でさえも十分に認識しているとは言えず，またそれ以外の政党の政策位置に関してはさらに認知度が低いため，複数の政党の政策位置を比較して投票先を決定するという意味での「争点投票」を行っている有権者の数はかなり少ないと考えられる。特に支持政党のない有権者の多くにとって，こうした争点投票は困難であろう[17]。ただし，自民，民主両党の政策位置に関しては相対的に認知度が高かったことから，こうした争点投票が比較的起こりやすいのは，この2大政党間においてであることも推測される。

このように各党の政策位置に関する有権者の認知は限られたものではあるが，それでは各党の立場を一応「知っている」と考えている有権者は，それぞれの政党の立場をどのように認知しているのであろうか。特に，この点に関して支持政党，投票政党の違いによる影響はどの程度あるのだろうか。

再び表4-8～表4-10を見ると，まず「景気対策か財政再建か」に関しては，2009年では各党の並び方について，支持政党，投票政党の違いに関わらず，認識はほぼ一致している。すなわち，景気対策の側に自公両党，財政再建の側に社共両党，その中間に民主という配置である。例外は共産支持者で，自公両党が景気対策寄り，民主，社民両党が財政再建寄りで，共産はその中間という認識になっている。ただしいずれにしても，全体の布置は景気対策寄りで，どの党の支持者に関しても，各党の立場の認知は1.6から2.9の範囲に収まっている。これが2010年になると，まずこの範囲が1.8から2.8に，そして多くが2.0～2.5の範囲に収まる，言い換えれば政党間の立場の違いがより小さなものと認知されるようになる。その中で自民，民主両党支持者による各党の布置の認知は2009年とほぼ同じ（加えて「みんな」が民主と共に，自公と社共の中間に位置づけられる）であるが，公明，社民，共産，「みんな」各党の支持者においては，（与党となった）民主が最も財政再建寄りであ

---

[17] もちろんこの結果は田中（2003）の言う「積極的無党派層」の存在を否定するものではないが，政策的関心を持ち，それに基づいた投票行動を行う無党派層は極めて限られた数に留まることを示唆するものとは言えるだろう。

るという認識が生じている。特に共産支持者においては，社共両党が最も景気対策寄りであるという特徴的な認知が見られる。

他方，「保革」対立における中心的争点である「憲法改正」に関しては，2009年，2010年を通じて各党の立場の違いもより明確に認識されており，支持政党，投票政党による認識の違いもほとんどない。すなわち2009年においてはすべてのグループにおいて自民，次いで公明が改憲寄り，社共両党が護憲寄り，民主がその中間という配置になっている。2010年になっても自民と社共の位置付けには変化はないが，その中間の民主，公明，「みんな」の位置関係に関してはいくつかのバリエーションが見られる。ただし，いずれの場合においても，これら3党の間の違いはあまり大きなものとは認識されていない。なお2009年，2010年を通じて，社共両党支持者は他のグループと比べて，自民の立場に関してより極端に改憲寄りに位置づけている点で特徴的である。

最後に「補助金か自由競争か」については，先にも触れた通り，まず2005年では支持政党，投票政党を通じて各党の布置に関する認知はほぼ一定であり，社共両党が補助金寄り，自公両党が自由競争寄り，民主がその中間となっている。もちろん，若干の例外があり，例えば民主支持者では民主が最も自由競争寄り，共産支持者では民主が自民と公明の間に位置している。しかし，どのグループにおいても各党は尺度の中間点（2.5）付近を中心に比較的稠密に位置しており（特に自民，民主両党支持者で顕著），有権者が各党の立場を明確に弁別し難い状況であったことが窺える。これが2009年になると，各党の布置は一変し，支持政党，投票政党を超えて自公両党が補助金寄り，社共両党が自由競争寄り，民主がその中間と，2005年とは逆転した政策位置の認知となっている[18]。なお共産支持者は例外的に民主を最も補助金寄り，社民を最も自由競争寄りに位置づけている。ただし，やはりいずれのグループにおいても，各党の立場の違いはそれほど大きなものとは認知されていない。この2009年の布置は，基本的に2010年にも受け継がれている。すなわち自公が補助金寄り，社共が自由競争寄り，民主がその中間であるが，ここでは例外もより多い。例えば公明支持者では自民次いで民主が自由競争寄りとの認知，社民支持者では社共両党が補助金寄り，自公両党が自由競争寄りと

18　表4-5～表4-7で見た通り，認知された5党の立場の平均値は2.5から2.3へと若干補助金寄りに動いている。

いう2005年に戻ったような認知，また共産支持者では民主が最も自由競争寄りといったような認知が見られる。また「みんな」の位置付けについても一定してはおらず，自民，民主両党の支持者や投票者では民主と同様に自公，社共の中間に位置付けられているが，公明支持者では最も補助金寄り，社民支持者では自民に次いで自由競争寄り，共産支持者では自民に次いで補助金寄りで，社共両党支持者からは——その方向は異なるのだが——自民に近い立場と認識されているように見える。そして「みんな」支持者は，彼らの支持政党を最も自由競争寄りに位置付けている。

　以上に見た通り，三つの争点を通じて，各党の政策位置に関する認知には，回答者の支持政党，投票政党を通じてかなりの一致が見られるが，それらの認知には自民と社共を両極とする保革対立の構図が色濃く反映しており，2大政党のもう一角を占める民主は，多くの場合この対立軸の中間的な位置にあると認知されていることが明らかとなった。

　こうした布置は，各党支持者自身の争点態度のそれと一致しているのであろうか。また各党支持者はその支持政党の政策位置を，実際に自分の立場に近いと認知しているのであろうか。この観点からもう一度表を見ると，まず「景気対策か財政再建か」に関しては，2009年，2010年を通じて公明支持者，次いで自民支持者が最も景気対策寄り，社民支持者，次いで共産支持者が最も財政再建寄りであり，民主支持者は共産支持者とほぼ同じ，2010年の「みんな」支持者は自民と民主の中間であり，認知された各党の布置とそれほど大きな違いは無い。共産支持者は，他党支持者よりも共産の立場を相対的に景気対策寄りに認知しているが，これは共産支持者が実際に民主支持者と同程度には景気対策を志向していることの反映であると思われる。また，ある党の支持者の認知において，彼らの支持する党の政策位置が自分たちの選好に最も近い場合も多いが，2009年では自民支持者が公明，共産支持者が自民を最も近い政党として認知し，2010年では民主支持者が公明，社民支持者が民主（社民との差は小さいが），共産支持者が公明，「みんな」支持者が自民を最も近い政党として認知するなど，興味深い例外もかなり存在する。投票政党についても見ていくと，自民投票者はいずれの年に関しても自民を最も近い政党と認知しているが，民主投票者は2009年は公明，2010年は自民を最も近い政党と認知している。そして民主投票者は一貫して，自身の選好よりも民主の位置が財政再建寄りだと認知している。

　「憲法改正」についても，2009年においては自民支持者，次いで公明支持者

が改憲寄り，社共支持者が護憲寄り，民主がその中間であり，認知された各党の布置とほぼ一致したものとなっている。2010年においても「みんな」支持者の位置を除いて，各党支持者の立場と認知された各党の付置はほぼ一致している。例外は「みんな」で，認知された「みんな」の位置は自民と社共の中間であるが，「みんな」支持者自身は最も改憲寄りである。また支持者自身の立場と彼らが認知する各党の政策位置との関係については，2009年では自民支持者は公明を，また社民支持者は共産を，共産支持者は社民をそれぞれ最も近い政党と認知している。また，2010年では自民支持者は公明を，民主支持者は「みんな」を，社民支持者は共産を，「みんな」支持者は自民を，それぞれ最も近い政党と認知している。自民支持者は，自民の立場を彼ら自身の立場よりも明らかに改憲寄りに，また社共両党支持者（および2010年の「みんな」支持者）はそれぞれの支持政党の立場を自分自身の立場よりも明らかに護憲寄りに認知しており，こうした乖離が上述の結果を生んでいることが分かる。同様に，「自民寄り」グループも自民は自分自身よりも改憲志向だと認識しているため，2009年には民主，2010年には公明を最も近い政党と認知している。同じく「民主寄り」グループも民主を自分よりも改憲寄りであると認知しており，2010年には公明が最も近い政党であると考えている。投票政党については，2009年の民主投票者は民主を最も近いと認知しているが，自民投票者は公明を最も近いと認知している。2010年では自民投票者は「みんな」，民主投票者は公明を，それぞれ最も近いと認知している。自民投票者も民主投票者も，一貫して自身の立場よりも投票政党の方が改憲寄りであると認知している。

　最後に「補助金か自由競争か」に関して，まず2005年では各党支持者の政策選好において民主支持者の立場が最も自由競争寄りである。これは他党支持者の認知における各党の政策位置の布置パターンとは一致しないが，民主支持者自身の認知――民主を最も自由競争寄りと位置付けている――とは一致しており，少なくとも部分的には支持者自身の政策選好が支持政党の政策位置の認知に反映されたものと推測される[19]。また2009年では，共産支持者の立場が自民と民主の中間にあり，これも他党支持者の認知における各党の布置とは一致していないが，共産支持者自身は共産を民主に次いで補助金寄

---

[19] 言うまでもなく，この認知が「客観的」に正しいかどうかは，同一の質問を各党政治家に対して行うなどの方法によって検証されない限り明らかではない。

りと位置付けており，やはり自身の政策選好と支持政党の政策位置の認知に何らかの関連があることを示唆する結果となっている[20]。最後に2010年では，社民支持者の立場が最も補助金寄り，「みんな」支持者の立場が最も自由競争寄りであり，自民支持者や民主支持者の認知における各党の布置パターンとは異なっている。しかしここでも社民支持者は社民を最も補助金寄りに，また「みんな」支持者は「みんな」を最も自由競争寄りに位置付けており，支持政党の政策位置の認知と自身の政策選好との関連が窺われる[21]。また支持者自身の立場と彼らが認知する各党の政策位置との関係については，2005年では自公両党支持者は社民を，民主支持者は自民を，それぞれ最も近い政党と認知している。これら3党の支持者はそれぞれの支持政党の立場を，自分自身の立場よりもかなり自由競争寄りに認知しているためである。また2009年では自民支持者は公明を，公明支持者は（公明との差は小さいが）自民を，社民支持者と共産支持者は民主（ただし共産支持者における民主と共産の差は小さいが）を最も近いと認知している。自民支持者は支持政党が自分の政策選好よりも補助金寄りであると認知しており，社民支持者は支持政党が自分の政策選好よりも自由競争寄りであると認知しているためである。最後に2010年では自民，民主両党支持者は公明を，共産支持者は自民を，「みんな」支持者は共産を，それぞれ最も近いと認知している。ここでも自民支持者は自民が自分の政策選好よりも補助金寄りだと認知しており，また民主，共産，「みんな」各党の支持者はそれぞれの支持政党が自分の政策選好よりも自由競争寄りだと認知している。「自民寄り」，「民主寄り」両グループについては，「自民寄り」グループは2005年には公明，2010年には社民を近い政党と考えているが，いずれの場合も自民が自分たちよりも自由競争寄りであると認識しているためである。また「民主寄り」グループは2009年には公明，2010年には自民を最も近いと考えているが，この場合も民主が自分たちよりも競争志向だと認識しているためである。投票政党については，2005年では自民投票者も民主投票者も共産を最も近い政党と認知している。両党投票者はいずれ

---

[20] 先に見た大川（2011b）による政治家調査の分析でも，「経済政策」の次元上で共産は自民と民主の間に位置している。ただし，ここでの共産支持者の認知とは逆に，自民がより「従来型」，民主がより「改革型」である。

[21] これも先に見た東大・朝日調査（政治家調査）データの分析（境家，2011）によれば，確かに「みんな」は突出して「改革型」であるが，社民も「みんな」，民主に次いで改革型であり，ここでの支持者の認知とは明らかにズレがある。

116　第二部　選択の対象：政党間競争と有権者

も投票政党が自身の選好よりも自由競争寄りだと認知している。2009年では，民主投票者は民主を最も近いと認知しているが，自民投票者は公明を最も近いと認知している。さらに2010年では，両党投票者はいずれも公明を最も近い政党と認知している。民主投票者は2009年と2010年においても，自分の選好と比較して民主の立場は自由競争寄りだと考えているのに対し，自民投票者は自分の選好と比較して自民の立場は補助金寄りだと考えている。

　以上の結果から，各党支持者の政策選好における相対的な位置関係と，各党支持者の認知における各党の政策布置との間には――自身の政策選好が支持政党の政策位置の認知に一定の影響を与えているという点での留保は付くが――ある程度の関連が認められるが，他方，平均値で見た場合，各党支持者がそれぞれの支持政党の政策位置を実際に自分たちの立場に最も近いと認知しているわけでは必ずしもなく，そうした乖離にはいくつかの明確なパターンも存在していることが明らかとなった。この点については，第6節でさらに考察を行いたい。

5　2大政党への支持・投票と政策選好

　先に表4－5，表4－6において見たとおり，自民，民主両党の認知された政策位置に関しては，2009年，2010年を通じて三つの争点のいずれについても有意な差が認められた。すなわち，回答者は2大政党の政策位置について，少なくとも全く同じではないと認識している。それでは，これら両党の支持者や投票者は，少なくとも2大政党の中では政策的に自分により近い政党を支持し，また投票しているのであろうか。この点を確認するために，ややシンプルではあるが，以下のような分析を行った。

　まず，支持に関しては自民，民主両党の支持者，投票に関しては比例代表／比例区における両党への投票者のみをピックアップし，前節と同じ三つの争点について，自分自身の立場（「○に近い」と「どちらかといえば○」をまとめた2分法）と，両党の立場の認知（各党について2分法でまとめたうえ，「自民A民主A」，「自民A民主B」，「自民B民主A」，「自民B民主B」の4カテゴリーとしたもの）をクロスさせ，それぞれのセルにおける自民支持率／自民投票率を算出した[22]。その上で，自分自身の立場×自民の立場の認知×

　22　従って，ここでは自分自身の立場，自民の立場の認知，民主の立場の認知のいず

民主の立場の認知×支持政党（投票政党）のクロス表に対して対数線形モデ

表4−11 政策選好と自民／民主への支持・投票（2009年）

	自民支持率			
景気対策か 財政再建か (1)	自民A民主A	自民A民主B	自民B民主A	自民B民主B
本人A	69.1	81.8	50.6	85.7
本人B	50.0	47.9	76.9	72.2
憲法改正 (2)	自民A民主A	自民A民主B	自民B民主A	自民B民主B
本人A	67.4	74.5	54.1	66.7
本人B	47.1	50.0	67.9	66.7
補助金か 自由競争か (3)	自民A民主A	自民A民主B	自民B民主A	自民B民主B
本人A	64.1	77.8	51.6	56.0
本人B	63.6	52.1	65.2	52.4
	比例自民投票率			
景気対策か 財政再建か (4)	自民A民主A	自民A民主B	自民B民主A	自民B民主B
本人A	34.7	53.2	32.6	0.0
本人B	27.5	25.3	47.6	34.8
憲法改正 (5)	自民A民主A	自民A民主B	自民B民主A	自民B民主B
本人A	39.8	58.3	18.5	29.2
本人B	19.5	24.1	48.1	42.3
補助金か 自由競争か (6)	自民A民主A	自民A民主B	自民B民主A	自民B民主B
本人A	42.2	47.8	20.8	40.7
本人B	22.1	26.0	29.6	34.6

注：数字は%
　　支持率，比例投票率とも，自民と民主の合計が100%となる。
　　景気対策か財政再建か：A景気対策重視　B財政再建重視
　　憲法改正：A改正に賛成　B改正に反対
　　補助金か自由競争か：A補助金重視　B自由競争重視
対数線形モデルにより析出された変数間の関連
(1) 本人＊自民＊支持
　　本人＊民主＊支持
　　本人＊自民＊民主
(2) 本人＊自民＊支持
　　本人＊民主
(3) 本人＊民主＊支持
　　自民＊支持
　　本人＊自民
(4) 本人＊自民＊民主＊投票
(5) 本人＊自民＊投票
　　民主＊投票
　　本人＊民主
(6) 本人＊自民＊投票
　　本人＊民主
　　自民＊民主

れががDK/NAの回答者は分析から除かれている。

表4－12 政策選好と自民／民主への支持・投票（2010年）

	自民支持率			
景気対策か 財政再建か（1）	自民A民主A	自民A民主B	自民B民主A	自民B民主B
本人A	48.0	64.6	28.3	50.0
本人B	40.3	35.2	44.8	47.8
憲法改正（2）	自民A民主A	自民A民主B	自民B民主A	自民B民主B
本人A	47.6	73.8	33.3	50.0
本人B	31.9	31.1	75.0	40.9
補助金か 自由競争か（3）	自民A民主A	自民A民主B	自民B民主A	自民B民主B
本人A	50.7	55.1	21.6	54.3
本人B	52.1	39.7	54.2	27.0
	比例自民投票率			
景気対策か 財政再建か（4）	自民A民主A	自民A民主B	自民B民主A	自民B民主B
本人A	42.7	59.0	23.3	33.3
本人B	38.5	22.7	39.3	44.2
憲法改正（5）	自民A民主A	自民A民主B	自民B民主A	自民B民主B
本人A	41.3	66.0	24.3	29.4
本人B	27.2	28.8	66.7	37.5
補助金か 自由競争か（6）	自民A民主A	自民A民主B	自民B民主A	自民B民主B
本人A	41.3	48.2	25.0	37.5
本人B	52.2	27.1	52.6	20.0

注：数字は%
　　支持率，比例投票率とも，自民と民主の合計が100%となる。
　　景気対策か財政再建か：A景気対策重視　B財政再建重視
　　憲法改正：A改正に賛成　B改正に反対
　　補助金か自由競争か：A補助金重視　B自由競争重視
対数線形モデルにより析出された変数間の関連
（1）本人＊自民＊支持
　　　本人＊民主＊支持
　　　自民＊民主
（2）本人＊自民＊支持
　　　本人＊民主＊支持
　　　本人＊自民＊民主
（3）本人＊自民＊民主＊投票
（4）本人＊自民＊投票
　　　本人＊民主＊投票
　　　自民＊民主
（5）本人＊自民＊投票
　　　民主＊投票
　　　本人＊自民＊民主
（6）本人＊民主＊投票
　　　自民＊民主

ルによる分析を行い，変数間の関連を見ることにした。結果は表4－11（2009年），表4－12（2010年）のとおりである。

　論理的に予測される通り，すべての場合において，「自民の立場は自分と同

じだが，民主の立場は自分と異なる」と認知している者の方が，「自民の立場は自分と異なるが，民主の立場は自分と同じ」と認知している者よりも自民への支持率，投票率が高い。ただし，いずれの政党の立場も自分とは異なると認知した場合に自民への支持率が最も高くなるケース（2009年の「景気対策か財政再建か」で，自分自身は景気対策重視だが，自民，民主両党とも財政再建重視だと思っている者），逆にいずれの政党の立場も自分とは異なると認知した場合に自民への支持率が最も低くなるケース（2009年の「景気対策か財政再建か」で，自分自身は財政再建重視だが，自民，民主両党とも景気対策重視だと思っている者）なども存在し，必ずしもすべての結果が明確に予想される通りではない。

そこで対数線形モデルによる分析結果を見ていくと，まず全部で12のケースのうち，飽和モデルが妥当と考えられるのが，2009年の投票行動における「景気対策か財政再建か」，および2010年の政党支持における「補助金か自由競争か」の二つのケースであり，これらに関しては，どちらの政党を支持するか（投票するか）に対して，本人の政策選好と自民，民主それぞれの政策位置の認知の間すべてにおいて交互作用が存在している。これらのケース以外では，様々な交互作用のパターンが見られる。まず2009年と2010年の支持政党と「景気対策か財政再建か」，また2010年の投票政党と「景気対策か財政再建か」に関しては，本人の立場と「自民の立場」の組み合わせ，および本人の立場と「民主の立場」の組み合わせがそれぞれ独立に両党のいずれを支持するか（いずれに投票するか）に影響を与えている[23]。同様のパターンは2010年の支持政党と「憲法改正」との間にも見られる。これに対して2009年と2010年の投票政党と「憲法改正」に関しては，一方において本人の立場と「自民の立場」の組み合わせが投票政党に影響を与えると同時に，これとは独立に「民主の立場」が（本人の立場を問わず）投票政党に影響を与えている[24]。逆に2009年の支持政党と「補助金か自由競争か」に関しては，本人の立場と「民主の立場」の組み合わせが支持政党に影響を与えると同時に，「自民の立場」が（本人の立場を問わず）独立した影響を与えている[25]。さらに2009

---

[23] 以下本節では，記述が煩雑になるのを避けるため，認知された自民の立場を「自民の立場」，認知された民主の立場を「民主の立場」と略記することとする。

[24] ただし，いずれの年においても本人の立場と「民主の立場」の間には関連が存在している。

[25] ここでも本人の立場と「自民の立場」の間には関連が存在している。

年の支持政党と「憲法改正」,投票政党と「補助金か自由競争か」においては,本人の立場と「自民の立場」の組み合わせのみが支持政党(投票政党)に影響を与えており,「民主の立場」は直接的には考慮されていないように見える。逆に2010年の投票政党と「補助金か自由競争か」に関しては本人の立場と「民主の立場」の組み合わせだけが投票政党に影響を与えており,「自民の立場」は考慮されていないことが示唆されている。

以上のように,必ずしも争点の種類などによる法則性は見出されなかったが,有権者自身の政策選好と,各政党の立場に関する認知が政党支持や投票行動に与える影響には,様々な交互作用のパターンが存在していることだけは明らかだと言えよう。

それでは,2009年衆院選から2010年参院選にかけての投票政党の一貫性／変化と,本人の政策選好の一貫性／変化との間にも何らかの関連が見られるであろうか。最後にこの点について検討を加えておきたい。ここではまず,2回の選挙における比例投票政党が「自民→自民」,「自民→民主」,「民主→自民」,「民主→民主」のいずれかである回答者をピックアップし,それぞれのカテゴリーごとに2回の選挙時における本人の政策選好の一貫性／変化を見た。取り上げる争点はこれまでと同じ3争点で,いずれの争点に関しても,本人の立場をDK/NAを含めた3カテゴリーに分類した。結果は表4－13(「景気対

表4－13 投票パターン別に見た政策選好
(「景気対策か財政再建か」)

		2010年			
	2009年	景気対策	DK/NA	財政再建	計
自民→自民	景気対策	53.1	5.3	13.9	72.2
(N＝209)	DK/NA	5.3	0.5	2.4	8.1
	財政再建	12.0	0.5	7.2	19.6
	計	70.3	6.2	23.4	100.0
		2010年			
	2009年	景気対策	DK/NA	財政再建	計
自民→民主	景気対策	48.5	3.0	15.2	66.7
(N＝33)	DK/NA	6.1	3.0	3.0	12.1
	財政再建	12.1	0.0	9.1	21.2
	計	66.7	6.1	27.3	100.0
		2010年			
	2009年	景気対策	DK/NA	財政再建	計
民主→自民	景気対策	55.6	4.4	8.9	68.9
(N＝45)	DK/NA	2.2	0.0	4.4	6.7
	財政再建	17.8	0.0	6.7	24.4
	計	75.6	4.4	20.0	100.0
		2010年			
	2009年	景気対策	DK/NA	財政再建	計
民主→民主	景気対策	44.3	1.7	19.0	65.0
(N＝300)	DK/NA	4.3	3.0	1.7	9.0
	財政再建	12.3	1.7	12.0	26.0
	計	61.0	6.3	32.7	100.0

注:数字は%
tau-b:自民→自民＝.13 (p<.10), 自民→民主＝.17 (p>.10)
　　　民主→自民＝.16 (p>.10), 民主→民主＝.17 (p<.01)

策か財政再建か」），表 4－14（「憲法改正」），表 4－15（「補助金か自由競争か」）のとおりである。

まず「景気対策か財政再建か」について見ると，いずれのグループに関しても一貫して景気対策を選好する者が最も多いが，相対的に「民主→民主」グループでその比率は低く，逆にこのグループでは一貫して財政再建を選好する者が他のグループに比べて多い。政策選好を変えた者も一定数存在し，「財政再建→景気対策」，「景気対策→財政再建」とも各

表4－14　投票パターン別に見た政策選好
（「憲法改正」）

	2009年	2010年 改憲賛成	DK/NA	改憲反対	計
自民→自民 (N=209)	改憲賛成	44.5	4.3	9.6	58.4
	DK/NA	6.2	5.7	1.4	13.4
	改憲反対	8.1	4.8	15.3	28.2
	計	58.9	14.8	26.3	100.0
自民→民主 (N=33)	改憲賛成	36.4	0.0	18.2	54.5
	DK/NA	6.1	15.2	6.1	27.3
	改憲反対	9.1	3.0	6.1	18.2
	計	51.5	18.2	30.3	100.0
民主→自民 (N=45)	改憲賛成	28.9	6.7	6.7	42.2
	DK/NA	11.1	8.9	2.2	22.2
	改憲反対	11.1	2.2	22.2	35.6
	計	51.1	17.8	31.1	100.0
民主→民主 (N=300)	改憲賛成	34.3	4.0	11.7	50.0
	DK/NA	4.7	4.3	3.0	12.0
	改憲反対	10.3	3.0	24.7	38.0
	計	49.3	11.4	39.3	100.0

注：数字は%
tau-b：自民→自民＝.40（p<.001），自民→民主＝.14（p>.10）
　　　民主→自民＝.37（p<.01），民主→民主＝.39（p<.001）

グループでそれぞれ1割～2割程度に上る。分析の焦点である投票政党を変更した二つのグループを比較してみると，「自民→民主」グループでは「財政再建→景気対策」よりも「景気対策→財政再建」の方が若干多いのに比べ，「民主→自民」グループでは「財政再建→景気対策」の方が明確に多い。「自民→自民」グループでは若干，「民主→民主」グループでは明確に「景気対策→財政再建」の方が多いことも考え併せると，民主から自民への投票政党の変更に，民主党政府の景気対策に対する不満が一定の影響を及ぼしていたと推測できる。

次に「憲法改正」については，やはり4グループを通じて「改正賛成→改正賛成」の者が最も多いが，その比率は「自民→自民」グループで最も高く，「民主→自民」グループで最も低い。他方，一貫して「改憲反対」の者は「民主→民主」グループ，次いで「民主→自民」グループで多く，「自民→民主」

表4-15 投票パターン別に見た政策選好
(「補助金か自由競争か」)

		2010年 補助金	DK/NA	自由競争	計
自民→自民 (N=209)	2009年 補助金	47.4	3.8	14.4	65.6
	DK/NA	5.3	5.3	1.9	12.4
	自由競争	9.6	1.9	10.5	22.0
	計	62.2	11.0	26.8	100.0
自民→民主 (N=33)	2009年 補助金	42.4	9.1	9.1	60.6
	DK/NA	6.1	6.1	0.0	12.1
	自由競争	15.2	6.1	6.1	27.3
	計	63.6	21.2	15.2	100.0
民主→自民 (N=45)	2009年 補助金	42.2	4.4	11.1	57.8
	DK/NA	2.2	6.7	4.4	13.3
	自由競争	8.9	0.0	20.0	28.9
	計	53.3	11.1	35.6	100.0
民主→民主 (N=300)	2009年 補助金	40.0	4.0	11.0	55.0
	DK/NA	3.0	3.7	3.3	10.0
	自由競争	13.0	1.3	20.7	35.0
	計	56.0	9.0	35.0	100.0

注:数字は%
tau-b:自民→自民=.25 (p<.001), 自民→民主=.13 (p>.10)
　　　民主→自民=.44 (p<.01), 民主→民主=.36 (p<.001)

グループで少ない。そして「自民→民主」グループでは「改憲賛成→改憲反対」の者が「改憲反対→改憲賛成」の者に比べて明確に多いのに対して26,「民主→自民」グループでは「改憲反対→改憲賛成」の者の方が多く,また「DK/NA→改憲賛成」の者も1割以上に上っており,憲法改正問題に関する政策選好の変化と投票行動の変化の間にも一定の関連が認められる。

最後に「補助金か自由競争か」についてであるが,ここでも一貫して「補助金」を選好する者が四つのグループのいずれにおいても最も多い。他方,一貫して「自由競争」を選好する者は「民主→民主」と「民主→自民」で多く,「自民→民主」で少ない。そして「自民→民主」グループでは「自由競争→補助金」の者が「補助金→自由競争」の者よりも多いのに対し,「民主→自民」グループでは「補助金→自由競争」の方が若干であるが多い。「自民→民主」グループと同じ傾向が見られるのが「民主→民主」グループ,「民主→自民」グループと同じ傾向であるのが「自民→自民」グループであることから,2009年から2010年にかけての補助金重視から自由競争重視へという政策選好の変化は自民支持の方向に働きやすく,自由競争重視から補助金重視へという選好の変化は民主支持の方向に働きやすいか

---

26 同時に,このグループでは一貫してDK/NAの者の比率が他のグループよりも多い。

ったのではないかと推測される。これは民主が与党となり，補助金の配分を行う立場となったこととも無関係ではなかろう。

しかしいずれにしても，投票パターンに関するそれぞれのグループの中に，様々な政策選好の持続／変化のパターンが見られることから，政策選好の変化が単純に特定の方向での投票行動の変化をもたらすわけではないということも明らかである[27]。

6 まとめ

以上，本章では政策を媒介とした政党－有権者関係について多面的に検討を加えてきた。その結果，日本における政党政治や代表制民主主義のあり方を考える上で特に重要と考えられる知見として，以下のことが明らかとなった。

第一に，有権者は自分の支持政党の政策位置に関してさえも必ずしも十分に認知しているとは言えず，支持政党以外の政党——従って支持無しの有権者にとってはすべての政党——の政策に関する認知度は極めて低い。相対的には自民，次いで民主の政策が比較的よく認知されているが，それでも3割から4割がDK/NA回答である。こうした状況では，各党の政策を比較した上で投票政党を決定するという意味での争点投票のメカニズムの前提に対する疑問が生ずる。さらに，たとえ各党の政策位置について何らかの認識を持っている場合においても，各党支持者の政策選好の平均値と認知された各党の立場の平均値を比較すると，必ずしも政策的に最も近い政党と支持政党，投票政党が一致してはいない。以上の点から，現実に争点投票を行っている有権者の数は極めて限られていると推測される[28]。

---

27 なお，本文中では触れなかったが，2009年と2010年の政策選好に関する順位相関（tau-b）を見ると，「景気対策か財政再建か」を除いて，「自民→民主」グループで係数の値が他の3グループよりも明らかに低い。すなわち，このグループに関しては政策選好の不安定さという点で（またDK/NA回答の多さの点でも），他のグループと何らかの質的な違いが存在する可能性がある。

28 本文中（第4節）で，各党支持者の政策選好の平均値と，認知された各党の政策位置との距離関係について検討したが，言うまでもなく，これは争点投票に関する「空間モデル」（spatial model）の中の「近接性モデル」（proximity model）に基づく考察である。同じ空間モデルでも，有権者と政党との政策的な方向性の異同に基づく「方向性モデル」（directional model）の下では，異なる政党選択が生ずる可能性

第二に，有権者自身の争点空間（政策的対立軸の認知構造）は，「憲法・安全保障」および「経済・社会政策」の２次元からなるものであり，これは平野（2007）に見られた2000年代前半の構造からほとんど変化がなく，また大川（2011b），境家（2011）などに示された政治家側の争点空間の構造ともほぼ一致するものであった。そして「経済・社会政策」の次元に関しては，2000年代後半に階層格差，社会保障制度の危機，長引くデフレ経済などこの次元に関わる様々な問題がクローズアップされてきたにも拘わらず，「憲法・安全保障」の次元に比して支持政党別の政策選好の違いが小さいなど，この次元の政策的対立軸としてのセイリエンスが，相対的には未だに小さい──この

がある（これらのモデルに関する議論については，Merrill & Grofman (1999)，谷口（2005）などを参照）。そこで，この方向性モデルに基づき表４−８〜表４−10の結果を再度検討してみよう。尺度の中間点である2.5を中心に，支持者，投票者の平均値と「支持政党の立場」が異なる方向にあるのは，「景気対策か財政再建か」に関しては2010年の社民（支持者は財政再建側だが「党の立場」は景気対策側），「憲法改正」に関しては該当例なし，「補助金か自由競争か」に関しては2005年の自民，民主，公明各党支持者，「自民寄り」グループ，自民，民主両党投票者（いずれも支持者，投票者は補助金側だが「党の立場」は自由競争側），2010年の「みんな」支持者（支持者は補助金側だが「党の立場」は自由競争側）であり，2005年の「補助金か自由競争か」を除いてそうしたケースは少ない（逆に言うと，2005年における「補助金か自由競争か」は方向性モデルにおける顕著な例外的事例である）。他方，「自分と同方向の政党の中で最も主張の強い政党を選択する」というより強い基準に適合しているのは，「景気対策か財政再建か」に関しては2009年の自公両党支持者，「自民寄り」グループ，自民投票者，2010年の自民，公明，共産各党支持者，「自民寄り」グループ，自民投票者（いずれも支持・投票政党を最も景気対策寄りと認識している），「憲法改正」に関しては2009年の自民支持者，「自民寄り」グループ，自民投票者（自民を最も改憲寄りと認識している），社共両党支持者（支持政党を最も護憲寄りと認識している），2010年の自民，社民両党支持者，「自民寄り」グループ，自民投票者，（いずれも2009年と同じ理由），「補助金か自由競争か」では2005年の共産支持者（共産を最も補助金寄りと認識している），2009年の自民支持者，「自民寄り」グループ，自民投票者（自民を最も補助金寄りと認識している），自民，公明，社民各党支持者，自民投票者（いずれも支持・投票政党を最も補助金寄りと認識している）である。これらは自民党の積極的経済・社会政策志向及び改憲志向，社共両党の護憲志向など，特定の「政党−政策関係」のイメージ（言い換えれば，「イシュー・オーナーシップ」（Petrocik, 1996）のイメージ）に基づくものに限定され──少なくとも民主党に関して説明できるケースはない──やはり普遍的な説明モデルとは言い難いように思われる。

点でも2000年代前半と大きな変化が無い——ことが明らかとなった。

　第三に，有権者がこれら2次元の争点空間内に各党をどのように位置付けたかを見ると，いずれの次元に関してもかつての「保革」対立の構造を強く反映した布置となっており，2000年代後半においても，有権者の認知に対してはこの構造が強い慣性を持って影響を与え続けていることが示唆された。「保革」対立という言葉が明示的にはほとんど使われなくなった状況にあって，有権者の中におけるある種の「暗黙知」のような形でこの構造が生き続けていることは興味深い。またこのことは，「政権を争う2大政党」としての自民，民主両党の対立が，争点空間の中では明確に位置づけられていない——「保革」対立の一翼を担い続ける自民に対して，民主は「中道」の位置にある——ことを意味している。この点については第三部において更に検討を加えたい。

　以上のうち，特に第一の点については，この結果を文字通りに受け取れば，今日の日本の有権者について，またその投票行動の結果として成立する政府について，悲観的なイメージを持たざるを得ない。ただし，仮に有権者の争点投票が極めて限定されたものであったとしても，上記の結果を全く額面通りに受け取らずとも良い可能性は残る。以下，この点に関する二つの仮説を示して本章の結びとしたい。

　第一に，第4節の分析結果に見られる通り，ある争点に関して各党の支持者が認知する支持政党の政策位置は，必ずしも支持者自身の政策選好に最も「近い」わけではないが，その一方で，当該の政策選好に関する各党支持者の相対的位置と，それらの支持者が認知する支持政党の相対的位置は概ね一致する傾向が見られた。すなわち，ある政党の支持者は，その争点に関する有権者（社会）全体の中での自分の相対的なポジションを認識した上で，全政党の中でそれに対応する相対的なポジションにある（と認識する）政党を支持している，すなわち「相対的なポジションの一致，不一致」によって政党を選択しているという可能性がある[29]。

　第二に，有権者の情報処理が「オンライン・モデル（on-line model）」が示唆すようなプロセスで行われている可能性である[30]。このモデルは「記憶依

　29　この考え方は，部分的にはDowns (1957) 以来のヒューリスティックとしてのイデオロギーというコンセプトと重なるが，個々の争点に関する，また「相対的なポジション」を重視するという点で，それとは異なる点も多い。

　30　「オンライン・モデル」と「記憶依拠モデル」についてはLodge (1995) を参照。

拠モデル (memory-based model)」に対立するモデルであるが,「記憶依拠モデル」では,投票の意思決定の際に,長期記憶に蓄えられている自身の政策選好と各党の政策位置に関する情報を呼び出し,それらのマッチングを行うことにより,投票政党を決定することになる。従って,自分の政策選好や各党の政策位置に関する情報が記憶中になければ,意思決定を行うことができない。これに対して「オンライン・モデル」では,それぞれの政党に対する評価は,その政党に関する情報に接するたびに常に更新され,その「現在値の表示盤」(running tally) に書き込まれる。例えばある政党の政策的スタンスに関する情報に接した場合,そのスタンスが自分にとって好ましいものであればその政党への評価がプラスの方向に更新され,また好ましくないものであればマイナスの方向に更新され,いずれもその新しい値が保存される。そして投票の意思決定に当たっては,その時点における各党への評価をそれぞれの「表示盤」から読み取り,最も評価の高い(好ましい)政党に投票すればよい。このモデルに従えば,たとえある政党への評価の形成に寄与した個々の情報(すなわちその政党の政策的スタンスに関する情報)の内容が記憶に残っていなくても,その情報の影響はその政党への評価の中に残っていることになる。もしそうであれば,ある有権者がある政党の政策的なスタンスを「分からない」と回答したとしても,その時点でのその政党への評価の中には過去に接した(そして現在では思い出すことのできない)政策的スタンスに関する情報の影響が残っているはずであり,その意味では各党の政策に関する一定の判断を反映した意思決定が行われていることになる。

　しかし,いずれにしても,これらは仮説の段階であり,その当否については今後の実証的研究を待たなければならない。

第5章

職業利益を媒介とした政党－有権者関係

1 はじめに

　本章では，政党－有権者関係の媒介要因の中でも，前章で検討した——相対的に抽象的な性格を持つ——政策的選好と比較して，より具体的で日常生活に密着した職業の利益に焦点を当て，これが政党－有権者関係に与える影響を分析していきたい。

　職業と党派的態度の関連については，一般的に農林漁業，自営業，管理職といった職業カテゴリーが自民党長期政権を支えてきたという点が重要視されてきた。すなわち，農林漁業や自営業は再分配依存セクターとして，自民党との間で再分配的利益と票との交換を行い，管理職は市場における強者として，やはり自民党との間で現存する政治的・経済的な秩序の維持と票および再分配用資源との交換を行う，という関係にあった1。そして，こうした票と利益の交換チャネルとしての社会的ネットワークは，保守イデオロギーと並んで，戦後の日本政治における有権者の党派的態度の規定因として最も重要なものと考えられてきたのである。

　しかし今日，経済のグローバル化を背景とした再分配資源の逼迫やネオリベラル的な政策志向の伸長は，一方における農林漁業および自営業と，他方における管理職との同盟関係（あるいは相互依存関係）を危ういものとする

1　日本の政党支持研究において，これらの職業カテゴリーは，自分で自分の仕事をコントロールすることができるという一種の利害感覚である「自前意識」と結びつけて論じられることが多かった（三宅，1985）。この点に関して，本文中にあるような利益交換の構造から捉えるべきであるという議論については平野（2007）を参照。

であろうし，また政権交代の現実化は票と利益の交換チャネルを党派的により中立化すると考えられる（平野，2011a，2011c）。

JES Ⅳプロジェクトでは，2011年に実施した郵送政治意識調査（第7波）において，こうした職業利益と政治の関連についての質問が行われている[2]。そこで以下，この調査から得られたデータに基づき，第2節において回答者の職業的な属性と支持政党の関連について概観した後，第3節では職業利益代表政党に関する回答者の認知について分析を行い，さらに第4節でこれらの認知と回答者自身の職業的カテゴリーとの関連を検討した上で，第4節において自民，民主の2大政党に対する態度と職業カテゴリーの関連についてより詳細な検討を行い，政権交代期における政党－有権者関係の媒介要因としての職業利益の役割を明らかにしていきたい。

2　職業的属性と支持政党

回答者の職業に関連した五つの質問への回答と支持政党との関連を見たものが表5－1である。

上段から順に見ていくと，まず「職業の有無」に関しては以下のような点が指摘できる[3]。「勤め」の回答者は，自民，民主のいずれに関しても，他のグループと比較して支持者の比率が低い一方，「自民寄り」，「民主寄り」の比率が高く，また「純支持無し」の比率も最も高い。言い換えれば，政党に対するコミットが相対的に低いグループである。次に「自営・家族従業」では自民支持率が他のグループと比較して突出して高く，従来の知見と一致する結果となっている。その一方で，このグループは，「みんな」への支持率も最も高くなっているが，同党のネオリベラル志向を考えるとこの結果はやや意外である[4]。また「専業主婦」に関しては，公明への支持率が他のグループより若干高めであるほか，「自民寄り」及び「純支持無し」の比率が「勤め」に次いで高く，やはり相対的に政党へのコミットが低いように見える。最後

2　2010年の郵送政治意識調査（第4波）においても同様の質問が行われているが，こちらは新規対象者（有効回答数440）に対してのみなされたものであるため（序章参照），ここでは2011年調査のデータを分析対象とする。

3　ここでの「無職」は学生を含まない。

4　同党が掲げる政策の「反増税」，「脱官僚」，「地域活性化」といった側面への評価によるものとも考えられるが，その検証は今後の課題としたい。

表5-1 職業に関する属性と支持政党

職業の有無	自民	民主	公明	社民	共産	みんな	その他	自民寄り	民主寄り	その他寄り	純支持無し	計
勤め	22.3	18.1	3.2	0.7	2.6	4.5	0.9	10.1	9.5	11.7	16.5	100.0(692)
自営・家族従業	37.4	20.5	3.2	1.8	2.3	6.8	0.5	3.2	5.0	10.0	9.1	100.0(219)
専業主婦	23.4	23.4	4.1	2.8	2.2	3.8	0.6	9.1	5.9	10.0	14.7	100.0(320)
無職	26.5	33.1	2.0	3.7	1.7	5.2	0.6	5.2	4.6	7.5	9.8	100.0(347)

Cramer's V=.14 (p<.001)

従業員数	自民	民主	公明	社民	共産	みんな	その他	自民寄り	民主寄り	その他寄り	純支持無し	計
299人以下	28.7	16.5	3.7	0.9	2.1	5.4	0.7	8.5	8.3	11.0	14.3	100.0(575)
300人以上	19.1	23.7	1.4	1.4	2.8	4.2	1.4	7.9	8.8	13.0	16.3	100.0(215)

Cramer's V=.14 (p<.11)

産業	自民	民主	公明	社民	共産	みんな	その他	自民寄り	民主寄り	その他寄り	純支持無し	計
第一次産業	44.2	15.4	3.8	5.8	3.8	1.9	0.0	3.8	3.8	5.8	11.5	100.0(52)
第二次産業	21.5	22.9	3.3	1.4	2.3	8.4	0.5	7.9	6.1	9.8	15.9	100.0(214)
第三次産業	27.3	16.8	3.0	0.6	2.3	4.0	1.1	8.1	9.6	12.2	15.1	100.0(531)
公務員	17.5	22.5	2.5	0.0	3.8	3.8	0.0	11.2	12.5	12.5	13.8	100.0(80)

Cramer's V=.14 (p<.05)

職種	自民	民主	公明	社民	共産	みんな	その他	自民寄り	民主寄り	その他寄り	純支持無し	計
農林漁業	43.6	15.4	2.6	7.7	2.6	0.0	0.0	0.0	5.1	7.7	15.4	100.0(39)
商工サービス	39.0	24.4	4.9	0.0	1.2	7.3	0.0	4.9	4.9	4.9	8.5	100.0(82)
自由業	37.2	19.2	2.6	1.3	2.6	9.0	1.3	1.3	3.8	15.4	6.4	100.0(78)
役員・管理職	36.5	25.0	5.8	0.0	1.9	1.9	1.9	5.8	3.8	11.5	5.8	100.0(52)
専門技術職	18.8	18.3	2.0	3.5	3.6	7.6	1.0	7.6	11.2	11.2	17.3	100.0(197)
事務職	19.2	16.0	1.9	0.0	1.9	1.3	0.6	12.2	9.6	14.7	22.4	100.0(156)
販売・サービス・労務職	21.9	17.8	3.7	1.7	2.1	5.0	0.8	12.0	9.9	10.7	14.5	100.0(242)

Cramer's V=.15 (p<.001)

雇用形態	自民	民主	公明	社民	共産	みんな	その他	自民寄り	民主寄り	その他寄り	純支持無し	計
自営・家族従業	36.8	21.6	3.4	2.0	2.0	6.4	0.5	2.9	4.4	10.3	9.8	100.0(204)
正規雇用	20.5	19.6	2.5	0.2	2.7	6.2	1.2	9.9	10.1	11.1	15.8	100.0(404)
非正規雇用	23.0	16.6	4.2	1.5	2.6	2.3	0.4	9.8	9.1	12.5	18.1	100.0(265)

Cramer's V=.17 (p<.001)

注:数字は%,( )内はN。
職業の有無における「無職」は学生を含まない。また従業員数に関しては「公務員」は除く。

に「無職」では,民主支持率が他のグループと比較して突出して高く,また社民支持率も相対的に高い。更に「みんな」への支持率も「自営・家族従業」に次いで高い一方,「純支持無し」の比率は「自営・家族従業」に次いで低く,このグループの政党へのコミットが相対的に高いことが示されている。

次に「従業員数」について見ると[5],自民支持率は「299人以下」の方が明確に高く,また「自民寄り」の率も「299人以下」の方が若干高い。他方,民

主支持率は「300人以上」の方が高く、また「民主寄り」の率もこのグループの方がやや高い。このことから、自民、民主の2大政党に関しては、「299人以下」が相対的に自民寄り、「300人以上」が民主寄りであると言えるだろう。この他、公明及び「みんな」支持率は「299人以下」の方が高く、社民、共産の支持率は「300人以上」の方がやや高い。すなわち、かつての保革の次元に照らせば、「299人以下」の方がより保守志向と言うことができよう。

さらに「産業」別の支持政党を見ると、まず「第一次産業」では他のグループと比較して自民支持率が突出して高く、また公明、社民の支持率も相対的に最も高く、共産支持率も（公務員と並んで）最も高いが、「みんな」支持率は相対的に最も低い。いずれにしても、全体的に見て政党へのコミットは最も高い。他方「第二次産業」では、民主支持率が相対的に最も高いほか、「みんな」支持率が他のグループよりも明確に高いことが特徴と言えるが、同時に「純支持無し」の率も最も高い。「第三次産業」にはあまり明確な特徴はないが、自民支持率は「第一次産業」の次に高く、「自民寄り」、「民主寄り」の率もそれぞれ「公務員」に次いで高い。「純支持無し」の率も「第二次産業」に次いで高い。最後に「公務員」は、自民支持率が相対的に最も低い一方、民主支持率は「第二次産業」に次いで高く、共産支持率も「第一次産業」と並んで高い。また「自民寄り」、「民主寄り」とも、四つのグループの中で最も比率が高い。以上の結果を自民対民主という視点で見るならば、「第一次産業」、次いで「第三次産業」が相対的に自民寄りであり、「第二次産業」と「公務員」が民主寄りであると言えるだろう。

それでは「職種」と支持政党の関係はどうであろうか。まず各グループの特徴を見ると、「農林漁業」は自民支持率が突出して高く、同様に社民支持率も突出している一方、民主支持率は最も低い。また「純支持無し」の率も3番目に高い。社民支持率が他に比べて高いのは年齢の高さも影響を与えていよう。「商工サービス」は、自民、民主、公明それぞれの支持率がいずれも2番目に高く、「みんな」支持率も3番目で相対的に高い。他方、「純支持無し」の率は相対的に低い。「自由業」は自民支持率が「商工サービス」に近い3番目の高さであり、また「みんな」支持率が最も高いことが特徴的である。そ

---

5 ここでの分析対象者は、「公務員」を除く有職者である。なお「従業員数」のカテゴリーに関しては、以下の分析における大企業と中小企業の切り分けの基準に倣って、300人以上と299人以下の二つとした。

して「純支持無し」の率は2番目に低い。「役員・管理職」は自民支持率が「自由業」に近い4番目，民主，公明両党の支持率は最も高く，また「純支持無し」の率は最も低い。「専門技術職」は共産支持率が他のグループと比較して相対的に最も高く，「みんな」支持率も2番目に高い一方，自民支持率は最も低い。民主支持率も高くはないが，「民主寄り」の率は最も高い。また「純支持無し」の率が2番目に高い。「事務職」は自民，民主両党支持率がそれぞれ2番目に低い一方，「純支持無し」の率は突出して最も高い。ただし，「自民寄り」の率も最も高く，「民主寄り」の率も3番目に高い。最後に「販売・サービス・労務職」は，自民，民主両党支持率がそれぞれ3番目に低いが，その一方で「自民寄り」，「民主寄り」の率はそれぞれ2番目に高く，「純支持無し」の率も比較的高い。

　以上，全体として職種による差はかなり明確であるが，特に自民，民主両党への支持を見ていくと，自民への支持率が高いのは「農林漁業」，「商工サービス」，「自由業」，「役員・管理職」，低いのは「専門技術職」，「事務職」，「販売・サービス・労務職」であり，民主への支持率が高いのは「役員・管理職」，「商工サービス」，低いのは「農林漁業」，次いで「事務職」，「販売・サービス・労務職」，「専門技術職」である。すなわち「農林漁業」のみは親自民・反民主の性格が比較的明確であるが，「商工サービス」と「役員・管理職」は両党いずれに対する支持率も相対的に高く，「専門技術職」，「事務職」，「販売・サービス・労務職」はいずれに対する支持率も相対的に低い。従って，この点においては2大政党への支持に関する明確な職業的亀裂は見られない。ただしその一方で，自民支持率に関しては，支持率の高い4グループと低い3グループの間にはかなり明確なギャップがあることも事実である。平野(2007)は，小泉内閣期のデータの分析から，「農林漁業」，「自営業」（ここでの「商工サービス」に当たる），「管理職」（ここでの「役員・管理職」に当たる）からなる「55年連合」から「管理職」が脱落しつつあることを指摘したが，民主党政権期のデータによるここでの分析結果は，「管理職」が再び自民支持率の高いグループに復帰したことを示すもののように思われる。ただしこの現象が，2009年の政権交代前には民主党の政策（例えば，より市場志向，都市部志向の経済・社会政策）に期待したこのグループが，実際の民主党の政権運営や経済運営に失望して自民支持に戻ったためであるのか，あるいは他の何らかの理由によるものであるのかについては，更に分析を行う必要があろう[6]。

最後に、2000年代に入って注目度が高まった「雇用形態」と支持政党の関係を見ると7、まず「自営・家族従業」では自民、民主両党支持率が、いずれも三つのグループの中で最も高いが、自民支持率が他のグループから突出して高いのに対し、民主支持率は他のグループ（特に「正規雇用」）とそれほど大きな差があるわけではない。また「純支持無し」の率が最も低い。次に「正規雇用」は、自民支持率が次に見る「非正規雇用」よりも若干低く、三つのグループで最低、民主支持率は他の二つのグループの中間である。「自民寄り」、「民主寄り」の率がそれぞれ1割前後と、「自営・家族従業」に比べて多い。言い換えれば、支持者の率が低い分、それぞれの党寄りの支持無しが多いということである。最後に「非正規雇用」では、自民支持率は「正規雇用」よりも若干高く、民主支持率は若干低い。公明支持率が三つのグループで最も高く、また他の2グループと比較して「みんな」支持率が低い。同党のネオリベラル的な志向への支持の低さによるものではないかと推測される。また「純支持無し」の率が3グループ中最も高い。以上の結果を見ると、三つのグループの中で他との違いが際立っているのは「自営・家族従業」であり、「正規雇用」と「非正規雇用」との差は、「みんな」への支持を除いてあまり顕著ではない。この点については、以下の分析の中でさらに考察を加える。

3　職業利益代表政党に関する認知

次に、様々な職業的カテゴリーの利益がそれぞれどの政党によって代表されているか、という点に関する回答者の認知を見たものが表5－2である8。

6　先述のとおり、「役員・管理職」は民主支持率においても相対的に最も高く、単純にこのグループが民主を捨てて自民に回帰したと言えないことは明らかである。むしろ、このグループは常に「大政党」志向で、同時にそうした政党の業績評価を厳しく行う、ということであるのかも知れない。

7　雇用形態に関する質問は、四つの選択肢、すなわち「1　自営業または家族従業」、「2　正社員（勤め）」、「3　契約社員・派遣社員（勤め）」、「4　パートタイマー・アルバイト（勤め）」の中から一つを選択する形式となっており、ここでは2を「正規雇用」、3と4を「非正規雇用」に分類した。

8　質問は、それぞれの職業カテゴリーの利益を「重視している政党」を、選択肢の中からいくつでも挙げさせる（多重回答）形式によっている。選択肢にある政党のうち、「国民新党」は「その他」と合わせ、「国民新党」あるいは「その他」のどち

「大企業経営者」の利益代表政党としては，ほぼ6割の回答者が自民を挙げており，これはすべての職業カテゴリー，すべての政党を通じて突出した数値となっている。同時に，民主を挙げる者も3分の1に達しており，こ

表5－2　職業利益代表政党に関する認知

	自民	民主	公明	社民	共産	その他	無し
大企業経営者	59.4	33.0	15.7	5.9	4.9	14.7	20.4
大企業正社員	34.7	28.8	11.8	7.4	5.7	11.5	31.4
中小企業経営者	22.7	27.0	17.1	18.7	18.9	15.7	27.4
中小企業正社員	12.5	21.1	13.3	20.1	20.2	13.5	33.6
農林漁業	37.2	22.2	13.0	14.1	14.2	15.3	25.7
公務員	39.2	32.3	13.5	11.6	8.8	12.3	25.2
非正規雇用者	10.3	14.4	12.6	27.6	27.4	10.6	32.3
専業主婦	8.2	9.4	11.0	18.8	12.2	7.9	42.8
退職者	12.6	10.8	7.3	9.2	10.0	8.7	50.7
失業者	8.6	11.3	9.2	14.4	19.3	8.8	47.3

注：数字は％（多重回答）N＝1658

れも民主に関しては最も高い数値である。すなわち，自民，民主両党とも，すべての職業カテゴリーの中で「大企業経営者」の利益を最も代表する政党であると認知されているのであるが，ただしその程度は自民が民主を圧倒している。他方，社民，共産両党に関しては，これを挙げる者はそれぞれ5％前後であり，両党のいずれにおいても全職業カテゴリーの中で最低の数値となっている。他方，利益代表政党を「無し」とする者は2割程度で，すべての職業カテゴリーの中で最低の数値である。これに対して「大企業正社員」の利益代表政党については，やはり自民が最も多く，次いで民主となっているが，自民を挙げた者は「大企業経営者」と比較して大幅に減っており，その分「無し」が3割程度にまで増えている。

「中小企業経営者」については，民主を挙げる者が最も多く，自民がこれに続くが，共産，社民，公明，「その他」も10％台後半で続いており，全体として認知が分散している。「中小企業正社員」に関しても，最も多いのは民主であるが，ここでは共産と社民がほぼ同じ数値でこれに続いている。その一方で利益代表政党を「無し」とする者も3分の1以上に上っている。

「農林漁業」では，自民を挙げる者が突出して多く，民主がそれに続くが，その差はかなり大きい。また「公務員」についても，自民を挙げる者が約4割と最も多いが，これに続いて民主も3割以上の者がこれを挙げている。これに対して社民を挙げる者は1割強で，公明よりも少ない。

　　らかが挙げられていれば，「その他」にカウントした。また，選択肢には「みんなの党」は含まれていないため，ある職業カテゴリーの利益代表政党が「みんなの党」であると認知している回答者は，「その他」と回答したと考えられる。

以上とはやや異なるパターンが見られるのが「非正規雇用者」で，社民，共産両党がそれぞれ4分の1強の回答者によって挙げられ，他党を引き離している．ただし，ほぼ3分の1の回答者が，「非正規雇用者」の利益を代表する政党はないと認知している．

次に職業に就いていない人々に関する三つのカテゴリーのうち，「専業主婦」については，社民を挙げる者が2割近くで最も多く，他の政党はいずれも1割前後，そして利益代表政党は「無し」とする者が4割を超えている．「退職者」に関しては[9]，「無し」とする者が5割を超え，全カテゴリー中最高である．それ以外では各党とも1割前後の数値となっているが，相対的には自民を挙げる者が最も多い．最後に「失業者」については，共産を挙げる者がほぼ2割で最も多く，これに社民が続くが，やはり5割近くの者が利益代表政党は「無し」と考えている．

以上の結果から各党の特徴をまとめると，自民は「大企業経営者」，「大企業正社員」，「農林漁業」，「公務員」の政党であると認知され，また「退職者」の利益も相対的に最も重視していると見做されているが，やはり「大企業経営者」の政党というイメージが突出している．民主も「大企業経営者」，「大企業正社員」，「公務員」の利益を重視する政党と見られているが，「中小企業経営者」，「中小企業正社員」の利益も他党との比較で相対的に最も重視している政党と認知されている．公明はあまり明確な特徴を持たないが，「中小企業経営者」，次いで「大企業経営者」の利益代表政党とする回答が比較的多いことは興味深い．これに対して社民，共産は「非正規雇用者」，次いで「中小企業正社員」，「中小企業経営者」，社民は「専業主婦」，共産は「失業者」の利益を重視する政党と認知されている．「その他」の政党については，「中小企業経営者」，「農林漁業」，「大企業経営者」の利益を重視する政党とする回答が比較的多い．最後に利益代表政党が「無し」とする回答は，「退職者」で5割以上，「失業者」，「専業主婦」で4割以上と多い．すなわち職業に就いていない人々の利益は代表されないという（換言すれば「生産者」志向の政治という）明確な認識が見られる．これに続いて「大企業正社員」，「中小企業正社員」，「非正規雇用者」という被雇用者の3カテゴリーで「無し」が3割台となっているが，雇用環境が大きく異なるこれら3グループの数値が

9　質問文では「定年で退職した人」であり，「定年退職者」であることが明示されているが，以下では煩雑さを避けるため単に「退職者」と表記する．

ほぼ同じであることはやや意外である。最後に「大企業経営者」,「公務員」,「農林漁業」,「中小企業経営者」の4カテゴリーで「無し」は2割台であり,日本の政治が経営者,公務員,第一次産業従事者の利益をよく代表したものと認識されていることが分かるが[10],特に「大企業経営者」の利益が最もよく反映されていると見られている。

最後に自民対民主の視点からは,自民を挙げる者の方が多いのが「大企業経営者」,「大企業正社員」,「農林漁業」,「公務員」,「退職者」で,特に差が大きいのが「大企業経営者」と「農林漁業」である。他方,民主を挙げる者の方が多いのが「中小企業経営者」,「中小企業正社員」,「非正規雇用者」,「失業者」,「専業主婦」だが,差が比較的明確なのは「中小企業正社員」のみである。自民の固い支持層の一角と考えられている「中小企業経営者」に関して民主を挙げる者の方が多く,他方,労組を中心に民主色が強いと認知されているのではないかと思われる「公務員」に関して自民を挙げる者の方が多いという結果は平野(2007)でも見られたが――中小企業は周辺的存在(弱者)で,公務員は支配的存在(強者)であるというイメージのためであろうか――これもやや意外な結果である[11]。この点に関しては,第4節でさらに検討を加えたい。しかし,いずれにしても,絶対的なレベルで見れば,「非正規雇用者」,「専業主婦」,「失業者」,「退職者」の利益は,2大政党のいずれによっても重視されていないという認知が存在することが,今日の日本政治に対する有権者のイメージを示すものとして重要な意味を持つと言えるだろう。

次に,以上の結果に現れた有権者の意識を,より構造的な側面から考察するために,これらの回答に対する因子分析を行った結果が表5−3である[12]。ここでは煩雑さを避けるために,固有値1以上の13の因子について,その内容と寄与率の一覧を掲げた。

これを見ると,基本的には政党と職業カテゴリーの組み合わせによる認知

---

10 少し見方を変えると,これは先述の「55年連合」に公務員が加わったものとも言える。

11 ただし,平野(2007)の結果は,多重回答ではなく,利益代表政党を一つだけ挙げさせる質問への回答に基づくものである。

12 回答は多重回答であるため,各選択肢(政党)を一つの変数(挙げられていれば1,いなければ0)として扱い,主成分法による因子抽出の後,固有値1以上の13因子についてバリマックス回転を施した。

表5−3　職業利益代表政党に関する認知の構造

因子	内容	寄与率(%)
I	その他×職業全般	7.7
II	社民・共産×専業主婦・退職者・失業者	6.5
III	自民・民主×大企業経営者・大企業正社員・農林漁業・公務員	6.3
IV	社民・共産×中小企業経営者・中小企業正社員・非正規雇用者	5.6
V	社民・共産×大企業経営者・大企業正社員	5.2
VI	自民×中小企業経営者・中小企業正社員・非正規雇用者・専業主婦・退職者・失業者	4.7
VII	公明×中小企業経営者・中小企業正社員・農林漁業・非正規雇用者・専業主婦・退職者・失業者	4.5
VIII	民主×専業主婦・退職者	4.2
IX	民主×中小企業経営者・中小企業正社員・非正規雇用者	4.0
X	社民・共産×公務員	3.7
XI	社民・共産×農林漁業	3.2
XII	民主×失業者	2.7
XIII	公明×大企業経営者・大企業正社員・公務員	2.5

注：主成分法，バリマックス回転後の因子構造。

構造が形成されていることが分かる。すなわち，自民と民主が「大企業経営者」，「大企業正社員」，「公務員」，「農林漁業」の利益を重視しているかどうかの次元（第III因子），自民が「中小企業経営者」，「中小企業正社員」，「非正規雇用者」，「無職」の利益を重視しているかどうかの次元（第VI因子），民主が「中小企業経営者」，「中小企業正社員」，「非正規雇用者」（第IX因子），「専業主婦」，「退職者」（第VIII因子），「失業者」（第XII因子）の利益を重視しているかどうかの次元，公明が「大企業経営者」，「大企業正社員」，「公務員」（第XIII因子），「中小企業経営者」，「中小企業正社員」，「農林漁業」，「非正規雇用者」，「無職」（第VII因子）の利益を重視しているかどうかの次元，社共が「大企業経営者」，「大企業正社員」（第V因子），「中小企業経営者」，「中小企業正社員」，「非正規雇用者」（第IV因子），「農林漁業」（第XI因子），「公務員」（第X因子），「無職」（第II因子）の利益を重視しているかどうかの次元，「その他」の政党が，全ての職業カテゴリーに関してその利益を代表しているかどうかの次元（第I因子），である。

　この結果から見て取れることとして，第一に，表5−2の結果同様，「政治的」な意味で中心に近いと認知されている職業カテゴリー（「大企業労使」，「農林漁業」，「公務員」）に関しては，自民，民主の2大政党が一つの因子を形成する，すなわち党派的対立を超えて政権（可能）政党がその利益を代表するかどうかの認知の軸が形成されている。ただし，第二に，それ以外の職業カテゴリーに関しては，自民が一つの因子に収まっているのに対して，民主はいくつかの因子に分散しており，職業利益代表政党という意味で自民の

方がより「包括政党」(あるいは包括的に「利益を重視しない」政党)と認識されていることが分かる。この点で,公明は自民に次いで「包括的」,社民,共産両党は最も「非包括的」と認識されていると言える。第三に,政党間の組み合わせでは,上述のとおり自民と民主が一部の職業カテゴリーで一つの因子を形成しているほか,社民,共産両党はすべての職業カテゴリーについて同一因子を形成しており,有権者の認識における「革新」政党という括りがここでも強く残っているように見える。第四に,職業カテゴリー間の纏まりについてもいくつか興味深い点が見られる。すなわち,まず大企業か中小企業かを問わず,「経営者」と「正社員」の利益は常に同じ因子に含まれている。すなわち,いずれの政党に関しても「経営者のみ」,あるいは「正社員のみ」の利益を重視する(あるいはしない)という認識は存在していない。労使一体の利益というイメージが非常に強いことが分かる。同様に「非正規雇用者」の利益は常に「中小企業労使」と同一の因子に含まれており,「非正規雇用者」の利益は中小企業の利益に近いものというイメージが形成されているように見える。さらに「大企業労使」と「公務員」,無職の3カテゴリー(「専業主婦」,「退職者」,「失業者」)などもほぼ常に同じ因子に含まれているが,これらも現実の職業的な利害関係とは必ずしも一致しないイメージのように思われる[13]。

最後に,回答者の支持政党別に各職業カテゴリーの利益代表政党に関する認知を見たものが表5-4である。

ここに示された結果からは,こうした認知が,一方において回答者の党派的態度からの,また他方において各党についてのより一般的な——ただし,必ずしも客観的に正確というわけではない——イメージからの影響を,それぞれ受けているように見える。ここで言う党派的態度の影響とは,各党の支持者が,まずそれぞれの職業カテゴリーをポジティヴなシンボルとして,あるいはネガティヴなシンボルとして捉え,その上で,それがポジティヴである場合には自分の支持する政党がその利益を代表すると考え,ネガティヴである場合には支持政党と対立関係にある政党(例えば,自民 vs. 民主,社共・「みんな」vs. 2大政党など)がその利益を代表すると考える傾向を指す。

---

[13] ただし,「公務員」に関しては,社共についてのみ,また「失業者」に関しては,民主についてのみ,それぞれ独立した因子が形成されるという興味深い例外も存在する。

表5-4 支持政党別に見た職業利益代表認知

大企業経営者	自民	民主	公明	社民	共産	その他	無し	公務員	自民	民主	公明	社民	共産	その他	無
自民支持	54.3	32.1	17.1	6.8	4.8	15.5	22.2	自民支持	31.4	30.0	14.0	12.6	9.2	14.7	26
民主支持	65.5	29.6	16.3	4.6	3.3	10.3	15.2	民主支持	41.6	30.7	12.0	10.1	5.7	10.3	21
公明支持	61.5	30.8	11.5	7.7	7.7	11.5	11.5	公明支持	28.8	42.3	15.4	21.2	15.4	15.4	13
社民支持	64.5	22.6	16.1	3.2	0.0	19.4	12.9	社民支持	29.0	22.6	3.2	25.8	19.4	16.1	16
共産支持	70.3	32.4	27.0	2.7	2.7	18.9	13.5	共産支持	40.5	27.0	13.5	8.1	13.5	8.1	27
みんな支持	67.1	40.8	10.5	6.6	3.9	17.1	18.4	みんな支持	50.0	52.6	11.8	14.5	9.2	11.8	15
自民寄り	51.5	34.6	13.1	7.7	5.4	14.6	28.5	自民寄り	41.5	33.1	13.1	10.0	6.2	9.2	26
民主寄り	70.6	35.3	14.3	5.9	5.0	10.9	19.3	民主寄り	47.9	24.4	12.6	7.6	5.9	5.9	31
純支持無し	41.1	26.3	13.8	6.2	7.6	14.3	32.6	純支持無し	31.7	28.6	13.8	10.3	9.8	12.5	33

大企業正社員	自民	民主	公明	社民	共産	その他	無し	非正規雇用者	自民	民主	公明	社民	共産	その他	無
自民支持	31.2	27.1	12.8	8.2	6.3	13.8	30.9	自民支持	17.9	14.5	16.4	24.9	24.2	12.1	30
民主支持	36.1	26.4	9.8	7.1	4.1	7.6	28.0	民主支持	7.3	21.5	12.2	32.1	28.6	12.0	26
公明支持	26.9	42.3	15.4	11.5	7.7	11.5	21.2	公明支持	11.5	9.6	44.2	19.2	17.3	11.5	23
社民支持	38.7	29.0	12.9	12.9	16.1	12.9	12.9	社民支持	3.2	6.5	12.9	61.3	54.8	19.4	12
共産支持	54.1	32.4	27.0	10.8	10.8	16.2	18.9	共産支持	10.8	10.8	8.1	40.5	64.9	13.5	16
みんな支持	42.1	38.2	10.5	6.6	6.6	13.2	25.0	みんな支持	3.9	11.8	5.3	28.9	31.6	10.5	31
自民寄り	30.0	30.8	10.0	6.9	4.6	10.0	40.8	自民寄り	12.3	13.8	6.9	26.2	18.5	8.5	42
民主寄り	43.7	29.4	11.8	5.0	4.2	9.2	34.5	民主寄り	5.9	19.3	12.6	26.9	28.6	6.7	36
純支持無し	23.2	21.0	11.2	6.7	5.8	10.7	44.2	純支持無し	7.1	8.0	5.4	17.0	20.1	6.7	48

中小企業経営者	自民	民主	公明	社民	共産	その他	無し	専業主婦	自民	民主	公明	社民	共産	その他	無
自民支持	33.8	25.1	21.0	16.2	15.2	18.4	25.4	自民支持	11.8	10.1	11.8	17.1	10.6	9.7	41
民主支持	20.1	39.1	15.2	22.3	21.5	15.5	19.8	民主支持	7.3	12.8	11.7	21.7	15.2	8.7	36
公明支持	17.3	25.0	40.4	9.6	15.4	13.5	13.5	公明支持	7.7	7.7	26.9	13.5	5.8	7.7	34
社民支持	12.9	32.3	19.4	35.5	25.8	19.4	16.1	社民支持	3.2	9.7	9.7	25.8	22.6	12.9	32
共産支持	13.5	24.3	13.5	40.5	43.2	16.2	16.2	共産支持	5.4	5.4	5.4	29.7	29.7	10.8	37
みんな支持	21.1	22.4	13.2	17.1	23.7	17.1	26.3	みんな支持	9.2	7.9	11.8	25.0	15.8	6.6	42
自民寄り	25.4	23.8	13.8	16.9	11.5	11.5	36.9	自民寄り	8.5	5.4	7.7	16.2	6.2	4.6	54
民主寄り	23.5	32.8	19.3	24.4	18.5	13.4	29.4	民主寄り	5.9	11.8	11.8	17.6	13.4	3.4	49
純支持無し	11.6	14.7	9.8	12.9	16.5	11.2	43.8	純支持無し	6.2	6.2	6.7	13.4	8.9	7.1	49

中小企業正社員	自民	民主	公明	社民	共産	その他	無し	退職者	自民	民主	公明	社民	共産	その他	無
自民支持	22.2	19.8	16.4	19.6	18.8	16.9	32.9	自民支持	15.7	10.4	6.8	8.2	10.4	9.9	48
民主支持	9.2	30.4	14.1	21.7	20.1	13.9	28.0	民主支持	8.7	16.0	6.8	9.8	9.2	8.2	48
公明支持	13.5	23.1	38.5	15.4	21.2	9.6	23.1	公明支持	13.5	7.7	21.2	5.8	11.5	11.5	36
社民支持	6.5	29.0	16.1	48.4	48.4	16.1	9.7	社民支持	9.7	0.0	9.7	22.6	16.1	6.5	38
共産支持	10.8	21.6	8.1	35.1	43.2	21.6	21.6	共産支持	5.4	8.1	8.1	10.8	24.3	10.8	43
みんな支持	10.5	15.8	7.9	21.1	26.3	15.8	31.6	みんな支持	22.4	11.8	10.5	13.2	10.5	7.9	44
自民寄り	12.3	20.0	13.1	17.7	14.6	9.2	40.0	自民寄り	16.2	10.0	3.8	8.5	8.5	9.2	58
民主寄り	8.4	26.9	10.1	21.8	18.5	10.1	37.8	民主寄り	10.9	10.1	7.6	9.2	9.2	5.9	58
純支持無し	4.9	9.4	5.8	13.8	15.2	7.6	47.8	純支持無し	7.6	5.4	3.1	6.7	7.1	6.2	58

農林漁業	自民	民主	公明	社民	共産	その他	無し	失業者	自民	民主	公明	社民	共産	その他	無
自民支持	43.5	22.0	16.2	14.5	12.3	18.1	22.5	自民支持	12.6	11.6	13.0	15.0	20.0	8.9	45
民主支持	38.0	30.4	14.1	14.7	16.3	16.3	18.2	民主支持	7.1	16.3	7.6	14.9	19.8	10.3	42
公明支持	38.5	19.2	34.6	15.4	17.3	17.3	13.5	公明支持	3.8	11.5	36.5	7.7	9.6	11.5	36
社民支持	25.8	29.0	9.7	29.0	25.8	29.0	16.1	社民支持	3.2	6.5	6.5	32.3	38.7	12.9	32
共産支持	29.7	27.0	13.5	37.8	54.1	18.9	18.9	共産支持	8.1	13.5	5.4	32.4	59.5	8.1	21
みんな支持	39.5	22.4	9.2	9.2	14.5	18.4	25.0	みんな支持	5.3	6.6	5.3	11.8	22.4	10.5	48
自民寄り	36.9	18.5	12.3	13.1	10.0	11.5	33.8	自民寄り	13.8	11.5	7.7	12.3	10.0	6.9	56
民主寄り	39.5	19.3	11.8	16.0	12.6	9.2	30.3	民主寄り	9.2	13.4	6.7	13.4	17.6	8.4	53
純支持無し	23.2	12.9	5.4	6.7	7.1	9.4	43.8	純支持無し	4.9	5.8	4.5	9.8	12.9	4.9	55

注:数字は%(多重回答)
各支持政党グループのN:自民支持=414, 民主支持=368, 公明支持=52, 社民支持=31, 共産支持=37, みんな支持=76, 自民寄り=130, 民主寄り=119, 純支持無し=224.

具体的に見ていくと，まずポジティヴなシンボルとして党派的態度の効果が最も明確に見られるのが「退職者」である。各党支持者（「みんな」を除く）は，それぞれ自分の支持政党が「退職者」の利益を最も重視していると回答する傾向が見られる（「自民寄り」の支持無しでも同様）[14]。同様の傾向は，「中小企業経営者」，「中小企業正社員」や「農林漁業」においても見られる。ただし，「農林漁業」に関しては，こうした党派的態度の影響に加えて，自民が「農林漁業」の利益代表政党であるという一般的な認識の影響も見られる。すなわち，各党支持者とも自分の支持政党を挙げる者が多い一方で，自民を挙げる者も——特に民主，公明両党支持者で——多い。

こうした党派的態度と一般的イメージの双方の効果がより明確なのが「非正規雇用者」と「失業者」である。すなわち，これらのカテゴリーに関しては，一方において社民，共産両党がその利益代表政党であるという一般的なイメージの影響が見られるが，他方において，自分の支持政党がこれらのカテゴリーの利益を重視していると考える傾向も見られる。特に公明支持者においては，ほぼこうした党派的態度の効果のみが見られると言ってよい。同様のパターンが「専業主婦」においても見られるが，ここでは社民がその利益代表政党であるという一般的認識と，党派的態度の双方の影響が認められる[15]。

以上に見た各職業カテゴリーは，基本的にはどの政党の支持者からもポジティヴなシンボルと捉えられていると考えられる。これに対して，必ずしもそのようには考えることができないカテゴリーも若干存在する。

まず「公務員」に関しては，一方において，自民，次いで民主がその利益代表政党であるという一般的認識が見て取れる。また社民支持者は，自分た

---

14 「みんな」に関する解釈は，選択肢に同党が含まれていないため微妙である。すなわち，そもそも「みんな」支持者が「退職者」に対してネガティヴな感情を持っているために，その利益代表政党として（「その他」ではなく）自民を挙げているのか，それとも「退職者」をポジティヴに捉えてはいるが，「みんな」が選択肢にないため代わりに自民を挙げているのか判断が難しいためである。こうした点から，以下この表の分析においては，特に明記した場合を除いて「各党支持者」という表現に「みんな」支持者は含まれないものとする。

15 ただし，自民党支持者に関しては，「失業者」と「専業主婦」における党派的態度の影響はあまり明確ではない。これは自民支持者がこれらのカテゴリーを必ずしもポジティヴに捉えていないためであるかも知れないが，ここでの分析からは断定的な結論を出すことは難しい。

ちの支持政党を自民に次ぐ「公務員」の利益代表政党であると考えている。これに対して公明支持者は, 民主を自民以上に「公務員」の利益代表政党であると考え, 更に自分たちの支持政党以上に社民をその利益代表政党であると考えている。同様に「みんな」支持者も, 民主を自民以上に「公務員」の利益代表政党であると見做している。この場合,「公務員」を組織労働者という観点で捉えるならば, 民主, あるいは社民がその利益代表政党であるというイメージは客観的な現実を反映したものだと言えるだろう。同時に, 社民支持者はこのカテゴリーを相対的にポジティヴなものと捉え, 公明支持者や「みんな」支持者はネガティヴなものと捉えていることにより, 表に見られるような結果が現れたものと推測できる。

次に「大企業経営者」では, いずれの党の支持者においても自民を利益代表政党として挙げる者が明確に最も多いが, その中では自民支持者の数値が顕著に低い（同様に,「民主寄り」に比べて「自民寄り」の数値は顕著に低い）。他方, 民主を挙げる者も各党支持者を通じて自民を挙げる者に次いで多いが, その中で共産支持者の数値が顕著に高く, 社民支持者の数値が低い。また共産支持者は他党支持者に比べて（自民党のパートナーである）公明を挙げる者も顕著に多い。以上の点から考えて,「大企業経営者」に関しては, 自民（次いで民主）がその利益代表政党であるという一般的認識が明確に存在する一方, このカテゴリーは必ずしもポジティヴな意味を持つものではなく, 自民支持者においてさえそうした見方をしている徴候が認められ, また予想される通り, 共産支持者においてその傾向は顕著である。同様のパターンは「大企業正社員」においても認められ, 特にここでは民主を挙げる者が公明支持者で最も多く（自民を挙げる者より多い）, 民主支持者で最も少なくなっている。

最後に, すべての職業カテゴリーを通じて, 支持無しグループ（特に「純支持無し」）において, 利益代表政党を「無し」とする率が明確に高い。これは予想されるとおりの結果であるとは言えるが, 因果的な方向性として, 支持政党が無いために特定の政党を挙げることが少ないのか, あるいはどの政党も押し並べて様々な職業的利益を重視していないという認識から支持無しになったのか, ここでの結果のみでは判断し難く, これについては今後の課題としたい[16]。

---

16 党派的態度と一般的イメージの両者の影響が認められるというここでの分析結果

4　回答者自身の職業カテゴリーと職業利益代表政党の認知

　では，それぞれの職業カテゴリーに属する人々は，どの政党を自分たちの職業代表政党と見做しているのであろうか。これを明らかにするために，まず回答者を先に見た10個の職業カテゴリーに分類した[17]。分類の仕方にはやや強引なところがあり（特に「退職者」，「失業者」），またカテゴリーによってはサンプル数が少ないため（特に「大企業経営者」），以下の分析結果を見るに当たっては，その点に留意されたい。

　まず，各グループがどの政党を自分たちの利益代表政党であると見做しているかを見たものが表5－5である。

　これを見ると，「大企業経営者」は，その9割近くが自民を利益代表政党として挙げている。利益代表政党を「無し」とした者を除く全ての回答者が自民を挙げているのである。これに続いて約6割の者が民主を挙げ，「その他」（国民新党，みんなの党などが含まれる）を挙げる者も3割近くあった。これは全グループを通じて最も高い数値である。また「大企業正社員」においても，自民，民主の順位は同じであるが，両党の数値は拮抗している。

　　からは，こうした因果関係に関しても双方向的な影響の存在が予想される。
　17　各職業カテゴリーへの分類基準は以下の通りである。
　　「大企業経営者」：「従業員数300人以上（「公務」を除く）」の「役員・管理職」
　　「大企業正社員」：「従業員数300人以上（「公務」を除く）」の「正社員」で「役員・管理職」以外
　　「中小企業経営者」：「従業員数299人以下（「公務」を除く）」の「役員・管理職」
　　「中小企業正社員」：「従業員数299人以下（「公務」を除く）」の「正社員」で「役員・管理職」以外
　　「農林漁業」：職業が「農林漁業」
　　「公務員」：職業が「公務員」
　　「非正規雇用者」：雇用形態が「契約社員・派遣社員」あるいは「パートタイマー・アルバイト」（他のカテゴリーと重複している者はいない）
　　「専業主婦」：職業が「専業主婦」
　　「退職者」：職業が「無職」で「60歳以上」
　　「失業者」：職業が「無職」で「59歳以下」
　　なお，大企業と中小企業の分類基準に関して，中小企業基本法では従業員数300人以下を中小企業としているが，2011年調査の質問票では従業員数を299人以下と300人以上で区分しているため，ここではそれに従っている。

表5－5　各職業グループによるそのグループの利益代表政党認知

	自民	民主	公明	社民	共産	その他	無し
大企業経営者	88.2	58.8	17.6	11.8	5.9	29.4	11.8
大企業正社員	38.8	36.4	8.3	6.6	6.6	7.4	33.1
中小企業経営者	31.0	41.4	27.6	13.8	24.1	13.8	27.6
中小企業正社員	16.8	21.7	11.4	15.8	19.0	13.6	38.0
農林漁業	36.2	21.3	19.1	17.0	14.9	17.0	23.4
公務員	27.1	23.7	10.2	11.9	8.5	10.2	32.2
非正規雇用者	10.0	12.9	11.8	20.7	21.8	10.3	35.1
専業主婦	6.2	6.5	8.0	11.4	7.1	6.5	47.2
退職者	11.9	13.2	8.5	14.2	10.1	9.7	47.2
失業者	2.9	8.8	11.8	11.8	14.7	11.8	50.0

注：数字は％（多重回答）

他方「中小企業経営者」では，民主を挙げる者が明確に最も多く，自民がこれに次ぐが，公明，共産なども比較的小さな差で続いている。同様に「中小企業正社員」に関しても民主を挙げる者が最も多いが，ここでは共産がこれに次ぎ，自民，社民が続く形になっている。

「農林漁業」では，やはり自民が突出して最も多く，これに民主，公明が続く。また「公務員」に関しても自民を挙げる者が最も多く，民主がこれに次いでいる。

これらとは異なるパターンが見られるのは「非正規雇用者」で，共産，社民両党を挙げる者がそれぞれ2割以上と他を引き離して多い。それ以外の政党を挙げる者はいずれも1割強に留まっている。「専業主婦」では――以下に見る通り「無し」の比率が非常に高いため，どの政党を挙げる者も平均して少ない中で――相対的には社民を挙げる者が最も多く，公明がこれに続いている。同様に，「退職者」においても各党の数値は平均的に非常に低い中で，相対的にはやはり社民を挙げる者が最も多く，またここでは民主がそれに続いている。最後に，「失業者」に関しても，各党とも利益代表政党として名前を挙げる者は少ないが，相対的には共産を挙げる者が最も多くなっている。

以上に見た通り，「失業者」，「退職者」，「専業主婦」の無職3カテゴリーについては，いずれもほぼ半数の回答者が自分たちの利益を重視している政党は無いと考えている。やはり現在の日本政治における「生産者志向」の強さが，有権者にもこうした認識を与える一因となっているように思われる。これに続いて利益代表政党が無いと認識しているのが「中小企業正社員」，「非正規雇用者」，「大企業正社員」，「公務員」という，被雇用者カテゴリーに属する人々である。これに対して経営者・自営カテゴリーに属する「大企業経営者」，「農林漁業」，「中小企業経営者」では利益代表が無いと考える者は少なく，特に「大企業経営者」では1割程度と突出して少ない。

最後に，以上の結果を自民対民主という構図で見ると，「大企業経営者」，「大企業正社員」，「農林漁業」，「公務員」では自民を挙げる者の方が多く，「中小企業経営者」，「中小企業正社員」では民主を挙げる者の方が多い。先に表5-2で見た回答者全体だけではなく，当事者から見た場合においても，「公務員」に関しては自民を，また「中小企業労使」に関しては民主を利益代表政党と考える者の方が相対的に多く，単に前者を政治的に支配的存在，後者を周辺的存在と見るイメージだけでこのような認知が形成されている訳ではないことが分かる。「非正規雇用者」および無職3カテゴリーについても民主を挙げる者の方が相対的には多いが，「失業者」を除いてその差は小さく，両党のいずれについても，これを利益代表政党として挙げる者の数自体が少ない。

それでは各職業カテゴリーに属する回答者たちが実際に支持している政党はいずれの党なのであろうか。これについて見たものが表5-6である。

興味深いことに，上述の通り「大企業労使」と「公務員」においては，利益代表政党としては自民を挙げる者の方が民主を挙げる者よりも多かったが，支持政党ではむしろ民主支持者の方が自民支持者よりも多い（「公務員」に関しては，その差は僅かだが）。逆に「中小企業労使」と「非正規雇用者」に関しては，利益代表政党としては民主を挙げる者の方が自民を挙げる者よりも多かったにも拘わらず，支持政党では民主支持者よりも自民支持者の方が多い。ここには，やや極端に言えば，大企業に勤める者は自分たちの利益を重視する政党は自民であると認識しながらも民主を支持し，中小企業に勤める者は自分たちの利益を重視する政党は民主であると認識しながらも自民を支

表5-6　各職業グループの支持政党

	自民	民主	公明	社民	共産	みんな	その他	自民寄り	民主寄り	その他寄り	純支持無し	計
大企業経営者	17.6	47.1	0.0	0.0	0.0	0.0	5.9	5.9	0.0	23.5	0.0	100.0(17)
大企業正社員	16.1	25.4	0.8	0.8	1.7	7.6	1.7	8.5	11.0	10.2	16.1	100.0(118)
中小企業経営者	37.9	13.8	10.3	0.0	3.4	3.4	0.0	6.9	6.9	6.9	10.3	100.0(29)
中小企業正社員	21.2	12.8	2.8	0.0	2.8	7.3	1.1	10.6	11.7	11.2	18.4	100.0(179)
農林漁業	45.7	17.4	2.2	6.5	2.2	0.0	0.0	2.2	4.3	6.5	13.0	100.0(46)
公務員	20.3	22.0	1.7	0.0	5.1	3.4	0.0	13.6	10.2	11.9	11.9	100.0(59)
非正規雇用者	23.0	16.6	4.2	1.5	2.6	2.3	0.4	9.8	9.1	12.5	18.1	100.0(265)
専業主婦	23.4	23.4	4.1	2.8	2.2	3.8	0.6	9.1	5.9	10.0	14.7	100.0(320)
退職者	27.8	35.8	2.2	4.2	1.3	5.1	0.6	4.8	4.8	5.4	8.0	100.0(313)
失業者	14.7	8.8	0.0	0.0	5.9	5.9	0.0	8.8	2.9	26.5	26.5	100.0(34)

注：数字は%，（　）内はN。
Cramer's V = .12 (p<.001)

持するという傾向が示されている。全体的に見ても，有職のカテゴリーで利益代表政党と支持政党の順位が一貫しているのは「農林漁業」のみであり，無職のカテゴリーにおいても「失業者」に関してはこうした逆転が生じている。職業利益代表政党に関する認知と政党支持との間に密接な関連があることは否定できないが，少なくとも今日においてそれが強い拘束力を持つものでないことはこれらの結果から明らかである[18]。

5　職業利益代表政党の認知と2大政党への支持

前節で分析を行った利益代表政党についての質問は多重回答によって行われたものであった。従って，いずれの職業カテゴリーにおいても，自民のみ，あるいは民主のみを利益代表政党として認識している者もあれば，両党のいずれをも利益代表政党と考えて回答した者も存在するはずであり，こうした認識の違いが政党支持に対して何らかの影響を及ぼしていることも十分に考えられる。そこで本節では，2大政党に対する支持に関して，こうした点を考慮に入れた分析を行うこととしたい。

まず全回答者の中から，自分が属する職業カテゴリーの利益代表政党として自民のみを挙げた者（「自民のみ」），民主のみを挙げた者（「民主のみ」），自民と民主の両方を挙げ，なおかつ他党は挙げていない者（「自民・民主」），自民，民主を含めどの政党も挙げていない者（「無し」）のみを抽出し，次いでこれと支持政党（「自民支持」，「自民寄り」，「民主寄り」，「民主支持」，「その他」の5カテゴリー）とのクロス集計を行った。結果は表5－7に示す通りである。

これを見ると，やはり全体として利益代表政党認知と支持との間に関連は見られるものの，それはさほど強いものではないことが分かる。まず「自民のみ」で「自民支持」が「民主支持」を上回っているのは「中小企業経営者」，「中小企業正社員」，「農林漁業」，「非正規雇用者」，「退職者」，また「民主のみ」で「民主支持」が「自民支持」を上回っているのは「大企業正社員」，「中小企業正社員」，「農林漁業」，「公務員」，「非正規雇用者」，「専業主婦」，

---

[18] この他，ここでの分析結果で注目される点としては，「大企業経営者」で「その他」支持（および「その他寄り」）の比率が相対的に高いこと，同様に「中小企業経営者」で公明，「農林漁業」で社民，「公務員」「失業者」で共産，「大企業正社員」，「中小企業正社員」で「みんな」の支持率がそれぞれ相対的に高いことが挙げられる。

5-7 各職業グループの利益代表政党認知と支持政党

企業経営者

	自民支持	自民寄り	民主寄り	民主支持	その他	計
自民のみ	20.0	0.0	0.0	60.0	20.0	100.0(5)
民主のみ	—	—	—	—	—	—
自民・民主	0.0	0.0	0.0	33.3	66.7	100.0(3)
無し	50.0	0.0	0.0	50.0	0.0	100.0(2)
計	20.0	0.0	0.0	50.0	30.0	100.0(10)

Cramer's V=.44 (p>.10)

公務員

	自民支持	自民寄り	民主寄り	民主支持	その他	計
自民のみ	30.0	10.0	10.0	30.0	20.0	100.0(10)
民主のみ	0.0	28.6	0.0	57.1	14.3	100.0(7)
自民・民主	50.0	0.0	0.0	0.0	50.0	100.0(2)
無し	16.0	16.0	20.0	12.0	36.0	100.0(25)
計	18.2	15.9	13.6	22.7	29.5	100.0(44)

Cramer's V=.32 (p>.10)

企業社員

	自民支持	自民寄り	民主寄り	民主支持	その他	計
自民のみ	18.8	0.0	18.8	25.0	37.5	100.0(16)
民主のみ	7.7	0.0	7.7	30.8	53.8	100.0(13)
自民・民主	11.1	5.6	16.7	16.7	50.0	100.0(18)
無し	15.7	17.6	9.8	21.6	35.3	100.0(51)
計	14.3	10.2	12.2	22.4	40.8	100.0(98)

Cramer's V=.19 (p>.10)

非正規雇用者

	自民支持	自民寄り	民主寄り	民主支持	その他	計
自民のみ	33.3	50.0	0.0	0.0	16.7	100.0(6)
民主のみ	18.2	18.2	36.4	27.3	0.0	100.0(11)
自民・民主	0.0	0.0	40.0	20.0	40.0	100.0(5)
無し	24.6	9.9	5.6	14.8	45.1	100.0(142)
計	23.8	11.6	8.5	15.2	40.9	100.0(164)

Cramer's V=.27 (p<.001)

小企業経営者

	自民支持	自民寄り	民主寄り	民主支持	その他	計
自民のみ	33.3	0.0	33.3	0.0	33.3	100.0(3)
民主のみ	33.3	0.0	0.0	0.0	66.7	100.0(3)
自民・民主	66.7	0.0	0.0	0.0	33.3	100.0(3)
無し	50.0	12.5	0.0	0.0	37.5	100.0(8)
計	47.1	5.9	5.9	0.0	41.2	100.0(17)

Cramer's V=.37 (p>.10)

専業主婦

	自民支持	自民寄り	民主寄り	民主支持	その他	計
自民のみ	30.0	10.0	0.0	30.0	30.0	100.0(10)
民主のみ	0.0	0.0	14.3	14.3	71.4	100.0(7)
自民・民主	33.3	0.0	0.0	0.0	66.7	100.0(3)
無し	23.7	9.8	6.7	21.9	37.9	100.0(100)
計	23.4	9.4	6.6	21.7	38.9	100.0(244)

Cramer's V=.11 (p>.10)

小企業社員

	自民支持	自民寄り	民主寄り	民主支持	その他	計
自民のみ	50.0	0.0	10.0	0.0	40.0	100.0(10)
民主のみ	14.3	14.3	14.3	28.6	28.6	100.0(14)
自民・民主	28.6	0.0	14.3	14.3	42.9	100.0(7)
無し	20.2	11.9	9.5	11.9	46.4	100.0(84)
計	22.6	10.4	10.4	13.0	43.5	100.0(115)

Cramer's V=.18 (p>.10)

退職者

	自民支持	自民寄り	民主寄り	民主支持	その他	計
自民のみ	46.2	7.7	0.0	30.8	15.4	100.0(13)
民主のみ	15.4	0.0	0.0	84.6	0.0	100.0(13)
自民・民主	0.0	0.0	0.0	33.3	66.7	100.0(3)
無し	28.6	4.8	6.2	36.2	24.3	100.0(210)
計	28.5	4.6	5.4	38.5	23.0	100.0(239)

Cramer's V=.17 (p<.10)

農林漁業

	自民支持	自民寄り	民主寄り	民主支持	その他	計
自民のみ	83.3	0.0	0.0	16.7	0.0	100.0(6)
民主のみ	25.0	0.0	25.0	50.0	0.0	100.0(4)
自民・民主	—	—	—	—	—	—
無し	34.8	4.3	4.3	4.3	52.2	100.0(23)
計	42.4	3.0	6.1	12.1	36.4	100.0(33)

Cramer's V=.51 (p<.05)

失業者

	自民支持	自民寄り	民主寄り	民主支持	その他	計
自民のみ	—	—	—	—	—	—
民主のみ	50.0	50.0	0.0	0.0	0.0	100.0(2)
自民・民主	0.0	0.0	100.0	0.0	0.0	100.0(1)
無し	5.0	10.0	0.0	5.0	80.0	100.0(20)
計	8.7	13.0	4.3	4.3	69.6	100.0(23)

Cramer's V=.82 (p<.001)

数字は%，（ ）内はN．

「自民のみ」「民主のみ」は，それ以外の党を全く挙げていない者，「自民・民主」はこの2党を挙げ，他党を挙げていない者，「無し」はどの党も挙げていない者である．

「退職者」であり，全体の半数をやや上回る程度である．

　他方「自民・民主」で「自民支持」が「民主支持」を上回っているのは

「中小企業経営者」,「中小企業正社員」,「公務員」,「専業主婦」,「民主支持」が「自民支持」を上回っているのは「大企業経営者」,「大企業正社員」,「非正規雇用者」,「退職者」である。「無し」で「自民支持」が「民主支持」を上回っているのは「中小企業経営者」,「中小企業正社員」,「農林漁業」,「公務員」,「非正規雇用者」,「専業主婦」,「民主支持」が「自民支持」を上回っているのは「大企業正社員」,「退職者」である。これらの結果から,利益代表政党として自民と民主が競合している場合,あるいはいずれの政党も利益代表政党として認識されていない場合において,自民支持の傾向が強いのは「中小企業労使」,「農林漁業」,「公務員」,「専業主婦」,民主支持の傾向が強いのは「大企業労使」,「退職者」,明確な傾向が認められないのは「非正規雇用者」,「失業者」である。

　先述のとおり,ケース数の少ないカテゴリーも多く,断定的な結論を出すことは困難ではあるが,「自民か民主か」に対しても,職業利益代表政党に関する認知は一定の影響を及ぼしているように見える（特に,「民主のみ」を利益代表政党であると認識している場合において）。ただしその影響は部分的なものに留まっており,職業的な利益代表政党の認知が政党支持を明確に規定するというレベルには達していないことも明らかである。

6　まとめ

　本章では,2011年郵送調査データに基づき,職業利益を媒介とした政党－有権者関係について分析を行った。その結果得られた知見として,第一に,回答者の職業的な基本属性と支持政党との間には,いくつかの重要な関連が見られた。すなわち,「農林漁業」,「自営業」,「管理職」といった55年体制期において自民党長期政権を支えた層は,現時点においても相対的に固い自民支持層を形成している。特に小泉政権期に見られた「管理職」の自民離れも,ここでは明確には認められなかった。また大企業に勤める者は,相対的により民主志向であり,中小企業に勤める者はより自民志向であった。他方,今日注目を集めている非正規雇用者については正規雇用者との間に明確な差は認められなかった。

　第二に,職業利益代表政党に関する認知に関しては,基本的に政党と職業カテゴリーの組み合わせによる認知構造が形成されている。具体的には,「政治的」に中心に近いと考えられる職業カテゴリー（「大企業労使」,「農林

漁業」,「公務員」) に関しては, 自民, 民主の 2 大政党が一つの因子を形成するが, それ以外の職業に関しては, 自民がより「包括政党」として認知されている。また, 大企業, 中小企業を通じて, 経営者と正社員の利益は一致したものとして認知されている。他方, 無職者の利益を重視する政党は存在しないという認識が広く持たれており, これは日本政治が「生産者志向」であることを反映したものと考えられる。そして, ある職業カテゴリーの利益を重視しているのはどの政党かに関する認知には, 党派的な態度と, より一般的な政党イメージの両者が共に影響を与えている。

　第三に, 回答者自身の職業的な利益代表政党の認知に関して,「大企業労使」,「農林漁業」,「公務員」では民主よりも自民を挙げる者の方が多く,「中小企業労使」では自民よりも民主を挙げる者の方が多い。その一方で, 支持政党に関しては「大企業労使」はより民主志向,「中小企業労使」はより自民志向であった。この点も含め, 自民, 民主両党に関する利益代表政党認知と支持との関係をより詳細に分析した結果, 自分自身の職業利益を代表する政党に関する認知は, 政党支持に対して一定の影響は及ぼすが, その影響は部分的なものに留まることが明らかとなった。

　以上の分析結果を纏めると, まず職業的な属性と支持政党との間のマクロな関連は相当程度明らかにされたが, その背景にあると推測される, 職業利益代表政党に関する認知を媒介としたマイクロなメカニズムについては, 充分明らかにすることはできなかった。特に自民, 民主両党に関しては, 利益代表政党に関する認知と支持の関係が必ずしもストレートではなく, 全体として職業利益を媒介とした支持の分界線は明確には認められなかった。今後, 単なる職業的利益に関する認知のみでなく, その職業に関連を持つ他の社会的・心理的要因（例えば人間関係のあり方や価値観）などの影響も含めた, 職業と支持政党に関するより包括的な研究が必要となろう[19]。

19　その意味で, 注1で触れた「自前意識」のような概念についても, より実証的なアプローチによる新たな分析が必要となろう。

第6章

選挙活動を媒介とした政党－有権者関係

1 はじめに

　先の二つの章においては、政策選好および職業利益という二つの側面から、政党と有権者の関係を見てきた。これらを受けて本章では、両者がより直接的に接触し、また投票行動にもより直接的な関連を持つと考えられる選挙活動（より正確には選挙に関連した有権者への働きかけ）に注目し、政党－有権者関係について更に分析を進めることとしたい。

　具体的には、主として2009年衆院選調査と2010年参院選調査のデータに基づき、第2節で、政党から有権者への働きかけに関する「党派×チャネル」のパターンを確認した上で、第3節において、ある有権者が働きかけを受けた政党と、その有権者の支持政党、投票政党との関連について分析し、第4節で自民、民主両党からの働きかけと投票行動との関連についてより詳細に検討した後、最後の第5節で全体のまとめを行う[1]。

2 働きかけのパターン

　まず、政党からの働きかけにおける「党派×チャネル」のパターンがどの

---

[1] 以下、本章で「ある政党からの働きかけ」と言う場合、「その政党の候補者からの働きかけ」や「その政党・候補者に関する知人・友人などからの働きかけ」なども含まれるが、記述が煩瑣になるため、原則として単純に「政党からの働きかけ」と記すこととする。また「チャネル」とは、「パーソナルな働きかけ」、「ハガキ」、「新聞・ビラ」、「電話」、「インターネット」といった働きかけの経路を指す。

ように構造化されているかを見ていきたい。2009年，2010年のいずれの年にも，選挙後調査において，「知り合いや家族・親せきなどから働きかけを受けたか」という質問がなされ，受けた場合，回答者は働きかけの多かった順に二つまで政党名を挙げるよう求められた。同様に，「選挙運動に関することに参加したり働きかけを受けたりしたか」という質問で，9種類の参加／働きかけについて「参加した／働きかけを受けた」場合，その政党名をすべて回答するよう求められた。そこで，この質問における「受けた働きかけ」に関する4項目，すなわち「選挙運動のハガキを受け取った」，「選挙運動の新聞・ビラを受け取った」，「選挙運動の電話を受けた」，「インターネットを通じて働きかけを受けた」，および上記の「知り合いや家族・親せきなどからの働きかけ」について因子分析を行ったところ，表6－1（2009年）および表6－2（2010年）のような結果が得られた[2]。

　各因子の内容を見ていくと，まず2009年に関しては，第Ⅰ因子が自民，民主以外からのインターネットによる働きかけ，第Ⅱ因子が新聞・ビラによる働きかけ，第Ⅲ因子が自民，民主からのインターネットによる働きかけの因子である。続く第Ⅳ因子は社民からの働きかけ，第Ⅴ因子は自民からの働きかけ，第Ⅵ因子は民主からの働きかけ，第Ⅶ因子は「その他」からの働きかけ，第Ⅷ因子は公明からの働きかけの因子である。そして第Ⅸ因子はハガキによる働きかけ，最後の第Ⅹ因子が共産からの働きかけの因子となっている。

2　それぞれのチャネルについて各々の政党から働きかけを受けた場合を1，受けなかった場合を0とし，主成分法により因子を抽出し，バリマックス回転を施した。固有値1以上の因子は2009年が10因子，2010年が12因子であったが，2010年に関しては第Ⅻ因子が明確な意味を持たなかったため，抽出因子数を11に設定して再度分析を行った結果が表6－2である。なお「みんなの党」は，2010年から独立した選択肢として示されるようになったため，2009年に関しては「その他」の中に含まれている。また「インターネットを通じて働きかけを受けた」については，この両年の選挙時にはまだインターネットを利用した選挙運動が認められていないため，本来選挙期間中の働きかけは行われていないはずである。従って，この項目を分析から外すことも考えたが，質問文では「働きかけを受けた」期間について，2009年は「今年の8月以降」，2010年は「今年の5月以降」となっており，選挙期間以外も含まれるため，分析に投入することにした。もちろん，選挙期間前の事前運動は禁止されているため，ここでの「働きかけ」の内容に関しては曖昧な点があり解釈には慎重を要するが，インターネット選挙解禁前の実態を明らかにするものとしての価値はあるものと考える。

表6-1 政党からの働きかけに関する「党派×チャネル」のパターン（2009年）

	I	II	III	IV	V	VI	VII	VIII	IX	X
知り合い・家族・親戚からの働きかけ（自民）	0.00	−0.02	−0.06	0.05	0.69	0.08	0.02	0.12	−0.18	0.12
知り合い・家族・親戚からの働きかけ（民主）	0.00	0.00	−0.04	0.04	0.07	0.74	0.00	0.08	−0.13	0.05
知り合い・家族・親戚からの働きかけ（公明）	0.05	0.07	0.00	−0.05	0.07	−0.08	−0.01	0.73	−0.02	0.09
知り合い・家族・親戚からの働きかけ（社民）	0.00	−0.03	−0.01	0.51	−0.06	0.01	−0.09	−0.05	0.05	−0.07
知り合い・家族・親戚からの働きかけ（共産）	−0.01	0.05	0.03	−0.02	−0.02	−0.04	−0.06	0.04	−0.07	0.73
知り合い・家族・親戚からの働きかけ（その他）	−0.01	−0.02	−0.02	−0.08	−0.02	0.02	0.58	0.01	0.01	−0.04
ハガキを受け取った（自民）	−0.01	0.14	0.03	0.00	0.66	0.12	−0.06	−0.01	0.42	−0.16
ハガキを受け取った（民主）	−0.01	0.18	0.03	0.02	0.07	0.64	−0.03	−0.08	0.41	−0.11
ハガキを受け取った（公明）	−0.02	0.06	0.02	0.09	0.02	0.02	−0.01	0.44	0.60	−0.04
ハガキを受け取った（社民）	−0.01	0.08	0.01	0.73	0.05	0.02	0.04	−0.01	0.34	−0.02
ハガキを受け取った（共産）	0.01	0.07	−0.03	0.08	−0.03	0.01	0.08	−0.07	0.66	0.36
ハガキを受け取った（その他）	−0.03	0.00	0.06	0.10	0.02	−0.05	0.69	0.00	0.21	−0.01
新聞・ビラを受け取った（自民）	−0.02	0.71	0.06	−0.08	0.30	0.03	−0.09	−0.04	0.12	−0.03
新聞・ビラを受け取った（民主）	0.01	0.76	−0.01	−0.08	0.00	0.26	−0.04	0.01	0.03	−0.03
新聞・ビラを受け取った（公明）	−0.01	0.58	−0.03	0.05	−0.05	−0.03	0.05	0.43	0.07	−0.03
新聞・ビラを受け取った（社民）	0.00	0.53	−0.03	0.55	0.02	−0.08	0.11	0.03	−0.04	−0.02
新聞・ビラを受け取った（共産）	−0.01	0.64	−0.03	0.13	−0.07	0.02	0.05	0.01	0.08	0.27
新聞・ビラを受け取った（その他）	0.04	0.40	0.05	0.03	0.00	−0.07	0.44	0.05	−0.17	0.00
電話を受けた（自民）	−0.02	0.04	0.08	0.01	0.75	0.17	0.06	−0.02	0.02	0.00
電話を受けた（民主）	0.00	0.06	0.04	0.03	0.21	0.73	0.01	−0.01	0.03	0.02
電話を受けた（公明）	−0.02	0.00	−0.01	−0.02	0.02	0.11	0.02	0.79	0.06	−0.02
電話を受けた（社民）	−0.01	−0.04	0.00	0.72	0.09	0.08	0.03	0.04	−0.15	0.12
電話を受けた（共産）	0.00	0.01	−0.02	−0.01	0.06	0.05	0.02	0.01	0.22	0.77
電話を受けた（その他）	0.06	−0.02	−0.06	−0.03	0.05	0.04	0.71	−0.01	−0.07	0.02
インターネットによる働きかけ（自民）	0.20	0.00	0.88	0.00	0.04	0.00	0.01	0.00	0.03	−0.04
インターネットによる働きかけ（民主）	0.18	0.00	0.88	−0.01	0.00	0.01	−0.02	−0.02	−0.04	0.05
インターネットによる働きかけ（公明）	0.96	−0.02	0.09	0.01	−0.01	−0.01	−0.03	0.02	0.01	0.00
インターネットによる働きかけ（社民）	0.96	−0.02	0.09	0.01	−0.01	−0.01	−0.03	0.02	0.01	0.00
インターネットによる働きかけ（共産）	0.76	0.02	0.33	0.01	0.01	0.02	−0.01	−0.01	−0.01	−0.01
インターネットによる働きかけ（その他）	0.83	0.01	−0.01	−0.01	0.00	0.10	0.00	−0.03	0.00	0.00
寄与率（％）	10.7	7.8	5.6	5.6	5.5	5.5	5.3	5.2	4.9	4.7

注：主成分分析，バリマックス回転後の負荷量。

表 6－2　政党からの働きかけに関する「党派×チャネル」のパターン（2010年）

	I	II	III	IV	V	VI	VII	VIII	IX	X	XI
知り合い・家族・親戚からの働きかけ（自民）	−0.04	0.00	0.04	0.01	0.00	0.71	−0.03	0.08	0.01	0.02	−0.07
知り合い・家族・親戚からの働きかけ（民主）	0.03	0.02	−0.01	0.01	0.02	−0.09	0.75	0.05	−0.01	−0.01	−0.09
知り合い・家族・親戚からの働きかけ（公明）	−0.02	0.04	−0.01	0.01	0.04	0.07	−0.02	0.79	0.01	−0.05	−0.01
知り合い・家族・親戚からの働きかけ（社民）	0.00	0.00	0.01	0.10	−0.08	−0.02	0.08	0.01	0.14	0.64	−0.14
知り合い・家族・親戚からの働きかけ（共産）	−0.01	−0.01	0.11	0.07	0.74	−0.02	−0.02	0.13	0.02	−0.01	−0.06
知り合い・家族・親戚からの働きかけ（みんな）	−0.02	0.03	0.02	−0.05	0.01	0.04	0.02	0.01	0.74	−0.02	−0.06
知り合い・家族・親戚からの働きかけ（その他）	−0.09	−0.03	0.10	0.63	−0.12	−0.09	0.04	0.16	−0.09	0.13	0.09
ハガキを受け取った（自民）	0.02	0.11	−0.02	0.06	0.06	0.64	−0.04	−0.05	0.04	−0.01	0.48
ハガキを受け取った（民主）	0.01	0.10	−0.02	0.03	−0.04	0.01	0.62	−0.09	0.03	0.03	0.50
ハガキを受け取った（公明）	0.02	0.13	−0.05	0.05	0.00	0.00	−0.04	0.47	0.10	0.04	0.61
ハガキを受け取った（社民）	0.02	0.11	−0.07	0.01	0.17	0.05	−0.01	−0.08	0.08	0.59	0.31
ハガキを受け取った（共産）	0.03	0.04	0.01	−0.04	0.54	−0.02	0.01	0.01	−0.07	0.09	0.45
ハガキを受け取った（みんな）	0.01	0.00	−0.03	0.18	0.01	−0.02	−0.04	−0.03	0.57	−0.10	0.31
ハガキを受け取った（その他）	−0.02	−0.02	0.16	0.72	0.11	0.00	0.04	−0.07	0.14	0.03	0.15
ビラを受け取った（自民）	−0.04	0.61	0.18	−0.02	0.02	0.39	−0.01	0.02	−0.01	−0.04	0.14
ビラを受け取った（民主）	−0.05	0.64	0.16	0.03	−0.02	0.08	0.31	−0.02	−0.06	0.01	0.16
ビラを受け取った（公明）	−0.06	0.60	0.09	−0.08	0.11	0.00	−0.04	0.35	0.02	−0.02	0.09
ビラを受け取った（社民）	0.03	0.67	−0.07	0.01	0.01	−0.07	−0.04	0.00	−0.05	0.26	0.04
ビラを受け取った（共産）	0.00	0.48	−0.01	−0.06	0.44	−0.05	0.06	0.00	−0.07	−0.02	0.06
ビラを受け取った（みんな）	0.03	0.66	−0.08	0.07	−0.06	−0.07	−0.02	−0.05	0.07	0.00	−0.06
ビラを受け取った（その他）	0.07	0.51	−0.14	0.39	0.04	0.08	0.07	−0.10	0.05	−0.06	−0.22
電話を受けた（自民）	0.04	0.00	0.00	−0.02	0.01	0.74	0.17	0.05	0.01	0.07	−0.02
電話を受けた（民主）	0.01	0.02	0.04	0.01	0.08	0.20	0.72	0.05	0.02	0.10	−0.01
電話を受けた（公明）	0.04	0.00	−0.01	0.01	0.16	0.05	0.10	0.73	0.03	0.05	0.04
電話を受けた（社民）	−0.02	0.04	0.02	0.02	0.02	0.06	0.02	0.04	−0.08	0.74	0.01
電話を受けた（共産）	0.04	0.02	−0.02	−0.03	0.79	0.04	0.08	0.08	0.05	0.03	−0.01
電話を受けた（みんな）	0.00	−0.03	0.01	−0.05	0.00	0.01	0.02	0.02	0.73	0.12	−0.04
電話を受けた（その他）	0.04	0.08	−0.08	0.76	−0.02	−0.05	0.00	−0.04	0.07	−0.07	
インターネットによる働きかけ（自民）	0.40	0.03	0.65	−0.01	0.00	0.06	−0.04	0.01	−0.01	0.00	−0.01
インターネットによる働きかけ（民主）	0.54	0.02	0.69	−0.02	−0.01	−0.03	−0.01	−0.01	0.00	0.01	0.00
インターネットによる働きかけ（公明）	0.05	0.01	0.78	0.09	0.10	0.03	0.06	−0.02	0.02	−0.03	−0.03
インターネットによる働きかけ（社民）	0.87	−0.02	0.35	0.00	0.06	−0.02	0.05	0.01	−0.01	0.00	0.03
インターネットによる働きかけ（共産）	0.87	−0.02	0.35	0.00	0.06	−0.02	0.05	0.01	−0.01	0.00	0.03
インターネットによる働きかけ（みんな）	0.90	−0.01	−0.04	−0.02	−0.05	−0.02	−0.03	0.02	0.01	0.00	0.01
インターネットによる働きかけ（その他）	0.39	0.06	−0.14	0.42	0.07	0.18	−0.01	−0.07	0.03	−0.04	−0.19
寄与率（％）	8.5	7.4	5.5	5.5	5.1	5.0	4.7	4.6	4.3	4.2	4.2

注：主成分法，バリマックス回転後の負荷量。

また2010年に関しては，第Ⅰ因子が「みんな」（および社民，共産両党）を中心としたインターネットによる働きかけ，第Ⅱ因子が新聞・ビラによる働きかけ，第Ⅲ因子が公明（および自民，民主両党）を中心としたインターネットによる働きかけの因子である。続く第Ⅳ因子は「その他」からの働きかけ，第Ⅴ因子は共産からの働きかけ，第Ⅵ因子は自民からの働きかけ，第Ⅶ因子は民主からの働きかけ，第Ⅷ因子は公明からの働きかけ，第Ⅸ因子は「みんな」からの働きかけ，第Ⅹ因子は社民からの働きかけ，最後の第ⅩⅠ因子がハガキによる働きかけの因子となっている。

以上の結果から，2010年において「みんな」からの働きかけ因子が増えた（注2参照）点を除いて，両選挙時における働きかけの構造は基本的に同一で，具体的にはチャネルに沿った因子と政党に沿った因子から成る複合的な構造となっていることが分かる。すなわち，一方でそれぞれの政党に関して，パーソナルな働きかけ，電話による働きかけ，そして（若干小さな負荷で）ハガキによる働きかけから成る因子が形成されている。言い換えれば，ある政党に関してパーソナルな働きかけを受けた有権者は，同じ政党からの電話およびハガキによる働きかけも受ける傾向にある。

他方，新聞・ビラに関しては，すべての政党にまたがる一つの因子が形成されている。すなわち，こうした媒体は個々の政党のキャンペーン・チャネルの中に位置づけられているというよりは，駅前や繁華街など特定の場所において各党が並行的に配布するため，そうした場所を通過する有権者で，ある政党の新聞・ビラを受け取った者は，他の政党のそれをも受け取る可能性が高いものと考えられる。同様の因子はハガキに関しても見られる。ただし，新聞・ビラの因子ほど明確ではなく，また特に公明，次いで自民，民主，共産各党の負荷が大きい。すなわち，公明からのハガキが送られてくる有権者には，自民，民主，共産各党などからもハガキが送られてくる可能性が高いということであるが，この理由（例えば，ある政党の名簿に記載されている有権者は他の政党の名簿にも記載されている確率が高い等）の詳細については更なる検討が必要であろう。

最後にインターネットを通じた働きかけに関しては，2009年に関しては自民，民主両党に関する因子とそれ以外の政党に関する因子という二つの因子に分かれ，2010年に関しては「みんな」，社民，共産各党を中心とする因子と，公明，自民，民主を中心とする二つの因子に（それほど明確ではない形で）分かれる結果となっている。これが実際に何らかの「働きかけ」を反映した

ものであるのか，あるいは有権者自身によるインターネット上の情報探索を反映するものであるのかは——インターネット選挙解禁以前の時期における調査結果であることとも相俟って——解釈が難しいところであるが，少なくともある政党に関する情報に触れた有権者は他の政党に関する情報にも触れる傾向があること，ただしそこには何らかの形での政党のグルーピングが存在していることは示唆されていると言えるだろう。今後，インターネット選挙解禁後のデータとも比較しながら分析を続けていきたい3。

---

3 2009年の10因子に関して，本書第一部において析出された12のミリュー間での因子得点の差異についての一元配置分散分析を行った結果が次の表6注－1である。

表6注－1 働きかけに関するミリュー別の因子得点（2009年）

ミリュー	ネット（自・民以外）	新聞・ビラ	ネット（自・民）	社民	自民	民主	その他	公明	ハガキ	共産
1	−0.01	−0.13	−0.11	−0.15	−0.12	0.07	−0.05	0.17	0.02	0.22
2	−0.02	−0.03	0.07	0.06	0.05	−0.01	0.03	−0.08	−0.02	−0.04
3	−0.04	0.09	0.01	−0.03	−0.12	−0.07	0.13	0.06	−0.14	0.04
4	0.02	−0.17	0.13	0.04	0.00	0.09	−0.10	0.06	0.02	0.13
5	−0.02	0.02	−0.09	−0.10	−0.19	0.01	−0.06	0.12	0.03	−0.05
6	−0.02	−0.06	−0.10	0.01	0.10	0.01	0.00	−0.07	0.12	0.06
7	−0.02	0.03	−0.07	−0.01	0.00	0.00	0.00	0.05	−0.11	−0.05
8	−0.02	0.18	0.00	−0.05	−0.09	0.00	−0.18	0.40	0.06	0.24
9	−0.04	0.22	0.03	0.37	0.10	0.23	0.15	0.04	0.00	0.09
10	−0.02	0.30	−0.06	−0.06	0.12	−0.25	0.10	−0.41	0.17	0.33
11	−0.07	0.30	0.03	−0.09	0.46	0.11	0.36	−0.10	0.18	−0.23
12	−0.01	0.25	−0.10	0.06	−0.04	0.37	−0.26	−0.16	0.70	0.29
分散分析	p>.10	p<.10	p>.10	p>.10	p<.01	p>.10	p<.10	p<.10	p<.05	p>.10
η	.06	.11	.09	.08	.13	.07	.11	.11	.12	.10

注：数値は各ミリューの因子得点の平均値。

1％水準で「自民」，5％水準で「ハガキ」，10％水準で「公明」，「その他」，「新聞・ビラ」の各因子に有意差が見られる。「自民」因子に関しては，第2章での分析において最も自民志向の強いことが示されたミリュー8の得点が予想に反して高くはなく，むしろ公明志向のミリュー11において突出して高い。逆に「公明」因子に関しては，ミリュー11の得点が高くはなく，ミリュー8の得点が突出して高い。すなわち，二つのミリューとも，そのミリュー自体が志向する政党ではなく，連立のパートナーである政党からの働きかけを強く受けていたことが示唆され，興味深い。あるいは，日常的な支持政党からの働きかけは，選挙に関する働きかけを特別なものとして強く意識しないことの表れであるという可能性もあるが，この点に関しては更に検討が必要であろう。なお，「自民」因子の得点が最も低いのは，年齢的に最も若く自民への感情温度も相対的に低かったミリュー5，「公明」因子の得点が突出して低いのは，ネオリベラル志向のミリュー10である。

3 働きかけを受けた政党と支持政党・投票政党

まず選挙において有権者がどの程度働きかけを受けているのかを見ておこう。表6-3は，「今回の選挙で，知り合い，家族，親戚などから，ある候補者や政党に投票してほしいというような働きかけを受けたか」という質問に対する回答である。

これを見ると，2回の選挙のいずれにおいても，回答者の半数以上が「全く働きかけを受けなかった」と答えており，また「かなり働きかけを受けた」という回答は3％以下で，こうした働きかけが活発に行われているとは言えない状態である。ただしその一方で，「何回か」あるいは「1～2回」と回答した者も3割以上に上っていることから，有権者の中で一定の選挙活動が行われていることも事実である。

表6-3 今回の選挙で働きかけを受けたか

	2009年 (N=1684)	2010年 (N=1707)
かなり働きかけを受けた	2.9	2.8
何回か働きかけを受けた	9.4	9.6
1～2回，働きかけを受けた	21.8	23.7
全く働きかけを受けなかった	51.6	55.7
DK/NA	0.2	0.2
計	100.0	100.0

注：数字は％。

それでは，こうした働きか

「その他」因子の得点が高いのは公明志向のミリュー11，低いのは民主志向のミリュー12と自民志向のミリュー8であり，大政党への志向の強いミリューで得点が低くなっていることが分かる。また「新聞・ビラ」因子に関しては，ミリュー10, 11, 12, 9の得点が高いが，これらは政治参加度の最も高い四つのミリューであり，新聞やビラを受け取る行為が必ずしも受動的なものとは言い切れないことが示唆されている。同様に「ハガキ」因子に関しても，ミリュー12の得点が突出して高く，ミリュー11と10がこれに続くが，ミリュー9の得点はここでは高くない。

この他，分散分析結果が有意でなかった因子についても簡単に見ておくと，「民主」因子に関しては民主志向のミリュー12の得点が高く，「社民」因子に関しては「革新」志向のミリュー9の得点が高い点は，それらのミリューの党派的志向と受けた働きかけの党派性が一致したものと言えるだろう。ただし「共産」因子に関しては，「革新」志向が見られるミリュー1の得点も比較的高いが，共産への感情温度が最も低いミリュー10の因子得点が最も高いという一貫しない傾向も見られる。最後に，インターネットに関する二つの因子については，いずれも明確な特徴が見られないが，少なくとも，最もインターネットの利用が盛んなミリュー5の得点が全く高くはなく，選挙におけるインターネット利用の実態の問題として興味深いところである。

けはどの政党についてのものであったか。調査では，何らかの働きかけを受けたと回答した者に，「最も多く働きかけを受けた政党」および「2番目に多く働きかけを受けた政党」を尋ねている。この質問への回答を見たものが表6−4（2009年）および表6−5（2010年）である[4]。

これを見ると，まず二つの選挙のいずれにおいても，「2番目は無し」という回答が6割以上であることが分かる。言い換えれば，二つ以上の政党についての働きかけを受けた者──何らかの「交差圧力（cross-pressure）」(Berelson et al., 1954)を受けていた者──は，少なくとも一つの政党から働きかけを受けた者の35〜38％，回答者全体では12％〜14％程度である。組み合わせのパターンでは，いずれの年においても2009年までの連立与党である自民と公明の組み合わせが多く（これらは必ずしも「交差圧力」と呼ぶべきものではなかろう），また2009年では政権を争っていた自民と民主の組み合わせ

表6−4　働きかけを受けた政党（2009年）

1番目	2番目							計
	自民	民主	公明	社民	共産	その他	無し	
自民	−	5.7	6.3	0.2	1.4	0.3	18.0	31.9
民主	4.8	−	2.6	0.2	0.5	0.5	9.8	18.3
公明	4.4	2.6	−	0.0	2.1	0.5	31.1	40.6
社民	0.2	0.2	0.2	−	0.0	0.0	1.4	1.8
共産	0.5	0.5	0.9	0.2	−	0.0	2.9	4.8
その他	0.3	0.0	0.6	0.0	0.0	−	1.7	2.6
計	10.1	8.9	10.6	0.5	3.9	1.2	64.8	100.0

注：数字は％（N＝662）

表6−5　働きかけを受けた政党（2010年）

1番目	2番目								計
	自民	民主	公明	社民	共産	みんな	その他	無し	
自民	−	2.5	4.9	0.0	1.1	0.5	0.6	13.6	23.2
民主	1.7	−	2.5	0.3	0.5	0.2	0.8	10.4	16.4
公明	6.6	3.6	−	0.0	4.1	0.2	1.6	33.5	49.6
社民	0.2	0.2	0.2	−	0.0	0.0	0.2	0.2	0.8
共産	0.8	0.3	1.6	0.0	−	0.2	0.0	2.1	4.9
みんな	0.2	0.2	0.6	0.2	0.0	−	0.0	0.5	1.6
その他	0.2	0.2	0.5	0.2	0.2	0.0	0.2	2.2	3.5
計	9.6	7.0	10.3	0.6	5.8	0.9	3.3	62.4	100.0

注：数字は％（N＝633）

4　なお，働きかけを受けた政党名についてのDK/NA回答もごく少数存在したが，それらは集計から除外されている。

も多い。ただし、上述の通り、回答者全体の中でこうした複数政党からの働きかけを受けた者が占める比率は1割強であるという事実は、池田（1997）が明らかにした対人的ネットワークにおける党派的な等質性が現在においても当てはまることを示唆するものと言えるだろう。

それでは、人々が働きかけを受けるのは、主に自分が支持する政党からであろうか。この点を明らかにするために、回答者の支持政党と「最も働きかけを受けた政党」（「無し」を含む）との関係を見たものが表6－6（2009年）および表6－7（2010年）である。

表6－6　支持政党別に見た最も働きかけを受けた政党（2009年）

支持政党	働きかけ 自民	民主	公明	社民	共産	その他	無し	計	
自民	16.6	7.5	15.2	0.5	0.6	1.1	58.6	100.0	(640)
民主	9.7	11.3	13.8	1.3	2.2	0.9	60.8	100.0	(319)
公明	15.6	4.4	28.9	2.2	0.0	0.0	48.9	100.0	(45)
社民	8.3	5.6	25.0	2.8	0.0	0.0	58.3	100.0	(36)
共産	0.0	2.1	20.8	0.0	25.0	2.1	50.0	100.0	(48)
その他	12.5	0.0	25.0	0.0	12.5	0.0	50.0	100.0	(8)
自民寄り	12.1	2.2	14.3	1.1	1.1	1.1	68.1	100.0	(91)
民主寄り	9.1	6.9	21.1	0.0	1.7	1.7	59.4	100.0	(175)
その他寄り	24.5	5.7	17.0	1.9	1.9	0.0	49.1	100.0	(53)
純支持無し	9.9	3.3	13.2	0.8	1.7	0.8	70.2	100.0	(121)
計	13.0	7.2	16.3	0.8	2.0	1.0	59.7	100.0	(1536)

注：数字は%、（　）内はN。
Cramer's V = .15（p<.05）

表6－7　支持政党別に見た最も働きかけを受けた政党（2010年）

支持政党	働きかけ 自民	民主	公明	社民	共産	みんな	その他	無し	計	
自民	13.3	4.7	21.7	0.2	1.6	0.7	1.9	55.8	100.0	(428)
民主	5.8	10.6	19.5	0.2	1.7	0.6	1.1	60.4	100.0	(462)
公明	8.5	3.4	39.0	0.0	3.4	0.0	0.0	45.8	100.0	(59)
社民	6.1	12.1	27.3	0.0	3.0	0.0	0.0	51.5	100.0	(33)
共産	4.2	4.2	12.5	0.0	6.3	0.0	0.0	72.9	100.0	(48)
みんな	2.3	2.3	27.9	0.0	0.0	4.7	0.0	62.8	100.0	(43)
その他	11.8	0.0	17.6	0.0	5.9	0.0	11.8	52.9	100.0	(17)
自民寄り	16.2	4.4	17.6	1.5	0.0	1.5	0.0	58.8	100.0	(68)
民主寄り	8.9	6.5	17.3	0.0	3.0	0.0	0.6	63.7	100.0	(168)
その他寄り	9.4	6.0	17.9	0.0	0.0	0.0	2.6	64.1	100.0	(117)
純支持無し	10.2	4.7	11.0	0.0	1.6	0.0	0.8	71.7	100.0	(127)
計	9.3	6.7	19.9	0.2	1.8	0.6	1.3	60.3	100.0	(1570)

注：数字は%、（　）内はN。
Cramer's V = .11（p<.001）

これを見ると，第一に，回答者の支持政党を問わず，公明からの働きかけが多い。2009年衆院選における自民支持，共産支持，および「その他寄り」を除く全ての支持グループにおいて，公明からの働きかけが最も多くなっている（2009年の自民，共産両党支持者はそれぞれの支持政党からの働きかけが最も多く，また「その他寄り」も自民からの働きかけが最も多い）。第二に，2番目に働きかけを受けた者が多い政党を見ると，2009年と2010年でパターンに若干の違いが認められる。すなわち，2009年では，上記の自民，共産両党支持者および「その他寄り」（いずれも公明からの働きかけを受けた者が2番目に多い）以外の支持グループでは，民主支持者を除いて，すべて自民からの働きかけを受けた者が2番目に多い。民主支持者に関しては，民主からの働きかけを受けたものが2番目に多いが，3番目の自民との差はそれほど大きくない。他方2010年では，支持政党のある回答者に関しては，公明支持者と社民支持者を除いて，すべて自分の支持政党からの働きかけを受けた者が2番目に多い（社民支持者では民主からの働きかけを受けたものが，また公明支持者では自民からの働きかけを受けたものが，それぞれ2番目に多い）。これに対して，支持政党の無い回答者に関しては，どの政党寄りか（あるいは「純支持無し」か）に関わらず，すべてのカテゴリーで自民からの働きかけを受けたものが2番目に多くなっている。第三に，2009年，2010年を通じて，「純支持無し」グループではどの政党からの働きかけも受けなかった者の比率が7割以上に達しているが，全ての支持無しグループが一貫して支持政党を持つグループよりも働きかけを受けていないとは必ずしも言えない。例えば「自民寄り」グループは，2009年においては「純支持無し」に次いでどこからも働きかけを受けなかった者の比率が高いが，2010年においては，むしろ共産，「みんな」，民主各党支持者の方がこのグループよりも高い比率を示している。

　以上をまとめると，まず有権者はそれぞれ自分の支持政党から最も多くの働きかけを受けているとは言えない。むしろ支持政党を問わず，公明，次いで自民といった政党からの働きかけが広く到達しているように見える。ただし，民主，共産両党の支持者は支持政党からの働きかけを比較的多く受けており，また「純支持無し」グループではどの政党からの働きかけも受けていない者が相対的に多い。さらに2回の選挙の比較では，2010年において，各党支持者が支持政党からの働きかけを受ける傾向がより明確である。これは参院選において，比例区候補の活動等，各党の支持団体を通じての働きかけ

がより広範に行われるためではないかと推測される。

次に,「最も働きかけを受けた政党」と実際の投票政党との関係を見たものが,表6－8～表6－11である[5]。

表6－8　最も働きかけを受けた政党と比例代表投票政党（2009年）

働きかけを 受けた政党	投票政党 自民	民主	公明	社民	共産	その他	投票せず	計
自民	37.3	40.2	7.7	4.8	1.0	4.8	4.3	100.0 (209)
民主	24.6	57.6	5.1	0.8	0.8	2.5	8.5	100.0 (118)
公明	22.8	41.4	15.2	4.6	5.3	4.2	6.5	100.0 (263)
社民	33.3	25.0	8.3	25.0	0.0	0.0	8.3	100.0 (12)
共産	16.1	32.3	0.0	0.0	48.4	3.2	0.0	100.0 (31)
その他	35.3	17.6	11.8	5.9	17.6	11.8	0.0	100.0 (17)

注：数字は％,（　）内はN。
Cramer's V = .24（p<.001）

表6－9　最も働きかけを受けた政党と小選挙区投票政党（2009年）

働きかけを 受けた政党	投票政党 自民	民主	公明	社民	共産	その他	投票せず	計
自民	49.0	40.4	0.0	2.4	0.0	3.8	4.3	100.0 (208)
民主	25.2	60.5	0.0	1.7	0.8	3.4	8.4	100.0 (119)
公明	31.3	46.3	3.1	3.5	3.9	5.0	6.9	100.0 (259)
社民	30.0	20.0	0.0	30.0	0.0	10.0	10.0	100.0 (10)
共産	16.1	51.6	0.0	3.2	22.6	3.2	3.2	100.0 (31)
その他	11.8	23.5	0.0	0.0	11.8	52.9	0.0	100.0 (17)

注：数字は％,（　）内はN。
回答者の選挙区での各党の立候補状況は考慮していない。
Cramer's V = .25（p<.001）

表6－10　最も働きかけを受けた政党と比例区投票政党（2010年）

働きかけを 受けた政党	投票政党 自民	民主	公明	社民	共産	みんな	その他	投票せず	計
自民	46.4	22.5	6.6	2.0	2.0	7.9	3.3	9.3	100.0 (151)
民主	18.7	53.3	2.8	0.9	2.8	8.4	1.9	11.2	100.0 (107)
公明	18.1	29.6	21.5	3.4	2.8	12.5	2.5	9.7	100.0 (321)
社民	40.0	20.0	0.0	40.0	0.0	0.0	0.0	0.0	100.0 (5)
共産	15.6	21.9	12.5	0.0	25.0	12.5	6.3	6.3	100.0 (32)
みんな	12.5	25.0	12.5	0.0	0.0	37.5	0.0	12.5	100.0 (8)
その他	36.4	27.3	4.5	0.0	4.5	0.0	22.7	4.5	100.0 (22)

注：数字は％,（　）内はN。
Cramer's V = .23（p<.001）

5　いずれの表においても,「投票せず」は,「投票に行かなかった」と回答した者と, 小選挙区／選挙区あるいは比例代表／比例区について「投票しなかった」と回答し

表6-11　最も働きかけを受けた政党と選挙区投票政党（2010年）

働きかけを受けた政党	投票政党 自民	民主	公明	社民	共産	みんな	その他	投票せず	計
自民	55.6	22.5	0.7	0.0	2.0	3.3	7.3	8.6	100.0（151）
民主	22.9	52.4	1.9	1.0	1.9	3.8	8.6	7.6	100.0（105）
公明	30.4	39.2	8.8	0.9	4.4	6.0	1.9	8.5	100.0（319）
社民	20.0	80.0	0.0	0.0	0.0	0.0	0.0	0.0	100.0（5）
共産	21.9	43.8	3.1	0.0	25.0	0.0	0.0	6.3	100.0（32）
みんな	20.0	40.0	10.0	0.0	0.0	20.0	10.0	0.0	100.0（10）
その他	31.8	45.5	0.0	0.0	4.5	0.0	13.6	4.5	100.0（22）

注：数字は%，（　）内はN。
回答者の選挙区での各党の立候補状況は考慮していない。
Cramer's V ＝ .18（p<.001）

　まず2009年について見ると，比例代表では「最も働きかけを受けた政党」が自民，民主，公明の各党である場合，いずれも民主への投票率が一番高くなっている。これはこの選挙における民主の勢いが非常に強かったことの反映であると思われるが，それでも自民からの働きかけを受けたグループでは自民への投票率が民主へのそれに迫る高さとなっており，また公明からの働きかけを受けたグループでは，他のグループに比べて公明への投票率が目立って高くなっている。また共産からの働きかけを受けたグループでは共産への投票率が5割近くと突出して高くなっている。さらに社民からの働きかけを受けたグループでは，自民への投票率が最も高いが，社民への投票率も（民主への投票率と並んで）それに次いでいる。最後に「その他」の政党から働きかけを受けたグループでも自民への投票率が最も高いが，「その他」を含む他党へも比較的分散して投票がなされている。これらの点から，政党からの働きかけは，投票政党と一定の関連を持っていることが分かる[6]。

　他方，小選挙区での投票に関しても，（ややパターンは異なるが）同様の傾向が比例代表以上に明瞭に認められる。民主からの働きかけを受けたグループでは，やはり民主への投票率が突出して高いが，自民からの働きかけを受けたグループは，ここでは自民への投票率が民主への投票率を上回っており，また公明からの働きかけを受けたグループでも，民主への投票率が最も多いが，連立のパートナーである自民への投票率も3割を超えている（公明自身

　　た者を含んでいる。またいずれの選挙に関しても，小選挙区／選挙区での各党の立候補状況は考慮せず，回答をそのまま集計している。
　6　表6-8～表6-11のいずれにおいても，CramerのV係数は0.1%水準で有意である。

は小選挙区では8名の候補しか擁立しておらず，多くの選挙区で基本的に自民候補を支援している）。また社民と「その他」からの働きかけを受けたグループではそれぞれの政党への投票率が一番高くなっており（ただし，社民は自民と同率であるが），共産からの働きかけを受けたグループでも1位は民主への投票であるが（これは共産党が候補者擁立を約半数の選挙区に絞ったことの影響があろう），共産への投票もそれに次いでいる。

　2010年について見ると，まず比例区では働きかけを受けた政党と投票政党の関連がさらに明確に認められる。すなわち，自民，民主，共産，社民，「みんな」のそれぞれから働きかけを受けたグループに関しては，それらの政党への投票率が最も高くなっている。例外的に公明からの働きかけを受けたグループでは民主への投票が1位で，公明への投票がそれに次ぐ形になっているが，これはこのグループの人数が突出して多いことからも分かる通り，公明が潜在的な支持者の範囲を大きく超えた広範な有権者に働きかけを行っていることによるものであろう。なお，「その他」の政党から働きかけを受けたグループでは，「その他」への投票が自民，民主に次いで多くなっている。

　最後に選挙区での投票に関しては，こうした関連がやや不明瞭になっている。すなわち，自民からの働きかけを受けたグループでは自民への投票率が最も高いが，他のグループではすべて民主への投票率が最も高くなっている。それでも公明からの働きかけを受けたグループでは自民への投票率が2番目に高く，共産あるいは「みんな」からの働きかけを受けたグループでも，それらの政党への投票率が2番目となっており，基本的にはこれまで見てきたものと同様な関連が認められる。

4　自民・民主両党からの働きかけと投票行動

　最後に，以上の知見を踏まえて，パーソナルなチャネルを通じての自民，民主の2大政党からの働きかけに焦点を絞り，働きかけと投票行動との関連，特にそれらが競合した場合に生ずるであろう交差圧力が投票行動にどのような影響を与えるかについて，更に分析を行いたい。

　まず回答者全体から，(1)自民のみから働きかけを受けた（民主を含む他党からの働きかけは受けていない）グループ，(2)自民から最も多く働きかけを受け，民主から2番目に多く働きかけを受けたグループ，(3)自民，民主を含めてどの政党からの働きかけも受けていないグループ，(4)民主から最も多く

働きかけを受け，自民から2番目に多く働きかけを受けたグループ，(5)民主のみから働きかけを受けた（自民を含む他党からの働きかけは受けていない）グループ，という五つのグループを抜き出し，次いでそれぞれのグループごとに四つの投票政党カテゴリー（「自民」，「民主」，「その他」，「投票せず」）の比率を見たものが表6－12〜表6－15である[7]。

四つの表を通じて，全く働きかけを受けていないグループを基準とした場合，「自民のみ」あるいは「1自民，2民主」グループでは，自民への投票率がより高く，民主への投票率がより低くなっており，逆に「民主のみ」あるいは「1民主，2自民」グループでは民主への投票率がより高く，自民への投票率がより低くなっている。すなわち，これら2大政党に関しては，その

表6－12　自民・民主両党からの働きかけ
　　　　　と比例代表投票政党（2009年）

働きかけを 受けた政党	投票政党 自民	民主	その他	投票せず	計
自民のみ	39.0	44.1	11.9	5.1	100.0 (118)
1自民，2民主	41.7	41.7	13.9	2.8	100.0 (36)
働きかけ無し	28.5	48.0	16.4	7.2	100.0 (990)
1民主，2自民	17.2	58.6	6.9	17.2	100.0 (29)
民主のみ	26.6	60.9	6.3	6.3	100.0 (64)
計	29.5	48.3	15.1	7.0	100.0 (1237)

注：数字は%，（ ）内はN。
Cramer's V = .08 (p<.05)

表6－13　自民・民主両党からの働きかけ
　　　　　と小選挙区投票政党（2009年）

働きかけを 受けた政党	投票政党 自民	民主	その他	投票せず	計
自民のみ	52.5	40.6	3.0	4.0	100.0 (101)
1自民，2民主	45.5	51.5	0.0	3.0	100.0 (33)
働きかけ無し	34.5	53.0	6.1	6.3	100.0 (854)
1民主，2自民	14.3	71.4	0.0	14.3	100.0 (28)
民主のみ	22.4	67.2	5.2	5.2	100.0 (58)
計	35.4	53.1	5.4	6.1	100.0 (1074)

注：数字は%，（ ）内はN。
Cramer's V = .10 (p<.01)

7　ここでも「投票せず」には，「投票に行かなかった」者と，小選挙区／選挙区あるいは比例代表／比例区について「投票しなかった」者とが含まれている。また小選挙区／選挙区に関しては，ここでは当該選挙区に自民，民主両党の候補者が立候補していた回答者のみを分析対象としている。

表6-14　自民・民主両党からの働きかけと比例区投票政党(2010年)

働きかけを受けた政党	投票政党 自民	民主	その他	投票せず	計
自民のみ	50.6	24.1	18.1	7.2	100.0 (83)
1自民, 2民主	56.3	18.8	6.3	18.8	100.0 (16)
働きかけ無し	23.5	35.8	28.0	12.7	100.0 (1005)
1民主, 2自民	18.2	63.6	18.2	0.0	100.0 (11)
民主のみ	18.2	53.0	16.7	12.1	100.0 (66)
計	25.5	36.0	26.2	12.3	100.0 (1181)

注：数字は%，（　）内はN。
Cramer's V = .12 (p<.001)

表6-15　自民・民主両党からの働きかけと選挙区投票政党(2010年)

働きかけを受けた政党	投票政党 自民	民主	その他	投票せず	計
自民のみ	59.5	17.7	16.5	6.3	100.0 (79)
1自民, 2民主	58.3	25.0	8.3	8.3	100.0 (12)
働きかけ無し	32.4	39.5	16.1	12.0	100.0 (991)
1民主, 2自民	27.3	72.7	0.0	0.0	100.0 (11)
民主のみ	22.2	47.6	20.6	9.5	100.0 (63)
計	33.9	38.6	16.2	11.3	100.0 (1156)

注：数字は%，（　）内はN。
Cramer's V = .11 (p<.001)

うちの一方からより多くの働きかけを受けた有権者は，その政党への投票傾向が高まると同時に，他方の政党への投票傾向は低くなる，言い換えれば働きかけと投票傾向との間に予想される方向での関連が存在すると言えるだろう[8]。

ただし，第二に，一方の政党のみからの働きかけを受けた場合と，他方の政党からも（より少ない量の）働きかけを受けた場合の差異に関しては，必ずしも一貫した傾向が認められない。すなわち，まず2009年の自民に関して

---

[8]　ただし，こうした関連のすべてが，働きかけから投票行動へという因果的な影響によるものとは言えない。すなわち，もともと一方の政党に投票する可能性の高い有権者（例えば，その党の候補者の支持団体のメンバー）には，その政党からの働きかけがより多くなされるであろうからである。しかし，表6-6，表6-7に明らかなとおり，有権者の支持政党と働きかけを受けた政党との関連は部分的なものに留まっており，こうした元々の党派性の効果だけで，働きかけと投票行動との関連を説明することにも無理がある。

は，比例代表では「1自民，2民主」の方が「自民のみ」よりも自民への投票率が高くなっているが，小選挙区では逆の傾向となっており，民主に関しては，比例代表では「民主のみ」の方が「1民主，2自民」に比べて民主への投票率が高いが，小選挙区では逆の傾向となっている。これに対して2010年では，自民に関しては2009年と同様な傾向が認められるが，民主に関しては比例区，選挙区とも「1民主，2自民」の方が「民主のみ」よりも民主への投票率が高くなっており，2009年とは異なるパターンとなっている。

サンプル数の少ないグループも多いため結果の解釈には注意を要するが，少なくとも，競合政党からの働きかけがない場合の方が当該政党への投票可能性が高まるという傾向は認められず，交差圧力の影響は確認されなかった。この理由——例えば質問の構成やワーディングによるものか，それともより実質的な理由によるものか——についても今後のさらなる検討が必要である。

5 まとめ

以上，本章では，選挙活動を媒介とした政党－有権者関係について分析を行った。その結果，まず政党からの働きかけは党派性とチャネルという二つの要素によって構造化されていることが明らかになった。すなわち，一方において，各政党はそれぞれ独自の働きかけのチャネルを有しているが（特に「パーソナルな働きかけ」，「電話」，「ハガキ」といったチャネルに関して），他方，「新聞・ビラ」および（より弱い程度ではあるが）「ハガキ」といったチャネルに関しては，党派を問わずそれらを受け取りやすい有権者とそうでない有権者が存在している。こうした構造と，第一部で見た有権者のミリューの構造とは一定の関連を有している。ただし，2009年〜2010年の時点では，インターネットに関するチャネルの構造化は不明瞭である。

第二に，こうしたチャネルのうち，特にパーソナルな働きかけに注目して投票行動との関連を見ると，やはりある政党からの働きかけはその政党への投票を促進するという傾向が認められる。ただし，こうした働きかけには，有権者の日常的な党派性に沿ってなされるもの（参院選においてより顕著）と，公明，自民といったネットワーク資源を多く有する政党によって党派的態度を横断してなされるものがあり，むしろ後者の量の方が多いことが示唆された。また，いずれにしても，政党から働きかけを受けた有権者の比率自体がさほど高くはなく，パーソナルな働きかけのネットワークが有権者の中

に浸透しているとは言えない状況にある。

　第三に，2大政党からの働きかけに関しては，その一方からの働きかけのみの場合でも，他方の政党からの（より少ない量の）働きかけがあった場合でも，全く働きかけのない場合に比べて当該政党への投票可能性は明確に高まるが，他方，競合政党からの働きかけによる交差圧力が投票行動に与える影響は確認できなかった。

　全体として，選挙における働きかけは一定の効果を有しており，それ故，そうした働きかけの党派的チャネルも政党と有権者を媒介する一定の機能を果たしていると言えるだろう。これはそのようなチャネルと有権者のミリューとの関連によっても示唆されるところである。ただし，こうした働きかけの絶対量そのものは必ずしも多いとは言えず，党派的なチャネルが有権者の間に広く，また深く浸透しているとは言えないだろう。

　第二部では政策，職業利益，選挙活動という三つの側面から，今日の日本における政党－有権者関係について検討を加えてきたが，そこからは政党が社会の中に構造的に根を下ろしてはいない状況が浮き彫りとなった。そうであるならば，有権者は選挙において何を選択しているのか。次の第三部ではこうした有権者の「選択の意味」について，さらに分析を続けたい。

第三部

選択の意味：
有権者は何を選択しているのか

第三部　選択の意味：有権者は何を選択しているのか

　第三部は，今日の日本において，有権者が選挙で何を選択しているのかを明らかにし，その意味を考えてみたい。特に注目したいのは次の２点である。

　第一に，政党間の選択の枠組の構造がどのようなものとなっているかである。例えば，有権者が主観的に抱く政党間の対立マップにおいて，２大政党の間での対立が主たる――言い換えれば最もセイリエントな――対立軸となっているかどうかである。もしそうなっているのであれば，少なくとも有権者自身が２大政党間の競争を重要な意味を持った選択のプラットフォームであると認識していることになる。しかしそうでないならば，有権者は２大政党間の選択を，最も重要な対立軸上の選択としてではなく行っているのではないかと疑わなくてはならない。

　第二に，どのような構図の上での選択であるにせよ，有権者は何を判断基準としているのか――言い換えれば「何を選択しているのか」――である。言うまでもなく，「何を選択しているのか」という問いに答えるには，複雑で重層的な考察を必要とする。例えば，有権者は選挙を通じて，自分の経済的利益を，理想とする政治や社会のイメージを，抽象的な価値を，感情的な満足を，選択しているのかも知れない。大きく分けても，選択対象の属性（例えば各党の掲げる政策や政権担当能力など）に依拠したものから，有権者自身の属性（パーソナリティや基底的な価値観など）が投影されたものまで様々であろう。議院内閣制の下での，政党を媒介とした代表制民主主義における有権者の選択という点からは，これら様々な選択基準が投票にどのように反映されているかを知ることが，政治の「質」を考える上で極めて重要であろう。

　こうした選択の枠組と基準の問題に関しては，有権者の適応的な学習というメカニズムが大きな意味を持つ。例えば，選択を容易にするヒューリスティックとしての保革イデオロギーの重要性が――特に冷戦の終結以降――低下してきていることは既に多く指摘されているが（蒲島・竹中，2012），その一方で，そうしたヒューリスティックに慣れ親しんだ世代の有権者にとっては，その有効性が薄れた後も，それを用いた選択を自然に行っているかも知れない（補論１および第４章参照）。逆に言えば，新しい政党間競争の枠組が形成されてから，それが有権者の認知の枠組となりヒューリスティックとして用いられるようになるためには，人々が新たな環境に対して適応的な学習を行う時間を必要としており，客観的な状況の形成と，人々がその状況に適応した行動を取るようになることの間には，ある程度のタイムラグが生ずることが予想される１。これは選択の枠組と基準に関する世代間の差異にも繋がる。

　そこで，以下，第７章において各党に対する感情温度の構造分析を通じて，有権者の選択の「枠組」を明らかにし，第８章において，その枠組――言い換えれば党派的対立軸――に沿った選択の意味を考察し，第９章において，自民，民主という

　1　政治家・政党の側から見た，新たな競争の枠組作りの困難さについては Kitschelt (2000) を参照。

2大政党間の選択が有権者にとってどのような意味を持っていたのかを考察する。また上述の適応的学習と世代間の差異に関連して,補論2で,政治的な認識の基底にあると考えられる「政治的記憶」が有権者の世代ごとにどのように異なっているかについても補足的に論じることとする。

第 7 章

党派的対立軸の構造

1　はじめに

　本章では，有権者が政党間の選択をどのような枠組の下で行っているのかを明らかにしたい。ここで言う枠組とは，有権者の主観的世界における政党間の対立の構図，すなわち対立軸の構造を意味している。具体的には，各党に対する感温度度を用いた因子分析によって，こうした構造の析出を行う。従って注意すべき点は，本章で言う「主観的な対立軸」は「客観的な政党間の対立関係に関する有権者の主観的な認知」(例えば本書第 4 章で見たような，各党の政策的な立場についての認識から導き出された政策空間上の政党布置) ではなく，「各党に対する有権者の感情的な選好構造上の軸」を意味するということである。

　以下，第 2 節でここでの分析における基本的な考え方の説明を行い，続く第 3 節で実際にそうした対立軸の析出を行い，さらに第 4 節では特に有権者の世代に注目し，世代の違いが政党間の対立構造に関する認知の違いを生んでいるかどうかを考察した上で，第 4 節で全体のまとめを行う。

2　分析の方法

　先述のように，本章では政党間の主観的な対立構造を，各党への感情温度を用いた因子分析によって明らかにしていく。これに類似した分析は，これまでにも広く行われており (例えば，蒲島・山田，1996；中村，2012；大川，2011a，2011b；田中，1997；Tanaka, 1999)[1]，日本の有権者が政党間の対立構

造をどのように見ているのか，更にはそれが日本の政党システムの実態をどのように反映しているのかについて，多くの知見をもたらしてきた。その中で注目されるのは，1990年代の初頭までは，「保革」（言い換えれば自民対社共）の軸と中道政党（公明，民社および新自由クラブ，社民連などの小政党）の軸という2次元構造が典型的に見られたが[2]，それ以降は明確な保革の軸が見られなくなる一方で，その時々の政治状況を反映した政党のグループ化——例えば連立与党各党への感情と野党各党への感情がそれぞれ一つに纏まるなど——が見られるようになり，同時に，そうした各政治勢力への感情相互の独立性が高まる——例えば与党グループへの感情と野党グループへの感情が一つの次元の両端を形成するのではなく，相互に独立した二つの次元を形成するといった——傾向が顕著となった，という点である[3]。これには，この時期における冷戦の終結，様々な新党の登場と消滅，細川・羽田非自民連立政権や村山自社さ政権の形成に代表される政党間の離合集散といった諸

---

1 ただし，そこで用いられる因子分析（あるいは主成分分析）の手法（因子の抽出法，回転の方法等）は様々である。また本文中に挙げた先行研究の中には，因子分析に投入する変数として政党への感情温度だけでなく，各党リーダーへの感情温度も含めたもの（蒲島・山田，1996；大川，2011a，2011b）もある。

2 中村（2012）やTanaka (1999)の1983年データの分析結果や，田中（1997）の1991年データの分析結果など。

3 例えば，田中（1997）の1992年データの分析では自公民，社共，新党への感情がそれぞれ独立した次元を形成し，また蒲島・山田（1996）の1993年データの分析では新党，既成野党，自民の3次元構造，1994年データの分析では新生・公明，日本新・さきがけ，自民，社共の4次元構造，1995年データの分析では自社さ，新進，革新の3次元構造がそれぞれ析出されている。また2000年代以降に関しても，大川（2011a，2011b）の2003年データの分析では自民，民主，社共（公明は自民と社共の両方に負荷），2004年データの分析では民主，自公，社共，2007年および2009年データの分析では社共・新党，自公，民主といった各3次元の構造が析出されている。さらに，確率的主成分分析という他の諸研究とは異なる分析手法を用いた中村（2012）の分析結果（いずれも2次元解が示されている）においても，2000年データでは自自公，社共，2001年と2003年データでは自公保，社共，2005年データでは自公，社共・新党，という構造が示されていると見ることができる（ただし，中村自身の解釈はこれとは異なり，二つの軸をそれぞれ与野党の軸とイデオロギー（政策）の軸であるとしている。しかし，与野党の軸に関しては，与党は明確にプラスに負荷してはいるが野党の負荷は0に近く，またイデオロギーの軸に関しては，社共両党は明確にマイナスに負荷しているが自民のプラスの負荷は小さいため，こうした解釈にはやや疑問がある）。

要因が強く影響していると考えて間違いなかろう。

ただし，上記の諸知見には若干の留保が必要であるように思われる。すなわち，これらの分析の多くに共通しているのは，各党への感情温度の「個人内比較」（intra-personal comparison）ではなく「個人間比較」（inter-personal comparison）に基づいていることである[4]。本来，こうした主観的な対立軸の析出において重要であるのは，個々の回答者の主観的世界の内部において，政党Aに対する感情が政党Bに対する感情とどのように関連しているか（あるいはしていないか）を知ることであり，そのためには「個人内比較」による分析が（実際の方法は後述）適切である。一般に行われている「個人間比較」による分析の場合，全ての政党に対して相対的に高い感情温度を示す回答者と，低い感情温度を示す回答者がいた場合，仮に個々の回答者の内部においては各政党への感情温度の高低に関して明確な関連性が存在していても，回答者全体についての分析結果においてはそうした関連性が不明瞭になる（場合によってはミスリーディングな形で示される）可能性がある。従って，上述の主観的な政党間対立軸に関する1990年代以降の変化についても，基本的にそうした方向での変化は疑い得ないとしても，場合によっては実際以上にその変化が誇張した形で示されている可能性も否定できない[5]。

そこで本章では，政党感情温度のデータを以下のように個人内得点化して分析を行う。データは2005年衆院選時（JES Ⅲ），2009年衆院選時および2010年参院選時（JES Ⅳ）のものを用い，自民，民主，公明，社民，共産の5党（2010年のみ「みんな」を加えた6党）に対する感情温度を分析の対象とする[6]。

具体的には，まず個々の回答者内でのこれら5党（2010年は6党）に対する感情温度の平均値と標準偏差を算出し[7]，次いでこの平均と標準偏差を用いて，以下のように各党に対する感情温度の個人内得点を求めた。

---

4 「個人内比較」と「個人間比較」について詳しくは谷口（2005）を参照。
5 例えば，主観的に認知された各党の政策位置を分析した本書第4章では，「保革」対立軸の明確な残存が示された。同様に，2003年の各党支持者の政策選好データに多次元尺度解析を行った谷口（2005）の分析結果も，自民対社共の軸の明確な残存を示している。
6 各党に対する感情温度は，強い反感から強い好意までを0度から100度までの101段階の尺度で質問している。
7 従って，5党（6党）のいずれかに関して欠損値のある回答者は以下の分析からは除外されることに留意されたい。

政党Aの得点＝（政党Aに対する感情温度－平均値）／標準偏差

なお，すべての政党に対する感情温度が等しい場合には，いずれの政党の得点も0とした。

3　主観的な党派的対立軸

そこで，算出された各党に対する感情温度の個人内得点を用いた因子分析を行った結果が表7－1である[8]。2005年と2009年に関しては固有値1以上の因子が二つ，2010年に関しては三つ抽出されたが，比較のため2010年に関しては抽出因子数を2に固定して行った分析の結果も併せて示してある。

この結果を見ると，いずれの年に関しても，第Ⅰ因子は自民対社共，言い換えれば「保革」対立の軸であることが分かる。すなわち，個々の回答者の主観的な世界における政党間対立の構造がより適切に反映されるような方法を用いた場合には，2000年代後半においても「保革」の対立軸が，強い慣性を持って，最もセイリエントな党派的対立の軸として現れることが示されている。ただし，公明もこの軸の自民側に明確に負荷しており（特に2005年と2009年），自公両党の連立体制が反映された形での保革対立の軸と言うこともできるだろう。

次いで第Ⅱ因子は，これも三つの年を通じて民主の負荷が突出して大きいため，民主に対する感情の軸と解釈できるが，同時に公明も逆の側にかなり大きく負荷しているため，民主対公明の軸という性格も持っている。また

表7－1　各党に対する感情温度の因子構造

	2005年		2009年		2010年（2因子解）		2010年（3因子解）		
	Ⅰ	Ⅱ	Ⅰ	Ⅱ	Ⅰ	Ⅱ	Ⅰ	Ⅱ	Ⅲ
自民	−0.74	−0.28	−0.72	−0.37	−0.72	0.27	−0.70	0.29	0.17
民主	−0.06	0.98	−0.10	0.97	−0.08	−0.87	−0.17	−0.93	0.24
公明	−0.51	−0.61	−0.40	−0.59	−0.32	0.67	−0.28	0.64	0.32
社民	0.75	0.09	0.77	0.08	0.70	0.17	0.69	0.07	0.30
共産	0.81	−0.09	0.81	−0.05	0.75	0.10	0.76	0.06	−0.03
みんな	−	−	−	−	−0.10	−0.17	−0.06	0.03	−0.98
寄与率（％）	38.6	29.0	40.7	28.4	28.1	22.4	27.8	22.6	20.5

注：主成分法，バリマックス回転後の負荷量。

8　主成分法による因子の抽出の後，バリマックス回転を施した。

図7-1　各党のプロット（2005年）　　図7-2　各党のプロット（2009年）

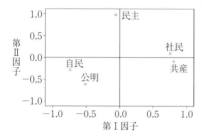
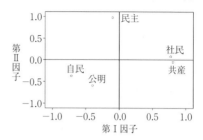

図7-3　各党のプロット（2010年 3因子モデルの第Ⅰ×第Ⅱ因子）

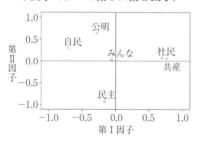

2010年の第Ⅲ因子は「みんな」に対する感情の軸であると解釈できる。2因子解の結果を見ると、最初の二つの因子の内容はほぼ2005年、2009年の場合と同じであり、「みんな」はいずれの因子にも明確な負荷を見せないことから、この第Ⅲ因子は「みんな」の登場によって新たに加わった、他とは独立した軸であることが分かる[9]。

　以上の結果をより視覚的に示したものが、図7-1〜図7-3である。いずれも横軸が第Ⅰ因子、縦軸が第Ⅱ因子である（2010年に関しては3因子解の第Ⅰおよび第Ⅱ因子を示してある）。これらの図により、表7-1の結果を再確認することができる。感情温度で測定された選好空間における各党の布置は、2005年と2009年で基本的に全く同じである。まず横軸の右側に、社民、共産両党が近接して位置し、左側に自民と公明が位置している。ただし、公明は横軸上では自民より右、縦軸上では自民より下（すなわち原点から左下の方向）に位置している。そして縦軸の上側に民主が単独で位置している。また6党の布置を示している2010年の結果も、一見先に見た2005年、2009年とは異なるように思われるが、実質的にはほぼ全く同じである。すなわち、縦軸の方向が上下逆になっている点を除けば、社共、自公、民主の相対的な位置関係は同じである。またこの第

9　こうした理由から、以下の分析において2010年に関しては、因子得点の算出等を含め、すべてこの3因子解の結果を用いることとする。

Ⅰ因子×第Ⅱ因子の平面上では「みんな」はほぼ原点近くに位置しているが，第Ⅲ因子において単独でマイナス方向に位置している（すなわち，社共，自公，民主が形成する3角形を底面とする4面体の頂点に位置している）。このように，自（公）対社共を最もセイリエントな対立軸としながら，これに民主を加えた3勢力がほぼ3角形の形に布置するという位置関係は，2001年と2005年のデータについて，感情温度ではなく政策的な質問項目を用いて同様の分析を行った平野（2007）の分析結果ともほぼ一致するものである[10]。

なお，比較のために通常の「個人間比較」を用いた分析結果を表7－2に掲げておく。三つの年のいずれに関しても，固有値1以上の因子は二つとなった。

同様の方法を用いた他の諸研究と同じく，2005年と2009年では第Ⅰ因子が社共＋民主の野党因子，第Ⅱ因子が自公の「与党因子」となっている（ただし，第Ⅰ因子への民主の負荷は，社共両党に比べて相対的に小さい）。また2010年においても，第Ⅰ因子には社共両党の負荷が最も大きく，第Ⅱ因子には自民の負荷が最も大きい点は2005年，2009年と同様である。ただし，ここでは公明が第Ⅱ因子だけでなく第Ⅰ因子にも比較的大きな負荷を示しており，野党に転じた後，自民との一体視が弱まったことが窺われる。また「みんな」

表7－2　個人間比較を用いた場合の因子分析結果

	2005年		2009年		2010年	
	Ⅰ	Ⅱ	Ⅰ	Ⅱ	Ⅰ	Ⅱ
自民	−0.22	0.82	−0.24	0.83	0.04	0.82
民主	0.56	−0.18	0.65	−0.26	0.43	−0.47
公明	0.08	0.89	0.25	0.84	0.49	0.65
社民	0.91	0.05	0.89	0.13	0.85	0.03
共産	0.86	−0.03	0.85	0.09	0.82	−0.06
みんな	−	−	−	−	0.56	0.22
寄与率（％）	38.5	30.0	41.1	29.8	35.6	22.6

注：主成分法，バリマックス回転後の負荷量。

---

[10] ただし，平野（2007）では自民の位置する方向を「保守」，社共の位置する方向を「革新」，民主の位置する方向を「ネオリベラル」と解釈したが，ここでの2010年の分析結果では，より明確にネオリベラル的な性格を持つ「みんな」が民主と同じ方向ではなく，全く独立した方向に位置している。これは一方において，与党となった民主がネオリベラル的な性格を弱めてきたこと，他方においてここでの分析が政策的な変数ではなく感情温度に基づくため，政策的な位置関係よりも党派的感情の関係がよりセイリエントになったためであると考えられる。

図7-4　個人間比較を用いた各党のプロット（2010年）

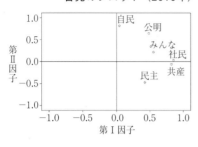

も第Ⅰ因子への負荷が大きい。他方，民主は第Ⅰ因子にプラスに負荷すると同時に，第Ⅱ因子にはマイナスに負荷している。従って，ここでは第Ⅰ因子は社共両党を中心とした非自民勢力への感情の軸，第Ⅱ因子は自民に対する感情の軸（同時に自民対民主という意味合いも含む軸）であると考えることができる（図7-4参照）。

いずれにしても，「個人間比較」に基づく分析結果は「個人内比較」によるものとは大きく異なっているが，先に述べた理由により，後者の方がより適切に主観的な対立構造を表現しているものと考えることができる。

4　世代別に見た党派的対立軸の構造

以上のように，個人内得点に基づいた主観的な党派的対立軸の構造においては，今日なお自民対社共という「保革」の対立軸が明確に残存している。ただし，こうした構造がすべての世代の有権者において同程度に見られるかどうかは定かではない。政治的世界に関する認知や感情は，それぞれの世代の政治的経験に基づき形成されるものであり，こうした政治的経験は世代によって異なるものだからである。例えば，本書補論2に見られるように，2010年の時点における60代以上の回答者にとっての最もセイリエントな政治的記憶は安保闘争や沖縄の問題であり，40～50代の回答者においてはロッキード事件，20～30代の回答者にとって郵政選挙がそれぞれ最もセイリエントな政治的記憶である[11]。そうであるならば，「保革」対立というフレームを通した政治的経験は，上の世代ほど確固としたものであり，世代が下るにつれてより曖昧なものとなっていると予想される。特に上述の通り，1990年代の初頭以降に有権者となった人々にとって，「保革」対立のリアリティは当初から弱いものであったと考えられる。

---

[11] 本書補論2「世代と政治的記憶」（231頁以下）を参照。また日本の政党のイデオロギー的な位置の認知に対する世代の影響を分析した Endo & Jou (2014) も参照。

そこで本節では，この点を明らかにするために，前節と同様の個人内得点を用いた因子分析を回答者の世代別に行うこととする。世代の区切りはやや便宜的ではあるが，1945年以前の生まれ（すなわち，戦前・戦中生まれの世代）＝「世代１」，1946年〜1971年生まれ（すなわち，戦後生まれで1992年参院選よりも前に有権者となっていた世代）＝「世代２」，1972年以降の生まれ（すなわち，有権者としての最初の国政選挙が1992年参院選あるいは1993年衆院選以降である世代）＝「世代３」として，これら三つの世代間における主観的な党派的対立軸の異同を考察することとしたい。

因子分析の結果は，表７－３（「世代１」），表７－４（「世代２」），表７－５（「世代３」）に示す通りである。

「世代１」と「世代２」では，2005年，2009年には固有値１以上の因子が二つ，2010年には三つ抽出されたのに対し，「世代３」ではいずれの年においても三つの因子が抽出された。それらの因子の内容を見ると，まず三つの年のいずれにおいても「世代１」と「世代２」はほぼ同じ構造を示している。す

表７－３　世代別に見た各党に対する感情温度の因子構造（「世代１」（〜1945年生まれ））

	2005年		2009年		2010年		
	Ⅰ	Ⅱ	Ⅰ	Ⅱ	Ⅰ	Ⅱ	Ⅲ
自民	−0.74	−0.37	−0.70	−0.42	−0.73	0.37	−0.09
民主	0.06	0.98	−0.04	0.99	−0.10	−0.94	−0.21
公明	−0.65	−0.45	−0.47	−0.58	−0.24	0.64	−0.28
社民	0.73	0.15	0.76	0.12	0.56	0.02	−0.41
共産	0.84	−0.22	0.83	−0.05	0.80	0.07	0.03
みんな	−	−	−	−	−0.01	−0.01	0.96
寄与率（％）	44.2	27.5	39.3	30.2	25.9	23.9	20.3

注：主成分法，バリマックス回転後の負荷量。

表７－４　世代別に見た各党に対する感情温度の因子構造（「世代２」（1946〜1971年生まれ））

	2005年		2009年		2010年		
	Ⅰ	Ⅱ	Ⅰ	Ⅱ	Ⅰ	Ⅱ	Ⅲ
自民	−0.76	−0.21	−0.71	−0.37	−0.66	0.29	0.22
民主	−0.11	0.96	−0.12	0.98	−0.16	−0.94	0.21
公明	−0.46	−0.67	−0.45	−0.53	−0.38	0.59	0.30
社民	0.79	0.07	0.78	0.00	0.71	0.03	0.30
共産	0.79	−0.04	0.79	−0.06	0.76	0.08	0.01
みんな	−	−	−	−	−0.07	0.05	−0.98
寄与率（％）	40.6	28.3	38.9	27.6	28.3	22.1	20.7

注：主成分法，バリマックス回転後の負荷量。

表7－5　世代別に見た各党に対する感情温度の因子構造
（「世代3」(1972年〜生まれ)）

	2005年			2009年			2010年		
	I	II	III	I	II	III	I	II	III
自民	−0.15	−0.89	−0.11	−0.79	−0.51	−0.34	−0.77	0.13	0.08
民主	0.97	0.11	−0.09	−0.09	0.96	−0.22	−0.15	−0.87	0.32
公明	−0.62	0.09	−0.67	−0.11	−0.17	0.98	−0.14	0.74	0.33
社民	−0.04	0.70	0.05	0.78	0.02	−0.18	0.68	0.14	0.30
共産	−0.14	0.20	0.92	0.79	−0.29	−0.08	0.75	0.03	−0.06
みんな	−	−	−	−	−	−	−0.05	0.01	−0.96
寄与率(％)	27.1	26.8	26.3	37.3	26.1	23.1	27.6	22.4	20.7

注：主成分法，バリマックス回転後の負荷量。

なわち，2005年と2009年においては，第Ⅰ因子が自公対社共（ただし公明の負荷は相対的に小さい）という保革対立の軸，第Ⅱ因子が民主対自公（特に公明）の軸である。また2010年においては，第Ⅰ因子が自民対社共，第Ⅱ因子が民主対公明，第Ⅲ因子が「みんな」（「世代1」においては「みんな」対社民というニュアンスを持つ）の軸である。両世代を通じて，いずれの年においても第Ⅰ因子は自民対社共，第Ⅱ因子が民主（対公明）というのが最大公約数的な軸の意味であり，2010年にはこれに「みんな」の軸が加わるという構図である。これに対して「世代3」では，他の二つの世代とはやや異なる構造が見られる。すなわち，2005年では，第Ⅰ因子が民主対公明，第Ⅱ因子が自民対社民，そして第Ⅲ因子が共産対公明の軸となっている。また2009年では，第Ⅰ因子が自民対社共，第Ⅱ因子が民主（対自民），第Ⅲ因子が独立した公明の軸となっている。最後に2010年では，第Ⅰ因子が自民対社共，第Ⅱ因子が民主対公明，第Ⅲ因子が「みんな」の軸である。これらの結果を見ると，年が下るに従って，「世代3」における主観的な党派的対立軸の構造が他の二つの世代に接近し，最後の2010年においては「世代2」とほぼ同一になっていることが分かる。この数年の間に，日本政治に関する，より「伝統的」な，あるいは「メインストリーム」の見方を身に付けた可能性があると言えるだろう。ただし，全体的に見ると，この世代では公明と自民の一体性がより弱く，同時に公明と民主の対立関係をより強く感じているように見える[12]。

---

[12] 「世代3」に関する結果の中でも，特に2005年の結果が他の年と異なっていることについての考えられる理由としては，まず本文中にも述べた通り，この時点ではま

以上の結果をまとめれば，戦前・戦中生まれである「世代1」と，戦後生まれではあるが1990年代初頭までに有権者となった「世代2」における主観的な党派的対立の構図はほぼ同一であり，そこでは自民対社共という「保革」対立の軸が鮮明に残っている。これに対して，1990年代初頭以降に有権者となった「世代3」においては，少なくとも2005年の時点ではこうした上の世代と同様な構図は存在せず，より拡散的な三つの対立軸を持つ構造が見られたが，その後，他の世代の構造に接近し，2010年においては「世代2」とほぼ同一の構図が見られるようになった。この点から考えて，過去における政党間の対立構造を反映した選好の構造は，その時代を体験した世代においては強い慣性を持って持続し，さらにその後の時代に政治のアリーナに参入してきた有権者に対しても，それを学習させる効果を持つ[13]。逆に言えば，下の世代は，その世代が実際に経験している現実と同様に（場合によってはそれ以上に），上の世代の人々の「主観的な現実」をも適応的に学んでいるのではないかと思われる。

5　まとめ

　以上，本章では，有権者の主観における党派的な対立の構造を，各党に対する感情温度の個人内得点を用いた因子分析によって明らかにしてきた。その結果，第一に，今日においても自民対社共という，「保革」対立の構図が有権者にとって最もセイリエントな党派的対立軸となっていること，同時に，民主は独立した軸を形成し（ただし公明が民主への対立的な位置を占める），

　　　だこの世代が「メインストリーム」の見方を身に付ける度合いが低かったこと，また2009年と2010年の回答者が同一のパネル調査（JES Ⅳ）の回答者であるのに対し，2005年の回答者（JES Ⅲ）はそうではないことのほか，2005年に分析対象となった回答者の数が他の二つの年に比べて少ないために，結果がやや特異なものとなった可能性も考えられる。すなわち，分析対象となった回答者数は，2005年では「世代1」=623，「世代2」=654，「世代3」=136，2009年では「世代1」=676，「世代2」=823，「世代3」=206，2010年では「世代1」=567，「世代2」=769，「世代3」=304である。なお，いずれの年においても「世代3」は元々の回答者数が少ない上に，欠損率（すなわち5党（6党）に対する感情温度の少なくとも一つに欠損のある回答者の比率）も他の二つの世代に比べて高い。

13　こうした学習は，パーソナルな会話やマスメディアの報道，更にはインターネット上の情報など，様々なチャネルを通じて行われると考えられる。

その結果，自公，民主，社共という三つの勢力がほぼ三角形の形に布置していること，また「みんな」はそれらとは独立の軸を新たに形成したことが明らかとなった。

　第二に，こうした分析を回答者の世代別に行った結果，過去における現実の党派的対立構造を反映した選好の構造は，その時代を体験した世代においては状況が変化した後にも強い慣性を持って持続し，さらに下の世代もそうした構造を適応的に学習していく。もしそうであるなら，社会全体としての「主観的な現実」は，客観的な状況よりもはるかに緩慢にしか変化しないということになろう。

　次章では，こうした主観的な党派的対立の構図が，政策的あるいはイデオロギー的にどのような意味を持ち，またそれが投票行動にどのような影響を与えているかを見ていくこととしたい。

第 8 章
党派的対立軸の意味

1 はじめに

　前章では，有権者による政党選択の枠組としての，主観的な党派的対立の構造を，各党に対する感情温度（言い換えれば党派的選好）を用いた因子分析によって明らかにした。これを受けて本章では，そうした党派的選好の構造が，より具体的な政策的・価値的・イデオロギー的選好とどのように関連しているのか——言い換えれば，党派的選好とは何を意味するものか——さらには，それが投票行動にどのような影響を与えているのかについて，2005年，2009年，2010年のデータに基づき分析する。

　まず第 2 節において，本章で用いる党派的選好に関する変数についての説明を行った上で，第 3 節ではこうした党派的選好と政策・価値・イデオロギー的選好との相関について包括的に検討し，さらに第 4 節で党派的選好を従属変数とした回帰分析により，党派的選好の形成要因を分析する。転じて第 5 節では，こうした党派的選好が投票政党の選択に与える影響を分析し，最後の第 6 節で全体的なまとめを行う。

2 党派的選好変数の作成

　本節では，次節以降の分析に用いられる党派的選好に関する変数の定義について説明する。前章において，党派的選好（主観的な党派的対立軸）の構造に関しては，自公，民主，社共の 3 勢力が 3 角形に布置する，すなわち，それら 3 方向への感情のベクトルが存在することが確認された（さらに2010

年には，これに「みんな」に対する感情のベクトルが加わる）。そこで，まずこれら三つ（2010年は四つ）のベクトルに対応する感情の得点を算出することにした。具体的には，やや単純ではあるが，自公への感情の得点として，両党への感情温度の個人内得点の平均値を，民主への感情の得点として，同党への感情温度の個人内得点を，社共への感情の得点として，両党への感情温度の個人内得点の平均値を，また2010年における「みんな」への感情の得点として，同党への感情温度の個人内得点を，それぞれ用いることとした。これらの感情得点の間の相関は表8－1に示す通りである[1]。

予想される通り，相関係数はすべて負（p<.01）であるが，特に係数の絶対値が大きいのは，これも予想される通り，自公と社共であり，これに自公と民主が続く。民主と社共の間の負の相関は小さいが，2010年においてはやや大きくなっている。民主が与党になった影響であるかも知れない。また2010年における「みんな」と他の3勢力との間の相関係数の絶対値は相対的に小さい。

各勢力に対する感情得点間の関係は以上の通りであるが，本章では，個々の勢力への感情得点そのものよりも，それらの間の差に関心がある。すなわち，二つの勢力に関して，どちらをどれだけ選好しているかに注目し，これと政策や価値・イデオロギーに対する選好との関連についての分析を行いたいからである。そこで，上記の各勢力に対するそれぞれの感情得点の差（以下「感情温度差」とする）を計算し，これを分析に用いることとする。各勢力の間の感情温度差の平均値は表8－2の通りである。

これらの値自体はここでの関心の中心ではないが，結果を簡潔に要約すれば，少なくとも回答者の間では3選挙年を通

表8－1　各勢力に対する感情得点間の相関

2005年	民主	社共	みんな
自公	－.52	－.81	－
民主	－	－.09	－
2009年	民主	社共	みんな
自公	－.55	－.78	－
民主	－	－.10	－
2010年	民主	社共	みんな
自公	－.39	－.56	－.28
民主	－	－.24	－.23
社共	－	－	－.25

注：すべての相関係数はp<.01で有意。

表8－2　各勢力間の感情温度差

	2005年	2009年	2010年
自公－民主	－0.19	－0.76	－0.65
自公－社共	0.79	0.34	0.31
民主－社共	0.98	1.11	0.96
自公－みんな	－	－	－0.12
民主－みんな	－	－	0.52
社共－みんな	－	－	－0.43

---

[1] 党派的選好に関する変数としては，前章で行った因子分析によって得られる因子得点をそのまま用いるという方法も考えられるが，本章における分析の主眼が，より直接的な党派（勢力）間の選好基準にあるため，こうした3ないし4勢力間の「感情温度差」を用いることとした。

じて，平均値で見れば，民主＞自公＞社共という順位になっており，また2005年から2009年の間に民主と自公の差が広がり，それが2010年においても続いていることが分かる。また2010年の「みんな」は民主と自公の間に位置している。

3　党派的選好と政策・価値・イデオロギー的選好の関連

次に，上述の感情温度差と，基本的な政治・経済・社会意識，そして政策・価値・イデオロギー等についての選好との関連を見ることで，党派的選好が具体的にどのような意味を持つものであるかを明らかにして行こう[2]。

(1) 感情温度差と基本的な政治・経済・社会意識

表8－3は，感情温度差と基本的な政治・経済・社会意識との関連を見たものである[3]。

2005年においては，「自公－民主」と「自公－社共」に関して内閣支持，首相への感情温度，3項目の内閣業績評価，政治満足度がそれぞれ0.4前後以

---

[2] 本章及び次章において，党派（勢力）間の選好の基準として用いる変数は，選択主体としての回答者自身の意識に関する変数（争点態度や価値観など）である。従って，直接的には選択対象としての政党の属性という意味での選択基準ではない。ただし，言うまでもなく，回答者自身の意識と，その回答者に認知された政党の属性との間の何らかのマッチングは前提とされている。

[3] 内閣支持は「かなり支持している」から「ほとんど支持していない」までの4段階，首相感情温度は政党感情温度と同じ101段階，政治満足度は現在の政治について「かなり満足している」から「かなり不満である」）までの5段階，階層帰属意識は「上」，「中の上」，「中の下」，「下の上」，「下の下」の5段階，保革自己イメージは「革新的」（0）から「保守的」（10）までの11段階の尺度でそれぞれ測定されている。また業績評価は，2005年は小泉内閣，2009年は麻生内閣，2010年は菅内閣の「実績」についての質問で，「財政政策」（2005年のみ「財政構造改革」），「景気対策」，「外交」のそれぞれに関して5段階の尺度で測定されている。経済状況の認識については，「国全体の景気」と「自分の暮らし向き」のそれぞれについての現状，過去1年間の変化，今後の動向をそれぞれ5段階の尺度で質問したものである。脱物質主義については付録4を参照。表8－3ではこれらの項目に関して，いずれも値が大きいほど高い評価を意味するように調整されている。（脱物質主義に関しては，値が大きいほど脱物質主義的価値観であることを，また保革自己イメージに関しては値が大きいほど保守的であることを意味している。）

表8-3 感情温度差と政治・経済・社会意識の相関

	2005年			2009年		
	自公－民主	自公－社共	民主－社共	自公－民主	自公－社共	民主－社共
内閣支持	.58***	.60***	－.04	.57***	.54***	－.13***
首相感情温度	.57***	.61***	.00	.53***	.49***	－.13***
業績評価(財政)	.46***	.52***	.04	.46***	.43***	－.11***
業績評価(景気対策)	.41***	.44***	－.01	.40***	.40***	－.06***
業績評価(外交)	.41***	.40***	－.05*	.34***	.33***	－.06***
景気現状	.25***	.28***	.01	.25***	.25***	－.04*
景気過去	.16***	.20***	.03	.20***	.21***	－.02
景気将来	.22***	.25***	.01	.08***	.12***	.03
暮らし向き現状	.07**	.10***	.03	.08***	.08***	－.01
暮らし向き過去	.11***	.15***	.04	.11***	.13***	.00
暮らし向き将来	.10***	.15***	.04	.09***	.10***	－.00
政治満足度	.38***	.43***	.01	.38***	.37***	－.08***
階層帰属	.07**	.12***	.05*	.01	.04	.03
脱物質主義	－.10***	－.17***	－.07**	－.10***	－.15***	－.04
保革自己イメージ	.27***	.32***	.03	.35***	.39***	－.01

*p<.10 **p<.05 ***p<.01 (両側検定)

上の正の相関を示し，民主あるいは社共よりも自公を選好する者ほどこれらに関する評価が高いという，予想通りの結果が示されている。次いで相関が高いのは保革自己イメージと景気に関する3項目の認識（過去1年の景気動向に関する認識の相関がやや低いが）である。保革自己イメージは業績評価のような政治の現状に関するより直接的な評価ほどではないが，それでも「自公か民主か」，「自公か社共か」といった選好とは現在でも一定の関連を保っていることが分かる。他方，暮らし向きに対する3項目の認識や階層帰属意識は，いずれも有意な正の相関は示すものの，相関係数は小さい。すなわち高い階層への帰属意識を持つ者，自分の暮らし向きを楽観的に捉えている者ほど民主や社共よりも自公を選好しているが，その関連の大きさは国全体の景気に関する認識ほど大きなものではない[4]。また脱物質主義に関してもこれらと同様の大きさの，ただし負の相関が見られる。すなわち，脱物質主義的価値観を持つ者（国民の声の反映や言論の自由に価値を置く者）ほど自公よりも民主や社共を選好する。言い換えれば，自公を選好する者はより物

---

4 この結果は本書補論3における投票行動に対する「社会指向」の経済評価と「個人指向」の経済評価の相対的な影響力の大きさに関する分析結果とも一致している（補論3（252-268頁）参照）。

2010年					
自公－民主	自公－社共	民主－社共	自公－みんな	民主－みんな	社共－みんな
−.60***	−.27***	.42***	−.17***	.42***	.07***
−.58***	−.21***	.44***	−.11***	.45***	.08***
−.35***	−.11***	.29***	−.04	.29***	.06**
−.30***	−.11***	.24***	−.01	.28***	.08***
−.23***	−.09***	.18***	−.04	.19***	.04
−.09***	.01	.11***	.08***	.16***	.08***
−.15***	−.06**	.11***	−.06**	.09***	−.01
−.12***	.02	.14***	.01	.12***	.00
−.01	.04	.04	.01	.01	−.03
−.01	.02	.03	−.01	.01	−.02
.02	.04*	.01	.01	−.02	−.03
−.20***	−.02	.20***	.09***	.26***	.12***
−.03	.05**	.08***	−.00	.03	−.05*
−.08***	−.12***	−.01	−.03	.05*	.07***
.24***	.30***	.01	.15***	−.10***	−.13***

質主義的(すなわち，経済の安定と秩序の維持に価値を置く)である。一方，「民主－社共」に関しては，10%水準で見ても有意な相関を示すのは3項目のみである。すなわち，社共よりも民主を選好する者は，小泉内閣の外交に関する業績をより高く評価し，より高い階層への帰属意識を持ち，より物質主義的である。しかしいずれにしても，2005年においては，民主か社共かという選好に関して，この表に示された諸項目はほとんど関連を持っていなかったことが分かる。

次に2009年の結果を見ると，「自公－民主」，「自公－社共」に関しては基本的に2005年と同様である。すなわち，内閣支持，首相感情温度，3項目の内閣業績評価，政治満足度において大きな正の相関が見られる。またここでは保革自己イメージも内閣業績評価とほぼ同じ大きさの相関を示しており，麻生内閣の下で政党選好に対する保革の意識の影響がむしろ強まったように見える。これらに続いて，景気に関する認識(ただし，ここでは今後の景気動向に関する認識の相関が低い)，次いで暮らし向きの認識と脱物質主義において有意な相関が見られる。その一方で，階層帰属意識の相関は有意ではなくなっている。社会の階層化に関する議論が盛んになる中で，むしろ階層意識が政治的選好との関連を弱めているように見え，興味深い。他方，「民主－社共」に関しては，2005年よりも(いずれも大きなものではないが)有意な相関を示す項目が多くなっている。すなわち，まず内閣支持と首相感情温度，次いで3項目の内閣業績評価と政治満足度，最後に景気の現状認識に関して，いずれも有意な負の相関が見られる。すなわち，2009年においては社共よりも民主を選好する者ほど，麻生内閣やその業績に対して否定的な態度を抱いていたことが分かる。

それでは，政権交代後の2010年においてはどのような結果が見られるであろうか。まず与党となった民主に関連した「自公－民主」と「民主－社共」について見ていこう。有意な相関のうち，保革自己イメージを除いて，すべて「自公－民主」では負の相関が，また「民主－社共」では正の相関が見られる。すなわち，予想される通り，自公あるいは社共よりも民主を選好する者ほど，菅内閣とその業績に対して肯定的な態度を抱いている。より詳細に見ると，やはりまず内閣支持と首相感情温度，次いで3項目の内閣業績評価と政治満足度の相関が大きい。さらに景気に関する3項目の認識も有意な相関を示す。

以上の諸項目は「自公－民主」，「民主－社共」のいずれにおいても有意な相関が見られたものであるが，これらに対して保革自己イメージと脱物質主義は「自公－民主」においてのみ，階層帰属意識は「民主－社共」においてのみ有意となっている。すなわち，民主よりも自公を選好するものほど自分を保守的であると考えているが（相関の大きさは，内閣業績評価にほぼ匹敵する），民主と社共のいずれを選好するかと保革に関する自己認識の間には関連がない。また社共よりも民主を選好する者ほど高い階層への帰属意識を持つが，民主と自公のいずれを選好するかと階層帰属意識の間には関連がない。さらに，民主よりも自公を選好する者ほど物質主義的である。最後に，暮らし向きに関する3項目の認識に関しては有意な相関が全く見られない。景気の低迷が続く中で，自分自身の暮らし向きと政治的選好との間の関連がこれだけ薄いこともやや意外である[5]。次に「自公－社共」についてであるが，結論的に言えば，社共より自公を選好する者ほど菅内閣やその業績に対して否定的（逆に言えば，自公より社共を選好する者ほど肯定的）であるが，相関の大きさは先に見た「自公－民主」や「民主－社共」の場合ほど大きなものではない。具体的には，まず内閣支持と首相感情温度，次いで3項目の内閣業績評価で有意な負の相関が見られる。また過去1年の景気動向に関す

---

5 自民党政権下の2005年，2009年においては，民主あるいは社共よりも自公を選好する者ほど暮らし向きへの楽観的な認識を示していたが，政権交代後の2010年においてこうした関連が消えている。これに関しては，自公を選好する者が，両党が野党となったため，これまで抑制していた暮らし向きへのネガティヴな認識をストレートに表明するようになった，あるいは民主党政権の経済運営に実際に失望や不安を感じたため，こうしたネガティヴな認識を抱くようになった，等の解釈が可能であるが，ここでは仮説として留めておく。

る認識も弱いものではあるが有意な負の相関を示している。このほか，保革自己イメージで比較的大きな正の相関，将来の暮らし向きに関する認識と階層帰属意識で小さな正の相関，脱物質主義で負の相関が見られる。すなわち，社共よりも自公を選好する者ほど，明確に保守という自己イメージを持ち，自分をより高い階層に位置付け，将来の暮らし向きに楽観的で，また物質主義的である。

　最後に，2010年における「みんな」と他の3勢力との間の選好関係と政治・経済・社会意識との関連を簡単に見ていくと，まず「民主－みんな」において最も多くの項目で，また大きな相関が見られる。これらは保革自己イメージを除いてすべて正の相関である。すなわち，「みんな」よりも民主を選好する者ほど，菅内閣およびその業績を高く評価し，政治満足度が高く，景気の動向についても楽観的な認識を持っている。他方，暮らし向きに関する認識や階層帰属意識には，民主か「みんな」かという選好との関連が見られない。また「みんな」よりも民主を選好する者ほど，脱物質主義的で，自らを革新的と考えている。これらの結果と基本的に同じ方向性を持つ，ただしより弱い関連が「社共－みんな」において見られる。すなわち，「みんな」よりも社共を選好する者ほど，若干ではあるが政治満足度が高く，また菅内閣やその業績（ただし外交は除く）を肯定的に評価している。同時に，より低い階層への帰属意識を持ち，脱物質主義的で，自らを革新的と考えている。最後に，「自公－みんな」の結果には若干の興味深い点が見られる。すなわち，一方において「みんな」よりも自公を選好する者ほど菅内閣に対して否定的な態度を持ち，過去1年の景気動向に関してもネガティヴな見方をしている。しかし他方において，政治満足度はより高く（他のどの勢力との関係においても，「みんな」を選好する者ほど政治満足度が低い），現在の景気の状況についてもより楽観的で，また自らを保守的であると考えている。逆に言えば，「みんな」を選好する者は，政治や経済の現状に強い不満を持っていることが分かる。

(2) 感情温度差と政策選好

　次に党派的選好と政策選好との関連を見ていこう。表8－4は，第4章で分析対象とした項目を含む，9項目のA－B選択型の政策選好質問への回答と感情温度差の相関を示したものである[6]。

　まず2005年について見ると，「集団的自衛権」と「改憲」が三つの感情温度

表 8-4 感情温度差と政策選好の相関 (1)

	2005年			2009年		
	自公−民主	自公−社共	民主−社共	自公−民主	自公−社共	民主−社共
財政再建より景気対策	−.01	−.00	.00	.07***	.09***	.02
集団的自衛権の行使認める	.21***	.34***	.14***	.19***	.37***	.16***
増税してでも福祉充実	.03	.03	−.00	−.03	−.00	.04
原子力発電容認	−	−	−	.09***	.19***	.10***
競争より補助金	.04	.00	−.05*	.07***	.05*	−.04
改憲すべき	.18***	.32***	.15***	.12***	.21***	.08***
消費税より保険料	.04	.04	−.00	.04	−.01	−.06**
格差への対応積極的に	−	−	−	−.09***	−.12***	−.03
郵政民営化を評価	.44***	.45***	−.03	.29***	.32***	−.02

*p<.10 **p<.05 ***p<.01（両側検定）

差のいずれとも有意な正の相関を示している。すなわち，他の二つの勢力よりも自公を選好する者ほど，また社共よりも民主を選好する者ほど，集団的自衛権の行使や改憲に肯定的である。そしてこの相関は，予想される通り，「自公−社共」において最も大きい。また，これも予想される通り，「自公−民主」と「自公−社共」において，「郵政民営化」が大きな正の相関を示している。すなわち，民主あるいは社共よりも自公を選好する者ほど，郵政民営化に肯定的である。最後に，「民主−社共」と「競争より補助金」の間に弱い負の相関が見られる。すなわち，社共よりも民主を選好する者ほど，若干ではあるが競争志向である。以上に対して，「財政再建より景気対策」，「増税しても福祉を充実」，「消費税より保険料」の3項目は，いずれの勢力間の選好とも有意な相関を示していない。党派間の政策的対立が憲法・安全保障問題を軸として認識されており，より答えの難しい経済・社会的なトレードオフ型の争点が対立軸となりにくい現状がここにも示されていると言えるだろう。

次に2009年の結果を見ると，まず「集団的自衛権」と「改憲」については2005年と全く同様に，三つの感情温度差のいずれとも有意な正の相関が見ら

---

6 第4章で分析の対象とした6項目（付録2−⑫〜⑰）に付録2−⑱〜⑳の3項目が加わっている。いずれも表中に示した主張に賛成であるほど値が大きくなるよう尺度の方向を調整してある。なお，「原子力発電」と「格差への対応」に関する質問は2005年には行われていない。また「郵政民営化」に関しては，付録2−⑳に示した質問文は2005年のものであり，2009年と2010年に関しては「あなたは，郵政民営化をはじめとする小泉内閣による一連の改革を評価しますか」に対する5段階尺度による回答で代用している。

第 8 章　党派的対立軸の意味

		2010年			
自公－民主	自公－社共	民主－社共	自公－みんな	民主－みんな	社共－みんな
.09***	.10***	－.00	.06**	－.03	－.03
.08***	.30***	.17***	.07**	－.02	－.20***
－.07***	－.01	.07***	.01	.08***	.02
－.02	.06**	.07***	－.06**	－.03	－.12***
－.00	.02	.02	.09***	.07***	.07***
.15***	.17***	－.01	－.04	－.17***	－.19***
.11***	.00	－.12***	.04	－.07***	.04
－.06**	－.02	.05*	－.02	.04	－.00
.26***	.27***	－.05*	.13***	－.14***	－.12***

れ，また係数の大きさは「自公－社共」において最も大きい。同じパターンが「原子力発電」においても見られる。すなわち，他の二つの勢力よりも自公を選好する者ほど，また社共よりも民主を選好する者ほど原子力発電に肯定的であり，また「自公か社共か」と「原子力発電に肯定的か否定的か」が最も大きく関連している。「郵政民営化」に関するパターンも2005年と全く同じである。これに対して，「財政再建より景気対策」においては興味深い変化が見られる。2005年には全く有意な相関が見られなかったが，2009年になると「自公－民主」と「自公－社共」において有意な正の相関が見られるようになる。すなわち，他の二つの勢力よりも自公を選好する者ほど，財政再建よりも景気対策を重視するようになる。同様に「競争より補助金」においても「自公－民主」と「自公－社共」において有意な正の相関が見られるようになる一方，「民主－社共」における負の相関は見られなくなった。小泉内閣時には消えていた自公への選好と景気対策・補助金志向との関連が，麻生内閣時にはまた見られるようになった背景には，ネオリベラル的な志向を持つ小泉内閣とより伝統的な自民党的財政政策志向を持つ麻生内閣のスタンスの違いが当然あるだろう。しかしながら，自公への選好と再分配を伴う財政出動への志向との関連は複雑である。景気対策や補助金に関しては，そうした志向と自公への選好が正に相関しているが，「増税しても福祉を充実」に関しては2009年においても三つの感情温度差との間に有意な相関は見られない[7]。さらに新たに加わった「格差への積極的な対応」では「自公－民主」と「自公－社民」に関して有意な負の相関が見られる。すなわち，他の二つの勢力よりも自公を選好

---

[7] この質問が「福祉」と「増税」のトレードオフの型を取っていることが，党派的志向との関連性をより曖昧なものとしていると考えられる。例えば「革新」志向の回答者の多くが福祉には肯定的であっても増税にも強く反対であれば，この項目と社共への選好との関連は明確には現れないであろう（第4章参照）。

する者ほど，積極的な格差への対応に否定的である。以上の点から，自公への選好は，一般論としての，あるいは普遍的な政策としての再分配や格差是正への志向とは負に相関するが（言い換えれば，競争志向的な方向性を持つが），個別的・裁量的な政策としての再分配的な財政出動とは正に相関するものと考えられる。最後に，年金の財源として「消費税よりも保険料」という志向は「民主－社共」と負に相関している。言い換えれば，社共より民主を選好する者ほど，年金の財源としての消費税増税に肯定的であるということである。

続いて2010年の結果について，まず自公，民主，社共の三つの勢力間の感情温度差と政策選好の関連を見ると，憲法・安全保障に関する争点に関して，興味深い変化が見られる。まず「改憲」に関して，「民主－社共」との相関が有意ではなくなっている。すなわち2009年までは社共よりも民主を選好する者ほど改憲に肯定的であったが，2010年にはこの関係が消えている。自民に代って民主が政権に就いたという文脈から考えて，民主を選好する者の改憲志向が弱まったというよりは，社共を選好する者の護憲志向が弱まった結果と推測される[8]。他方，「集団的自衛権」に関しては，ここでも三つの感情温度差との相関はすべて有意ではあるが，「自公－民主」との相関は，2005年，2009年と比較してかなり弱まっている。すなわち，自公よりも民主を選好する理由としての「集団的自衛権の行使に対する否定的態度」の持つ意味が2010年には弱まっている。これと同様な変化が「原子力発電」においても見られる。すなわち，「自公－社共」と「民主－社共」に関しては，ここでも有意な正の相関が見られるが，「自公－民主」に関しては相関が見られなくなっている。自公よりも民主を選好する理由として，「原子力発電に対する否定的態度」が意味を失っているのである。また「郵政民営化」については，「自公－民主」，「自公－社共」において正の相関が見られる点は2009年までと同様であるが，新たに「民主－社共」で有意な負の相関が見られるようになった。すなわち，社共より民主を選好する者ほど郵政民営化に対して否定的になっている。一方，経済・社会的争点に関しては，「財政再建より景気対策」では2009年と同じパターン（「自公－民主」，「自公－社共」で正の相関）が見

---

[8] 全体的に見ても，「改憲」に関しては，「自公－社共」についても，「民主－社共」についても，2005年から2010年にかけて一貫して相関係数が小さくなっていくことから，社共を選好する理由としての護憲志向の役割が，この時期を通じて全般的に縮小していたと考えられる。

られるが，他の争点に関しては相当な変化が見られる。まず，これまで有意な相関が見られなかった「増税しても福祉を充実」で，「自公－民主」と負の，また「民主－社共」と正の相関が見られるようになった。すなわち，他の二つの勢力よりも民主を選好する者ほど（福祉のためであれば）増税に肯定的という関係が生じている。同様に「消費税よりも保険料」で，「民主－社共」との負の相関が2009年よりも大きくなると同時に，「自公－民主」で新たに正の相関が見られるようになった。ここでも，他の二つの勢力よりも民主を選好する者ほど，年金の財源として消費税の税率引き上げに肯定的となっている。更に「格差への積極的な対応」では，「自公－民主」との負の相関は持続しているが，「自公－社共」との負の相関が消え，代って「民主－社共」との正の相関が見られるようになった。すなわち，他の二つの勢力よりも民主を選好する者ほど格差への積極的対応に肯定的という関係が明確になった。これらの点から見て，民主が与党となった後，民主か自公／社共かという選好に対して，税負担の上昇を肯定しつつ積極的な格差への対応を求めることへの肯定／否定が明確な意味を持つようになったことが窺われる。その一方で，「競争より補助金」に関しては三つの感情温度差のいずれとの相関も見られなくなった。2009年のように他の2勢力よりも自民を選好する者ほど補助金に肯定的という関係も，2005年のように社共よりも民主を選好する者ほど補助金に否定的という関係も，ここでは見られない。与党となった民主への選好に対して，補助金への否定的態度が果たす役割が小さくなったことが影響しているように見える。

　最後に，「みんな」と他の3勢力との間の選好関係と政策選好との関連を簡単に見ておこう。まず最も目立つのは，「競争よりも補助金」において三つの感情温度差のすべてとの有意な正の相関が見られることである。すなわち，他の3勢力よりも「みんな」を選好する者ほど補助金よりも競争を望ましいと考えている。また「郵政民政化」に関しては，「みんな」よりも自公を選好する者ほど民営化に肯定的であることは予想される通りであるが，他の2勢力との関係では，民主／社共よりも「みんな」を選好する者ほど，民営化に肯定的である。このほか，経済・社会的争点に関しては，自公よりも「みんな」を選好する者ほど，景気対策よりも財政再建を重視し，民主よりも「みんな」を選好する者ほど福祉の充実よりも税負担の軽減を志向し，また消費税率の引き上げよりも保険料の値上げを好ましく思っている。総じて，「みんな」への選好がネオリベラル志向と方向性を同じくしていることが分かる。

表8－5　感情温度差と政策選好の相関（2）

	2005年		
	自公－民主	自公－社共	民主－社共
防衛力を強化すべき	.18***	.27***	.09***
日本が譲歩しても貿易摩擦を解消すべき	.06**	.04	－.04
社会福祉は財政が苦しくても極力充実すべき	－.04	－.04	.01
サービスが悪くなっても小さな政府	.04	.09***	.05*
アジアの人々への反省と謝罪が足りない	－.09***	－.19***	－.12***
天皇は政治に対してもっと強い発言権をもつべき	.09***	.07**	－.03
日本は絶対に核兵器をもってはいけない	－.01	.01	.00
日米安保体制は現在よりもっと強化すべき	.21***	.29***	.07**
労働者は重要な決定に関してもっと発言権をもつべき	－.10***	－.12***	－.02
公務員や公営企業の労働者のストライキを認めるべき	－.13***	－.23***	－.11***
より高い地位につく女性を増やすための特別な制度を設けるべき	.06**	.01	－.07**
社会福祉をあてにしないで生活しなければならない	.09***	.12***	.02
徹底的に行政改革を行うべき	－.05	.03	.09***
金権政治や政治腐敗を徹底的に正すべき	－.06**	－.03	.04
北方領土をゆずってもロシアと親しくすべき	.05*	－.03	－.11***
拉致問題の解決まで北朝鮮を支援すべきでない	－.09***	－.01	.10***

*p<.10　**p<.05　***p<.01（両側検定）

ただし，「格差への積極的な是正」に関しては，三つの感情温度差のいずれとも有意な相関が見られず，「みんな」と他の勢力とのいずれを選好するかに関して，格差是正への志向はほとんど役割を果たしていない。この質問がネオリベラル的な価値とのトレードオフの形になっていないためであるかも知れない。憲法・安全保障に関する争点では，「みんな」よりも自公を選好する者ほど集団的自衛権の行使に肯定的であるが，同時に，社共よりも「みんな」を選好する者ほど集団的自衛権の行使に肯定的である。また民主／社共よりも「みんな」を選好する者ほど改憲に肯定的である。最後に，自公／社共よりも「みんな」を選好する者ほど原子力発電に肯定的である。

次に，やはり政策争点に関する質問であるが，個々の主張に対する賛否を問う形で行われた16の項目と感情温度差の相関を見たものが表8－5である[9]。

まず2005年の結果を見ると，三つの感情温度差に対する各項目の相関のパ

---

[9] これらのうち11項目は，補論1（83-88頁）において保革イデオロギーに関する分析の対象とした質問と同一のもの（付録1－㉚～㊵）である。残る5項目に関しては，付録1－㊶～㊺を参照。いずれの質問も「賛成」から「反対」までの5段階尺度によって行われており，ここでは各主張に対して賛成であるほど数値が大きくなるように尺度の方向を調整してある。

	2009年			2010年					
	自公－民主	自公－社共	民主－社共	自公－民主	自公－社共	民主－社共	自公－みんな	民主－みんな	社共－みんな
	.13***	.25***	.11***	.15***	.27***	.07***	.07***	−.08***	−.18***
	.05*	.06**	.00	−.02	.05*	.06**	.08***	.08***	.03
	.02	−.03	−.05**	.02	−.01	−.03	.07**	.04	.08***
	−.02	.03	.05*	−.06**	.00	.07***	−.07**	.00	−.07***
	−.08***	−.15***	−.06**	−.05*	−.10***	−.03	.07**	.10***	.16***
	.11***	.07***	−.05*	.08***	.06**	−.04	.11***	.01	.06**
	−.03	−.08***	−.06**	−.05*	−.12***	−.05*	−.00	.05*	.11***
	.15***	.25***	.09***	.11***	.23***	.09***	.11***	−.01	−.11***
	−.08***	−.13***	−.05**	−.03	−.15***	−.09***	.01	.04	.15***
	−.06**	−.14***	−.08***	−.03	−.13***	−.08***	.01	.04	.13***
	−.03	−.03	.00	−.03	−.07***	−.03	−.00	.03	.07**
	.09***	.13***	.04	.04	.11***	.05*	.00	.00	−.05**
	−.17***	−.14***	.06**	−.11***	−.07***	.00	−.10***	.01	−.04
	−.08***	−.12***	−.03	−.07***	−.09***	.00	−.11***	−.02	−.03
	.04	.01	−.04	−.02	−.03	−.01	.07***	.07***	.10***
	.00	.04	.04	.01	.06**	.05*	−.04	−.04	−.10***

ターンにはいくつかのタイプがあることが分かる。第一に，「防衛力の強化」，「日米安保体制の強化」，「アジアの人々への謝罪」，「公務員のストライキ権」では，三つの感情温度差の全てで同方向（前2者は正，後2者は負）の有意な相関が見られる。すなわち，民主／社共よりも自公を選好する者ほど，また社共よりも民主を選好する者ほど，防衛力の強化や日米安保体制の強化に肯定的であり，またアジアの人々への謝罪や公務員のストライキ権に否定的である。これらの争点はその内容から典型的な「保革」対立型の争点であると考えられるが，各争点への態度と党派的選好の関連パターンにもそれが明確に現れている。これに準ずるタイプ，すなわち二つの感情温度差と同方向の有意な相関が見られ，残る一つとは有意な相関がないものとして，「天皇の発言権」，「自助努力」（「自公－民主」，「自公－社民」と正の相関），「労働者の発言権」（「自公－民主」，「自公－社民」と負の相関），「小さな政府」（「自公－社共」，「民主－社共」と正の相関）を挙げることができる。すなわち，民主／社共よりも自民を選好する者ほど，天皇の発言権の強化や自助努力に肯定的で，労働者の発言権強化に否定的である。また自公／民主よりも社共を選好する者ほど，小さな政府に否定的である。「天皇の発言権」や「労働者の発言権」はやはり「保革」対立型の内容を持つものであり，それに一致した党派的選好との相関が示されている。他方，「自助努力」や「小さな政府」

といったネオリベラル志向に関する争点については,社共への選好と反ネオリベラル志向が方向性を同じくしている。第二に,以上とは異なり,二つの感情温度差とそれぞれ異なる方向での有意な相関を示し,残りの一つとは相関が見られない項目がいくつか存在する。具体的には,「女性の地位向上」,「ロシアとの関係改善」(「自公－民主」で正の,「民主－社共」で負の相関),「北朝鮮への経済支援の留保」(「自公－民主」で負の,「民主－社共」で正の相関)であるが,ここでは自公/社共よりも民主を選好する者ほど女性の地位向上のための特別な施策,ロシアとの関係改善,北朝鮮への経済支援に否定的である。従って,これらは民主か他の二つの勢力かという選好と関連を持つ争点ということになるが,その関連の方向性は(特に自公か民主かという選好との関連において)直観とはやや異なり,民主への選好がより「保守」的な態度――特に対外的な非妥協的態度――と正に相関している。ただし,2009年,2010年に関する分析結果と比較すれば分かるとおり,この結果は,北朝鮮との関係を始めとして典型的な自民党政権とは異なる政策的方向性を持った小泉内閣期特有のものではないかと推測される。第三に,一つの感情温度差とのみ有意な相関が見られるものとして,「貿易摩擦の解消」(「自公－民主」で正の相関),「政治腐敗の是正」(「自公－民主」で負の相関),「徹底的な行政改革」(「民主－社共」で正の相関)が挙げられる。自公よりも民主を選好する者ほど,貿易摩擦の解消に消極的で政治腐敗の是正に積極的,また社共よりも民主を選好する者ほど,行政改革に積極的である。最後に三つの感情温度差のいずれとも有意な相関を示さないものとして「福祉の充実」と「核兵器の不保持」がある。これらに関しては,2005年の時点ではある種の「合意争点」となっており,党派間の選好との関連性がほぼ失われているように見える。

　それでは,こうした関連のパターンは2009年において何らかの変化を見せているであろうか。ここでもまず,三つの感情温度差のいずれとも同方向での有意な相関が見られるものをピックアップすると,「防衛力の強化」,「日米安保体制の強化」,「アジアの人々への謝罪」,「公務員のストライキ権」の4項目については2005年と全く同じで,2009年には更に「労働者の発言権」(「民主－社共」でも有意な負の相関が見られるようになった)が加わっている。これらに準ずる,二つの感情温度差と同方向の有意な相関が見られる争点は四つあるが,このうち2005年と同じものは「自助努力」のみである。これ以外では,「貿易摩擦の解消」(「自公－民主」,「自公－社共」で正の相関),「政

治腐敗の是正」(「自公－民主」,「自公－社共」で負の相関),「核兵器の不保持」(「自公－社共」,「民主－社共」で負の相関)が新たにこのパターンとなった。このうち「核兵器の不保持」については，2005にはいずれの感情温度差とも有意な相関が見られなかったが，ここでは自公／民主よりも社共を選好する者ほど，核兵器の不保持に肯定的であるという関係が明確になっている。次に，この2009年に新たに見られるようになった次のようなパターン，すなわち二つの感情温度差とは同方向で，残る一つの感情温度差とは異なる方向での有意な相関が見られる争点として，「天皇の発言権」(「自公－民主」,「自公－社共」で正の，「民主－社共」で負の相関),「徹底的な行政改革」(「自公－民主」,「自公－社共」で負の,「民主－社共」で正の相関)が挙げられる。ここでは，民主／社共よりも自公を選好する者ほど，また民主よりも社共を選好する者ほど，天皇の発言権強化に肯定的であり，また徹底的な行政改革には消極的――言い換えれば，民主への選好と行政改革志向とが同じ方向性――である。第三に,「民主－社共」との間にのみ有意な相関を示す争点が二つ見られる。すなわち「福祉の充実」(負の相関) と「小さな政府」(正の相関) であり，こうした所謂「大きな政府か小さな政府か」といった争点が民主と社共の選好関係 (のみ) と関連を持つ――民主への選好が小さな政府志向と一致するという方向で――点は，2009年における民主への選好の特徴を示すものとしても興味深い。最後に，三つの感情温度差のいずれとも有意な相関を示さない争点は,「女性の地位向上」,「ロシアとの関係改善」,「北朝鮮への経済援助の留保」であり，先に見た通り小泉内閣期の2005年には，民主と他の二つの勢力との選好関係に関連を持つ争点となっていたが，麻生内閣期の2009年にはこうした関係が全く見られなくなっている。

それでは民主が与党の座にあった（また社民が与党から離脱した直後の）2010年において，これらのパターンはどのように変化したであろうか。まず自公，民主，社共の3勢力間の感情温度差について見ると，ここでは三つの感情温度差のすべてと同方向の相関を示す争点は三つで,「防衛力の強化」,「日米安保体制の強化」という安全保障に関する2争点に「核兵器の不保持」(新たに「自公－民主」との負の相関が見られるようになる) が加わっている。2005年には「合意争点」と見えた「核兵器の不保持」が，改めて三つの勢力間の選好関係すべてと関連を持つ争点となっている。これに対して,「労働者の発言権」と「公務員のストライキ権」に関しては「自公－民主」との相関が有意ではなくなり，自公／民主か社共かという選好にのみ関連を持つも

のとなっている。また「貿易摩擦の解消」と「自助努力」に関しても,「自公－民主」との正の相関が消え,代りに「民主－社共」との正の相関が現れる,すなわち「自公／民主 vs. 社共」型の争点へと変化している。さらに2009年にはいずれの感情温度差との相関も見られなくなっていた「北朝鮮への経済支援の凍結」でも,「自公／民主 vs. 社共」型の相関パターンが見られるようになった。すなわち,自公／民主よりも社共を選好する者ほど,貿易摩擦の解消,自助努力,北朝鮮への支援凍結に否定的である。その一方で,「アジアの人々への謝罪」と「天皇の発言権」については「民主－社共」との相関が消え,「自公 vs. 民主／社共」型の争点へと変化しており（自公を選好する者ほど前者には否定的,後者には肯定的）,民主が政権に就いたことの影響が単純なものではないことが分かる。このほか,二つの感情温度差と同方向の相関を示す争点には「政治腐敗の是正」があるが,この争点に関してのみ,相関のパターンが2009年と変わらないままである。次に,異なる方向の相関が見られる争点について,「徹底的な行政改革」では2009年と同じ相関のパターン（民主への選好が行政改革志向と一致する）が見られるが,「小さな政府」では「自公－民主」で負の,「民主－社共」で正の相関という,「民主 vs. 自公／社共」型（民主への選好が小さな政府志向と一致する）の新たな相関パターンが現れている。これら二つの争点に関しては,いずれも民主への選好が行政に関するネオリベラル的な改革志向と一致するものであることが分かる。このほか,一つの感情温度差とのみ有意な相関を示す争点として「女性の地位向上」がある。この争点は2009年にはいずれの感情温度差とも相関を示さなかったが,2010年では「自公－社共」との負の相関——すなわち自公より社共を選好する者ほど,女性の地位向上のための積極的な施策に肯定的——が現れている。これは2005年とも全く異なるパターン（2005年では,「自公－社共」とのみ有意な相関が見られなかった）であり,こうした争点においては争点態度と党派的選好の関係が極めて流動的であることが分かる。最後に,いずれの感情温度差とも有意な相関が見られないのは「福祉の充実」（2005年における「合意争点」の状態に戻る）と,「ロシアとの関係改善」（2009年と同じ）である。2009年から2010年にかけては,北方領土問題を含む対ロシア関係に関する態度と,この三つの勢力間の選好との関連は薄かったと言えるだろう。

　最後に,「みんな」と他の3勢力との感情温度差と政策選好との関連を簡単に見ていこう。まず目を引くのは「アジアの人々への謝罪」と「ロシアとの

第 8 章 党派的対立軸の意味　195

関係改善」で三つの感情温度差全てとの正の相関が見られることである。すなわち，他の三つの勢力よりも「みんな」を選好する者ほど，アジアの人々への謝罪やロシアとの関係改善に否定的である。また「貿易摩擦の解消」についても「自公－みんな」と「民主－みんな」で正の相関が見られる。これらのことから，「みんな」への選好が，対外的な妥協を拒否する強硬な姿勢と関連するものであることが見て取れる。ただし，このことは「みんな」への選好が単純に強い「保守」的な争点態度と関連しているということを意味するわけではない。「防衛力の強化」は「民主－みんな」，「社共－みんな」との相関は負だが，「自公－みんな」との相関は正である。同様に，「日米安保体制の強化」も「社共－みんな」との相関は負だが，「自公－みんな」との相関は正である（「民主－みんな」との相関は有意ではない）。すなわち，これら典型的な保革対立型の安全保障に関する争点においては，自公よりも「みんな」を選好する者ほど，防衛力の強化や日米安保体制の強化に消極的である。これら二つのタイプの中間にあるのが「核兵器の不保持」で，「民主－みんな」，「社共－みんな」とは正の相関が見られるが，「自公－みんな」とは有意な相関を示さない。すなわち，民主／社共よりも「みんな」を選好する者ほど，核兵器の不保持に否定的であり，また自公か「みんな」かという選好とこの争点とは関連を持たない。なお，「天皇の発言権」では「自公－みんな」と「社共－みんな」との正の相関が見られ，自公／社共よりも「みんな」を選好する者ほど，天皇の政治的な発言権の強化に否定的であることが示されている。次に，経済・社会的争点に関しては，「福祉の充実」で「自公－みんな」と「社共－みんな」との間に正の相関，「小さな政府」で「自公－みんな」と「社共－みんな」との間に負の相関がみられる（いずれも「民主－みんな」との相関は見られない）。すなわち，自公／社共よりも「みんな」を選好する者ほど，福祉の充実に否定的，また小さな政府に肯定的であり，「みんな」への選好がネオリベラル的な争点態度と関連するものであることが分かる。ただし，「自助努力」では，「社共－みんな」との相関は負だが，「自公－みんな」との相関は正であり（「民主－みんな」との相関は有意ではない），社共よりも「みんな」を選好する者ほど自助努力に肯定的であるが，同時に自公よりも「みんな」を選好する者ほど，自助努力に否定的である。このほか，「社共－みんな」とのみ有意な相関を示す争点が四つあり，社共よりも「みんな」を選好する者ほど，労働者の発言権強化，公務員のストライキ権，女性の地位向上のための施策に否定的で，北朝鮮への経済支援の凍結に肯定

表8－6 感情温度差と価値観の相関（1）

	2005年 自公－民主	自公－社共	民主社共
今の日本の政治家は，あまり私たちのことを考えていない	－.23***	－.24***	.01
世の中がどう変わるかわからないので，先のことを考えても仕方がない	.06**	.03	－.04
人々の暮らし向きは，だんだんと悪くなってきている	－.21***	－.24***	－.02
世の中の移り変わりを考えると，子供の将来にあまり希望がもてない	－.12***	－.15***	－.02
このごろ，世間はだんだんと情が薄くなってきている	－.08***	－.07**	.02
世の中に，力のある者と力のない者があるのは当然だ	.04	.10***	.06
どんなことでも，親のいうことには従わなくてはならない	－.01	.02	.03
世の中のしきたりを破る者には，厳しい制裁を加えるべきだ	.09***	.11***	.01
人の上に立つ人は，下の者に威厳をもって接することが必要だ	.03	.02	－.01
できることならば，年頃の子供は，男女別々の学校に通わせるべきだ	－.03	.01	.04
今の世の中は，結局学歴やお金がものをいう	－.07***	－.08***	.00
政治や社会についていろいろな事が伝えられているが，どれを信用していいかわからない	－.07**	－.08***	－.01
今の世の中では，結局，正直者が損をし，要領のいい人が得をする	－.04	－.07**	－.03
どうも自分の言いたい事や考える事は世間の人には入れられない	－.06**	－.09***	－.03
今のような生活をしていては，とても自分の夢は実現できそうにない	－.05**	－.09***	－.04

*p<.10 **p<.05 ***p<.01（両側検定）

的である。最後に，「自公－みんな」とのみ有意な相関を示す争点も二つあり，自公よりも「みんな」を選好する者ほど，徹底的な行政改革および政治腐敗の是正に積極的である。これらいずれの関係においても，「みんな」への選好がネオリベラル的な改革志向と結びついていることが分かる。

(3) 感情温度差と価値観

次により基底的な価値観や政治・社会観が党派的選好とどのように関連しているかを見ていこう。表8－6は，そこに示された15の言明に対する賛否と感情温度差との相関を見たものである[10]。

まず2005年の結果について，全体の相関パターンを見て明らかなのは，「民主－社共」と有意な相関を示す項目は一つだけであり，他方，「自公－民主」，「自公－社共」のいずれとも同方向での有意な相関が見られる項目が9項目あるということである。すなわち，これらの言明が表わしているような価値観の多くは，自公か民主／社共かという選好に関わりを持つもので，民主か

---

[10] これら15項目はすべて第1章におけるミリューの析出にも用いられている（付録1－①～⑤，⑫～㉑）。いずれの質問も「そう思う」から「そう思わない」までの5段階尺度によって行われており，ここでは「そう思う」ほど値が大きくなるように尺度の方向を調整してある。

	2009年			2010年					
	自公−民主	自公−社共	民主−社共	自公−民主	自公−社共	民主−社共	自公−みんな	民主−みんな	社共−みんな
	−.20***	−.20***	.03	.01	−.03	−.04	−.06**	−.06**	−.03
	.05**	.06**	−.00	.01	.01	−.01	.08***	.06**	.08***
	−.19***	−.16***	.07***	.02	−.04	−.06**	−.02	−.04	.02
	−.13***	−.13***	.02	.02	−.02	−.04*	−.01	−.03	.01
	−.06**	−.02	.06**	−.03	.02	.05**	−.03	.01	−.05**
	.05**	.14***	.08***	.03	.11***	.06**	.04	.00	−.06**
	.03	.05**	.01	.02	.09***	.06**	.08***	.05*	−.00
	.04	.07***	.03	−.01	.06**	.06**	.02	.02	−.03
	.07***	.08***	.01	.04	.08***	.03	.08***	.03	.01
	.04	.05**	.01	.04*	.07***	.01	.02	−.02	−.04
	−.00	.01	.01	−.03	.03	.05**	.03	.05**	.01
	.01	−.02	−.03	.05**	−.04	−.09***	.05**	−.01	.09***
	−.05**	−.06**	.00	.00	−.02	−.02	.00	.01	.03
	−.02	−.03	−.01	−.03	−.01	.03	.03	.05**	.03
	−.04	−.03	.01	−.01	−.03	−.02	.05**	.05*	.08***

社共かという選好との関わりを持つものは少数であるということである。その上で，具体的な内容について見ていくと，自公よりも民主／社共を選好する者ほど，「政治家は我々のことを考えていない」，「人々の暮らし向きは悪くなってきている」，「子共の将来に希望が持てない」，「世間の情が薄くなってきた」，「世の中は結局学歴やお金」，「どれを信用して良いかわからない」，「自分の考えは世間に入れられない」，「自分の夢は実現できそうにない」と考えている。言い換えれば，社会の現状や将来により悲観的で，疎外感やアノミーの感覚を抱いている。逆に民主／社共よりも自公を選好する者ほど，「しきたりを破る者には厳しい制裁を」といった権威主義的な価値観を抱いている。このほか「自公−民主」とのみ，あるいは「自公−社共」とのみ相関を持つ項目がそれぞれ1項目ずつあり，民主よりも自公を選好する者ほど「先のこと考えても仕方がない」と思い，また自公よりも社共を選好する者ほど「正直者が損をする」と考えている。そして「民主−社共」との有意な相関を示す唯一の項目（「自公−社共」とも有意）が，「世の中に力のある者とない者があるのは当然」である。自公／民主よりも社共を選好する者ほど，こうした考えに否定的である。この言明は権威主義的態度，特に「社会的支配志向」を表わすものであるが（第1章参照），権威主義的態度のこの側面のみが「民主か社共か」という選好関係に関連している点は興味深い。他方，

同じ権威主義的態度でも「保守的権威主義」に関わる「親への服従」、「上下関係」、「男女別学」の3項目がいずれの感情温度差とも有意な相関を示さないこと（例外は、先に見た「しきたりを破る者には厳しい制裁を」）、特に「自公－社共」との間に相関が見られないことは、「保革」対立に基づく政治をcultural politics (Watanuki, 1967)と捉える見方とは整合的でない。

　続いて2009年の結果を見ていくと、まず2005年から引き続き「自公－民主」、「自公－社共」の二つの感情温度差と同方向の相関を示す項目は「政治家は我々のことを考えていない」、「子共の将来に希望が持てない」の2項目だけであるが、新たに3項目が加わっている。すなわち、民主／社共よりも自公を選好する者ほど「先のことを考えても仕方がない」、「上の者は下の者に威厳をもって接するべき」と考え、逆に自公よりも民主／社共を選好する者ほど「正直者が損をする」と考えている。「人々の暮らし向きは悪くなってきている」に関しては、「民主－社共」との正の相関が新たに見られるようになり、自公より民主／社共を選好する者ほど、今後の暮らし向きに悲観的であると同時に、社共よりも民主を選好する者ほど今後の暮らし向きに悲観的であるという傾向が現れている。また「世の中に力のある者とない者があるのは当然」についても、「自公－民主」と正の相関が新たに見られるようになり、民主／社共よりも自公を選好する者ほど、また社共よりも民主を選好する者ほど、こうした考えを持つことが示されている。このほか「自公－社共」とのみ有意な相関を示す項目が三つあり、社共より自公を選好する者ほど「親の言うことには従うべき」、「しきたりを破る者には厳しい制裁を」、「男女別々の学校に通わせるべき」と考えていることが示されている。以上とは若干異なる相関のパターンが見られるのが「世間の情が薄くなってきた」で、「自公－民主」とは負の、「民主－社共」とは正の相関が見られる（「自公－社共」とは相関が見られない）。すなわち、自公／社共よりも民主を選好する者ほど、こうした考えを抱く傾向にある。最後に、「世の中は結局学歴やお金」、「どれを信用して良いかわからない」、「自分の考えは世間に入れられない」、「自分の夢は実現できそうにない」の4項目はいずれの感情温度差とも有意な相関を示していない。以上の結果から、2005年と比較して2009年においては、権威主義的態度と党派的選好との関連が——特に「自公か社共か」という選好関係との関連が——明確に現れるようになり、他方、疎外感やアノミーの感覚と党派的選好との関連が弱まっているように見える。

　最後に2010年の結果について、まず自公、民主、社共の3勢力間の感情温

度差との関連を見てすぐに気付くのは,「自公－民主」との有意な相関を示す項目が2項目のみと急激に減少していることである。これに対して「民主－社共」との有意な相関を示すのは8項目に増え,「自公－社共」との有意な相関を示す項目（5項目）よりも多くなっている。すなわち, 2010年においては, 与党となった民主と社共の間の選好に, 多くの価値観や社会観が関わりを持つようになったのである。また三つの感情温度差の全てと有意な相関を示す項目は存在しない。具体的な内容を見ていくと, まず「自公－社共」と「民主－社共」の二つと正の相関を示す項目が三つあり, そこでは社共よりも自公／民主を選好する者ほど,「世の中に力のある者とない者があるのは当然」,「親の言うことには従うべき」,「しきたりを破る者には厳しい制裁を」と考えていることが示されている。これらはいずれも権威主義的態度に関連した項目であり, そうした態度の一部に「自公／民主 vs. 社共」型のパターンが明確に見られるようになった点は興味深い。ただし, 権威主義的態度に関する項目すべてがこの相関パターンとなったわけではなく,「上下関係」は「自公－社共」との正の相関のみ,「男女別学」は「自公－民主」と「自公－社共」との正の相関という「自公 vs. 民主／社共」型のパターンとなっている。次に「民主－社共」とのみ有意な相関を示す項目が四つあり, 民主よりも社共を選好する者ほど「人々の暮らし向きは悪くなってきている」,「子供の将来に希望が持てない」と考え, 社共よりも民主を選好する者ほど「世間の情が薄くなってきた」,「世の中は結局学歴やお金」と考えている。すなわち,「民主か社共か」で民主を選好することは, 現在の社会への否定的な見方と将来への楽観の双方と関連を持っている。以上とは異なる相関パターンを見せるのは「どれを信用して良いかわからない」で, 他の2勢力よりも民主を選好する者ほど, こうした考えを持たないことが示されている。これを2005年と比較すると, そこでは他の2勢力よりも自公を選好する者ほど, こうした考えを持たない傾向が見られた（2009年は三つの感情温度差のいずれとも有意な相関は見られなかった）。ここには, 与党を選好することとアノミーの感覚が低いこととの関連が示唆されている。最後に, 三つの感情温度差のいずれとも有意な相関を示さないのが「政治家は我々のことを考えていない」,「先のことを考えても仕方がない」,「正直者が損をする」,「自分の考えは世間に入れられない」,「自分の夢は実現できそうにない」の5項目である。少なくともこの3勢力に関しては, 2005年から2010年にかけて, 疎外感やシニシズムと党派的選好との関連性が低下してきた様子が窺われる。

表8−7 感情温度差と価値観の相関（2）

	2005年		
	自公−民主	自公−社共	民主−社共
A国や社会に目を向ける／B個人生活の充実を重視	.03	.03	−.01
A国や社会からの享受／B国や社会への貢献	−.04	−.06**	−.02
A将来への備え／B毎日の生活の充実	−.03	−.03	−.01
A国民全体の利益／B個人の利益	−.02	−.00	.03
A自由な時間の増加／B収入の増加	−.04	−.03	.01
A日本は良い方向へ／B日本は悪い方向へ	.30***	.32***	−.01
A愛国心を育てるべき／B愛国心は個々人の判断	.14***	.21***	.07***
A心の豊かさを重視／B物質的な面を重視	.01	.02	.02
A外国で生活したい／B外国で生活したくない	−.07***	−.09***	−.02
A確実に一歩一歩進みたい／B新しい世界を拡げていきたい	−	−	−
A安全性が高い預貯金の方法／B利回りが期待できる運用の方法	−.01	−.09***	−.10***

*p<.10 **p<.05 ***p<.01（両側検定）

　最後に、「みんな」と他の3勢力との感情温度差と価値観・社会観との関連を見よう。まず三つの感情温度差の全てと同方向の相関が見られる項目が二つあり、他の3勢力よりも「みんな」を選好する者ほど「先のことを考えても仕方がない」、「自分の夢は実現できそうにない」とは考えていないことが示されている。次に「自公−みんな」と「民主−みんな」の二つと同方向の相関が見られる項目が二つあり、自公／民主よりも「みんな」を選好する者ほど「政治家は我々のことを考えていない」と思う一方、「親の言うことには従うべき」とは考えていない。また「自公−みんな」と「社共−みんな」の二つと同方向の相関が示された項目も一つあり、そこでは自公／社共よりも「みんな」を選好する者ほど「どれを信用して良いかわからない」とは考えないことが示されている。このほか、一つの感情温度差とのみ相関が見られる項目が五つあり、自公よりも「みんな」を選好する者ほど「上の者は下の者に威厳をもって接するべき」とは考えず、民主よりも「みんな」を選好する者ほど「世の中は結局学歴やお金」、「自分の考えは世間に入れられない」とは思わず、社共よりも「みんな」を選好する者ほど「世間の情が薄くなってきた」、「世の中に力のある者とない者があるのは当然」とは考えない。総じて、他の3勢力よりも「みんな」を選好する者ほど疎外感、アノミーの感覚、権威主義的態度などを抱かない傾向にあることが分かる。なお「暮らし向き」、「子供の将来」、「厳しい制裁」、「男女別学」、「正直者が損をする」の5項目に関しては、いずれの感情温度差との有意な相関も見られない。

　価値観に関しては、以上に見たもののほか、A／B選択型による質問もい

2009年			2010年					
自公－民主	自公－社共	民主－社共	自公－民主	自公－社共	民主－社共	自公－みんな	民主－みんな	社共－みんな
.02	.04	.02	−.07***	.02	.10***	−.03	.04	−.06**
.02	.02	.01	.05*	−.04	−.09***	.01	−.04	.05*
−.05**	−.03	.03	.06**	−.06**	−.12***	−.04	−.09***	.02
.01	.03	.02	−.02	.01	.03	−.02	.01	−.03
−.02	.01	.03	−.05*	.02	.06**	−.05**	.00	−.07***
.14***	.18***	.02	−.08***	−.01	.07***	.05	.11***	.06**
.12***	.19***	.06**	.04	.17***	.10***	.02	−.02	−.14***
.02	.03	.00	−.04	−.03	.02	−.03	.01	−.00
−.07***	−.05**	.03	−.00	−.04*	−.03	−.09***	−.07***	−.05*
.07**	.09***	.01	.01	.08***	.06**	.09***	.06**	.02
.03	−.03	−.07***	.00	−.03	−.03	.04	.03	.07**

くつか行われている。そこで，そのような形式で質問された11項目と感情温度差との相関を見たものが表8－7である[11]。

まず2005年の結果を見ると，「愛国心」に関する質問が三つの感情温度差すべてと同方向の有意な相関を示している。すなわち，民主／社共よりも自公を選好する者ほど，また社共よりも民主を選好する者ほど，「愛国心を育てるべき」と考えている。また「日本の方向性」と「外国で生活」の2項目で「自公－民主」，「自公－社共」との同方向の相関が見られる。民主／社共よりも自公を選好する者ほど「日本は良い方向に向かっている」，「外国で生活したくはない」と思っている。他方，「リスクに対する態度」は「自公－社共」および「民主－社共」と有意な負の相関を示している。すなわち，自公／民主よりも社共を選好する者ほど，「利回りより安全性」というリスク回避的な態度を示している（逆に言えば，社共より自公／民主を選好する者ほど，「安全性より利回り」というリスク選好的な態度を持つ）。護憲や抑制的な安全保障政策への支持が社共への選好と関連していることを考え併せると，この結果は興味深い。この他，「自公－社共」とのみ有意な相関を示す項目が一つあり，社共よりも自公を選好する者ほど「国や社会に貢献したい」と考えて

11　これら11項目も，第1章におけるミリューの析出に用いられたものと同じである（付録2－①～⑪）。いずれの質問も「Aに近い」から「Bに近い」までの4段階尺度によって行われており，ここでは「Aに近い」ほど値が大きくなるように尺度の方向を調整してある。なお「A確実に一歩一歩進みたい／B新しい世界を拡げていきたい」は2005年には質問されていない。

いる。以上の結果の殆どは，本章でのこれまでの分析結果から予想されるものである。その一方で，いずれの感情温度差との相関も示さない項目が全体の半数に達している。少なくとも2005年においては，こうした個人の生活意識は党派的選好とはあまり明確な関連性を持たないように見える。また，大切にすべきは「国民全体の利益か，個人の利益か」という質問への回答が党派的な選好と全く関連を持たないこともやや意外である[12]。

　次に2009年の結果を見ると，まず「愛国心」，「日本の方向性」，「外国で生活」の3項目に関しては，ここでも2005年と全く同じ相関のパターンが見られる。ただし，「日本の方向性」に関しては，2005年に比べて相関はかなり小さくなっており，自公への選好と「日本は良い方向に向かっている」という認識の関連は弱まっているように見える。これらに加えて，新たな質問項目である「確実に進むか，勇気を持って世界を広げるか」についても同じパターンが見られる。すなわち，民主／社共よりも自公を選好する者ほど「確実に進みたい」と考えている。他方，「リスクに対する態度」に関しては，「自公－社共」との相関が消え，「民主－社共」との相関のみが残っている。すなわち，社共よりも民主を選好する者ほど，リスクを積極的に取ろうとする傾向がある。このほか，「自公－民主」とのみ有意な相関を示す項目が一つあり，民主よりも自公を選好する者ほど「将来への備えよりも，毎日の生活の充実を」と考えている（逆に自公よりも民主を選好する者ほど「毎日の生活の充実よりも，将来への備えを」と考えている）ことが示されている。上記以外の五つの項目ではいずれの感情温度差とも有意な相関が見られない。国や社会と個人の関係に関するいくつかの質問は，ここでも党派的な選好とは明確な関連を示していない。

　それでは，政権交代後の2010年には，こうしたパターンに変化が見られるであろうか。まず自公，民主，社共の間での感情温度差との相関を見ていくと，いずれの感情温度差とも相関を示さない項目が三つに減っている。そしてここでも，先の表8－6の結果と同様，「民主－社共」との相関を示す項目が急に増えたことが目を引く。そこで，この「民主－社共」との相関を軸に具体的な結果を見ていくと，まず三つの感情温度差の全てと有意な相関を示

12　この項目に関しては，質問がいずれも肯定的な価値（「国民全体の利益」，「個人の利益」）の間のトレードオフ型の質問であることも影響しているであろう。どちらの価値も，それぞれの党派が主張する価値と整合的に解釈することが可能であるため，どの党派を選好するグループにおいても，選択に偏りが生じにくいからである。

すのが「将来への備えか，毎日の生活か」であるが，相関係数は「自公－民主」のみが正（2009年の結果と逆転している）で，他の二つは負である。すなわち，自公／民主よりも社共を選好する者ほど「毎日の生活の充実よりも，将来への備え」と考えており，更に民主よりも自公を選好する者ほど「毎日の生活の充実よりも，将来への備えを」と考えている。また，これと近い「民主 vs. 自公／社共」型の相関パターンを示す項目が四つある。すなわち，自公／社共よりも民主を選好する者ほど，「個人生活よりも，国や社会に目を向けるべき」，「国や社会に何かをしてもらうよりも，国や社会に貢献したい」，「収入よりも，自由な時間を増やしたい」，「日本は良い方向に向かっている」と考えている。他の二つの勢力よりも民主を選好することと，より社会志向の意識を持ち，日本の将来に楽観的であることが結びついていることが分かるが，これは民主が与党となったことの影響——2005年と2009年においては，自公への選好が日本の将来への楽観と結びついていた——と考えられる。他方，「自公／民主 vs. 社共」型の相関パターンを示す項目も二つある。そこでは，自公／民主よりも社共を選好する者ほど，「愛国心は個々人の判断に任せるべき」，「勇気を持って世界を広げたい」と考えていることが示されている。このほか「自公－社共」とのみ相関を示す項目が一つあり，社共より自公を選好する者ほど「外国で暮らしたくはない」と考えている。最後に，いずれの感情温度差との相関も示さない項目は，「国全体の利益か，個人の利益か」と「心の豊かさか，物質的な豊かさか」という回答の難しい2項目（いずれも2005年から一貫して党派的選好との関連を示さない）と，2005年から次第に党派的選好との関連を弱めてきた「リスクに対する態度」である。「リスクに対する態度」に関しては，若干残っていた民主か社共かとの関連も消え，これら三つの勢力間での党派的選好との関連がついに見られなくなった。

　最後に，「みんな」と他の3勢力との感情温度差がどのような意識と関連しているかを見ると，まず三つの感情温度差すべてと同方向での相関が見られる項目が二つあり，他の3勢力よりも「みんな」を選好する者ほど，「日本は悪い方向へ向かっている」，「外国で生活したい」と考えている。また「自公－みんな」と「民主－みんな」の二つの感情温度差との相関が見られる項目が一つあり，自公／民主よりも「みんな」を選好する者ほど「勇気を持って世界を広げていきたい」と考えていることが示されている。「自公－みんな」と「社共－みんな」の二つの感情温度差との相関が見られる項目も一つで，自公／社共よりも「みんな」を選好する者ほど「収入よりも，自由な時間を

増やしたい」と考えていることが示されている。また，相関のパターンで目立つのは「社共－みんな」とのみ有意な相関が見られる項目で，これが4項目ある。すなわち，社共よりも「みんな」を選好する者ほど「国や社会に目を向けるべき」，「国や社会に貢献したい」，「愛国心を育てるべき」，「安全性よりも利回り」と考えている。このほか「民主－みんな」とのみ相関の見られる項目が一つあり，そこでは民主よりも「みんな」を選好する者ほど「毎日の生活の充実よりも，将来への備え」と考えていることが示されている。これらの結果からは，「みんな」への選好が，広く外に目を向け，積極的にリスクを取ろうとする態度と関連することが示されている。最後に，ここでも「国民全体の利益か，個人の利益か」と「心の豊かさか，物質的な豊かさか」の2項目だけは，いずれの感情温度差とも有意な関連を示していない。

4 　感情温度差の説明モデル

　以上，前節では基本的な政治・経済・社会意識，政策選好，価値観などが党派（勢力）間の感情温度差とどのように関連しているか，言い換えれば，党派間の選好の基底にはどのような政治心理的な要因が存在しているのかを分析してきた。これを受けて本節では，党派間の感情温度差を説明するモデルの構築を行いたい。具体的には，感情温度差を従属変数とし，前節での分析結果に基づき選択された22項目の変数を独立変数とした重回帰分析（OLS）を行う。独立変数の内訳は，9項目の政策選好，8項目の価値観・生活意識，2項目の経済認識（今後の景気動向および現在の暮らし向きに関する認識），階層帰属意識，脱物質主義，および首相感情温度である。首相感情温度については，一方において非常に党派的な変数ではあるが，他方において政党支持のような政党そのものに対する態度とも異なるものであることから，これを投入しないモデルと投入したモデルの二つを検討することとした[13]。また，コントロール変数として，性別，年齢，教育程度，居住形態，収入，職業を投入した[14]。分析の結果は表8－8（2005年，2009年），表8－9（2010年）

　13　内閣支持や投票行動に対する首相感情温度の効果（特に政党支持とは独立の効果）については，平野（2008b）を参照。

　14　性別は，男性を1，女性を0とするダミー変数。年齢は，30歳代，40歳代，50歳代，60歳以上という四つのダミー変数（20歳代が参照カテゴリー）。教育程度は，義務教育＝0，中等教育＝0.33，高専・短大・専修学校＝0.67，大学・大学院＝1。居

の通りである。

　まず2005年の結果から見ていこう。「自公－民主」のモデル1では，「改憲」，「防衛力の強化」，「小さな政府」，「先のことを考えても仕方がない」，「人々の暮らしの悪化」(－)，「しきたりを破るものには厳しい制裁を」，「世の中は結局学歴やお金」(－)，「今後の景気動向」，「脱物質主義」が有意な効果を示している。またモデル2では，予想される通り首相感情温度の効果が突出して大きい。そしてモデル1の結果から「改憲」，「小さな政府」，「しきたりを破るものには厳しい制裁を」，「脱物質主義」の効果が消え，代わりに「力のある者とない者があるのは当然」(－)が有意な効果を示すようになっている。以上の点から，2005年において民主よりも自公を選好するのは，積極的な改憲・安全保障志向，景気や暮らし向きに関する楽観的態度，小さな政府への肯定的態度，物質主義的態度，「保守的権威主義」等である。ただし，その一部は小泉首相への好感を経由しての効果であり，逆にネオリベラル的な志向を持つ小泉首相への好感をコントロールした場合，「社会的支配志向」の負の効果が見られるようになる。いずれにしても，これらの項目の多くは「保革」の対立軸を構成する争点，あるいはその基底に存在すると考えられる価値観であり，2005年における「自公か民主か」という選好の相当部分は保革対立の要素によって決定されていたと考えられる。ただし，「保守的権威主義」とは逆に「社会的支配志向」はむしろ民主への選好を促進するものであることは興味深い。なお，コントロール変数の中では，二つのモデルを通じて，女性，農林漁業者であることが，民主よりも自公の選好を促進する要因となっている。

　次に「自公－社共」のモデル1では，「改憲」，「消費税より保険料」，「防衛力の強化」，「小さな政府」，「労働者の発言権」(－)，「人々の暮らしの悪化」(－)，「世の中は結局学歴やお金」(－)，「利回りよりも安全性」(－)，「今後の景気動向」，「脱物質主義」が有意な効果を示している。モデル2では，やはり首相感情温度の効果が突出している。そしてモデル1の結果から，「消費税より保険料」，「小さな政府」，「労働者の発言権」(－)，「今後の景気動向」，「脱物質主義」の効果が消え，代って「外国での生活」(－)の効果が有意と

住形態は，「一戸建て」，「分譲マンション」という二つのダミー変数。収入は，「税込み年収400万未満」，「税込み年収800万以上」という二つのダミー変数。職業は，家計維持者の職業が，自民党の支持基盤である三つの職業的カテゴリー，すなわち「農林漁業」，「自営業」，「管理職」である場合に対応する三つのダミー変数。

表 8 － 8 感情温度差の説明モデル（2005年，2009年）

	「自公－民主」	
	モデル 1	モデル 2
男性	−.08**	−.06*
30代	−.10	−.11**
40代	−.06	−.10*
50代	−.02	−.04
60代以上	−.12	−.14**
教育程度	−.09**	−.04
一戸建	−.03	−.03
分譲マンション	.04	.08**
年収400万未満	.03	.02
年収800万以上	−.02	−.02
農林漁業	.09**	.09***
自営業	.04	.05†
管理職	−.07*	−.04
財政再建より景気対策	−.04	.01
増税してでも福祉充実	−.02	.02
競争より補助金	.04	.05†
改憲すべき	.08**	.00
消費税より保険料	.03	.01
防衛力を強化すべき	.12***	.06*
サービスが悪くなっても小さな政府	.06*	.03
労働者は重要な決定に関してもっと発言権をもつべき	−.06	−.01
社会福祉をあてにしないで生活しなければならない	.02	.00
世の中がどう変わるかわからないので，先のことを考えても仕方がない	.12***	.11***
人々の暮らし向きは，だんだんと悪くなってきている	−.18***	−.08**
世の中に，力のある者と力のない者があるのは当然だ	−.03	−.06*
世の中のしきたりを破る者には，厳しい制裁を加えるべきだ	.07*	.02
今の世の中は，結局学歴やお金がものをいう	−.09**	−.08**
政治や社会についていろいろな事が伝えられているが，どれを信用していいかわからない	−.07	−.03
A 外国で生活したい／B 外国で生活したくない	.00	.00
A 安全性が高い預貯金の方法／B 利回りが期待できる運用の方法	−.02	.01
景気将来	.17***	.07**
暮し向き現状	−.05	−.04
階層帰属	−.01	−.03
脱物質主義	−.08**	−.02
首相感情温度	—	.54***
adj R²	.19***	.39***

注：数字は標準化偏回帰係数（OLS）．
†p<.11 *p<.10 **p<.05 ***p<.01（両側検定）

なっている。この結果から明らかなように，2005年において自公か社共かを分けるのは，先に見た自公か民主かを分ける要因とほぼ同じ，かつての保革の対立軸の構成要素を中心とした項目である。ただし，「自公－民主」では見られなかった「労働者の発言権」の効果などは「自公－社共」の特徴と言え

第8章　党派的対立軸の意味　207

	2005年						2009年			
	「自公－社共」		「民主－社共」		「自公－民主」		「自公－社共」		「民主－社共」	
	モデル1	モデル2	モデル1	モデル2	モデル1	モデル2	モデル1	モデル2	モデル1	モデル2
	.01	.03	.11***	.11***	−.09**	−.06*	.01	.03	.12***	.11***
	.02	.00	.15**	.15**	−.06	−.04	−.04	−.02	.03	.02
	.04	.01	.13*	.14**	−.10	−.05	−.01	.03	.11*	.10
	.13**	.11**	.17**	.18**	−.08	−.04	.02	.05	.12*	.11†
	.08	.06	.25***	.25***	−.09	−.04	−.02	.03	.09	.08
	−.10***	−.05	.01	.00	−.07*	−.04	−.08**	−.05	.00	−.01
	−.04	−.04	−.01	−.01	.01	−.03	.09**	.06*	.09**	.10**
	−.05	−.01	−.11***	−.12***	.01	−.01	.03	.01	.02	.02
	.02	.01	−.01	−.01	.04	.00	.06*	.03	.02	.04
	−.01	−.01	.02	.02	.01	.00	.01	.00	−.01	.00
	.08**	.08***	−.02	−.02	.02	.00	.01	−.01	−.02	−.01
	.04	.06*	.00	.00	−.02	−.01	−.02	−.01	.01	.01
	−.05	−.02	.03	.03	−.04	−.04	−.01	.00	.05	.04
	−.03	.02	.02	.02	.08**	.04	.09**	.06*	.00	.01
	−.04	−.01	−.02	−.03	−.03	−.04	−.03	−.03	.01	.01
	.02	.03	−.02	−.03	.07**	.03	.06*	.02	−.02	−.01
	.22***	.15***	.15***	.16***	.10***	.09***	.15***	.14***	.04	.04
	.06*	.04	.02	.03	.04	.04	−.03	−.03	−.08**	−.09**
	.12***	.07**	.00	.01	.12***	.06*	.18***	.12***	.04	.06*
	.06*	.02	−.01	−.01	−.01	.00	.02	.03	.04	.03
	−.07**	−.03	−.01	−.02	−.03	−.01	−.05†	−.03	−.01	−.02
	.03	.01	.01	.01	.07**	.03	.09***	.05*	.01	.02
	.02	.01	−.13***	−.13***	.01	−.02	.03	.01	.03	.04
	−.16***	−.06*	.05	.03	−.14***	−.07**	−.11***	−.05	.06	.03
	.02	.00	.07*	.08**	−.01	.00	.02	.03	.03	.03
	.03	−.01	−.05	−.04	.01	.00	.02	.01	.01	.01
	−.07**	−.06*	.03	.03	.01	.02	.00	.00	−.02	−.02
	−.01	.03	.08*	.07	.04	.03	.02	.02	−.02	−.02
	−.05	−.05*	−.06	−.06	.01	.01	.00	.00	−.02	−.02
	−.11***	−.08***	−.10***	−.11***	.00	.00	−.06*	−.07**	−.07**	−.07**
	.13***	.04	−.07	−.05	.05	−.02	.11***	.05*	.06*	.08**
	.01	.02	.08*	.08*	.04	.03	.02	.01	−.03	−.02
	.05	.03	.07†	.07*	.01	−.01	.03	.01	.02	.02
	−.10***	−.04	−.01	−.02	−.12***	−.06**	−.14***	−.09***	.00	−.02
	−	.50***	−	−.11***	−	.49***	−	.42***	−	−.14***
	.28***	.45***	.08***	.09***	.09***	.30***	.17***	.32***	.04***	.06***

　るだろう。またここでは権威主義的態度に関する項目が有意でないことも注目される。なお，二つのモデルを通じて有意なコントロール変数は，50代男性と農林漁業（いずれも自公への選好を促進する方向で）である。

　最後に「民主－社共」のモデル1では，「改憲」，「先のことを考えても仕方

がない」（−），「力のある者とない者があるのは当然」，「どれを信用して良いかわからない」，「利回りよりも安全性」（−），「現在の暮らし向き」が有意な効果を示している。モデル2では，首相感情温度は有意な負の効果（すなわち，小泉首相への好感度が高いほど，民主よりも社共を選好する）が見られるが，野党勢力間の選好関係への効果であるため，先に見た与野党間の選好の場合と比べてその効果は当然小さい。従ってまた，他の変数の効果への影響もあまり大きなものはなく，「どれを信用して良いかわからない」の効果が有意でなくなり，代りに階層帰属意識の効果が有意になったのみである。以上のように，民主か社共かという選好に影響を与える項目群は，必ずしも自公と他の2勢力の選好関係に影響を与える項目群と同じではなく——従って，必ずしも強度の小さい「保革」対立というわけではなく——いくつかの独自の特徴を持つものとなっている。すなわち，憲法・安全保障問題に関しては，「改憲」のみが有意で「防衛力の強化」の効果は見られない。その一方で，自分の暮らし向きの現状認識や階層帰属意識といった要因の影響（暮らし向きへの満足や高い階層への帰属意識が民主への選好に繋がる）が見られる。最後に，二つのモデルを通じて有意なコントロール変数は性別，年齢，居住形態で，女性，20代，「分譲マンション」居住であることが社共への選好に繋がる（年齢に関しては，60代以上で強く民主への選好に繋がる）ことが示されている。

　さて，小泉首相による郵政選挙という，やや特殊な状況下での2005年の結果と比較して，従来の自民党的特徴をより強く持つ麻生首相の下での2009年総選挙時——ただし，民主への政権交代の可能性が高いという，別の意味での新奇な状況でもあった——の分析結果には，どのような変化が現れているであろうか。

　まず「自公−民主」のモデル1では，「財政再建よりも景気対策」，「競争よりも補助金」，「改憲」，「防衛力の強化」，「自助努力」，「人々の暮らしの悪化」（−），「脱物質主義」（−）が有意な効果を示している。また首相感情温度を投入したモデル2では，首相感情温度が突出した効果を示すほか，「改憲」，「防衛力の強化」，「人々の暮らしの悪化」（−），「脱物質主義」（−）の効果が残る。この結果から，2009年における「自公か民主か」の選好に対しては，やはり憲法・安全保障問題が中心的な役割を果たし，これに景気対策や補助金といった財政出動への賛否（賛成する者ほど自公を選好）が加わる——ただし，この効果は麻生首相への好悪を経由するように見える——ものであっ

たと考えられる15。なお，コントロール変数の中では，二つのモデルを通じて，(2005年と同様に) 女性であることが自公への選好を促進する効果を示している。

次に「自公－社共」のモデル1では，「財政再建よりも景気対策」，「競争よりも補助金」，「改憲」，「防衛力の強化」，「自助努力」，「人々の暮らしの悪化」（－），「利回りよりも安全性」（－），「今後の景気動向」，「脱物質主義」（－）が有意な効果を示している。モデル2では，やはり首相感情温度の効果が突出して大きいが，ここでは「競争よりも補助金」，「人々の暮らしの悪化」の2項目を除いて，モデル1で有意であった項目はすべて有意なままである。この結果は基本的に「自公－民主」における効果のパターンと同様であるが，「保革」対立的な意味合いがより強くなっていると言ってよかろう。また二つのモデルを通じて有意な効果を示すコントロール変数は居住形態で，「一戸建て」居住が自公への選好に結びつくことが示されている。

最後に「民主－社共」のモデル1では，「消費税よりも保険料」（－），「利回りよりも安全性」（－），「今後の景気動向」の3項目のみが有意である。モデル2では，これら3項目に「防衛力の強化」と首相感情温度（－）が有意となる。2005年と同様，首相感情温度の符号は負で，麻生首相への好感が民主よりも社共への選好に結びついている。ここには2大政党的なシステムの下で自民と政権を争う民主への選好が，小泉首相や麻生首相に対する非常に冷たい態度と繋がっていることが示されている。また首相感情温度の効果をコントロールすることにより，「防衛力の強化」が改めて有意となった（強化への賛成が民主への選好に結び付く）。また「自公－社共」の場合と同様に今後の景気に関する悲観的な認識と「利回りよりも安全性」というリスク回避

---

15 一方において景気対策や補助金といった財政出動への賛成が自公への選好に繋がりながら，他方において「自助努力」の肯定もやはり自公への選好に結び付くことは，純粋に「大きな政府か小さな政府か」（あるいはネオリベラル志向への賛否）という視点からは矛盾するようにも思われる。しかし，平野（2005）でも指摘したように，ここでの質問における「自助努力」は，ネオリベラル的言明というよりは，むしろある種の倫理・道徳的なニュアンスを持つ——言い換えれば保守的価値観を示す——主張として回答者に捉えられたために，自公への選好にプラスに働くこととなったのではないかと思われる。また脱物質主義に関しても，ここでの四つの選択肢を用いた質問は，産業社会的な価値のプライオリティというよりは，政治的な保守とリベラルの選択（「秩序か自由か」）として捉えられているために，物質主義的価値観が自公への選好に明確に結びついているのではないかと思われる。

の態度が社共への選好に結び付いており，景気の悪化を予想しつつリスクを回避しようとする態度が2009年における社共への選好を特徴付けているように見える。なお，二つのモデルを通じて有意なコントロール変数は性別と居住形態で，男性，「一戸建て」居住が民主への選好に繋がっている。

　以上，全体として，2009年の時点では，「自公か民主か」あるいは「自公か社共か」の選好は憲法・安全保障問題に代表されるかつての「保革」の対立軸に沿ってなされている——そうした独立変数の効果は，当然「自公か社共か」に関してより明確な効果を示す——ことがわかる。これに対して「民主か社共か」に影響を与える変数は多くはないが，消費税率引き上げへの肯定的態度が民主への選好に繋がっている点は注目される[16]。

16　参考のため，2009年における感情温度差を，本書第一部で析出した12のミリュー間で比較した結果を以下に掲げる。

表8注－1　感情温度差とミリュー（2009年）

ミリュー	自公－民主	自公－社共	民主－社共
1	−1.27	−0.28	0.99
2	−0.59	0.50	1.10
3	−0.93	0.05	0.98
4	−0.71	0.45	1.17
5	−1.02	0.27	1.29
6	−0.92	0.15	1.07
7	−0.74	0.39	1.14
8	−0.43	0.88	1.31
9	−0.79	−0.12	0.68
10	−0.64	0.66	1.31
11	0.06	0.88	0.82
12	−1.33	0.12	1.45
分散分析	p<.001	p<.001	p<.05

一元配置分散分析の結果はすべて有意であるが，やはり「民主－社共」において有意水準は5％と，他の二つよりも明確ではなくなっている。結果を概観すると，まず「自公－民主」では，突出した公明志向を持つミリュー11のみが正の値（すなわち平均的に自公をより好ましく思っている）を示し，同じく突出した自民志向のミリュー8において負の値が小さい。他方，最も民主志向の強いミリュー12と民主／「革新」志向のミリュー1において大きな負の値が見られることも予想される通りである。これに次いで，相対的に民主寄りで国の政治への信頼感の低いミリュー5が大きな負の値を示している。次に「自公－社共」では，やはり公明志向の強いミリュー11，自民志向の強いミリュー8に加えて，ネオリベラル志向の強いミリュー10において大きな正の値が見られる。他方，「革新」志向の最も顕著なミリュー9，民主／「革新」志向のミリュー1において値が負（すなわち平均的に社共をより好ましく思っている）であるほか，相対的に社民志向がやや強く積極的な安全保障政策にネガティヴな態度を持つミリュー3において正の値が小さい。最後に「民主－社共」に関しては，すべてのミリューにおいて値は正であるが，民主志向の強いミリュー12，ネオリベラル志向の強いミリュー10に加えて，自民志向の強いミリュー8，相対的に民主寄りで最も若いミリュー5において特に大

それでは政権交代後の2010年には，党派的選好の規定要因にどのような変化が生じているであろうか（表8－9）。

まず「自公－民主」のモデル1では，「財政再建より景気対策」，「増税しても福祉の充実」（－），「改憲」，「消費税よりも保険料」，「防衛力の強化」，「今後の景気動向」（－），「脱物質主義」（－）が有意な効果を示している。モデル2では，菅首相への首相感情温度が突出した効果を示す一方，モデル1で有意であった変数は「消費税よりも保険料」，「防衛力の強化」，「脱物質主義」を除いて有意ではなくなっている。ただしその代りに，「小さな政府」（－），「どれを信用して良いかわからない」（－）の2変数が新たに有意となっている。ここでは，一方において憲法・安全保障問題の効果が持続していると同時に，経済・社会的争点に関して，消費税の増税による福祉の充実を支持することが民主への選好に繋がるという傾向が見て取れる。ただし，これはモデル2で，政府のサービスが悪化しても小さな政府が望ましいとする態度が民主への選好に繋がっていることとはいささか矛盾している。恐らく，菅内閣の打ち出した消費税の増税路線を評価することと，一般論としての「小さな政府」論とは，有権者の意識の中では切り離されているのであろう。コントロール変数に関しては，二つのモデルを通じて，男性であることと50代であることが民主への選好に繋がっている[17]。

次に「自公－社共」のモデル1では，「財政再建よりも景気対策」，「増税しても福祉の充実」（－），「改憲」，「防衛力の強化」，「労働者の発言権」（－），「自助努力」，「脱物質主義」（－）が有意な効果を示している。モデル2では，まず首相感情温度がそれほど突出した大きさではないが，有意な負の効果を示している。すなわち，菅首相に対する好感度の高さは，自公よりも社共への選好に結び付いている。これは菅首相自身のキャリアや政策的志向の影響

きな値が見られる（ミリュー10やミリュー8に関しては，「反革新」志向が現れた結果であろう）。他方，「革新」志向の強いミリュー9，公明志向の強いミリュー11において，正の値は小さい（この場合のミリュー11に関しても，「反民主」志向が現れた結果と考えられる）。このように，各ミリューの特徴は，感情温度差にも明確に現れていることが分かる。

17　2005年から2010年にかけて，コントロール変数の中で「自公か民主か」に一貫して影響を与えているのが性別であり，女性よりも男性の方が民主を選好する傾向が続いている。本書ではその理由に関する分析を行う余裕がないが，稿を改めて考察したい。

表8－9　感情温度差の説明モデル（2010年）

	「自公－民主」	
	モデル1	モデル2
男性	−.07**	−.07**
30代	−.09*	−.02
40代	−.11**	−.04
50代	−.19***	−.10**
60代以上	−.20***	−.06
教育程度	−.02	−.01
一戸建	.00	.04
分譲マンション	−.04	.00
年収400万未満	−.02	−.01
年収800万以上	.03	.05
農林漁業	−.01	−.03
自営業	.00	.03
管理職	.05	.04
財政再建より景気対策	.05*	−.01
増税してでも福祉充実	−.08**	−.04
競争より補助金	−.02	.02
改憲すべき	.09***	.03
消費税より保険料	.08**	.07***
防衛力を強化すべき	.13***	.05**
サービスが悪くなっても小さな政府	−.04	−.05**
労働者は重要な決定に関してもっと発言権をもつべき	−.01	.00
社会福祉をあてにしないで生活しなければならない	.03	.01
世の中がどう変わるかわからないので，先のことを考えても仕方がない	−.03	−.01
人々の暮らし向きは，だんだんと悪くなってきている	.01	−.01
世の中に，力のある者と力のない者があるのは当然だ	.00	−.03
世の中のしきたりを破る者には，厳しい制裁を加えるべきだ	−.01	.01
今の世の中は，結局学歴やお金がものをいう	−.03	−.03
政治や社会についていろいろな事が伝えられているが，どれを信用していいかわからない	−.03	−.06**
A外国で生活したい／B外国で生活したくない	−.02	−.02
A安全性が高い預貯金の方法／B利回りが期待できる運用の方法	−.01	−.01
景気将来	−.11***	.00
暮し向き現状	.02	.02
階層帰属	−.03	−.01
脱物質主義	−.08**	−.06**
首相感情温度	−	−.59***
adj R^2	.08***	.38***

注：数字は標準化偏回帰係数（OLS）。
†p<.11　*p<.10　**p<.05　***p<.01（両側検定）

もあろうが，同時に2009年における民主への選好と同様，2大政党の一方が野党である場合，その政党への選好が首相への非常にネガティヴな感情と結びついていることの表れでもあろう。その他の変数に関しては，「増税しても福祉の充実」と「改憲」が有意でなくなり（後者はわずかに有意なレベル

第 8 章　党派的対立軸の意味　213

「自公－社共」		「民主－社共」		「自公－みんな」		「民主－みんな」		「社共－みんな」	
モデル1	モデル2	モデル1	モデル2	モデル1	モデル2	モデル1	モデル2	モデル1	モデル2
.09***	.09***	.14***	.15***	.03	.03	.08***	.08***	−.05	−.05
−.01	.01	.09*	.03	−.07	−.05	.03	−.02	−.06	−.06
.05	.08	.17***	.11**	−.09	−.07	.04	−.02	−.14***	−.14***
.05	.09*	.25***	.18***	−.07	−.05	.11**	.05	−.13**	−.13**
.12*	.16**	.31***	.21***	−.03	.01	.16**	.07	−.13**	−.14**
−.02	−.02	.01	.00	−.11***	−.11***	−.07**	−.08***	−.10***	−.10***
.06	.07*	.05	.02	−.01	.00	−.01	−.04	−.06*	−.07*
−.02	.00	.03	.00	−.12***	−.11***	−.06*	−.09***	−.11***	−.12***
.00	.00	.01	.01	−.02	−.02	.00	−.01	−.01	−.02
−.03	−.03	−.06	−.08**	−.03	−.03	−.05	−.07*	.00	.00
.02	.01	.03	.04	.00	.00	.01	.03	−.01	−.01
.04	.05	.03	.01	−.05	−.04	−.04	−.06**	−.09***	−.09***
.05†	.05	−.01	.00	−.01	−.02	−.06*	−.05*	−.06**	−.06*
.08**	.06*	.01	.06**	.02	.01	−.03	.01	−.05*	−.04
−.06*	−.05	.03	.00	.01	.01	.08**	.05†	.06*	.06*
.03	.05	.05	.02	.09***	.10***	.09***	.06**	.06*	.06*
.07**	.05†	−.03	.01	−.08***	−.09***	−.14***	−.10***	−.15***	−.14***
.01	.01	−.08***	−.08***	.02	.03	−.06*	−.05*	.02	.02
.20***	.18***	.03	.09**	.06†	.04	−.07*	−.02	−.13***	−.12***
−.01	−.02	.03	.04	−.07**	−.07**	−.02	−.01	−.06*	−.06*
−.10***	−.09***	−.07**	−.08***	.00	.00	.01	.00	.09***	.09***
.07**	.06*	.02	.04	.04	.03	.00	.02	−.03	−.02
−.02	−.01	.02	.00	.06*	.06*	.08**	.06*	.08**	.07**
−.03	−.04	−.03	−.02	−.04	−.05	−.04	−.03	−.02	−.02
.04	.03	.04	.06**	.01	.01	.01	.03	−.03	−.02
.05	.06*	.06*	.04	.03	.03	.04	.02	−.02	−.02
−.01	−.01	.02	.02	.00	.00	.02	.02	.01	.01
−.05	−.06*	−.01	.01	.02	.02	.05	.07**	.07**	.07*
.03	.03	.05	.05*	.04	.04	.05	.05*	.01	.01
−.02	−.02	−.01	−.01	.02	.01	.02	.02	.04	.03
−.02	.02	.10***	.02	.06*	.08**	.15***	.07**	.08**	.07*
.03	.03	.00	.00	.03	.03	.00	.00	.00	.00
.02	.03	.05	.03	−.01	−.01	.01	.00	−.03	−.04
.06**	−.06**	.03	.02	.00	.00	.07**	.06**	.06**	.06*
−	−.20***	−	.46***	−	−.11***	−	.45***	−	.07**
.13***	.17***	.12***	.31***	.05***	.06***	.11***	.29***	.13***	.14***

を下回る程度ではあるが），代って「しきたりを破る者には厳しい制裁を」と「どれを信用して良いかわからない」（－）が有意となっている。このように，「自公か社共か」に関する選好は，2010年の時点でも基本的には憲法・安全保障問題を中心とした「保革」の対立軸に沿ってなされており，副次的に積極

的な景気対策への支持が自公への選好に，また福祉の充実が社共への選好に繋がっている。なお，コントロール変数に関しては，男性であることと，60代であることが二つのモデルを通じて自公への選好に繋がっている。

次に「民主－社共」のモデル1では，「消費税よりも保険料」（−），「労働者の発言権」（−），「しきたりを破る者には厳しい制裁を」，「今後の景気動向」が有意な効果を示している。モデル2では，やはり首相感情温度が突出した効果を見せている。また「しきたりを破る者には厳しい制裁を」と「今後の景気動向」が有意でなくなる代りに「財政再建よりも景気対策」，「防衛力の強化」，「力のある者とない者があるのは当然」，「外国での生活」が新たに有意となっている。このように「民主か社共か」の選好は，明確な「保革」対立の軸に沿ったものではなく（モデル2で「防衛力の強化」は見られるが），むしろ消費税率引き上げへの賛否を中心に，労働者の発言権や権威主義的態度（権威主義的な態度が民主への選好に繋がる）などの影響によるものであるように見える。なお，コントロール変数の効果としては，二つのモデルを通じて男性であること，40代以上であることが民主への選好に繋がっている。

最後に，「みんな」と他の三つの勢力との選好に関して要点を纏めると，第一に，首相感情温度の効果は「民主－みんな」において突出した大きさであることは予想される通りであるが，「自公－みんな」では負の，また「社共－みんな」では正の，有意な効果が見られる。すなわち，菅首相への好感は，「自公か『みんな』か」においては「みんな」への選好に繋がり，他方「社共か『みんな』か」では社共への選好に繋がっている。第二に，すべてのモデルにおいて「競争よりも補助金」，「先のことを考えても仕方がない」，「今後の景気動向」ではプラスの，「改憲」ではマイナスの有意な効果が見られる。また「自公－みんな」と「社共－みんな」のすべてのモデルで「小さな政府」がマイナスの有意な効果を，「民主－みんな」と「社共－みんな」のすべてのモデルで「脱物質主義」がプラスの有意な効果を示している。これらの結果から，強い改憲志向，ネオリベラル的政策志向，景気の先行きに対する悲観的認識などが，他の三つの勢力よりも「みんな」を選好することに繋がっていると考えられる。第三に，コントロール変数の中で目を引くのが教育程度と「分譲マンション」居住で，全てのモデルにおいて有意な負の効果が見られる。すなわち，教育程度の高さや分譲マンションに居住していることが，他の三つの勢力よりも「みんな」を選好することに繋がっている。

5 感情温度差と投票行動

最後に本節では，感情温度差が実際に投票行動にどれほど影響を与えているかの確認を行いたい。方法としては，比例代表／比例区における投票政党を従属変数とする多項ロジスティック回帰分析を行う。従属変数は，2005年と2009年は自公，民主，社共のいずれに投票したか，2010年は自公，民主，社共，「みんな」のいずれに投票したかで，参照カテゴリーはいずれも民主への投票である。独立変数に関しては，感情温度差のみのモデル1と，政策選好の直接的な効果をも見るために17項目の政策選好変数を加えたモデル2という，二つのモデルを設定した。なおいずれのモデルに関しても，前節で行った重回帰分析と同じコントロール変数を投入した[18]。分析の結果は表8－10の通りである。

まず，2005年の結果から見ていこう[19]。モデル1では，自公への投票に「自公－民主」が，また社共への投票に「社共－民主」が有意な効果を及ぼしているのは予想される通りであるが，自公への投票には「社共－民主」も有意な負の効果を示している。すなわち，社共よりも民主を選好することが，民主よりも自公に投票する方向に作用しているということで，一見矛盾した結果のようにも見える。しかし，相対的に社共よりも民主を選好する者と民主よりも社共を選好する者を比較すれば，前者の方がより「保守的」であると考えられることから，この結果に──少なくとも「保革」という観点からは──矛盾はない。ただし，モデル2では，自公への投票に対するこの「社共－民主」の効果は消えている。代りにモデル2では，自公への投票に対して「防衛力の強化」が正の効果を及ぼしている。「防衛力の強化」は「自公－民主」の感情温度差にも影響を及ぼしており，投票行動にもその経路での間接的影響を及ぼしていることは勿論であるが，それ以外に直接的にも投票行動に影響を与えていることから，この変数の持つ意味の大きさが窺える。また

---

18 感情温度差に関しては，各勢力への感情温度から参照カテゴリーである民主への感情温度を引いた値になるように方向を調整したものをすべて投入した。政策選好に関しては，前節の分析に投入した9項目にさらに8項目を加えて17項目とした。なお政策選好とコントロール変数は，すべて最小値が0，最大値が1となるように値を調整してある。

19 モデル2では，推定上の問題から，農林漁業のダミー変数を除いた。

表 8－10　感情温度差と投票政党

	2005年			
	モデル 1		モデル 2	
	自公	社共	自公	社共
男性	−0.15	0.38	0.08	0.72*
30代	0.52	0.70	1.54**	1.74**
40代	−0.11	0.88	0.60	1.68*
50代	0.26	0.91	1.40**	1.21
60代以上	0.52	0.89	1.23**	0.99
教育程度	0.18	0.64	0.13	0.89
一戸建	−0.04	0.27	−0.32	0.68
分譲マンション	−0.40	0.75	−0.45	1.23
年収400万未満	0.00	0.17	0.12	0.15
年収800万以上	0.20	−0.41	0.10	−0.54
農林漁業	0.28	−1.55	−	−
自営業	0.11	0.38	0.58	0.80
管理職	−0.33	0.55	−0.64	0.78
感情温度差：自公－民主	1.80***	−0.07	1.91***	0.22
感情温度差：社共－民主	−0.32***	1.24***	−0.23	0.96***
感情温度差：みんな－民主	−	−	−	−
財政再建より景気対策	−	−	0.10	−0.70
集団的自衛権の行使認める	−	−	−0.40	−1.35**
増税してでも福祉充実	−	−	0.08	0.49
競争より補助金	−	−	−0.29	0.13
改憲すべき	−	−	0.50	−0.54
消費税より保険料	−	−	0.29	0.56
防衛力を強化すべき	−	−	0.97*	0.77
日本が譲歩しても貿易摩擦を解消すべき	−	−	−0.25	0.87
社会福祉は財政が苦しくても極力充実すべき	−	−	0.57	−0.14
サービスが悪くなっても小さな政府	−	−	0.36	0.48
アジアの人々への反省と謝罪が足りない	−	−	−0.78	−0.26
日米安保体制は現在よりもっと強化すべき	−	−	−0.37	−0.31
労働者は重要な決定に関してもっと発言権をもつべき	−	−	0.22	1.70†
社会福祉をあてにしないで生活しなければならない	−	−	0.09	−0.70
徹底的に行政改革を行うべき	−	−	−0.56	−0.30
北方領土をゆずってもロシアと親しくすべき	−	−	0.36	0.29
拉致問題の解決まで北朝鮮を支援すべきでない	−	−	0.07	−0.44
（Constant）	0.45	−2.00**	0.85	−3.97**
Nagelkerke R^2	.62***		.68***	

注：数字はロジスティック回帰係数．
従属変数の底は民主投票
†p<.11　*p<.10　**p<.05　***p<.01

社共への投票に対しては「集団的自衛権の行使」が負の効果を示している。すなわち，これを認めないという態度が「民主か社共か」において社共への投票を促進する方向に働いている。なお，コントロール変数に関しては，モデル 1 では有意な効果を示すものがなく，モデル 2 で性別と年齢に若干の効

第 8 章　党派的対立軸の意味　217

	2009年				2010年					
	モデル1		モデル2		モデル1			モデル2		
	自公	社共	自公	社共	自公	社共	みんな	自公	社共	みんな
.25	−0.22	−0.18	−0.22	−0.16	0.25	−0.10	−0.15	−0.14	−0.76**
.47	−0.82	−0.59	−1.40*	−1.07**	−0.01	−0.85	−1.21**	−0.26	−1.07†
.58	−0.19	−0.41	−0.78	−0.52	0.38	0.02	−0.43	−0.26	−0.22
.19	−0.44	0.13	−1.05	−0.52	0.35	0.23	−0.21	0.43	0.47
.25	−0.31	−0.05	−1.33*	−0.78*	0.43	−0.69	−0.85*	0.55	−0.84
.06	0.57	−0.11	0.13	−0.57*	0.50	−0.03	−0.47	0.07	0.03
.07	0.35	−0.34	0.79	−0.05	−0.35	−0.33	0.22	−0.24	−0.37
.10*	0.74	−1.00	1.07	−0.88	−0.96	−0.42	−0.37	−0.72	−0.15
.01	0.24	−0.30	0.02	−0.13	0.37	−0.09	−0.45	−0.35	0.03
.01	−0.24	−0.02	−0.12	−0.04	−0.16	0.15	−0.32	−0.77	0.26
.95*	1.02*	1.53**	0.89	−0.58	1.51**	0.35	−0.59	1.18	1.15*
.05	0.20	−0.02	0.48	0.18	0.20	0.39	0.37	0.68	0.46
.78*	0.09	0.40	−1.28	0.09	−0.53	0.26	0.29	−0.15	0.64
.91***	−0.22*	1.90***	−0.34*	1.78***	−0.37**	0.26*	1.78***	−0.33	0.39**
.62***	1.08***	−0.62***	1.25***	−0.42***	2.13***	−0.25*	−0.45***	2.05***	−0.20
—	—	—	—	−0.01	−0.34**	1.14***	0.04	−0.22	1.12***
—	—	−0.35	−0.03	—	—	—	−0.02	0.01	−0.21
—	—	0.08	−0.14	—	—	—	0.45	−0.86	0.16
—	—	−0.06	0.54	—	—	—	−0.19	−0.73	0.68
—	—	0.19	−0.49	—	—	—	0.01	0.23	−0.58
—	—	−0.47	−1.17**	—	—	—	0.41	−0.79	1.11**
—	—	0.66*	−0.15	—	—	—	0.27	0.44	0.76
—	—	0.60	0.22	—	—	—	−0.34	0.49	0.57
—	—	0.26	0.79	—	—	—	0.03	1.40†	−0.37
—	—	0.14	−0.93	—	—	—	−0.43	−0.99	−2.11***
—	—	0.64	−1.17**	—	—	—	0.30	1.06	2.05***
—	—	−0.97**	−0.38	—	—	—	−0.64	−0.99	−0.44
—	—	−0.32	−0.81	—	—	—	0.98*	−1.29*	−0.30
—	—	0.47	−0.66	—	—	—	−0.03	0.24	−0.07
—	—	−0.57	0.39	—	—	—	0.19	0.11	−0.30
—	—	−0.17	1.09	—	—	—	−0.41	1.45	1.00
—	—	0.36	0.57	—	—	—	0.09	−0.25	0.52
—	—	0.03	−0.92	—	—	—	−0.42	−0.01	−0.03
.57	−1.23*	0.49	1.27	1.77***	−1.44*	−0.15	1.74	−0.57	−1.03
.61***		.65***		.61***			.67***		

果が認められる。

　次に2009年の結果を見ると，まずモデル1では，自公への投票には「自公－民主」の正の効果のほか2005年と同様に「社共－民主」の負の効果が，また社共への投票には「社共－民主」の正の効果のほか，ここでは「自公－民

主」の負の効果が見られる。この社共への投票に対する「自公－民主」の負の効果も一見矛盾したものに見えるが，上述の「保革」の論理に照らせば，やはり矛盾はない。モデル2でも感情温度差の効果は同じであり，それに加えて，自公への投票には「消費税よりも保険料」の正の効果と「アジアの人々への謝罪」の負の効果が見られる。言い換えれば，年金の財源として保険料の値上げよりも消費税率の引き上げを選好することや，アジアの人々への謝罪に対する肯定的な態度は，自公よりも民主への投票を促進する方向に働く。また社共への投票に対しては「改憲」と「小さな政府」のいずれも負の効果が見られる。逆に言えば，改憲や小さな政府に肯定的な態度は，社共よりも民主への投票を促進する。コントロール変数に関しては，二つのモデルを通じて，家計維持者が農林漁業に従事していることが自公への投票を促進する方向に働いている。

　最後に2010年の結果を見ると，まずモデル1では，自公への投票に対して「自公－民主」の正の効果のほか「社共－民主」の負の効果が，また社共への投票に対して「社共－民主」の正の効果のほか「自民－民主」と「みんな－民主」の負の効果が，さらに「みんな」への投票に対しては「みんな－民主」の正の効果のほか，「自民－民主」の正の効果と「社共－民主」の負の効果が認められる。これらの効果は，「みんな」が民主よりも「保守的」であると認識されていると仮定すれば，すべて上述の「保革」の論理によって矛盾なく説明できる。その意味では，むしろ自公への投票に「みんな－民主」が有意な正の効果を及ぼしていない方が例外的に思われるが，これは「みんな」が自民を離党した者を中心とした政党であるため，それへの好感が必ずしも自公への投票を促進する方向には働かなかったためではないかと思われる。ただしモデル2における感情温度差に関しては，投票政党と民主との感情温度差のほか，自公への投票における「社共－民主」の負の効果と，「みんな」への投票における「自公－民主」の正の効果のみが有意となっている。このほか自公への投票に対しては「日米安保体制の強化」の正の効果，同じく社共への投票に対しては「日米安保体制の強化」の負の効果が見られる。これには，社民の与党離脱と鳩山内閣退陣の引き金となった普天間基地問題の影響も大きいと思われる。また「みんな」への投票に対しては「改憲」と「小さな政府」の正の効果，「福祉の充実」の負の効果が見られ，改憲とネオリベラル的政策への肯定的態度が，感情温度差を経由した間接的効果のほか直接的にも同党への投票を促進する影響を与えていることが示されている。なおコ

ントロール変数の効果については，二つのモデルを通じて，自公への投票に対して30代と60代以上であることが（20代であることに比べて）マイナスに働いている。

6 まとめ

以上，本章では感情温度差の規定要因を相関分析および重回帰分析によって明らかにした上で，感情温度差が投票行動に与える影響を多項ロジスティック回帰分析によって確認した。

感情温度差の規定要因に関する重回帰分析の結果，第一に，与野党間の選好には首相感情温度が突出した影響を及ぼしているが，野党間の選好にも首相感情温度は一定の影響を及ぼしていることが明らかとなった。これは首相の経歴や政策的な志向のほか，2大政党の一方が野党である場合，その政党への選好と首相に対する強いネガティヴな感情が連動していることにもよると考えられる。第二に，「自公か民主／社共か」における自公への選好には，憲法・安全保障問題への態度が一貫して明確に影響している。これは民主が与党となった2010年においてもそのままである。同様に「財政再建より景気対策」も，2009年以降は自公への選好を促進するように働いている。他方「民主か他の勢力か」に関しては，与党として消費税率の引き上げを打ち出した2010年において消費税増税に肯定的な態度が民主への選好に明確に繋がるようになった。またこうした短期的な要因だけでなく，民主支持者に多い中年の男性にとっては，高齢者のために自分の保険料負担が増えるよりは，社会全体で広く負担する消費税の増税の方が望ましいという事情も反映されているのではないかと思われる。また2010年における「みんな」への選好には，改憲志向，ネオリベラル的政策志向の強い影響が認められる。第三に，価値観の影響に関して，権威主義的態度の効果は見られるが，それほど顕著ではない。全体として，「保守的権威主義」は自公への選好に結び付くが，「社会的支配志向」はむしろ民主への選好を促進している。また脱物質主義は，「自公か民主／社共か」において一貫して民主／社共への選好を促進する効果を見せている。第四に，将来の景気に関する楽観的な予測は与党への選好と結び付く傾向が見られるが，暮らし向きの現状評価や階層帰属意識は（2005年の「民主か社共か」を除き）党派的な選好にはほとんど影響を与えていない。その意味では，党派的選好における（少なくとも主観的な）階層的亀裂は認

められない。

　以上のほか，相関分析からは次のような点も明らかになった。第一に，2005年における民主への選好や2010年における「みんな」への選好は，対外的な非妥協的態度と関連を持っている。第二に，2005年においては自公よりも民主／社共を選好することに対して，疎外感やアノミーの感覚が明確に関連していたが，こうした関連は2010年にかけて次第に弱まった。特に民主が与党となった後，民主への選好とアノミーの感覚との関連は大きく低下した。第三に，原子力発電に対する態度は，党派的選好に対して安全保障問題と同様な関連パターンを示す（すなわち防衛力増強への賛否と原子力発電への賛否が重なり合う）。ただし，民主が与党となった2010年には「自公か民主か」という選好と原子力発電に対する態度との関連は消えた。第四に，2010年における「みんな」への選好は，政治や経済の現状に対する強い不満と密接に関連していた。

　最後に，投票行動に対する感情温度差の効果は，予想される通り非常に大きいものであった。特に，民主への投票を参照カテゴリーとする多項ロジスティック分析において，投票政党と民主との感情温度差以外の感情温度差も有意な効果を示す場合が多くあったが，それらは「保革」の論理で説明可能なものであり，ここにも有権者の意識における「保革」という枠組の慣性を見ることができるように思われる。

第9章
2大政党間の選択の意味

1 はじめに

　前章では，第7章で析出された自公，民主，社共という三つの勢力（2010年に関しては「みんな」を加えた四つの勢力）の間での感情温度差の規定要因，およびそれらが投票行動に与える影響を見てきた。

　ただし，2大政党間の競争という視点からは，自民，民主両党の間での選択に絞って，さらに若干の検討を加える必要がある。そこで本章では，前章と同様のモデルを用いて「自民か民主か」に関する感情温度差および投票行動の説明を行い，2大政党間における選択の意味について考えたい。

2 感情温度差の規定要因

　まず本節では自民と民主の間での感情温度差の規定要因についての分析を，前章と同様な重回帰分析（OLS）を用いて行う。従属変数は，個人内比較によって算出された自民に対する感情温度得点から民主に対する感情温度得点を引いたもの（「自民－民主」），また独立変数とコントロール変数は，前章での分析とすべて同じものである。分析の結果は表9－1に示す通りである。

　まず2005年のモデル1では，「防衛力の強化」，「小さな政府」，「先のことを考えても仕方がない」，「人々の暮らしの悪化」（－），「しきたりを破る者には厳しい制裁を」，「世の中は結局学歴やお金」（－），「今後の景気動向」，「脱物質主義」（－）が10％以下の水準で有意な効果を示している。またモデル2では，やはり小泉首相に対する感情温度が突出した効果を示し，他の独立変数

表9－1　感情温度差（「自民－民主」）の規定要因

	2005年	
	モデル1	モデル2
男性	−.04	−.01
30代	−.08	−.10*
40代	−.06	−.10*
50代	.06	.03
60代以上	−.06	−.09
教育程度	−.08**	−.02
一戸建	−.03	−.02
分譲マンション	.04	.08**
年収400万未満	.03	.03
年収800万以上	.00	.00
農林漁業	.09***	.09***
自営業	.04	.05*
管理職	−.06*	−.03
財政再建より景気対策	−.04	.02
増税してでも福祉充実	.01	.05†
競争より補助金	.01	.02
改憲すべき	.06†	−.02
消費税より保険料	.00	−.02
防衛力を強化すべき	.13***	.07**
サービスが悪くなっても小さな政府	.06*	.03
労働者は重要な決定に関してもっと発言権をもつべき	−.05	−.01
社会福祉をあてにしないで生活しなければならない	.02	.00
世の中がどう変わるかわからないので，先のことを考えても仕方がない	.12***	.11**
人々の暮らし向きは，だんだんと悪くなってきている	−.15***	−.04
世の中に，力のある者と力のない者があるのは当然だ	.00	−.03
世の中のしきたりを破る者には，厳しい制裁を加えるべきだ	.07**	.01
今の世の中は，結局学歴やお金がものをいう	−.09**	−.08**
政治や社会についていろいろな事が伝えられているが，どれを信用していいかわからない	−.06	−.02
A外国で生活したい／B外国で生活したくない	−.01	−.01
A安全性が高い預貯金の方法／B利回りが期待できる運用の方法	−.02	.02
景気将来	.18***	.07**
暮し向き現状	−.03	−.02
階層帰属	−.01	−.03
脱物質主義	−.11***	−.04
首相感情温度	−	.57**
adj R²	.19***	.43**

注：数字は標準化偏回帰係数（OLS）．
†p<.11　*p<.10　**p<.05　***p<.01（両側検定）

で有意なものは「防衛力の強化」、「先のことを考えても仕方がない」、「世の中は結局学歴やお金」（−）、「今後の景気動向」のみとなっている。小さな政府への志向や権威主義的態度など、モデル1で有意であった他の変数の効果は、小泉首相への好感に媒介されたものであったように見える。逆に言えば、

首相感情温度を投入しても有意な効果を示す「防衛力の強化」は政策的な変数の中でも「自民か民主か」の選好における政策的なコアをなすものであり，「今後の景気動向」は国全体の経済状況に関する認知が明確に党派的選好に影響を及ぼすものであることを示している。また「先のことを考えても仕方がない」という，やや刹那的な生活意識が自民への選好に繋がり，「結局学歴やお金」という疎外感あるいはシニシズムが民主への選好に繋がっていることは，この郵政選挙時の社会的なムードと考え合わせると興味深い。他方，「改憲」はいずれのモデルでも有意な効果を示していない。憲法・安全保障に関する争点の中で，2005年の時点では憲法の問題が「自民か民主か」の選好にあまり大きな影響を与えていなかったことが窺える。最後に，コントロール変数については，二つのモデルを通じて，農林漁業が自民への選好を促進する効果を示している。このほかモデル1では，教育程度の高さと管理職が民主への選好を促進する効果が，モデル2では分譲マンション居住と自営業が自民への選好を促進し，(20代と比べて) 30代と40代が民主への選好を促進する効果がそれぞれ見られる。

次に2009年の結果を見ると，モデル1では「財政再建よりも景気対策」，「競争よりも補助金」，「改憲」，「防衛力の強化」，「自助努力」，「人々の暮らしの悪化」（－），「脱物質主義」（－）が有意な効果を示している。またモデル

2では，麻生首相への感情温度が突出した効果を示すと同時に，他の独立変数では「財政再建よりも景気対策」，「改憲」，「人々の暮らしの悪化」（－），「脱物質主義」（－）が有意となっている。この結果から，麻生内閣下の2009年においては，憲法・安全保障問題の中で，防衛力の強化の問題よりも改憲の問題が政治の前景に出てきたことが窺える。これは小泉内閣の後継内閣である安倍内閣下で憲法問題のセイリエンスが上がったことの影響もあろう。また景気対策の問題が再び自民党への選好に明確な影響を与えるようになり，さらに「小さな政府」よりも「自助努力」が前面に出，経済の安定と秩序の維持を優先する物質主義的価値が自民への選好を明確に促進しているのも，麻生内閣期の政治・経済状況を反映しているように思われる。なお，2009年においては，いずれのモデルに関してもコントロール変数の効果が全く見られない。年齢をはじめ，有権者の属性の効果が非常に弱いものになっている——言い換えれば，有権者の社会・経済的属性が党派的な亀裂をほとんど形成していない——ことも，この時期の興味深い特徴であるように思われる。

　最後に2010年の結果を見ると，まずモデル1では「財政再建よりも景気対策」，「増税してでも福祉の充実」（－），「改憲」，「消費税よりも保険料」，「防衛力の強化」，「今後の景気動向」（－），「脱物質主義」（－）の効果が有意である。モデル2では，菅首相への感情温度が，予想される通り大きな負の効果（菅首相への感情温度が高いほど民主への選好を促進する）を示している。モデル1で有意であった変数の中では「消費税よりも保険料」，「防衛力の強化」，「脱物質主義」（－）のみが有意であるが，代りに「小さな政府」（－）と「どれを信用して良いかわからない」（－）が新たに有意となっている。普天間基地問題などを経て，再び防衛力の問題が前面に出ると同時に，菅内閣の方針を反映して福祉のための増税や，年金制度維持の方策として保険料の増額でなく消費税率の引き上げを行うことへの支持が，民主への選好を促進する効果が示されている。ただし，そうした菅首相への感情温度をコントロールすると，むしろ小さな政府への志向が民主への選好に繋がるという傾向が現れる点，小泉内閣期と同様，その政党の本来の志向性とは異なる政策的な方向性をリーダーが打ち出した場合における，党派的選好メカニズムの複雑さが見て取れ，興味深い。なお，コントロール変数に関しては，二つのモデルのいずれにおいても，男性，50代であることが民主への選好に繋がり，管理職が自民への選好に繋がることが示されている。さらにモデル1においては，（20代と比べて）40代と60代以上であることも民主への支持に結び付

いている[1]。

3 感情温度差と投票行動

　本節では，こうした感情温度差が実際の投票行動にどのような影響を与えているのかを，ロジスティック回帰分析によって明らかにしたい。従属変数は自民に投票した場合を1，民主に投票した場合を0とする2値変数である[2]。また独立変数とコントロール変数は，感情温度差が「自民－民主」に変わったほかは，すべて前章における投票行動の説明モデルと同一である。分析は，小選挙区／選挙区，比例代表／比例区のそれぞれについて，感情温度差のみを独立変数とするモデル1と，17項目の争点態度も投入したモデル2という，二つのモデルによって行った[3]。結果は表9－2に示す通りである。

　まず2005年の小選挙区について見ると，モデル1，2を通じて感情温度差は有意な効果を示している。さらにモデル2では，「消費税よりも保険料」と「防衛力の強化」が有意な効果を示している。「防衛力の強化」は感情温度差をコントロールしてもなお，自民に投票するか民主に投票するかに影響を与えている。また年金制度の維持を保険料値上げではなく消費税率の引き上げによって行うという立場が民主を選択することに繋がるという傾向は，すでに2005年において存在していたことが分かる。他方，比例代表の投票に関しては，モデル2においても有意な効果を示す変数は感情温度差のみである。もちろん，「防衛力の強化」や「小さな政府」は感情温度差を経由して間接的

1　管理職については，2005年のモデル1においては民主への選好を促進する効果が見られるが，2010年においては逆の方向が示されている。平野（2007）では，2005年前後の分析結果から，自民の支持基盤であった「55年連合」（農林漁業，自営業，管理職）から管理職が脱落しつつあるのではないかと論じたが，その後の状況を見ると必ずしもそのような方向に直線的には進んではいないようである。また，2010年のモデル1では，かつては自民への選好を促進する要因であった60代以上であることが，（20代と比較して）民主への選好を促進する効果を示している。これは民主が与党となったことに起因するのか，あるいは世代の交代により「60代以上」の政治的な志向が変化してきているのか，ここでの分析からは判然としない。稿を改めて検討することとしたい。

2　従って自民，民主のいずれかに投票した者以外は，ここでの分析からは除かれる。

3　小選挙区／選挙区に関しては，自民，民主両方の候補者が立候補している選挙区の回答者のみを分析対象とした。

表 9 − 2　投票における自民／民主の規定要因

	2005年			
	小選挙区		比例代表	
	モデル1	モデル2	モデル1	モデル2
男性	0.02	0.08	−0.11	−0.10
30代	0.45	0.78	0.49	1.11†
40代	0.32	0.77	−0.33	−0.35
50代	−0.28	0.16	−0.20	0.48
60代以上	0.35	0.29	0.19	0.55
教育程度	−0.43	−0.46	0.30	0.16
一戸建	0.21	0.24	0.36	0.04
分譲マンション	−1.04*	−1.15	−0.42	−0.54
年収400万未満	0.08	−0.01	0.03	0.09
年収800万以上	0.62**	0.95**	0.02	−0.08
農林漁業	0.35	−0.16	0.38	0.35
自営業	0.25	0.28	0.21	0.56
管理職	−0.05	−0.29	−0.29	−0.78
感情温度差：自民−民主	1.40***	1.47***	1.53***	1.55***
財政再建より景気対策	−	−0.07	−	−0.02
集団的自衛権の行使認める	−	−0.18	−	−0.05
増税してでも福祉充実	−	0.45	−	0.01
競争より補助金	−	−0.08	−	−0.27
改憲すべき	−	0.37	−	0.47
消費税より保険料	−	0.82**	−	0.28
防衛力を強化すべき	−	0.97*	−	0.75
日本が譲歩しても貿易摩擦を解消すべき	−	0.12	−	−0.13
社会福祉は財政が苦しくても極力充実すべき	−	−0.17	−	0.29
サービスが悪くなっても小さな政府	−	0.66	−	0.13
アジアの人々への反省と謝罪が足りない	−	−0.33	−	−0.41
日米安保体制は現在よりもっと強化すべき	−	0.43	−	−0.17
労働者は重要な決定に関してもっと発言権をもつべき	−	−0.62	−	0.21
社会福祉をあてにしないで生活しなければならない	−	−0.33	−	0.02
徹底的に行政改革を行うべき	−	−0.52	−	−0.69
北方領土をゆずってもロシアと親しくすべき	−	0.72	−	0.02
拉致問題の解決まで北朝鮮を支援すべきでない	−	0.68	−	0.38
(Constant)	−0.23	−1.77†	−0.39	−1.00
Nagelkerke R^2	.55***	.62***	.59***	.65***

注：数字はロジスティック回帰係数.
†p<.11　*p<.10　**p<.05　***p<.01

な影響を及ぼしてはいるが（表9−1参照），感情温度差から独立して直接的な影響を及ぼしている政策選好の変数は見られない。コントロール変数については，小選挙区においては，二つのモデルを通じて年収800万以上であることが自民への投票に結び付いているほか，モデル1では「分譲マンション」居住に民主への投票を促進する効果が認められる。他方，比例代表に関しては，争点態度変数と同様，コントロール変数にも有意な効果を示す変数は見

第 9 章　2 大政党間の選択の意味　227

	2009年				2010年			
	小選挙区		比例代表		選挙区		比例区	
	モデル1	モデル2	モデル1	モデル2	モデル1	モデル2	モデル1	モデル2
	−0.36**	−0.45*	−0.28	−0.27	0.30*	0.33	0.13	0.07
	−0.41	−0.44	−0.62	−0.45	−0.95**	−0.76	−1.48***	−1.78***
	0.34	0.82	−0.45	−0.07	−1.08**	−0.90*	−0.90*	−0.76
	−0.17	0.16	−0.28	0.30	−0.88**	−0.35	−0.79*	−0.54
	0.07	0.38	−0.10	0.27	−0.88**	−0.68	−0.90**	−0.87
	0.24	0.42	0.08	−0.10	−0.69**	0.10	−0.47	−0.25
	0.01	0.12	0.08	−0.15	−0.03	0.03	0.08	0.14
	0.59	0.59	−1.12*	−1.11	−0.68	−0.83	−2.30**	−2.33**
	0.06	−0.02	−0.12	−0.33	−0.21	−0.47	−0.24	−0.90**
	−0.48*	−0.67**	0.07	−0.03	−0.21	−0.48†	0.03	−0.36
	−0.12	0.99	0.66	1.29	−0.18	−0.66	−1.12*	−1.02
	0.16	0.02	−0.31	−0.17	0.21	0.47	0.45*	0.78**
	0.82*	0.79	0.66	0.17	0.21	0.37	0.33	0.67
	1.13***	1.17***	1.36***	1.32***	1.41***	1.48***	1.43***	1.41***
	−	−0.72**	−	−0.44	−	0.50†	−	0.22
	−	0.64*	−	0.43	−	0.38	−	0.64
	−	0.38	−	−0.13	−	0.03	−	−0.25
	−	0.50	−	0.43	−	0.48	−	0.17
	−	0.16	−	−0.05	−	0.78**	−	0.60
	−	0.20	−	0.62†	−	0.48	−	0.31
	−	0.13	−	0.99*	−	0.02	−	0.19
	−	0.65	−	0.20	−	−0.21	−	0.12
	−	−0.40	−	0.42	−	−0.44	−	−0.76
	−	−0.54	−	0.63	−	−0.16	−	−0.23
	−	0.05	−	−1.14**	−	0.05	−	−0.24
	−	1.02**	−	0.29	−	0.18	−	1.04*
	−	−0.21	−	0.30	−	0.62	−	0.13
	−	−0.59	−	−0.32	−	0.85**	−	0.56
	−	−0.28	−	−0.70	−	−0.70	−	−0.27
	−	0.29	−	0.42	−	0.73*	−	0.15
	−	−0.21	−	−0.32	−	−0.82	−	−0.36
	−0.08	−0.85	0.20	−0.60	1.49***	−0.13	1.11**	0.31
	.51***	.57***	.59***	.62***	.54***	.60***	.57***	.62***

られない。

　次に2009年の結果について見ると,まず小選挙区では,ここでも感情温度差が二つのモデルを通じて明確な効果を示している。その上で,モデル2では,「財政再建よりも景気対策」(−),「集団的自衛権の行使」,「日米安保体制の強化」が有意な効果を示している。このうち集団的自衛権と日米安保体制については,安倍内閣以降の情勢下でそのセイリエンスが上がった項目と

して理解できる。他方,「財政再建よりも景気対策」に関しては,ここでの符号は負であり,景気対策志向が民主への投票に繋がることを示している。これは,ここまでの分析結果とは矛盾するもののように見えるが,表9－1に見たとおり,感情温度差に対しては景気対策志向が自民への選好に繋がるという方向で働いており,ここに見られる直接的効果は,感情温度差をコントロールした場合に(感情温度差の効果をやや抑制するという方向で)初めて現れるものと考えるのが適切であろう。次に比例代表に関しては,モデル1と2を通じて感情温度差の効果が大きいほか,モデル2では「防衛力の強化」と「アジアの人々への謝罪」(－)の効果が有意となっている。モデル1での景気対策を除いて,他の争点態度は「保革」の対立軸に沿ったものであり,2009年は2005年以上に,そうした「保革」対立に関わる変数が「自民か民主か」の選択に影響を与えていたことが分かる。なお,コントロール変数の効果に関しては,小選挙区では二つのモデルを通じて男性であることと年収800万以上であることが民主への投票に繋がり,またモデル1では「管理職」が自民への投票を促進する効果を示している[4]。他方,比例代表では,モデル1において「分譲マンション」居住が民主への投票を促進する効果を示すのみである。

　最後に2010年の結果を見ると,まず選挙区に関しては,モデル1, 2を通じて感情温度差の効果が大きいほか,モデル2では「改憲」,「自助努力」,「ロシアとの関係改善」の効果が有意である。前章では,2005年における民主への選好に対外的な非妥協的態度がプラスに働いていることが示されたが,ここでも北方領土に関連した非妥協的な態度が,投票行動への直接的効果としては民主への投票を促進する方向で働いている。比例区に関しても,二つのモデルを通じて感情温度差が明確な効果を示すほか,モデル2では「日米安保体制の強化」の効果が有意となっている。なお,ここではコントロール変数の効果が比較的多く見られる。すなわち,選挙区では二つのモデルを通じて(20代と比較して)40代が民主への投票を促進するほか,モデル1では30代,50代,60代以上も民主への投票を促進する(言い換えれば,「20代」は他

---

[4] 年収の効果に関しては,2005年の小選挙区では年収800万以上が自民への投票を促進する方向で働き,2009年には反対に民主への投票を促進する方向で働いている。さらに,以下に見る通り,2010年の選挙区においては,いずれの方向にも有意な効果を示していない。こうした不安定さが何に起因するかについての分析も,今後の課題としたい。

のすべての年齢層と比較して自民への投票を有意に促進する）効果が見られる。更に，モデル1では男性であることが自民への投票を促進し，教育程度が高いことが民主への投票を促進する効果も見られる。他方，比例区では，二つのモデルを通じて30代，「分譲マンション」居住が民主への投票を促進する方向に働き，「自営業」が自民への投票を促進する方向に働いている。そのほかモデル1では，40代，50代，60代以上，「農林漁業」が民主への投票を促進する効果が見られるが，「農林漁業」に関してはサンプル数が小さいため，この結果の一般化には注意が必要である[5]。またモデル2では年収400万未満が民主への投票を促進する方向に働いている。

4 まとめ

以上，本章では，2大政党である自民，民主の間での選択の意味を，両党への感情温度差および投票行動を規定する要因の分析によって明らかにしてきた。その結果，感情温度差に対しては，首相感情温度に加えて，政権交代の前後を通じて憲法・安全保障問題の影響が強いことが再確認された。ただし，その中でもどのような個別争点の効果が前面に出るかには，政治的なコンテクストが影響しているように思われる。すなわち，2005年においては防衛力の強化が，2009年には憲法改正が，さら2010年には再び防衛力の強化が前面に出るようになる。また経済・社会的争点に関しても，小泉内閣期には「小さな政府」志向が自民への選好に結び付いていたが，麻生内閣期にはそれが「自助努力」へと変わり，同時に景気対策志向と自民への選好も再び結び付きを見せるようになる。さらに，政権交代後の2010年においては，消費税率の引き上げによる年金制度の維持への肯定的態度が民主への選好を明確に促進するようになる。

投票行動に対しては，予想される通り感情温度差が大きな影響を与えているが，それに加えて直接的な効果を示す争点態度の多くは憲法・安全保障関係のもので，特に2009年以降は集団的自衛権の行使や日米安保体制の強化と

---

5 この選挙では，一方において農政連の自民離れがあり，こうした結果を生じさせる背景が存在したことも確かだが，他方，選挙結果においては一人区で自民が圧勝しており，こうした背景がそのまま投票行動に繋がったと結論することも困難である。いずれにしても，サンプル数の問題もあり，この結果の解釈には慎重であるべきである。

いった争点に関する態度の効果が見られるようになっている。

　従って,「自民か民主か」という選択の意味は, 主として首相に対する好感度と憲法・安全保障の次元における選好にあり[6], これにその時々に顕在化している経済・社会的争点や, 景気の先行きに関する予想と結び付いた政権への期待／失望などが加わったものと考えることができるだろう。

　6　ただし, 本章で扱っているのは回答者本人の政策選好であり, これが両党の客観的な政策位置と実際にどの程度一致するものかは考慮に入れていない。この点については第4章を参照。

補論 2

世代と政治的記憶[1]

1 はじめに

　ある個人の政治意識や政治行動は，長期間に渡って形成されてきたものであり，そこには様々な政治的な経験とその記憶が何らかの形で寄与していると考えられる。こうした記憶には，極めて直接的かつ個人的な経験――例えば有力な政治家の面識を得る――に関する記憶もあろうし，間接的かつ集合的な経験――例えば政権交代，政治的スキャンダル，大きな争点をめぐる政治的混乱など――に関する記憶もあろう。このうち特に後者に関しては，有権者の世代ごとに，それぞれ異なる記憶がその世代に特徴的な集合的記憶として残されていよう。

　本論では，2010年の1月から2月にかけて実施された郵送政治意識調査（JES Ⅳ第4波調査）[2]によって得られたデータに基づき，各世代に特有な政治的記憶を明らかにすると共に，そうした記憶が政治的態度や政治参加に対して及ぼす影響についても考察し，記憶の持つ政治的な意味について考えてみたい。

2 政治的記憶の測定

　政治的記憶に関する質問は調査票の冒頭に置かれ，質問文は「あなたが生まれてからこれまでの間に，広い意味での日本の政治に関して様々な出来事が起きてきたと思いますが，その中であなたご自身として最も強く印象に残っている出来事を一つだけあげてください」というものである[3]。回答者は

　1　本論は，平野（2011d）に本書の流れに沿う形での大幅な改訂を施したものである。
　2　調査の詳細については序章を参照。なお，本論の分析対象となる記憶に関する質問は，第4波からの新規サンプルに対してのみ尋ねられたものである。従って，以下の分析はすべて新規サンプル（N＝440）のみを対象としたものである。

所定の欄に自由記述方式で回答を記入した。440人の有効回答者のうち、379人が何らかの回答を記入しており、以下ではこれらの回答を分析の対象とする[4]。質問文の指示を反映して、回答の大多数は、個人的かつ直接的な経験に関する記憶ではなく集合的かつ間接的な経験に関する記憶についてのものであった[5]。

3　政治的記憶の内容

そこでまず、回答者がどのような政治的出来事を「最も強く印象に残っている」ものとして挙げているかを見たものが表補2－1である[6]。

3　従って、ここで測定しているのは政治に関する「エピソード記憶」ということになる。この点を含め、心理学的な観点から政治的記憶の整理・分類を行ったものとして岡田（2010）、Okada (2013) を参照されたい。なお、この質問に続けて「『選挙』や『投票』という言葉を聞いて、あなたご自身の経験として覚えていることや思い出すことはありますか。その経験の時期や場所など含め、具体的にお書きください」という選挙・投票に特化した記憶についての質問もなされている。このデータに関する分析については、平野・岡田（2014）を参照。

4　これら379人の性別と年齢の内訳は以下の通りである。

表補2注－1　回答者の性別と年齢

	20代	30代	40代	50代	60代	70代以上
男性	42	45	29	39	35	16
女性	45	41	36	26	12	13

5　ただし少数ではあるが、個人的・直接的経験に関する記憶（例えば、学校で教わる内容が敗戦後に激変したこと）を回答した者もあった。

6　実際には各出来事とも、記述上かなり多様な表現がなされており、最終的な分類は筆者の判断によるものである。特に、本論の主題である世代と記憶という観点から、比較的近い時期に生じた相互に関連のある出来事を、やや強引に一つのカテゴリーに纏めている点に留意されたい。例えば「日米安保・沖縄返還」については、本来これら二つの出来事は別個のものとして扱うべきであろうし、また日米安保は時期的に相当の広がりを持った複数の出来事を包含しているが、1970年代初頭以前の出来事でまとまった数の回答のあった出来事がなかったこと、またこれらの出来事は外交・安全保障問題に関連した一連の出来事と考えることもできるため、敢えて一つのカテゴリーに纏めることにした。同様に、「細川内閣・村山内閣」もそれぞれ別個の出来事とすべきであろうし、またそれぞれの内閣に関しても複数の内容が含まれているが、1990年代の非自民首相時代の記憶として一つに纏めた。他方、小泉内閣に関連した記憶としては、郵政民営化以外にも靖国参拝や北朝鮮訪問などいくつかの出来事が挙げられていた（ただしそれらの出来事を挙げた回答者の数は少

まず,「その他」が全体の4分の1弱を占めているが,これらはほぼ数人以下の者のみが挙げているもので（例えば「太平洋戦争」,「日本列島改造」,「バブル崩壊」など),また必ずしも第一義的に「政治的な出来事」とは言えないものも相当数含まれている。表に示した出来事は,「リクルート事件」が9人である以外,すべて10人以上の回答者によって挙げられており,なおかつ戦後の日本政治におい

表補2-1　最も強く印象に残っている出来事

日米安保・沖縄返還	16	(4.2)
ロッキード事件	71	(18.7)
リクルート事件	9	(2.4)
消費税導入	25	(6.6)
細川内閣・村山内閣	14	(3.7)
小泉内閣・郵政民営化	32	(8.4)
2009年政権交代	122	(32.2)
その他	90	(23.7)
計	379	(100.0)

注：数字は回答者数,（　）内は％。

てそれぞれに画期を成すと考えられる出来事である（表では上から下へと時系列に沿って表示してある)。

各回答の頻度を見ると,全回答の約3分の1が「2009年政権交代」であり,政権交代から半年を経ずして行われた調査での回答とは言え,この出来事が人々にとっていかに大きなインパクトを持つ出来事であったかが分かる。またそれに続く頻度を示すのが「ロッキード事件」（全回答の2割弱)であり,この出来事もまた（次節で見る通り,特に40代以上の世代に対して)いかに鮮烈な印象を残した出来事であったのかを窺い知ることができる。

4　回答者の属性と政治的記憶

それでは,政治的な記憶は回答者の属性とどのような関連を持っているであろうか。表補2-2は,回答者の性別,年齢,学歴と記憶の内容との関連を見たものである。

予想される通り,三つの属性の中で記憶との間に最も明確な関連が見られるのは年齢である（V = .33, p<.001)。「2009年政権交代」は世代が下るほど（特に20代,30代で)これを挙げる率が顕著に高くなっている。ただしこれには例外があり,60代は40代と同程度にこの出来事を挙げる傾向が見られる。また「小泉内閣・郵政民営化」を挙げる率も20代で突出して高い。これより若干上の世代,すなわち30代から40代（言い換えれば1980年代から1990年代に成年に達した世代）の回答者に,他の世代と比較して相対的に高い割

ない）が,ここでは郵政民営化に関連した記憶（「郵政選挙」を含む）のみを一つのカテゴリーに纏め,「小泉内閣・郵政民営化」とした。

表補2−2　回答者の属性と政治的記憶

	安保・沖縄	ロッキード	リクルート	消費税	細川・村山	小泉・郵政	政権交代	その他
男性	6.8	21.4	2.4	3.9	4.4	6.3	35.9	18.9
女性	1.2	15.6	2.3	9.8	2.9	11.0	27.7	29.5
20代	0.0	0.0	2.3	4.6	0.0	20.7	46.0	26.4
30代	0.0	7.0	2.3	14.0	7.0	5.8	38.4	25.6
40代	0.0	30.8	1.5	12.3	6.2	7.7	29.2	12.3
50代	3.1	49.2	0.0	1.5	4.6	4.6	21.5	15.4
60代	21.3	21.3	2.1	0.0	2.1	2.1	29.8	21.3
70代以上	13.8	10.3	10.3	0.0	0.0	0.0	6.9	58.6
義務教育	9.1	27.3	0.0	0.0	0.0	0.0	27.3	36.4
高校	4.7	24.2	2.7	7.4	2.7	5.4	32.9	20.1
短大	1.1	14.9	1.1	7.4	2.1	9.6	33.0	30.9
大学	5.7	14.6	3.3	5.7	6.5	12.2	31.7	20.3

注：数値は各属性カテゴリー内で挙げられた比率（％）。
性別：Cramer's V = .25（p<.01）　年齢：Cramer's V = .33（p<.001）　学歴：Cramer's V = .15（p>.10）

合で挙げられているのが「細川内閣・村山内閣」と「消費税導入」（すなわち1980年代末から1990年代中盤にかけての出来事）である。他方、50代をピークに40代〜60代の回答者に高い割合で挙げられているのが「ロッキード事件」、60代以上の回答者に集中して挙げられているのが「日米安保・沖縄返還」である。このように、政治的記憶はそれぞれの世代に固有の内容を持ち、それらは各世代が10代〜20代という基底的な政治意識の形成期に起きた出来事と密接に関連したものであるように見える[7]。

また回答者の性別に関しても、いくつかの差が見られる（V = .25, p<.01）。「2009年政権交代」や「細川内閣・村山内閣」を挙げる者の割合は男性に多く、「小泉内閣・郵政民営化」や「消費税導入」を挙げる者の割合は女性に多い。「ロッキード事件」と「日米安保・沖縄返還」は男性に多いが、これは50代以上の回答者に男性の比率が高いことの影響があると思われるため、解釈には注意が必要である。

最後に、やや意外ではあるが、教育程度に関しては、明確な影響が認められなかった（V = .15, p>.10）。若干見られる関連（すなわち時期の古い出来事ほど、より学歴の低い層によって相対的に多く挙げられている）も、実

---

[7] 10代から20代にかけて基本的な政治意識の形成がなされるという見方は、Greenstein (1965) を始めとするアメリカにおける政治的社会化研究の知見とも一致する。なお、「消費税導入」と時期を同じくする「リクルート事件」に関しては明確な世代的特徴が見られないが（最も比率が高いのは70代、次いで20代と30代）、この出来事を挙げた回答者の総数が少ないこともあり、この結果に関する解釈は控えたい。

際には世代の効果であると考えられるものである。

5　「概念」レベルにおける記憶の構造

　以上の分析においては，回答者の政治的記憶を「出来事」単位で集計し，世代を始めとする属性との関連を見てきた。本節では，さらに分析を進めて，それらの記憶を構成する「概念」単位の構造分析を行う。具体的には，テキストマイニングの手法を用いて，まず回答された記述についての形態素解析を行い，抽出された語を整理するために同義語リストを作成した。さらに政治的記憶との関連性の低い語を除外した上で，出現頻度が4以上の語を対象として，概念相互の関連，および概念と回答者の属性（男女それぞれに関して「20～30代」，「40～50代」，「60代以上」の計6カテゴリー）との関連についてのコレスポンデンス分析を行った。結果（2次元平面上の付置）は図補2－1の通りである[8]。

　ここでも政治的な記憶と世代との関連が明らかである（他方，性別による大きな差は見られない）。すなわち，「安保闘争」や「沖縄」は60代以上のグループに特徴的な記憶であり，「田中角栄」，「ロッキード事件」，「逮捕」などは40代～50代のグループに，また「郵政民営化」や「小泉内閣」は20代～30代のグループに，それぞれ特徴的に見られる記憶である。その一方で，「自民党」，「民主党」，「政権」といったより一般的な概念は原点付近集まっており特定の世代に特徴的な記憶の内容とはなっていないように見える[9]。

6　党派的態度と記憶

　それでは以上のような政治的記憶は回答者の党派的態度と何らかの関連を持っているであろうか。より具体的には，特定の出来事を強く記憶している

---

[8] 分析にはテキストマイニングソフトttmを使用した（松村・三浦，2009を参照）。図1に表示された結果は，3次元解の第1次元と第2次元による平面上の付置で，これら二つの次元の寄与率は合計で76.5%であった。なお，分析に当たっては，横山智哉氏（現・一橋大学大学院社会学研究科）のご助力を得た。記して感謝する。

[9] 実際には，「自民党」，「民主党」，「政権」といった概念は，「自民党から民主党へと政権が移った」といった文脈で使われている場合が多く（同じく原点付近に位置する「今回」という概念もこれに関連したものである），この調査の時期から考えても2009年の政権交代が世代を超えた多くの人々にとって大きなインパクトを持つ出来事であったことが窺われる。

図補2−1 記憶を構成する概念に関するコレスポンデンス分析の結果

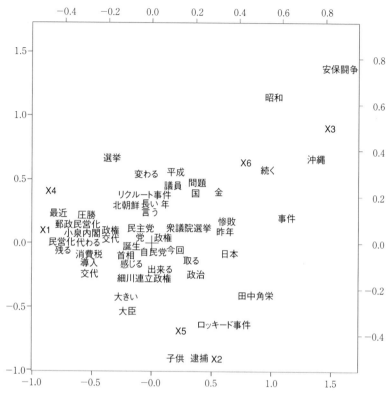

注:X1＝20〜30代男性,X2＝40〜50代男性,X3＝60代以上男性
X4＝20〜30代女性,X5＝40〜50代女性,X6＝60代以上女性

者が,特定の政党に対してより好意的あるいは非好意的な態度を抱いているといった傾向が存在しているであろうか。

この点を明らかにするために,以下のような重回帰モデル(OLS)による分析を試みた。すなわち,従属変数として六つの政党に対する感情温度を[10],また独立変数として,性別,年齢,教育程度に加えて[11],記憶に関する次の

---

10 ここではケース数の減少を抑える必要もあるため,自民,民主,公明,社民,共産,国民新の各党に対する0度〜100度の感情温度計を用いた質問への回答をそのまま用いた。すなわち,本補論での政党感情温度は他の章とは異なり個人内標準得点ではない。

ような変数を作成し分析に投入した。まず雑多な内容が含まれる「その他」の出来事を挙げた回答者を分析から除外した上で12，ケース数の少ない「リクルート事件」を「ロッキード事件」に統合して「スキャンダル」というカテゴリーを，また同様にケース数の少ない「細川内閣・村山内閣」を「2009年政権交代」に統合して「政権交代」というカテゴリーを，それぞれ新たに作成した。こうした処置は結果の解釈という点からは望ましくないが，各カテゴリーに該当する回答者数を一定以上とするために，ここではこのような処置を取った。その上で，「政権交代」を参照カテゴリーとして，他の4カテゴリー，すなわち「スキャンダル」，「小泉内閣・郵政民営化」，「消費税導入」，「日米安保・沖縄返還」のそれぞれをダミー変数として，性別，年齢，教育程度と共に分析に投入した。その結果，自民，民主，公明の3党に対する感情温度に関して記憶の効果が認められた。表補2−3は，これら3党に関する分析結果を示したものである。

まず「小泉内閣・郵政民営化」に関する記憶は，「政権交代」の記憶と比較して自民，公明両党への感情によりプラスに働いている。これら両党が小泉内閣における与党であったことを考えれば，これは納得できる結果と言えるだろう。さらに自民への感情温度に関しては，「日米安保・沖縄返還」の記憶がマイナスに作用している。この出来事に関する強い記憶と，当時の政権与党である自民へのネガティヴな感情の結び付きは，今日においても確固として持続しているように見える。

他方，民主への感情温度に対しては，「消費税導入」のマイナスの効果が見られる。参照カテゴリーである「政権交代」が一般的に言って民主にポジティヴに関連した出来事であること，また調査時点においては与党である民主の下で消費税率の引き上

表補2−3　政治的記憶と政党感情温度

	自民	民主	公明
男性	.04	.04	−.14**
年齢	.09	.09	.03
教育程度	.05	.09	−.06
スキャンダル	.06	−.04	.03
小泉内閣・郵政民営化	.12*	−.07	.20***
消費税導入	−.02	−.16**	.07
日米安保・沖縄返還	−.16**	−.01	−.05
adj R^2	.02*	.02*	.05***

注：数値は標準化偏回帰係数（OLS）。
*$p<.10$　**$p<.05$　***$p<.01$

11　性別に関しては，女性＝0，男性＝1，年齢に関しては，20代＝0，30代＝0.2，40代＝0.4，50代＝0.6，60代＝0.8，70代以上＝1，教育程度に関しては，義務教育＝0，中等教育＝0.33，短大・高専＝0.67，大学・大学院＝1，としたものをそれぞれ用いた。

12　その結果，分析対象となる回答者は289人に減少した。

げが議論されていたことから，この結果に関しても一定の説明が可能であろう。ただし，この記憶が消費税導入時の与党であった自民への感情温度にマイナスに働かないこと，また同様に自民長期政権下における政治的スキャンダルに関連した「スキャンダル」が自民を始めいずれの党に対する感情温度にも影響を与えていないこと，さらには共産，社民，国民新の各党に対する感情温度にはいずれの記憶の効果も認められないことなど，予想とは異なる——例えば社共両党への感情温度と「日米安保・沖縄返還」の記憶，国民新党への感情温度と「小泉内閣・郵政民営化」の記憶などは強く結びついていても不思議ではない——結果も多く見られ，方法論的な改善を含め今後さらに検討を続ける必要があろう。

7 政治意識と記憶

最後に，政治的記憶と様々な政治意識や投票参加との関連を見るために，前節での分析と同じ独立変数（性別，年齢，教育程度，および記憶に関する四つのダミー変数）と次のような従属変数，すなわち「政治的アクターへの信頼」（2変数），「日本の政治において必要と思うこと」（8変数），「話し合いへの参加経験」（1変数），「地域社会における参加への義務感」（6変数），および「国政選挙における投票参加傾向」（1変数）を用いた重回帰分析（OLS）を行った[13]。その結果，表補2－4に示した五つの従属変数に対して，

---

13 これらの従属変数の具体的な内容は以下の通りである。
　「政治的アクターへの信頼」：10種類の政治的アクターに対する信頼感（5段階尺度で質問）について因子分析を行った結果得られた二つの因子，すなわち「首相」，「国会議員」，「中央官僚」などへの信頼からなる「国政アクターへの信頼」因子および「市議会議員」，「県議会議員」，「市職員」，「県職員」などへの信頼からなる「地方政治アクターへの信頼」因子の因子得点。
　「日本の政治において必要と思うこと」：「国民の声をよく聞く」，「国民に対する指導力を発揮する」，「充分に議論をする」，「迅速で効率的な決定を行う」，「多数の意見を反映させる」，「少数の意見を尊重する」，「妥協できるところは妥協する」，「それぞれの立場を明確に主張する」の8項目に関して，その必要性を5段階尺度で質問したものへの回答を，最も必要が無いと考える場合に0，最も必要があると考える場合に1となるように変換。
　「話し合いへの参加経験」：「地域問題」，「教育問題」，「福祉問題」，「消費者問題」，「環境問題」のそれぞれに関する解決のための話し合いへの参加経験（4段階尺度で質問）についての主成分分析（抽出された主成分は一つだけ）によって得られた主成分得点。

表補2−4　政治的記憶と政治意識・投票参加

	「信頼」国政アクター信頼	「必要」立場を明確に主張	「話し合い参加」	「参加義務感」地域活動	「投票参加傾向」
男性	.06	.01	−.13**	−.10*	−.04
年齢	.13*	−.01	.24***	.17**	.34***
教育程度	.03	−.02	.05	−.03	.09*
スキャンダル	−.12*	−.05	.03	.04	.00
小泉内閣・郵政民営化	−.06	.16**	.12*	.07	.11**
消費税導入	−.13**	−.08	.04	.13**	.10**
日米安保・沖縄返還	−.08	.08	−.04	−.07	−.00
adj R^2	.02†	.02*	.04***	.03**	.09***

注：数値は標準化偏回帰係数（OLS）。
†p = .13　*p<.10　**p<.05　***p<.01

記憶変数による何らかの効果が認められた。

　まず「政治的アクターへの信頼」に対しては，「国政アクターへの信頼」に関してのみ，若干の効果が認められた。すなわち，「スキャンダル」や「消費税導入」に関する記憶は，「政権交代」に関する記憶と比較して，国政アクターに対する信頼感を低める効果が示されているが，これは比較的容易に納得できる結果と言えるであろう。

　次に「日本の政治において必要と思うこと」に対しては，「それぞれの立場を明確に主張する」に関してのみ，「小泉内閣・郵政民営化」に関する記憶のプラスの効果が認められた。現在の日本の政治においては「ブレのない明確な主張」が必要であると考える人々にとって，小泉首相による郵政選挙が政治手法に関する参照点であるのかも知れない。

　同様に，「話し合いへの参加経験」に対しても「小泉内閣・郵政民営化」に関する記憶のプラスの効果が見られる。このような出来事の経験が，政治参

　「地域社会における参加への義務感」：地域社会における20種類の活動・参加形態に対する参加義務感（義務感があれば1，なければ0）に対して行った因子分析の結果得られた六つの因子（「エリートへの接触」，「インターネットを通じた意見表明」，「選挙の手伝い・住民運動への参加」，「議会の傍聴」，「地域活動への参加」，「選挙での投票」）の因子得点。
　「国政選挙における投票参加傾向」：2009年衆院選における小選挙区および比例代表での投票実績，および2010年参院選での選挙区および比例区に関する投票意向について，それぞれ「棄権した／棄権する」を0，それ以外を1とし，それらを合計した得点。

加を促進する可能性が示唆されている[14]。

また「地域社会における参加への義務感」に対しては，自治会・町内会活動や地域的なボランティア活動といった「地域活動への参加」義務感に関して，「消費税導入」についての記憶のプラスの効果が見られる。

最後に，「国政選挙における投票参加傾向」に対しては，「消費税導入」と「小泉内閣・郵政民営化」についての記憶のプラスの効果が認められる。これらはそれぞれ1989年参院選，2005年衆院選という大きな政治的帰結をもたらした選挙に関連した出来事であるが，それらの記憶が，性別，年齢，教育程度をコントロールしてもなお，1993年衆院選や2009年衆院選に関連した「政権交代」の記憶以上に投票参加を促進する効果を示していることは興味深い。

8　まとめ

以上の分析結果から，政治的記憶には各世代に特有の内容があり，またそれらが政治意識や投票参加に対しても一定の影響を与えていることが示された。残された課題も多いが，一点挙げておきたいのは記憶が行動に与える影響についてである。

本補論の分析においては，例えば「小泉内閣・郵政民営化」を挙げた回答者に関しては，これを好ましい出来事として記憶している者も，好ましくない出来事として記憶としている者も，それを区別することなく分析に投入している。しかし，例えば，投票に参加した結果が好ましいものであった場合と，好ましくないものであった場合では，その選挙の記憶がその後の投票参加傾向に与える影響には違いがあると考えるのが妥当であろう。心理学的に考えれば，好ましい結果はその行動を促進し，好ましくない結果はその行動を抑制すると考えられるからである。政治的記憶と政治参加の間にもそのような関係が存在するのか，今後さらに分析が必要である[15]。

14　もちろん，記憶と政治意識や政治参加との因果関係は単純な一方向的なものと考えることはできない。特定の政治意識や参加傾向を持つ人々にとって，ある出来事が特に強い印象を与えるということも当然あり得る。

15　記憶の内容がポジティヴかネガティヴかという要因を取り入れて分析を行ったものとして，岡田（2011）を参照。また，こうした問題に「強化学習」という視点からのアプローチを行った荒井（2014）も参照。

終章

日本における政党政治と代表制民主主義の行方

1　本書で得られた知見

　以上，本書では2000年代後半に実施された選挙世論調査データの分析を通じて，「選択の主体」としての有権者の実態，政党－有権者関係，有権者が行う選択の意味などを明らかにしてきた。以下本節では，得られた知見の中でも，日本における政党政治と代表制民主主義について考える上でとりわけ重要と思われる点について，再度確認しておきたい。

(1)「選択の主体」としての有権者

　有権者は決して均一な存在ではなく，社会意識やライフスタイルの点でそれぞれに特徴を持つ様々なミリューから成り立っている。ただし，これを政治的な側面から見た場合，明確な党派性を持ち，政治的にもアクティヴなミリューも一部は存在はするが，それは社会全体から見てかなり小さな部分に留まっている。多くのミリューは政治的関与度が低く，明確な政策・イデオロギー的スタンスを示さず，また支持政党と投票政党の一貫性にも欠ける。そして党派性が見られる場合でも，それが何らかの社会構造上の分界線に沿って形成されたものとは思われず，選挙間における投票政党の移動についても相互に同じようなパターンを示す（選挙政治の「全国化」（平野, 2007）に加えて「社会的均質化」が生じていると言ってもよかろう）。従って，有権者の大部分を含むこれらのミリューの性格は，Crouch (2004) の言うミドル・マスに近いものであると考えられる。
　これを政党のあり方という観点から見れば，「2大政党」を含め今日の日本

の政党の多くは,社会構造の中に堅固な広がりを持った基盤の上に立つものではなく,また積極的な「政治的・政策的」な選択の対象とはなっていないのではないか,そしてそれが今日の日本政治を特徴付けるヴォラティリティの亢進に拍車をかけているのではないか,との疑念が生ずる。極論すれば,一部のミリューにおいては,政治や社会の現状に対する満足／不満の意識が,自民／民主という2大政党的なプラットフォーム上での選択として表明されたに過ぎないのではないかとさえ思われた。

(2) 3つの側面から見た政党－有権者関係

①政策を媒介とした政党－有権者関係

有権者自身の政策的な争点空間は,憲法・安全保障の軸と経済・社会政策の軸からなる2次元構造をなしている。この2次元空間上に有権者を支持政党別に位置付けると,憲法・安全保障の次元に関しては,明確に「保革」の次元に沿った布置が見られる。しかし,経済・社会政策の次元に関しては,支持政党間での差が殆ど見られない(2009年),あるいは「保革」次元に沿った形での僅かな差(「革新」寄りになるほど積極的な経済・社会政策志向)が見られる(2010年)に留まる。これは,経済・社会政策が本来「難しい」争点であり,さらに質問が価値のトレードオフ(例えば「税負担の軽減」と「福祉の充実」)の形を取っているからであると思われる。他方,この2次元空間上における各党の政策位置に関しては,第一に,有権者の認知はかなり限られたものである。経済・社会政策よりも憲法・安全保障の方が,また中小政党よりは自民,次いで民主という2大政党の方が,より認知度が高いとは言え,総じてDK/NA回答の比率が高い。第二に,各党の布置を見ると,憲法・安全保障のみならず,経済・社会政策に関しても,ほぼ明確に「保革」の次元に沿った位置付けがなされている(「保革」次元上の位置付けが難しい「みんな」はやや曖昧な位置にある)。しかし,経済・社会政策の次元に関しては,「革新」寄りの政党ほど消極的な経済・社会政策志向と位置付けられており,有権者自身の政策的な位置とは逆になっている。第三に,これに限らず,個々の政策に関する各党支持者の選好の平均値と,認知された各党の立場の平均値を比較すると,必ずしも政策的に最も近い政党と支持政党,投票政党が一致してはいない。

以上の点から,第一に,有権者が政策的な「争点投票」を行う前提が満たされているとは言えない[1]。第二に,政策争点に関しては,今日でも憲法・

安全保障問題が最もセイリエントな対立軸であり，社会・経済政策は有権者自身の選好に関しても，また政党の政策位置の認知に関しても，未だに有効な対立軸となっているとは言えない。第三に，有権者，政党いずれの政党位置に関しても，その布置は「保革」の次元に沿ったものとなっている。すなわち，有権者は政策的な対立軸を今日においても「保革」対立の構図で捉えており（特に経済・社会政策の次元上ではこれを単にヒューリスティックとして用いている可能性があり），翻ってこのことは，自民，民主の2大政党間の政策的な対立が争点空間上でのセイリエントな対立軸にはなっていないことを意味している。これらのことは，政策を媒介とした政党－有権者関係が適切に機能していないことを示唆するものである。

②職業的利益を媒介とした政党－有権者関係

第一に，有権者の職業的な属性と支持政党との間には，いくつかの重要な関連が見られる。「農林漁業」，「自営業」，「管理職」といった55年体制期において自民党長期政権を支えた層は，現時点においても相対的に固い自民支持層を形成している。また大企業に勤める者は，相対的により民主志向であり，中小企業に勤める者はより自民志向であったが，今日注目を集めている非正規雇用者については正規雇用者との間に明確な差は認められなかった。第二に，職業利益代表政党に関する分析から，政治的に「中心」に近いと考えられる職業カテゴリー（「大企業労使」，「農林漁業」，「公務員」）の利益を巡っては，自民，民主の2大政党の間に対立関係はないと認知されていることが明らかとなった。また大企業，中小企業を通じて，経営者と正社員の利益は一致したものとして認知されているが，その一方で無職者（「専業主婦」，「退職者」，「失業者」）の利益を重視する政党は存在しないという認識も広く持たれ，総じて政党は「生産者志向」であるとの認知が見られた。第三に，自民，民主両党に関する利益代表政党認知と政党支持との関係を分析した結果，自分自身の職業利益を代表する政党に関する認知は，政党支持に対して一定の影響は及ぼすが，その影響は部分的なものに留まることが明らかとなった。

このように，客観的な職業的属性と政党支持の間には一定の明確な関連性

---

1 言うまでもなく，合理的な「争点投票」の前提は，有権者自身の選好が明確であり，なおかつ各党の政策的な位置を正しく知っていることである。この点については平野（2011b）も参照。

が見られたが，その背景にあると推測される，職業利益代表政党に関する認知を媒介とした支持の分界線は明確には認められなかった。言い換えれば，職業利益を媒介とした政党－有権者関係の多くの部分は，「自覚的」というよりは「即自的」なものであるように思われる。

③選挙活動を媒介と　　選挙に関連した政党からの働きかけは，党派性と
　した政党－有権者関係　チャネルという二つの要素によって構造化されている。このうち，パーソナルな働きかけに関する分析からは，こうした働きかけがその政党への投票を促進するという一定の効果が認められた。ただし，働きかけを受けた者の比率はさほど高くはなく，パーソナルな働きかけのネットワークが有権者の中に浸透しているとは言えないことも明らかとなった。仮に，今後こうしたネットワークがさらに弱体化することがあれば，このメカニズムを通じた政党－有権者関係もより一層弱体化する恐れがある[2]。

(3) 有権者による選択の「意味」

まず党派間の選択の枠組に関する分析からは，第一に，今日においても自民対社共という「保革」次元が，有権者にとって最もセイリエントな党派的対立軸であり，他方，民主は独立した選好の軸を形成している。その結果，自公，民主，社共という三つの勢力がほぼ三角形の形に布置し，さらに「みんな」がそれらとは独立した選好の軸を新たに形成したことが明らかとなった。このことはまた，有権者の選好構造において，自民対民主という2大政党間の対立が，政党間競争の主たる次元を形成してはいないことを意味している。第二に，こうした選好構造の分析を世代別に行った結果，「保革」対立という過去における現実の党派的対立構造を反映した選好の構造は，その時代を体験した世代においては状況が変化した後にも強い慣性を持って持続し，さらに下の世代もそうした構造を適応的に学習していくということが示唆された。そうであるならば，社会全体としての「主観的な現実」は，客観的な状況よりもはるかに緩慢にしか変化しないことになる。

次に，こうした枠組の上での選択の「意味」に関する分析からは，第一に，

---

[2] 一般有権者が電子メールによる働きかけを行うことが認められるようになるかどうかなど，選挙におけるインターネット利用に関する今後の展開も，この問題と密接に関わる論点である。

「自公か民主/社共か」および「自民か民主か」という選択に関しては，2009年の政権交代の前後を通じて，「保革」対立のコアとなる争点であった憲法・安全保障問題が最もセイリエントな選択基準となっていたことが示された。また投票行動に対する感情温度差の効果の分析からも，有権者が「保革」軸上での近接性によって投票政党を選択していることが示唆された。ただし，「自公－民主」の感情温度差と，「集団的自衛権」や「日米安保体制」に関する政策選好の間の相関は，民主が政権に就いた後に小さくなった（同様に，「原発」に関する政策選好との相関は見られなくなった）。他方，経済・社会政策に関しては，その時々の経済・社会的な状況や政治的なコンテクストを背景に，散発的に政治の前景に出てくるように見える。例えば，「自民か民主か」に対して，小泉内閣期には「小さな政府」志向が自民への選好に結び付いていたが，麻生内閣期にはそれが「自助努力」と「景気対策志向」へと変化し，政権交代後には社会保障制度維持のための消費税率の引き上げへの肯定的態度が民主への選好に結び付くようになった。第二に，「保革」軸との関連が大きいとされてきた価値観，特に権威主義的態度が党派間の選好に及ぼす影響に関しては，今日でもそうした影響は見られるが，かつてほど顕著なものではなくなっているように見える。特に「保守的権威主義」は自公への選好に結び付くが，「社会的支配志向」はむしろ民主への選好を促進している。他方，脱物質主義は，「自公か民主/社共か」において一貫して民主/社共への選好を促進する効果を見せているが，それはいずれも産業主義的な価値に基礎を置く旧来の左右の対立軸をクロスするものという（主として欧州における）本来の意味においてではなく，「秩序の維持と経済の安定 vs. 声の反映と自由」の軸として「保革」次元に回収されたものとしてである。また暮らし向きの現状評価や階層帰属意識も党派的な選好にはほとんど影響を与えていない。その意味で，党派的選好における（主観的な）階層亀裂は認められない。第三に，「自民か民主か」という選択の基準は，主として首相に対する好感度と憲法・安全保障の次元における選好にあり，これにその時々に顕在化している経済・社会的争点や，景気の先行きに関する予想と結び付いた政権への期待/失望などが加わったものである。

2　今後の日本における政党政治と代表制民主主義

以上の知見から，今後の日本における政党政治と代表制民主主義の行方に

ついて、何が言えるであろうか、そして何を言うべきであろうか。以下、まず代表制民主主義のスタイルについて検討した上で、政党政治のあり方について考えてみたい。

(1) 代表制民主主義

　以上の分析結果から、今日の日本においては社会の中に埋め込まれた政治的なクリーヴィッジは——有権者の主観的なレベルにおいては——ほとんど存在しないことが明らかとなった。ミリュー・グループの構成を見ても、職業代表政党の認知や階層帰属意識を見ても、さらには回答者のデモグラフィックな属性の効果を見ても——属性の効果は現在も低下し続けているように見える——明確なクリーヴィッジの存在は認められない。翻ってこれは、日本の政党がこうした社会・経済的な構造に根を下ろした存在となることが難しいということを意味している。

　もちろん、客観的にもこうしたクリーヴィッジが存在しないのであれば、それはその社会にとって悪いことではなかろう。しかし、今日の日本には、様々な経済的・社会的な利害の対立関係——仮に「クリーヴィッジ」とまでは言えないとしても——が内包されており、政治的な解決が強く求められているものも多い。しかし、政党と有権者のいずれもが、こうした対立関係を「政治的」な亀裂としては（場合によっては故意に）認識せず、また各政党がいずれの利益を代表しているのかも必ずしも明確ではないため、社会・経済的な構造に基礎を置く投票行動は生じにくいものとなる。

　他方、政策的な争点のレベルにおける最もセイリエントな対立軸は、2000年代後半においても憲法・安全保障関連の軸——すなわち、かつての「保革」の対立軸——のままであり、これは党派間の対立という点では自民 vs. 社共の対立軸である。言い換えれば、2 大政党の一角である民主は、この次元上では「中道」政党である。そしてこの対立軸は、本来これとは相対的に独立した内容を持つ政策争点や価値対立をもその中に回収する強力な磁場を形成している。これに対して、経済・社会的争点は散発的に政治の前景に現れるのみであり、また政治的なコンテクストの変化によって、各党の立場も不安定なものとなる。例えば、小泉内閣期の自民は「小さな政府」志向と見られていたが、麻生内閣期の自民は積極的な財政支出志向であると見られている。さらに何よりも、有権者は各党の政策的な立場を明確に認識していない。憲法問題に関する2大政党の立場でさえも、回答者の3分の1から4割程度は

「分からない」という反応であり，その意味において政策的な争点投票が広く行われる前提条件は整っていない。こうした状況においては，多くの有権者にとって2大政党間の対立は「薄められた保革対立」でしかない。

　それでは有権者の選択には意味が無いのであろうか。勿論そうではない。本書の分析が明らかにしたところによれば，首相感情温度や景気の将来予想は与野党間の選択に明確な影響を与えている。特に首相感情温度の効果は突出して大きい。言い換えれば，内閣の業績評価やそれに基づく将来への期待は，少なくとも与野党間での選択基準としては充分に機能していると言ってよい[3]。

　それでは，こうした状況を前提とした場合，今後の日本における代表制民主主義のスタイルとしては，どのようなものが相応しいであろうか。この点に関して参考になるのがRiker (1982)の議論である。Rikerは選挙の意味について，政府を投票結果に従わせるためのものであると考える「ポピュリスト的解釈」と，政府を政権交代の可能性によって制御するためのものであると考える「リベラリスト的解釈」とを対比させている。この議論に従えば，例えばマニフェストに関して，これを有権者と政党との事前契約と考え，政権に就いた政党はこの契約に拘束され，これを忠実に実行すべきと考えるのが「ポピュリスト」の考え方，それとは異なり，政権に就いた政党は状況の変化に応じて場合によってはマニフェストから離れた柔軟な対応を取っても良いが，ただし次回の選挙においてマニフェストに謳った内容がどのように実現されたかが審判の大きな材料となると考えるのが「リベラリスト」の考え方ということになろう。有権者の投票スタイルとの関係で言えば，マニフェストの内容をよく吟味して，最も好ましいと思われる政党に投票し，政権に就いた政党にはその実施を迫るというスタイル——政策的な争点投票はほぼこれに当てはまると言えるだろう——が「ポピュリスト」的な投票行動，前回選挙のマニフェストを思い出し，それ以来の各党（特に与党）のパフォーマンスがどれだけ評価できるか，また今後どれほど期待できるかによって投票政党を決める——すなわち広義の業績投票を行う——のが「リベラリスト」的な投票行動となろう。

　Riker自身は，社会的選択理論の観点から，論理的に「人民の意志」の発

3　この点については，2007年〜2010年にかけての3回の国政選挙における業績投票／経済投票の分析を行った本書補論3を参照されたい。

見が不可能である以上「ポピュリスト的解釈」は破綻するとして,「リベラリスト的解釈」を取るが,本書の分析結果は,有権者の側において政策的な争点投票の前提が整っていない点を示すことを通じて,実証的にも「ポピュリスト的解釈」に即した選挙の困難さを明らかにした[4]。従って,少なくとも短期的には,「リベラリスト的解釈」に即した業績評価／期待型の投票行動をいかに良く機能させるかを考えざるを得ないであろう。

そのためには,有権者が政権与党の業績や今後への期待,各党の政権担当能力やリーダーの資質などを適切に判断できるような環境の整備が――マスメディアの報道や有権者自身の自覚も含めて――重要である。特に有権者の側の問題として,「正解を求める政治」からの脱却が重要であろう。「正解を求める政治」においては,有権者は既に(外生的に)どこかに存在している「正解」を提示している政党はどこか,という判断基準で選択を行う。しかし,現実にはそのような「正解」などは存在しないため,どの政党が政権に就いても,またどれだけ内閣が代っても,早晩失望し,次の「正解」探しが始まる。これが今日の日本政治におけるヴォラティリティの一因となっていることは間違いない。そうした姿勢ではなく,有権者自身も含め「皆である程度の正解――実行可能な中で最も良いと考えられる解――を形成する」という志向が無ければ,代表制民主主義は今後とも機能しないであろう。

(2) 政党政治

それではこうした代表制民主主義を実際に担う政党政治のあり方についてはどうであろうか。まず,先述の「リベラリスト的解釈」に即した業績評価型の選挙プロセスは,「対立争点型政治」(positional politics) よりも「合意争点型政治」(valence politics) とより親和的である。「合意争点型政治」は,2大政党のいずれもが比較的穏健な政策的スタンスを取り,有権者は主として政権に対する業績評価や期待,各政党の政権担当能力や信頼性,さらにリーダーに対する評価などに基づいて投票政党を決定するというもので,近年のイギリスなどで支配的な潮流とされるようになった政治のスタイルである(Clarke et al., 2004)[5]。

---

[4] 実際に,民主党政権の一部にあった「ポピュリスト的解釈」が,政府の意思決定から柔軟性を奪い自縄自縛に陥らせたことは,この解釈を現実の政治過程の指針とすることの難しさを示すものと言える。

[5] 「合意争点型政治」の下での投票行動モデルについても,本書補論3 (252-268頁)

こうした政治のスタイルが機能するためには，先に述べた有権者の側における条件と同時に，政党の側においてもいくつかの条件が担保されていなければならない。一つは，政権担当可能な政党が複数存在すること，言い換えれば政権交代の受け皿となり得る野党が存在していることである[6]。もう一つは，いずれの政党についても，業績評価の対象となり得るようなアカウンタビリティが確保されていなければならないということである。特に与党においては，党が一体となって有権者の審判を受けるという「作法」が徹底されなければならない。この点から見て，民主党政権の末期に見られたように，与党敗北の可能性が高まると多くの議員が離党して新党を結成したり，果ては野党への移籍を模索するといったことは，アカウンタビリティの放擲と言わざるを得ない。また選挙前に結成された新党も，選挙後には次回の選挙での生き残りをかけて既存の中小政党と共に合併や連携を模索することが屢々であるが，政党の（ひいては個々の議員の）生き残り自体が目的となり，政策的な整合性は二の次となりやすい。その結果として，中北（2012）の言う「選挙至上主義政党」や「政党なきエリート競争型デモクラシー」がもたらされることになる。そしてそれは日本政治のヴォラティリティを一層亢進させることとなろう。

さて，以上の議論は短期的な展望に関するものであるが，より中長期的にはどのようなあり方を考えるべきであろうか。既に見てきた通り，現在の日本政治においては，現実には存在する経済・社会的争点空間の構造が，政治的な競争空間の構造に適切に反映されていない。これは，一方において有権者の側における政治的対立構造の認知が，憲法・安全保障問題を中心とした「保革」の対立構造に現在でも強く規定されていること，他方において経済・社会的争点は有権者にとって相対的に「難しい争点」であると同時に，2大政党のいずれにおいても党内に多様な立場のメンバーを抱えており，それぞれの党のスタンス自体が極めて曖昧にされていることによるものである。この点が放置されたままであるならば，仮に「合意争点型政治」が短期的には

を参照。

6 高度成長期におけるように，政府による裁量的な再分配のための資源が潤沢に存在する場合には，そうした再分配を中心とするパターナリスティックな政策を掲げた政党による，一党優位体制の下での長期政権の維持も可能であろうが，今日のグローバル経済化の下での再分配資源の逼迫状況を前提とすれば，こうした政治を今後のモデルとすることは困難であろう。

ある程度機能したとしても，中長期的には日本の抱える多くの問題に適切に対処することが難しくなる——典型的には，各党内部での多元主義的停滞，すなわち「決められない政治」が生ずる——ことが容易に予想される。

これを回避するためには，今後どの政党も，これまで以上に日本の将来に関する「包括的」かつ「具体的」なイメージを掲げて競争を行うことが必要である。そして個別具体的な政策は，こうした大きな「出口」のイメージとの関連で論じられることが重要である。それによって，有権者はマニフェストを必ずしも熟読しなくても選択の意味を理解することができ，またそのイメージに照らして各党の業績評価を行うことができるからである[7]。さらに，そのような政党間競争を通じて，政策を媒介とした政党－有権者関係が新たに構築されるならば，日本においても真の意味での政党の「編成」(alignment) が成されることとなり，社会（有権者）の中に意味のある基盤を持つ政党による政治が可能となるであろう[8]。

---

7 この点に関連して，今後の政治／選挙研究において，有権者が将来の望ましい国家・社会像としてどのような「具体的イメージ」を抱いているか——言うまでもなく，数多くのそうしたイメージがあるはずであるが——について，量的および質的な調査や実験など様々な手法を用いて明らかにしていくことが重要となろう。そこから得られた知見は，一方において政党が有権者の抱くイメージを理解する手助けとなるであろうし，他方において，各党の主張する政策が——特に，財政，金融，産業政策など多くの有権者にとって理解の難しい政策について——具体的にどのような結果をもたらすかについての「可視的」なイメージを有権者に提供する上での助けともなろう。

8 以上のほか，選択の「プラットフォーム」を形成するという問題に関連して，どのような政党システムが望ましいか，またそのためにはどのような選挙制度が必要であるか，という問題があるが，非常に多くの議論が必要となるため，詳しくは稿を改めて論ずることとし，ここでは要約的にのみ述べておきたい。結論的に言えば，筆者は2000年代後半の緩やかな2大政党的システムと，それを生みだした小選挙区制を中心とする選挙制度は必ずしも悪いものではないと考えている。確かに，小選挙区制は死票が多く，政治のサイクルの中で選挙のフェイズにおける民意の反映が充分にはなされない。しかし，仮に比例代表制を中心とした制度に移行し，政権が常に複数政党の連立によるものとなった場合，投票で示された民意が政権の形成，ひいてはその政権が形成する政策にどれだけ反映されるかは保証されない。1990年代の前半，細川内閣以降の羽田，村山，橋本の各内閣が，衆議院選挙を経ない連立の組み替えによって誕生し，それが有権者の政治不信に影響を与えたことも思い起こされる。こうした点に加えて，政府のパフォーマンスに関する責任帰属（アカウンタビリティ）の明確性は，内閣を構成する政党の数が増えるほど低下する

3 暫定的結論

 本書では，民主党への政権交代を挟んだ2000年代後半における有権者の政治意識と投票行動の分析を通じて，今後の日本における政党政治と代表制民主主義のあり方を考えてきた。上に見た通り，この問題は「今日の日本において，政権交代可能な複数の政党を媒介とした，実現可能な代表制民主主義のスタイルはどのようなものか」と定式化される。

 暫定的な結論としては，短期的には政権に対する有権者の業績評価／期待に基礎を置く「合意争点型政治」をより良く機能させるための条件を——政党・政治家の側においても，有権者の側においても，またマスメディアやインターネット等に関しても——整えなければならない，ということである。

 また，中長期的には，憲法・安全保障に関する次元はもとより，客観的に存在する経済・社会的な争点の次元ともより整合的な政治的競争空間の構築が必要であり，そのためには，我が国の将来に関する包括的かつ具体的なイメージを掲げた政党の育成，それを可能にする（選挙制度の検討も含めた）競争のプラットフォームの整備が必要だということである。これが成功裡に進めば，日本においても政党の緩やかな「編成」が行われることになろう。

 逆にこうした努力を怠れば，パターナリスティックな政策を掲げる優位政党への依存による，相対的には安定した，しかし同時に停滞した，そして再分配資源の逼迫による政府への慢性的な不満を伴う政治，あるいは離合集散を繰り返す政党・政治家と「正解」を求めては失望を繰り返す有権者による，より一層のヴォラティリティを伴う政治のいずれか——場合によってはその両者の部分的な組み合わせ[9]——から抜け出すことが困難となろう。

 本書がより良い政治への議論の一助となれば望外の喜びである。

（Palmer, & Whitten, 2002; Powell & Whitten, 1993）。従って，業績評価型政治の有効性という点で，緩やかな2大政党的システム——そのうちの一方が常に政権の中心に座る——は相対的に望ましいものであると考えられるのである。

9 例えば，有権者の側の満足度が低いまま政権の座に居続ける万年与党と，離合集散を繰り返す万年野党から成る政治がこれに当たるだろう。

補論 3

業績投票と合意争点型政治

1 はじめに

本補論では,まず次節において平野 (2007) の第 8 章で行った2001年～2005年の国政選挙時における業績投票の分析を,第 3 節において同書第 4 章で行った経済投票の分析を,それぞれ2007年～2010年の国政選挙時のデータに適用し,これらの投票形態が政権交代期において何らかの変化を見せたかどうかを確認した上で,第 5 節では2010年参院選時のデータに基づき,「合意争点型政治」(valence politics) の下での投票行動モデルとして,2 大政党のそれぞれに対する多面的な能力評価に基づく投票行動の分析を行いたい。

2 政権交代期における業績投票

「業績投票」とは,一般的に政府・与党の業績に対する評価に基づく投票形態を指す概念であるが,そこにはいくつかのヴァリエーションがあり,単純に過去の業績の良し悪しに基づく「賞罰投票」モデル (Key, 1966) から,より洗練された,すなわち過去の業績を将来のパフォーマンスを予測する情報として用いる——その意味では,業績評価に基づく「期待投票」とも呼び得る——投票行動モデル (Downs, 1957; Fiorina, 1981) まで様々である。平野 (2007) においても,この両者を組み合わせたモデル,すなわち業績評価の一部は直接的に,一部は将来への期待を経由して間接的に,与党への投票行動に影響を与えるとするモデルによる分析を行った。本論でも,引き続きこのモデルに基づく分析を行い,小泉内閣期の結果との比較を行いたい[1]。

---

[1] 野党に対する将来への期待に基づく投票は,当該野党の与党としての直近の業績評価に基づかない「期待投票」ということになる。飯田 (2009) は,2009年衆院選における民主党への投票を,自民党への「失望」と民主党への「期待」によって説明したが,これは与党への「賞罰投票」と野党への「期待投票」を組み合わせたモ

補論3　業績投票と合意争点型政治　253

　分析にはロジスティック回帰分析を用い，従属変数は，これまでと同様に中心的与党への投票とする。従って，2007年および2009年に関しては自民党への投票，2010年に関しては民主党への投票となる[2]。

　主たる独立変数は，内閣（2007年：安倍内閣，2009年：麻生内閣，2010年：菅内閣）に対するそれぞれ3項目（「財政政策」，「景気対策」，「外交」）の業績評価および期待である[3]。この他，性別，年齢，居住期間，教育程度，居住形態，収入，ネットワーク，居住地域，職業，支持政党をコントロール変数として投入した[4]。

　分析においては，比例区／比例代表，選挙区／小選挙区のそれぞれに関して，独立変数が業績評価のみ（業績モデル），期待のみ（期待モデル），業績評価と期待の両方（総合モデル）という3種類のモデルを設定した。分析結果は表補3－1（比例区／比例代表）および表補3－2（選挙区／小選挙区）に示す通りである[5]。

　　デルと見ることもできるだろう。ただし，本論では与党への投票のみを従属変数とするため，野党に対する「期待投票」は直接的には分析対象とならない。この点については他日を期したい。
2　2007年および2009年に関しては，自民党（候補者）に投票した場合を1，それ以外の場合を0とし，2010年に関しては民主党（候補者）に投票した場合を1，それ以外の場合を0とする。
3　業績評価，期待とも5段階尺度による評価を，最も悪い場合を0，最も良い場合を1に再コード。
4　性別，年齢，教育程度，居住形態，収入，職業については，本書第8章の注14（204-205頁）を参照。それ以外のコントロール変数の定義は次の通りである。「居住期間」：居住期間が15年以上の場合を1，それ以外の場合を0とするダミー変数。「ネットワーク」：自分と話をしていて「日本の首相や政治家や選挙のことが話題になる20歳以上の人」の数。0～4を0～1に再コード。「居住地域」：「大都市（特別区と政令指定都市）居住」と「町村居住」の二つのダミー変数。「支持政党」：2007年および2009年に関しては，支持政党が自民党の場合を1，それ以外の場合を0とするダミー変数。2010年に関しては，支持政党が民主党の場合を1，それ以外の場合を0とするダミー変数。
5　選挙区／小選挙区での投票に関しては，2007年と2009年は自民党，2010年は民主党の候補者が立候補している選挙区の回答者のみを分析対象とした。なお，2007年以外の調査では業績評価および期待に関する質問は事前調査で聞いているが，2007年調査は事後調査のみであったため，すべての質問が選挙後になされている（従って，安倍内閣への期待に関しては「選挙時にどの程度期待していたか」を尋ねている）ことに注意が必要である。また2007年調査ではネットワークに関する質問がな

表補3－1　比例区／比例代表での自民党／民主党への投票に対する業績評価・期待の影響

	2007年参院選			2009年衆院選			2010年参院選		
	業績モデル	期待モデル	総合モデル	業績モデル	期待モデル	総合モデル	業績モデル	期待モデル	総合モデル
男性	−0.19	−0.07	−0.03	−0.17	−0.10	−0.17	0.16	0.20	0.17
30代	0.21	0.22	0.21	0.02	−0.09	0.03	0.25	0.44	0.34
40代	0.40	0.52	0.43	−0.15	−0.34	−0.18	0.33	0.35	0.33
50代	0.64*	0.68*	0.67*	0.07	−0.06	0.10	0.26	0.33	0.27
60代以上	1.30***	1.32***	1.24***	0.21	0.12	0.17	0.37	0.41	0.33
居住15年以上	−0.03	0.06	0.01	0.04	0.02	−0.04	0.74***	0.80***	0.85***
教育程度	0.34	0.48*	0.49*	−0.09	−0.07	−0.03	0.18	0.18	0.10
一戸建	0.14	0.23	0.20	0.25	0.23	0.27	0.01	0.02	0.01
分譲マンション	0.14	0.21	0.20	−0.10	−0.20	−0.11	0.50	0.47	0.56
年収400万未満	−0.05	−0.13	−0.08	−0.27	−0.16	−0.23	0.21	0.12	0.20
年収800万以上	0.30	0.26	0.28	−0.21	−0.18	−0.20	0.05	−0.01	0.05
ネットワーク	−	−	−	−0.21	−0.29	−0.24	0.11	0.04	0.00
大都市居住	−0.19	−0.21	−0.20	0.12	0.16	0.16	0.01	−0.06	0.00
町村居住	0.31	0.29	0.23	0.07	0.11	0.02	−0.11	−0.11	0.01
農林漁業	1.08**	1.26***	1.11**	1.04**	0.82**	1.01**	0.03	0.05	0.04
自営業	−0.14	−0.08	−0.10	−0.26	−0.19	−0.19	−0.35*	−0.39**	−0.39**
管理職	−0.78†	−0.81	−0.85†	0.49	0.60	0.48	0.08	0.05	0.08
支持政党	2.21***	2.13***	2.13***	2.36***	2.43***	2.36***	2.33***	2.15***	2.11***
財政政策（業績）	0.55	−	0.19	1.88***	−	1.85***	2.33***	−	1.55***
景気対策（業績）	−0.04	−	−0.26	0.14	−	−0.15	0.96*	−	0.69
外交（業績）	0.85**	−	0.50	0.73*	−	0.42	−0.34	−	−0.60
財政政策（期待）	−	1.51***	1.46***	−	1.35***	0.49	−	2.76***	2.45***
景気対策（期待）	−	0.68	0.88	−	0.31	0.26	−	−0.09	−0.24
外交（期待）	−	0.06	−0.20	−	0.83*	0.48	−	0.06	0.01
(Constant)	−3.98***	−4.60***	−4.70***	−3.51***	−3.24***	−3.69***	−4.02***	−3.99***	−4.50***
Nagelkerke R²	.37***	.41***	.41***	.41***	.40***	.42***	.39***	.40***	.42***

注：数字はロジスティック回帰係数。
†p<.11　*p<.10　**p<.05　***p<.01

　　　まず業績モデルの結果を時系列的に見ていくと，2007年は比例区で「外交」の効果が有意だが，選挙区では有意な項目がない（「財政政策」が僅かに10％水準に達していない）。これが2009年になると比例代表，小選挙区とも「財政政策」と「外交」の効果が有意となり，また2010年では比例区，選挙区とも「財政政策」の効果が有意で，さらに比例区でのみ「景気対策」の効果も有意となっている。他方，期待モデルに関しては，2007年では比例区と選挙区のいずれにおいても「財政政策」の効果が有意で，さらに選挙区でのみ「外交」の効果も有意である。続く2009年でも比例代表と小選挙区の双方で「財政政

　　　されていないので，この変数はモデルに含まれていない。

表補3-2　選挙区／小選挙区での自民党／民主党への投票に対する業績評価・期待の影響

	2007年参院選			2009年衆院選			2010年参院選		
	業績モデル	期待モデル	総合モデル	業績モデル	期待モデル	総合モデル	業績モデル	期待モデル	総合モデル
男性	−0.06	0.01	0.02	−0.34**	−0.30**	−0.30**	−0.15	−0.13	−0.14
20代	0.25	0.20	0.24	−0.51	−0.55	−0.47	0.12	0.34	0.24
30代	0.53	0.62*	0.63*	−0.05	−0.09	0.01	0.59*	0.79**	0.74**
40代	0.80**	0.79**	0.86**	−0.41	−0.46	−0.39	0.52*	0.68**	0.58*
50代以上	1.13***	1.12***	1.13***	−0.30	−0.23	−0.29	0.42	0.50*	0.46
居住15年以上	0.05	0.09	0.05	−0.04	−0.11	−0.07	0.43**	0.43**	0.46**
教育程度	0.50**	0.47*	0.66**	−0.16	−0.04	−0.02	0.29	0.24	0.20
一戸建	0.17	0.22	0.16	0.10	0.20	0.16	−0.08	−0.04	−0.11
分譲マンション	−0.62	−0.67	−0.70	0.69	0.70	0.76*	0.10	0.10	0.09
年収400万未満	0.29*	0.22	0.32*	0.06	0.12	0.07	0.07	0.16	0.07
年収800万以上	0.05	0.00	0.01	−0.30	−0.33	−0.33	0.05	0.09	0.03
ネットワーク	−	−	−	0.20	0.03	0.12	0.11	0.15	0.05
大都市居住	−0.43**	−0.38**	−0.45**	−0.08	−0.02	0.01	0.05	−0.06	0.01
町村居住	0.41*	0.54**	0.49**	0.14	0.18	0.15	−0.20	−0.42*	−0.35
農林漁業	0.50	0.70**	0.61	0.61	0.38	0.60	0.30	0.12	0.08
自営業	0.01	−0.05	−0.06	−0.09	−0.03	−0.03	−0.17	−0.15	−0.19
管理職	−0.09	−0.10	−0.06	0.90**	0.90**	0.93**	0.16	0.18	0.20
支持党	1.86***	1.77***	1.74***	1.91***	1.90***	1.86***	2.16***	2.04***	1.95***
財政政策（業績）	0.73†	−	0.47	2.02***	−	1.70***	2.07***	−	1.25**
景気対策（業績）	0.64	−	0.51	0.16	−	−0.09	0.15	−	−0.15
外交（業績）	0.52	−	−0.16	0.86**	−	0.60	0.41	−	0.02
財政政策（期待）	−	1.46***	1.35***	−	2.53***	1.73***	−	2.67***	2.47***
景気対策（期待）	−	0.31	0.26	−	−0.15	−0.17	−	−0.47	−0.48
外交（期待）	−	0.71*	0.70*	−	0.54	0.14	−	0.68*	0.52
Constant	−4.13***	−4.48***	−4.79***	−2.43***	−2.24***	−2.75***	−3.14***	−3.45***	−3.59***
Nagelkerke R^2	.31***	.36***	.36***	.36***	.36***	.39***	.34***	.37***	.37***

注：数字はロジスティック回帰係数。
†$p<.11$　*$p<.10$　**$p<.05$　***$p<.01$

策」の効果が有意であり，またここでは比例代表においてのみ「外交」の効果も有意である。さらに2010年は2007年と同じく比例区と選挙区の双方で「財政政策」の効果が有意，選挙区でのみ「外交」の効果も有意となっている。最後に総合モデルについては，2007年では比例区と選挙区のいずれにおいても「財政政策」に関する期待の効果が有意で，さらに選挙区でのみ「外交」に関する期待の効果も有意である。2009年では，比例代表と小選挙区を通じて「財政政策」に関する業績評価の効果が有意で，さらに小選挙区では「財政政策」に関する期待の効果も有意となっている。また2010年では，比例区と選挙区の双方で「財政政策」に関する業績評価と期待の効果が有意となっている。

以上の結果から，これら3回の国政選挙を通じて，「財政政策」に関する業績評価や期待の効果が顕著である。これに対して「外交」の効果は散発的であり，「景気対策」に関しては2010年の比例区において業績評価の弱い効果が見られるのみである。特に「財政政策」に関しては，総合モデルにおいて業績評価と期待の双方が有意であるケースも多く，投票行動への直接的な経路と，期待を経由しての間接的な経路のいずれをも通じて影響を及ぼしていることが分かる。小泉内閣期の4回の国政選挙に関する同様の分析の結果は，業績評価に関しては「外交」の効果が，期待に関しては「財政構造改革」の効果が[6]，それぞれ最も安定していたことを示したが，2007年以降においては業績評価と期待のいずれにおいても「財政政策」の効果がセイリエントとなり，「外交」の効果はより安定しないものとなっている。また「景気対策」に関しては，小泉内閣期には2001年と2005年のみ効果が見られた（すなわち2003年と2004年には効果が認められなかった）が，2007年以降はさらに効果が見られなくなっている。この時期において景気回復が常に大きな関心を集めるイシューであったことを考えれば，この結果はやや意外であるが，これはむしろ2007年以降，景気に対する政府の「影響力」に関して有権者の期待度がさらに下がり，投票行動との結びつきが一層希薄化したためであるかも知れない。

　また，2001年〜2005年に関する分析からは，時間の経過によって小泉内閣に対する業績評価が投票行動に及ぼす影響が増大していったことが明らかにされたが，2007年〜2010年の国政選挙はそれぞれ異なる内閣の下で行われているため，こうした時間的な効果を確認することはできない。ただし，内閣成立からほぼ1年を経た麻生内閣の下での2009年選挙と，内閣成立後約1カ月しか経っていない菅内閣の下での2010年選挙における「財政政策」の効果を比較すると，前者と比較して後者では業績評価と期待のバランスがより期待に傾いており，この点に関しては時間的な効果に関する仮説と整合的である[7]。

6　2001年〜2005年のJES Ⅲ調査における業績評価および期待に関する質問は，「財政政策」ではなく「財政構造改革」について尋ねている。

7　なお，2010年参院選の結果生じた国会の「ねじれ」状態が，内閣への業績評価や投票行動にどのような影響を及ぼしたかについての分析として今井・荒井（2013）も参照。彼らによれば，「ねじれ」国会を問題視する有権者には，それに苦しめられた内閣の業績を相対的に高く評価したり，業績評価を投票行動に結び付けなかった

最後に，コントロール変数の効果に関しても簡単に触れておくと，第一に，支持政党の効果は予想通り一貫して大きく，以前の分析結果と同様，比例区／比例代表において選挙区／小選挙区よりも大きな効果が認められた。また効果の大きさに関しても2007年以降の3回の選挙においては，小泉内閣期において最も支持政党の効果が大きかった2004年と同程度以上となっており，支持政党の効果自体が弱まっているという兆候は認められなかった。第二に，2001年から2005年にかけてほぼ一貫して自民党への投票にプラスに働いていた「町村居住」と「農林漁業」であるが，前者は選挙区／小選挙区においてのみ2007年には自民投票にプラス，2010年には民主投票にマイナスの効果が認められ，後者は比例区／比例代表においてのみ2007年と2009年に自民投票へのプラスの効果が見られる。これらの属性に関しては，以前ほど明確にではないにしてもその効果が持続しているように見える。これに対して2004年までは自民投票にプラスに働いていたが2005年にはそうした効果が見られなくなった「長期居住」，「ネットワーク」に関しては，2007年以降においても効果は全く見られず，むしろ前者は2010年において民主投票にプラスに働くようになっている。第三に，「農林漁業」以外の職業に関しては，「管理職」が2007年の比例区では比例区で自民投票にややマイナス，2009年の小選挙区で自民投票にプラス，「自営業」が2010年の比例区で民主投票にマイナスといった効果が認められる程度であり，また年収や居住形態に関しては，2007年の選挙区で「400万未満」が自民投票にプラス，2009年の小選挙区で「分譲マンション」が自民投票にマイナスに働いている以外，明確な効果は認められない。「教育程度」に関しても，2007年においては自民投票へのプラスの効果が明確であるが，それ以降の選挙においては効果が見られない。最後に性別と年齢に関しては，「男性」が2009年の小選挙区において自民投票にマイナス，「50代」，「60代以上」（およびそれほど顕著ではないが「40代」）が2007年においては自民投票にプラス，また「40代」と「50代」が2010年の選挙区において民主投票にプラスという効果が認められる。しかし，これらの結果を全体として見ると，有権者のデモグラフィックな属性の投票行動への影響に関しては，明確で一貫した直接的効果が見られなくなってきており，その傾向は

りする傾向があるとされるが，同様の状況にあった2009年の麻生内閣下での投票行動にもこうした傾向が存在したかどうかは興味深い問題であり，さらに検討を行う必要があろう。

2005年選挙以降，よりはっきりしてきたように思われる。

3 政権交代期における経済投票

経済投票とは，経済状況に関する認識や，政府の経済的パフォーマンスへの評価に基づいて投票政党を決定するという投票スタイル，言い換えれば経済的な領域に特化した業績／期待投票を指すものである[8]。

平野（2007）は，「有権者の属性と支持政党」→「経済状況認識」（「国全体の景気」と「自分の暮らし向き」に関する現状および過去1年間の変化についての認識）→「内閣の経済的パフォーマンスに関する業績評価」→「内閣の経済的パフォーマンスに関する期待」→「今後の経済状況の予測」（「国全体の景気」と「自分の暮らし向き」）→「投票行動」，という因果モデルを設定し，2001年～2005年のデータを用いてモデルの検証を行った[9]。

その結果，(1)景気の現状および過去1年の動向に関する認識→小泉内閣の経済的業績評価→小泉内閣に対する期待→自民党への投票，という経済投票モデルが仮定する基本的な因果的パスは明確に存在している，(2)より弱く一貫性にも欠ける効果ではあるが，自分の暮らし向きに関する認識も内閣の業績評価に影響を与えている，(3)内閣への業績評価と期待が投票行動に及ぼす効果のパターンに関して，小泉内閣発足直後の2001年参院選においては期待のみが直接的な効果を示していたのに対し，業績評価の材料が揃った2003年衆院選および2004年参院選においては，業績評価の直接的な効果も明確に見られるようになるが，「郵政選挙」となった2005年衆院選では再び期待のウェイトが上昇して比例代表での業績評価の効果が見られなくなる，といったように業績評価と期待の相対的なウェイトは個々の選挙が置かれたコンテクス

---

[8] 経済投票の概念やそのヴァリエーションについては平野（1998），遠藤（2009）を参照。なお経済投票に関する研究は現在も非常に盛んであるが，特に最近においては各国の比較を可能とするデータの蓄積とも相俟って，比較政治経済学的なアプローチを取る研究も多くなってきている。2000年代に入ってからの文献として，Burg et al. (2007), Dorussen & Taylor (2002), Duch & Stevenson (2008), Nishizawa (2009), 更にLewis-Beck & Paldam (2000) を始めとするElectoral Studies, vol.19-2/3所収の諸論文，Lewis-Beck & Whitten (2013) を始めとするElectoral Studies, vol.32-3所収の諸論文を参照。またアメリカに関してはLockerbie (2008), Erikson et al. (2002) も参照。

[9] このモデルでは，ある変数はそれに先行する変数全てからの影響を受けるという因果連関に基づいている（言い換えれば完全逐次モデルである）。

トによって変化する，等の知見が得られた。

　そこで本論でも2007年〜2010年のデータに対して上記と同じモデルによる分析を行い，これらの知見がポスト小泉内閣期の選挙においても妥当性を持つものかどうかを検証したい10。

　「国全体の景気」と「自分の暮らし向き」の現状および過去1年間の変化についての認識に対して，回答者の属性および支持政党が与える影響を，重回帰分析（OLS）によって見たものが表補3－3である。

　この結果を見ると，第一に，景気の現状および過去1年間の変化に関する認識に対しては，(2001年〜2005年の分析結果と同様) 2007年〜2010年のいずれにおいても支持政党のプラスの効果が見られる。すなわち，自民党政権下においても民主党政権下においても，与党支持者は景気の現状や過去1年の変化をよりポジティヴに評価しているということで，国の景気に関する認識が少なくとも部分的には党派的な態度の影響を受けていることがここでも確認された。これに対して，暮らし向きの現状および過去1年間の変化についての認識に関しては，2007年と2009年においては（2001年〜2005年同様）支持政党の効果が認められるが，2010年においては効果が見られない。このことから，暮らし向きの認識に対する党派的態度の影響は，与党支持か野党支持かということ基づくものではなく，特定の政党の支持者かどうか――具体的には，自民党支持者は自分の暮らし向きをより楽観的に認識していること――によるもので，それは暮らし向きの認識が社会経済的な階層的属性と関連するためではないかと推測される。そこで第二に，経済状況認識と階層的属性との関連を見ると，まず年収の効果は主として暮らし向きの認識に対して影響を与えているが（特に「400万未満」のマイナスの効果。「800万以上」のプラスの効果は2009年においてのみ），景気の認識への効果はほとんどない。また教育程度の高い者ほど景気（特に過去1年の変化）と暮らし向きに関してポジティヴに評価しているのは2001年〜2005年の結果と同様であり，

10　モデル中の変数のうち，回答者の属性，支持政党，投票政党については，前節での分析と同じである。また内閣への経済的業績評価および期待に関しても，やはり前節での分析にも用いた「景気対策」に関する業績評価および期待をそのまま使用した。最後に，経済状況の認識に関する六つの変数は，日本の「景気」および自分の「暮らし向き」の現状，過去1年間の変化，今後の動向に関する認識について5段階尺度により質問したもので，最もネガティヴな場合に0，最もポジティヴな場合に1となるように再コードした。

表補3－3　経済状況認識（現状および過去）の形成

	2007年参院選				2009年衆院選			
	景気現状	景気過去	暮し現状	暮し過去	景気現状	景気過去	暮し現状	暮し過去
男性	.06**	.01	−.06**	−.04*	.02	−.04†	−.07***	−.04
30代	−.04	−.08**	−.09**	.00	−.08*	−.09**	−.07*	−.08*
40代	−.04	−.05	−.11***	−.12***	−.12***	−.11**	−.22***	−.21***
50代	−.04	−.07	−.10*	−.06	−.09*	−.12***	−.16***	−.12**
60代以上	.07	−.11**	.01	−.09*	.08	.01	−.07	−.09
居住15年以上	−.05†	−.05*	.02	−.05*	−.08***	−.05*	−.02	−.04
教育程度	.07**	.10***	.11***	.09***	−.02	.07***	.14***	.08***
一戸建	.04	.01	.17***	.03	.04	.02	.18***	.10**
分譲マンション	.04*	.03	.07***	.01	−.03	−.06**	.07***	.01
年収400万未満	−.04	−.04	−.14***	−.09***	−.01	.05*	−.06**	.02
年収800万以上	.02	.03	.04	.02	.02	−.02	.08***	.04*
ネットワーク	−	−	−	−	−.03	−.03	.04*	.02
大都市居住	.03	.02	.03	.01	.04*	−.01	.03	.01
町村居住	−.05*	−.03	−.01	−.04*	.01	−.02	−.02	−.01
農林漁業	−.01	−.00	.00	−.04	−.01	.05**	.00	.05*
自営業	−.05*	−.06**	−.03	.00	−.09***	−.10***	−.06**	−.09***
管理職	.00	.02	.03	.07***	.01	−.01	.00	−.02
支持政党	.20***	.14***	.09***	.06**	.13***	.10***	.08***	.06**
adj R²	.06***	.04***	.09***	.05***	.07***	.05***	.09***	.04***

注：数字は標準化偏回帰係数（OLS）．
†p<.11　*p<.10　**p<.05　***p<.01（両側検定）

　経済状況認識と教育程度の明確な関連性がここでも確認された。さらに「一戸建て」および「分譲マンション」への居住は暮らし向きに関するよりポジティヴな認識を生みだしており，ネットワークの豊富さも現在の暮らし向きへの満足度を向上させている。職業に関しては，2001年～2005年と同様，自営業者において景気と暮らし向きの双方でほぼ一貫したマイナスの効果が見られ，このグループが10年間に渡って経済状況をより厳しいものと感じてきたことが窺える。他方，2009年において農林漁業者のみが景気と暮らし向きの双方で，過去1年間の改善を感じていた点は，麻生内閣の再分配的な政策的志向との関連で興味深い。第三に，年齢に関しては，「40代」と「50代」で特に暮らし向きに関する認識がネガティヴなものとなっている。そして2009年には，これらのグループ（および「30代」）において，景気に関してもよりネガティヴな認識がなされている。日本経済の中核を担うといってもよい「40代」と「50代」の経済状況認識が相対的に悪いという傾向は，2001年～2005年から継続して見られるものである。最後に性別に関しては，男性は女性よりも一貫して現在の暮らし向きについて不満足であることが示されている。
　そこで次に，内閣に対する経済的な業績評価と期待，および景気と暮らし

補論3 業績投票と合意争点型政治

2010年参院選			
景気現状	景気過去	暮し現状	暮し過去
.01	.04*	−.04*	.00
.03	−.01	−.05	−.03
−.05	−.02	−.19***	−.16***
−.01	−.06	−.15***	−.18***
.15***	−.07	−.07	−.15***
−.03	−.06**	−.04†	−.02
.02	.05**	.10***	.05*
.05*	.06**	.18***	.05*
−.02	.04	.06**	.00
−.01	−.02	−.07**	−.04
.03	.03	.05	.02
.01	.02	.08***	.03
−.02	−.04†	−.00	−.02
.04*	.01	.01	.02
.06**	.04	.00	.02
−.08***	−.10***	−.03	−.08***
−.04*	−.03	.02	−.01
.11***	.13***	.03	.01
.05***	.04***	.07***	.03***

向きの将来に関する認識の形成要因に関する重回帰分析(OLS)の結果を見たものが表補3−4である。上述のとおりモデルは,まず業績評価が期待に影響を与え,さらにそれら両者が今後の経済状況の予測に影響を与えるというものである。

まず業績評価に対しては,2001年〜2005年と同様,景気の現状と過去に関する認識が3回の選挙を通じて有意な効果を示しており,政権交代の前後を通じて,国の景気に関する認識が一貫して内閣の業績評価に影響を与えていることが確認された。また,これより小さな効果ではあるが,現在の暮らし向きに関する満足度も3回の選挙を通じて業績評価に有意なプラス効果を示している。他方,過去1年間の暮らし向きの変化に関する認識は,2009年に比較的弱い効果を示すのみである。いずれにしても,小泉内閣期から一貫して,内閣に対する業績評価は個人志向(pocketbook)の経済状況認識よりも社会志向(sociotropic)の経済状況認識をより強く反映したものであるということが確認できた。なお,与党への支持も3回の選挙を通じて業績評価に明確な影響を与えている。また「30代」〜「50代」であることは2007年と2009年には業績評価にマイナスの影響を与えているが,2010年にはそうした効果は消え,逆に「50代」の効果はプラスへと変わっている。

次に,内閣の今後の経済的パフォーマンスへの期待に対しては,3回の選挙を通じて業績評価が最も大きな影響を与えている。すなわち,上述のとおり過去の業績の評価が将来のパフォーマンスへの期待を形成する上での重要な情報として用いられていると考えられる。また景気の現状と過去に関する認識も一貫して有意な影響を与えており,これらの認識の効果の一部は業績評価を経由しない直接的なものであることが分かる。他方,暮らし向きに関する認識の効果は2009年の現状評価と2010年の過去認識のみが有意であり,

表補3-4　経済的業績評価・期待・経済状況認識（将来）の形成

	2007年参院選				2009年衆院選			
	業績評価	期待	景気将来	暮し将来	業績評価	期待	景気将来	暮し将来
男性	−.09***	−.11***	.03	.03	.06***	.01	.08***	.04*
30代	−.09**	−.04	−.04	−.04	−.08**	−.03	.03	−.03
40代	−.11***	−.06	−.01	−.10***	−.10**	−.04	.02	−.11***
50代	−.10**	−.04	−.07*	−.15***	−.11**	.01	.01	−.07*
60代以上	−.10**	−.03	−.05	−.21***	−.07	−.02	.06	−.13***
居住15年以上	.02	.02	−.01	−.01	−.03	−.04*	−.03	−.01
教育程度	−.10**	−.05*	.01	.00	.01	−.03	.07**	.03
一戸建	.02	.03	−.01	−.09**	.04	−.07***	−.01	−.05**
分譲マンション	−.02	−.03	.02	−.02	.01	−.02	.00	−.02
年収400万未満	−.01	.03	.05*	.01	.01	.01	.01	.02
年収800万以上	.04*	.01	−.01	.01	.02	−.03	.04	.03
ネットワーク	−	−	−	−	.01	.05**	−.01	−.02
大都市居住	.06**	−.02	−.02	−.04	−.01	.03	.02	.01
町村居住	.03	.01	−.03	−.00	.02	.01	−.05**	.00
農林漁業	−.01	−.00	.01	−.03	.01	−.01	.03	.05**
自営業	−.01	.02	.01	.06**	.01	.02	−.04†	.02
管理職	−.05**	−.02	.06**	.02	−.02	.02	.03	.03
支持政党	.16***	.22***	.03	.03	.22***	.10***	−.01	.00
景気現状	.26***	.09***	.06**	.05*	.24***	.08***	.05*	.06**
景気過去	.11***	.09***	.32***	.04	.12***	.09***	.14***	.02
暮し現状	.08***	.01	.11***	.11***	.05**	.07**	.09***	.11***
暮し過去	.01	.02	.02	.34***	.05**	.01	.08***	.35***
業績評価	−	.30***	.02	.01	−	.44***	.06**	−.01
期待	−	−	.14***	.09**	−	−	.20***	.12**
adj R²	.20***	.28***	.23***	.23***	.21***	.33***	.18***	.23***

注：数字は標準化偏回帰係数（OLS）。
†p<.11　*p<.10　**p<.05　***p<.01（両側検定）

期待への直接的な影響に関しても社会指向の経済状況認識の優位が示された。また与党に対する支持も，3回の選挙を通じて内閣への期待に直接的な影響を与えている。これらの結果はすべて2001年～2005年の分析結果から一貫したものである。なお，教育程度は2001年～2005年の分析においてはほぼ一貫して業績評価と期待に対してマイナスの影響を及ぼしていたが，ここでは2007年には同様の結果が見られるものの，2009年以降こうした効果は見られなくなっている。政権交代を挟んだこの時期に学歴と政治意識の関係が変化し始めたのかどうか，興味深い点である。

最後に，景気と暮らし向きの今後の動向の予測の形成について，まず景気については，3回の選挙を通じて，過去1年における景気の変化に関する認識と内閣の今後の景気対策に関する期待の効果が大きい。このうち2007年と2010年では，2001年～2005年における結果と同様，前者の効果の方がより大

	2010年参院選			
	業績評価	期待	景気将来	暮し将来
	−.02	.02	.05**	.03
	.05	−.00	−.01	−.00
	.02	.05	.04	−.04
	.07*	.08**	−.01	−.07*
	.08†	.06	.03	−.11**
	−.04	−.01	.01	−.01
	.01	−.02	.04*	−.01
	.04	−.01	−.01	−.11***
	−.00	.01	−.02	−.03
	−.03	.04	.00	−.01
	−.04	−.02	−.01	.01
	−.06**	.04*	−.00	.04†
	.01	−.00	.05**	.02
	.05**	.03	.02	−.02
	.01	.03	.01	.03
	.01	.01	−.06**	.03
	.02	−.01	−.01	.00
	.17***	.16***	−.03	−.04*
	.18***	.11***	.07***	.06**
	.08***	.08***	.29***	.01
	.09***	.04	.04	.12***
	−.02	.08***	.02	.40***
	—	.33***	.06**	.04*
	—	—	.25***	.09***
	.11***	.25***	.25***	.28***

きく，2009年においてのみ後者の効果の方が大きい。いずれにしても，有権者は今後の景気の動向について，一方において過去の景気動向を外挿し，他方において今後の政府のパフォーマンスを勘案した上で予測を行っていることが再確認された。このほか，景気の現状に関する認識も一貫して有意な効果を示している。また2009年以降においては，男性，高学歴といった属性がより楽観的な予測に繋がり，「自営業」はより悲観的な予測に繋がっている。他方，今後の暮らし向きの予測に関しては，過去1年における暮らし向きの変化をめぐる認識の効果がやはり最も大きく，これに内閣に対する期待と現在の暮らし向きへの満足度が続き，景気の現状に関する認識も一貫して影響を与えている。すなわち，有権者は今後の暮らし向きについても，一方において過去の変化を外挿し，他方において今後の政府のパフォーマンスも勘案し，さらに現在の景気の状況も考慮に入れた上で判断していると考えられる。また「50代」および「60代以上」の人々，「一戸建て」居住者が一貫して将来の暮し向きについて悲観的であるのは2001年〜2005年の結果と全く同様であり，これが現在の日本の社会状況の一端を示すものであると言えよう。なお，景気および暮らし向きの将来予測に対しては，与党支持のプラスの効果は全く見られず（これも2001年〜2005年の結果と同様である），むしろ2010年には若干のマイナスの効果が見られるほどである。すなわち，今後の経済状況の認識に関しては，党派的態度の直接的な影響が小さいことが再度確認された[11]。

---

11 もちろん，これまでに見てきた通り，現在および過去の景気に関する認識，政府への業績評価や期待など様々な経路を通じて，間接的にはプラスの影響を及ぼして

表補3－5　自民党／民主党への投票に対する経済状況認識・業績評価・期待の効果

	2007年参院選		2009年衆院選		2010年参院選	
	選挙区	比例区	小選挙区	比例代表	選挙区	比例区
男性	－.07	－.18	－.38***	－.24	－.15	.15
30代	.17	.12	－.48	.10	.28	.34
40代	.60†	.53	－.02	－.10	.71**	.38
50代	.83**	.64*	－.36	.10	.65**	.37
60代以上	1.20***	1.33***	－.29	.18	.54*	.52
居住15年以上	－.04	－.04	.00	.12	.45**	.77***
教育程度	.46*	.32	－.09	－.05	.26	.24
一戸建	.21	.18	.03	.11	－.15	－.06
分譲マンション	－.60	.20	.61	－.24	－.05	.30
年収400万未満	.21	－.14	.12	－.16	.09	.08
年収800万以上	.17	.33	－.36*	－.24	.11	－.00
ネットワーク	－	－	.05	－.13	.14	.06
大都市居住	－.37*	－.18	－.06	.05	.01	.00
町村居住	.78***	.64***	.17	.11	－.27	－.06
農林漁業	.64	1.19***	.25	.80*	－.05	－.10
自営業	.08	－.05	－.03	－.27	－.03	－.26
管理職	－.15	－.78	.81**	.49	.23	.04
支持政党	1.75***	2.06***	1.96***	2.52***	2.04***	2.15***
景気現状	.31	.94**	.85*	.71	.00	－.39
景気過去	－.26	.13	－.02	－.44	.70*	.49
景気将来	1.22***	.25	－.59*	.45	－.25	.11
暮し現状	－.58†	－.41	－.55*	－.84**	－.25	－.26
暮し過去	.78	1.26***	.37	－.17	.68	.75
暮し将来	－.68	－.46	.46	.13	－1.01**	－.72
業績評価	.63	－.41	1.35***	1.36***	1.38***	1.91***
期待	1.41***	1.80***	1.03***	.97***	1.46***	1.34***
(Constant)	－4.40***	－4.66***	－1.95***	－3.06***	－3.17***	－4.08***
Nagelkerke-R^2	.34***	.39***	.35***	.42***	.34***	.38***

注：数字はロジスティック回帰係数。
†$p<.11$　*$p<.10$　**$p<.05$　***$p<.01$

　最後に，経済状況認識，内閣に対する経済的業績評価および期待が自民／民主への投票にどのような影響を与えているかを，二項ロジスティック回帰分析により見たものが表補3－5である。

　この結果も基本的に2001年～2005年の分析結果と一致するものである。すなわち，まず内閣への期待が支持政党と並んで投票行動に一貫して大きな影

いる。さらに2012年の（再）政権交代後の「アベノミクス」に関連した世論を見ると，将来の経済状況への予測に対する党派的態度の直接的影響についても，今後引き続き分析を行う必要があるように思われる。

響を与えており、また業績評価に関しても、2009年と2010年では投票行動に直接的な効果を与えている[12]。特に2009年においては、小選挙区と比例代表のいずれにおいても業績評価の効果が期待の効果を上回っており、少なくとも経済的な領域に関する限り、この選挙では麻生内閣に対する「賞罰投票」的な票の投じ方をした有権者がかなり存在したのではないかと推測される。

次に経済状況認識の影響であるが、まず過去や現在の景気や暮らし向きについての認識に関しては——これも2001年～2005年の分析結果と同様——必ずしも一貫した効果は認められず、これらの認識の効果の多くの部分が業績評価や期待を経由した間接的なものであると推測できる。他方、将来の経済状況に関する認識について、2001年～2005年の分析結果では、今後の景気に関する楽観的な展望が自民党への投票に直接的に繋がる——すなわち、景気の見通しが良ければ、現状維持的、リスク回避的な投票が促される——という比較的明瞭な傾向が示されたが、ここでの分析結果では、2009年の小選挙区での投票に関して、これとは反対の（すなわち景気の先行きに不安な有権者ほど与党である自民党に投票するという）有意な効果が認められる。言うまでもなく、この選挙はその結果によって政権交代が生ずる可能性がかなり高いという状況の下で行われたものであり、そのことがこうした結果をもたらした——例えば、政権交代が起きないことを前提とした場合には、景気の先行きに楽観的な有権者ほど、その将来における不確実な要因を排除するために与党に投票するが、政権交代が現実的である場合には、景気の先行きに不安な有権者ほど将来における不確実な要素を減らすために与党に投票するというような——可能性についても、今後更に検討していく必要があろう[13]。

---

12 2007年に関しては、業績評価および期待に関する質問が、いずれも選挙後に行われたことの影響（例えば、業績評価と期待の弁別が明確になされていない等）があるかも知れない点、特に注意が必要である。しかし、いずれにしても表補3－4からも明らかな通り、業績評価が期待を経由して少なくとも間接的には投票行動に影響を与えていることは間違いない。

13 リスクへの選好／回避傾向と政治意識・政治行動との関連に関する議論については本書第1章を参照。なお、同じく2009年の結果には、小選挙区と比例代表のいずれに関しても、現在の暮らし向きに不満な者ほど与党である自民党に投票するという傾向も示されている。これに関しても、暮らし向きの満足度が低い有権者の属性的な特徴との関連も含めて、その理由を更に検討する必要があろう。

表補3-6 自民・民主両党に対する評価の構造（2010年）

	I	II	III
自民：国を導く力量（政治理念や将来の構想力）	.80	.18	-.03
自民：政治手法の正しさ（透明性や説明責任）	.71	.13	.14
自民：政治家集団としての力量（リーダーシップや政治への志）	.80	.19	-.03
自民：政策の力量（政策立案力や政策推進力）	.82	.22	.00
自民：政権運営の安定性（連立間協議を含むマネジメント力）	.77	.18	.10
自民：行政（官僚）に対する統率力	.66	.10	.29
自民：有権者に対する応答力（公平さやニーズの反映力）	.64	.17	.45
自民：社会的弱者に対する配慮	.54	.08	.59
自民：国際的な発信力・交渉能力	.61	.10	.40
自民：将来を担う政治家の育成	.63	.08	.39
民主：国を導く力量（政治理念や将来の構想力）	.12	.79	-.03
民主：政治手法の正しさ（透明性や説明責任）	.17	.72	.11
民主：政治家集団としての力量（リーダーシップや政治への志）	.14	.82	-.01
民主：政策の力量（政策立案力や政策推進力）	.18	.82	.03
民主：政権運営の安定性（連立間協議を含むマネジメント力）	.21	.75	.11
民主：行政（官僚）に対する統率力	.12	.67	.24
民主：有権者に対する応答力（公平さやニーズの反映力）	.17	.64	.45
民主：社会的弱者に対する配慮	.14	.49	.61
民主：国際的な発信力・交渉能力	.16	.57	.43
民主：将来を担う政治家の育成	.09	.61	.38
寄与率（％）	25.9	25.3	9.8

注：主成分法，バリマックス回転後の負荷量。

4 合意争点型政治の投票行動モデル

　最後に本節では，合意争点型政治の下での投票行動モデルとして，2大政党のそれぞれに対する多面的な能力評価に基づく投票行動のモデルを検証し，今後の日本における民主主義の可能性を探りたい。

　データは2010年調査のものを用いるが，この調査では自民，民主両党のそれぞれについて，表補3-6に示す10項目の能力についての質問がなされた[14]。これらの能力評価の多くの部分はそれまでの実績に基づき形成されたものであり，また今後への期待の基底をなすものであると考えられる。

　分析に当たっては，まずこれら20項目について因子分析を行い，2大政党に対する評価の構造を確認したところ，三つの因子が抽出された。表から明らかなとおり，ほぼ同等の説明力を持つ第Ⅰ因子と第Ⅱ因子は，それぞれ自

14　各項目とも，「十分にある」から「まったく不十分」までの4段階尺度によって測定されている。

民と民主に対するトータルな能力評価因子である。また第Ⅲ因子は，自民，民主両党に関する「弱者に対する配慮」や「有権者に対する応答性」についての評価が一体となった因子であり，日本の政党政治を担う2大政党の国民に対する「配慮と応答性」についての評価の次元であると解釈できる。すなわち，2大政党に対する能力評価の構造は，基本的にはそれぞれの政党についての相互に独立した評価の次元から成るものであるが，それだけではなく，国民への配慮や応答性に関する両党を通じた評価の次元も存在していると考えられる。

次に，自民，民主それぞれに対する総合的な能力評価を独立変数とし，自民，民主のいずれに投票したかを従属変数とするロジスティック回帰分析を行い，これらの能力評価が投票行動をどの程度規定しているかを見た。モデルにはコントロール変数として，先に見た業績投票モデルおよび経済投票モデルと同じ属性変数と支持政党を投入した[15]。結果は，表補3－7に示す通りである。

表補3－7 自民／民主への投票に対する両党への評価の影響（2010年）

	選挙区	比例区
男性	.06	−.14
30代	−.30	−.88*
40代	−.44	−.48
50代	−.65†	−.35
60代以上	−.23	−.29
居住15年以上	.08	−.50
教育程度	−.56*	−.31
一戸建	−.14	.09
分譲マンション	.19	−1.09
年収400万未満	−.21	−.34
年収800万以上	−.40*	−.48*
ネットワーク	−.04	−.13
大都市居住	−.57**	−.62**
町村居住	.91***	.33
農林漁業	−.29	−1.29**
自営業	.24	.40
管理職	−.11	.06
自民支持	1.85***	2.03***
民主支持	−1.84***	−1.89***
自民能力評価	.82***	1.04***
民主能力評価	−.80***	−.82***
(Constant)	.62	.68
Nagelkerke-R^2	.61***	.67***

注：数字はロジスティック回帰係数．
従属変数は，自民投票＝1，民主投票＝0．
†$p<.11$ *$p<.10$ **$p<.05$ ***$p<.01$

この結果に明らかな通り，2大政党のいずれに投票するかに対しては，それぞれの政党の全般的な能力に対する評価が支持政党と並んで大きな影響を与えている。特に二つの政党への能力評価のいずれもが投票行動に影響を与えている点が重要である。合意争点型政治の下で必要となる，2大政党への

---

15 自民，民主に対する能力評価については，先の因子分析における第Ⅰ因子と第Ⅱ因子の因子得点をそれぞれ用いた。従属変数は選挙区，比例区のいずれに関しても，自民に投票した場合を1，民主に投票した場合を0とする2値変数である。選挙区に関しては，自民，民主両党の候補者が立候補している選挙区の回答者のみを分析対象とした。またコントロール変数のうち支持政党に関しては，自民党支持，民主党支持それぞれのダミー変数を同時に投入した。

能力評価に基づく投票行動のメカニズムが，この2010年参院選においてもすでに働いていると言ってよいだろう[16]。

5 まとめ

以上，本補論では2007年，2009年，2010年の選挙における業績投票および経済投票の実態を，小泉内閣期の2001年〜2005年選挙と比較しながら分析し，さらに2010年選挙時のデータを用いて，2大政党の能力評価に基づく投票行動モデルについての検証を行った。その結果，まず業績投票に関しては，2007年〜2010年の選挙においては「財政政策」についての業績評価や期待が投票行動に最も大きな影響を与えていることが明らかになった。特に2010年参院選では選挙区，比例区いずれの投票に対しても，菅内閣の「財政政策」についての業績評価と期待の双方が有意な直接的効果を示していた。次に経済投票に関しては，2001年〜2005年の分析結果と一貫した投票行動のメカニズムを再確認することができた。特に，国の景気についての認識に基づく社会指向の経済投票と，自分の暮らし向きについての認識に基づく個人指向の経済投票のいずれが優位なメカニズムであるかという点に関しては，ここでも社会指向のメカニズムの優位が確認された。最後に，自民，民主両党への能力評価に基づく投票行動についても，2010年参院選時にはこうしたメカニズムが働いていたことが検証された。ただし，この点に関しては，今後政党システムが再び流動化した場合にどのような変化が生ずるか，継続的に注目していく必要があろう。

---

16 コントロール変数の効果について見ると，大都市居住で民主，町村居住で自民という居住地域の効果のほか，年収800万以上の層で民主という収入の効果もここでは有意となっている。また比例区での投票に関して，従来，自民の最も堅固な支持層であった農林漁業が有意なマイナスの効果，すなわち民主への投票を促進する効果を示しているが，サンプル数の問題等もあり，この結果の解釈については慎重を要する（第9章，注5（229頁）参照）。

# 付録　分析に用いられた変数
（本文あるいは各章の注で説明のあるものは除く）

1　5段階尺度型質問

(以下の言明について，「そう思う」から「そう思わない」までの5段階尺度で回答)
①世の中のしきたりを破る者には，厳しい制裁を加えるべきだ
②人の上に立つ人は，下の者に威厳をもって接することが必要だ
③できることならば，年頃の子供は，男女別々の学校に通わせるべきだ
④どんなことでも，親のいうことには従わなくてはならない
⑤世の中に，力のある者と力のない者があるのは当然だ
⑥ほとんどの人は信頼できる
⑦たいていの人は，人から信頼された場合，同じように相手を信頼する
⑧自分は信頼できる人と信頼できない人を見分ける自信がある
⑨誰かに助けてもらったら，自分もまた他の誰かを助ける
⑩直接の感謝やお礼を期待できなくても，人には親切にする
⑪人に親切にすると，結局はめぐりめぐって自分にいいことがあると考えている
⑫今の日本の政治家は，あまり私たちのことを考えていない
⑬世の中がどう変わるかわからないので，先のことを考えても仕方がない
⑭人々の暮らし向きは，だんだんと悪くなってきている
⑮世の中の移り変わりを考えると，子供の将来にあまり希望がもてない
⑯このごろ，世間はだんだんと情が薄くなってきている
⑰今の世の中は，結局学歴やお金がものをいう
⑱政治や社会についていろいろな事が伝えられているが，どれを信用していいかわからない
⑲今の世の中では，結局，正直者が損をし，要領のいい人が得をする
⑳どうも自分の言いたい事や考える事は世間の人には入れられない
㉑今のような生活をしていては，とても自分の夢は実現できそうにない
㉒選挙では大勢の人が投票するのだから，自分一人くらい投票してもしなくてもどちらでもかまわない
㉓自分には政府のすることに対して，それを左右する力はない
㉔政治とか政府とかは，あまりに複雑なので，自分には何をやっているのかよく理解できないことがある
㉕国会議員は，大ざっぱに言って，当選したらすぐ国民のことを考えなくなる
㉖違う価値観を持つ人たちを寛容に受け入れる必要がある
㉗役所は規則に従った申請であれば，反民主主義団体の集会でも許可しなくてはならない

㉘民主主義に反対する団体は違法とすべきだ

(以下について，「増えた方がよい」から「減った方がよい」までの5段階尺度で回答)
㉙日本に在住許可を持つ外国からの移民の数

(以下の言明について，「賛成」から「反対」までの5段階尺度で回答)
㉚日米安保体制は現在よりもっと強化するべきだ
㉛日本の防衛力はもっと強化するべきだ
㉜日本は絶対に核兵器をもってはいけない
㉝天皇は政治に対して，現在よりもっと強い発言権をもつべきだ
㉞日本が譲歩しても外国との貿易摩擦をすみやかに解消するべきだ
㉟年金や老人医療などの社会福祉は財政が苦しくても極力充実するべきだ
㊱労働者は重要な決定に関して，もっと発言権をもつべきだ
㊲より高い地位やよい職業につく女性を増やすため，政府は特別な制度を設けるべきだ
㊳公務員や公営企業の労働者のストライキを認めるべきだ
㊴政府のサービスが悪くなっても金のかからない小さな政府のほうがよい
㊵お年寄りや心身の不自由な人は別として，すべての人は社会福祉をあてにしないで生活しなければならない
㊶日本が過去にアジアの人々に与えた被害に対する反省と謝罪がまだ足りない
㊷日本の官僚制は効率的に機能していないので，徹底的に行政改革を行うべきだ
㊸金権政治や政治腐敗は，この際徹底的に正すべきだ
㊹日本は北方領土をゆずっても，ロシアともっと親しくするべきだ
㊺拉致問題が解決するまでは北朝鮮に経済支援をすべきではない

2　A／B型質問

(以下の言明について，「Aに近い」から「Bに近い」までの4段階尺度で回答)
①A大きな失敗をするような可能性を避け，確実に一歩一歩進みたい／B可能性のあることには勇気を持って挑むことで，新しい世界を拡げていきたい
②A利回りを期待できなくても安全性が高い預貯金の方法を考える／B安全性がそれほど高くなくても，利回りが期待できる運用の方法を考える
③A国や社会のことにもっと目を向けるべきだ／B個人生活の充実をもっと重視すべきだ
④A国や社会から何かをしてもらいたい／B国や社会のために何かをしたい
⑤A今後，貯蓄など将来に備えることに力を入れたいと思う／B毎日の生活を充実させて楽しむことに力を入れたいと思う
⑥A個人の利益よりも国民全体の利益を大切にすべきだ／B国民全体の利益よりも

個人個人の利益を大切にすべきだ
⑦A収入は今のままでも，自由な時間をもっと増やしたい／B自由な時間は今のままでも，収入をもっと増やしたい
⑧A全体として，日本は良い方向に向かっていると思う／B全体として，日本は悪い方向に向かっていると思う
⑨今後，国民の間に，国を愛する気持ちをもっと育てるべきである／B国を愛する気持ちは，国民一人一人の判断に任せるべきである
⑩A心の豊かさやゆとりのある生活を重視したい／B物質的な面で生活を豊かにすることに重きを置きたい
⑪A機会があったら，2〜3年程度，外国で生活してみたいと思う／B機会があっても，2〜3年程度，外国で生活してみたいとは思わない
⑫A今のように政府の借金が多い時には，景気対策が遅れることになっても財政再建を行うべきである／B今のように景気がよくない時には，財政再建が遅れることになっても景気対策を行うべきである
⑬A日米安保体制を強化するためには，集団的自衛権の行使を認めるべきである／B国際紛争に巻き込まれることになるので，集団的自衛権の行使は認めるべきではない
⑭A福祉などの公共サービスが低下しても，税負担を軽減すべきである／B増税してでも，福祉などの公共サービスを充実させるべきである
⑮A国の補助金などを減らして，地方の自由な競争による活力のある社会を目指すべきである／B競争力の弱い地域を助けるためには，国が補助金などを配分するのは当然である
⑯A今の憲法は時代に合わなくなっているので，早い時期に改憲した方がよい／B今の憲法は大筋として立派な憲法であるから，現在は改憲しない方がよい
⑰A政府は，自由競争の結果生じる格差問題への対応を積極的に行うべきである／B政府は，自由競争の結果生じる格差問題への対応を慎重にすべきである
⑱A地球温暖化を抑制するためにはCO_2（二酸化炭素）を排出する火力発電を増やすことができないので，電力消費に対応するためにはCO_2を排出しない原子力発電を増やすこともやむを得ない／B原子力発電を増やさないためには，地球温暖化対策の目標を達成できないことになっても，電力消費に対応するためにはCO_2を排出する火力発電を増やすこともやむを得ない
⑲（公的年金制度維持のために）A将来的に安定した財源を確保するために，保険料を値上げすべきである／B全ての世代が同じように負担するために，消費税の税率を上げるべきである
⑳A郵政事業の効率を良くしてコストを下げるためには，郵政民営化に賛成である／B郵政事業が撤退して困る地域が出てくるので，郵政民営化には反対である

3　4段階尺度型質問

（以下の言明について、「そう思う」から「そう思わない」までの 4 段階尺度で回答）
①政治とは、自分から積極的に働きかけるもの
②政治とは、監視していくもの
③政治とは、なるようにしかならないもの
④政治的なことにはできればかかわりたくない
⑤私と政治との間に何の関係もない
⑥政治に関心を持つより、自分の生活を充実することに時間を使いたい
⑦快適で豊かな消費生活こそ重要だ
⑧私にとって友人や家族と過ごす時間が何より重要だ
⑨私にとって仕事の充実感は何よりの生き甲斐だ

（以下の言明について、「よく意識する」から「ほとんど意識しない」までの 4 段階尺度で回答）
⑩能力や性格の違う人たちが協力することで、社会が成り立っている
⑪世の中の出来事はつきつめれば自分に影響してくる
⑫世の中の出来事が自分の暮らしに多大な影響を及ぼす
⑬社会で起こっていることは、多かれ少なかれ自分に関係している
⑭ニュースで見るような出来事と、自分の生活とのあいだには深い関係がある
⑮世の中がおかしな方向に進まないように、ひとりひとりが社会について考えていくべきだ
⑯人々は社会に対して、自分から積極的に働きかけるべきだ
⑰自分の生活を充実させるだけでなく、社会のことにも関心を持つべきだ

4　脱物質志向尺度

「わが国の国家目標」として①「国内の秩序維持」、②「政策決定への国民の声の反映」、③「経済の安定」、④「言論の自由を守る」の 4 項目から 2 項目を選択してもらい、①、③は−1、②、④は 1、DK/NA は 0 として加算した−2 から 2 までのスコア

参考文献

Altemeyer, B. 1996 *The Authoritarian Specter*. Cambridge: Harvard University Press.

Altemeyer, B. 1998 The Other "Authoritarian Personality". *Advances in Experimental Social Psychology*, 30, 47-92.

荒井紀一郎 2014『参加のメカニズム：民主主義に適応する市民の動態』木鐸社.

ベック, U. 東廉・伊藤美登里（訳）1986＝1998『危険社会：新しい近代への道』法政大学出版局.

Berelson, B., Lazarsfeld, P. and McPhee, W. 1954 *Voting: A Study of Opinion Formation in a Presidential Campaign*. Chicago: University of Chicago Press.

Burg, W. van der, Eijk, C. van der, and Franklin, M. 2007 *The Economy and the Vote: Economic Conditions and Elections in Fifteen Countries*. Cambridge: Cambridge University Press.

Clarke, H. D., Sanders, D., Stewart, M. C. and Whiteley, P. 2004 *Political Choice in Britain*. Oxford: Oxford University Press.

Crouch, C. 2004 *Post-Democracy*. Cambridge: Polity Press.

Dorussen, H. and Taylor, M. (eds.) 2002 *Economic Voting*. London: Routledge.

Downs, A. 1957 *An Economic Theory of Democracy*. New York: Harper and Row.

Duch, R. and Stevenson, R. 2008 *The Economic Vote: How Political and Economic Institutions Condition Election Results*. Cambridge: Cambridge University Press.

遠藤晶久 2009「業績評価と投票」山田真裕・飯田健（編著）『投票行動研究のフロンティア』おうふう，141－165頁.

Endo, M. and Jou, W. 2014 How Does Age Affect Perceptions of Parties' Ideological Locations?『選挙研究』30－1, 96－112頁.

Erikson, R., MacKuen, M. and Stimson, J. 2002 *The Macro Polity*. Cambridge: Cambridge University Press.

Fiorina, M. 1981 *Retrospective Voting in American National Elections*, New Haven: Yale University Press.

Flanagan, S. and Richardson, B. 1977 *Japanese Electoral Behavior: Social Cleavages, Social Networks and Partisanship*. London: Sage.

Granovetter, M. 1973 The Strength of Weak Ties. *American Journal of Sociology*, 78, 1360-1380.

Greenstein, F. 1965 *Children and Politics*. New Haven: Yale University Press.

平野浩 1998「選挙研究における「業績評価・経済状況」の現状と課題」『選挙研究』13号, 28－38頁.

平野浩 2002「政党支持概念の再検討：社会的アイデンティティ理論によるアプロー

チ」『学習院大学法学会雑誌』38巻1号，1-23頁.

平野浩 2005「日本における政策争点に関する有権者意識とその変容」小林良彰（編）『日本における有権者意識の動態』慶應義塾大学出版会，61-80頁.

平野浩 2007『変容する日本の社会と投票行動』木鐸社.

平野浩 2008a「ミリュー，ナラティヴ，参加と選択：投票行動研究から見た『ポスト・デモクラシー』論」2008年度日本政治学会研究大会報告論文.

平野浩 2008b「投票行動から見た『執政部－有権者関係』の変容」『日本比較政治学会年報』第10号，19-38頁.

Hirano, H. 2010 Globalization and Socioeconomic Inequality: An Analysis of Japan's Political Milieu. In Oshikawa, F. (ed.), Kyoto: *The Disparities in the Globalized World: Reality, Perception and Movements*. Center for Integrated Area Studies, Kyoto University, pp.7-18.

平野浩 2010「メディア接触・政治的知識・投票行動：2009年衆院選における実証分析」『選挙研究』26-2，60-72頁.

平野浩 2011a「選挙民の中の政党：政党支持」川人貞史・吉野孝・平野浩・加藤淳子『新版　現代の政党と選挙』有斐閣，159-180頁.

平野浩 2011b「投票行動と政党」川人貞史・吉野孝・平野浩・加藤淳子『新版　現代の政党と選挙』有斐閣，181-204頁.

平野浩 2011c「選挙・投票行動：政策本位に変われるか」佐々木毅・清水真人（編）『ゼミナール　現代日本政治』日本経済新聞出版社，421-469頁.

平野浩 2011d「質的アプローチによる参加要因の解明：自由記述データの分析から」2011年度日本政治学会研究大会報告論文.

平野浩 2012「日本における政治文化と市民参加：選挙調査データに見るその変遷」『政策科学』19巻3号，143-161頁.

平野浩・岡田陽介 2014「選挙・投票にまつわる有権者の政治的エピソード記憶：JES Ⅳ自由回答データのテキストマイニング」『学習院大学法学会雑誌』50巻1号，1-22頁.

保坂稔 2003『現代社会と権威主義：フランクフルト学派権威論の再構成』東信堂

井出知之・村瀬洋一 2011「社会階層と政治関与：社会的地位の効果は否定できるか」盛山和夫・片瀬一男・神林博史・三輪哲（編著）『日本の社会階層とそのメカニズム：不平等を問い直す』白桃書房，185-224頁.

飯田健 2009「『失望』と『期待』が生む政権交代：有権者の感情と投票行動」田中愛治他『2009年，なぜ政権交代だったのか』勁草書房，131-151頁.

飯田健 2013a「リスク受容的有権者がもたらす政治的帰結：2012年総選挙の分析」『選挙研究』29号-2，48-59頁.

飯田健 2013b「リスク志向有権者がもたらす政治的帰結：2013年参院選における分割投票の分析」2013年度日本政治学会研究大会報告論文.

池田謙一 1997『転変する政治のリアリティ』木鐸社.

池田謙一 2007『政治のリアリティと社会心理：平成小泉政治のダイナミックス』木鐸社．

Ikeda, K. 2010 Social Networks, Voting and Campaign Participation in Japan. In Wolf, M. R., Morales, L. and Ikeda, K. (eds.) *Political Discussion in Modern Democracies: A Comparative Perspective*. London: Routledge, pp.162-182.

今井亮佑 2008「政治的知識の構造」『早稲田大学政治経済学雑誌』370，39－52頁．

今井亮佑 2013「参院選における『政策バランス投票』」『レヴァイアサン』52号，64－96頁．

今井亮佑・荒井紀一郎 2013「『ねじれ』状況下における業績評価と投票行動」『選挙研究』29号－1，87－101頁．

Inglehart, R. 1971 The Silent Revolution in Europe: Inter-generational Change in Post-industrial Societies. *American Political Science Review*, 65, 991-1017.

Inglehart, R. 1977 *The Silent Revolution*. Princeton: Princeton University Press.

Inglehart, R. 1990 *Culture Shift in Advanced Industrial Society*. Princeton: Princeton University Press.

Inglehart, R. and Flanagan, S. 1987 Value Change in Industrial Societies. *American Political Science Review*, 81, 1289-1319.

伊藤理史 2011「政党支持：民主党政権誕生時の政党支持の構造」田辺俊介（編著）『外国人へのまなざしと政治意識』勁草書房，141－157頁．

蒲島郁夫 1998『政権交代と有権者の態度変容』木鐸社．

蒲島郁夫・竹中佳彦 1996『現代日本人のイデオロギー』東京大学出版会．

蒲島郁夫・竹中佳彦 2012『イデオロギー』東京大学出版会．

蒲島郁夫・山田真裕 1996「政治変動と有権者の政党認知の変容」『レヴァイアサン』18号，139－159頁．

神林博史 2005「政治的態度における DK 回答と政治的行動」『社会学評論』56－2，452－467頁．

Key, V. O., Jr. 1966 *The Responsible Electorate*. New York: Vintage.

Kitschelt, H. 2000 Linkages between Citizens and Politicians in Democratic Polities. *Comparative Political Studies*, 33-6/7, 845-879.

小林哲郎・池田謙一 2005「オンラインコミュニティの社会関係資本」池田謙一（編著）『インターネット・コミュニティと日常世界』誠信書房，148－184頁．

小林良彰 2008『制度改革以降の日本型民主主義：選挙行動における連続と変化』木鐸社．

Kobayashi, Y. 2010 Trust in Japanese Government. In Kobayashi, Y. and Lee, S. J. (eds.) *Government and Participation in Japanese and Korean Civil Society*. Tokyo: Bokutakusha, pp.43-77.

Lewis-Beck, M. and Paldam, M. 2000 Economic Voting: An Introduction. *Electoral Studies*, 19-2/3, 113-121.

Lewis-Beck, M. and Whitten, G. 2013 Economics and Elections: Effects Deep and Wide. *Electoral Studies*, 32-3, 393-395.

Lin, N. 2001 *Social Capital: A Theory of Social Structure and Action*. Cambridge: Cambridge University Press.

Lin, N., Fu, Y. and Hsung, R. 2001 The Position Generator: Measurement Techniques for Investigations of Social Capital. In Lin, N., Cook, K., and Burt, R. (eds.) *Social Capital: Theory and Research*. New York: Aldine de Gruyter, pp.57-81.

Lockerbie, B. 2008 *Do Voters Look to the Future? Economics and Elections*. Albany: State University of New York Press.

Lodge, M. 1995 Toward a Procedural Model of Candidate Evaluation. In Lodge, M. and McGraw, K. M. (eds.) *Political Judgment: Structure and Process*. Ann Arbor: The University of Michigan Press, pp.111-139.

前田幸男 2004「時事世論調査に見る政党支持率の推移（1989－2004）」『中央調査報』No.564，1－8頁．

前田幸男 2011「争点と政権交代」上神貴佳・堤英敬（編著）『民主党の組織と政策：結党から政権交代まで』東洋経済新報社，191－224頁．

丸山真央 2007「投票行動研究における社会学モデルの現代的再生に向けて：社会的ミリュー論による日本政治研究のための方法論的整理」『一橋研究』32巻1号，31－46頁．

松本正生 2006「無党派時代の終焉：政党支持の変容過程」『選挙研究』21号，39－50頁．

松本正生 2013「『そのつど支持』の政治的脈絡：短期的選択と選挙ばなれ」『選挙研究』29号－2，60－73頁．

松村真宏・三浦麻子 2009『人文・社会科学のためのテキストマイニング』誠信書房．

松谷満・伊藤美登里・久保田滋・樋口直人・矢部拓也・高木竜輔・丸山真央 2007「東京の社会的ミリューと政治：2005年東京調査の予備的分析」『徳島大学社会科学研究』20号，75－154頁．

Merrill, S. and Grofman, B. 1999 *A United Theory of Voting*. Cambridge: Cambridge University Press.

三宅一郎 1985『政党支持の分析』創文社．

三宅一郎 1998『政党支持の構造』木鐸社．

村上泰亮 1984『新中間大衆の時代：戦後日本の解剖学』中央公論社．

中北浩爾 2012『現代日本の政党デモクラシー』岩波書店．

中村悦大 2012「有権者による政党システム認知の変遷」『年報政治学』2012－Ⅰ，37－64頁．

仁平典宏 2011「階層化／保守化のなかの『参加型市民社会』：ネオリベラリズムとの関係をめぐって」斎藤友里子・三隅一人（編）『現代の階層社会3：流動化のなかの社会意識』東京大学出版会，309－323頁．

西澤由隆 1998「選挙研究における『政党支持』の現状と課題」『選挙研究』13号，5－16頁．

西澤由隆 2004「政治参加の二重構造と『関わりたくない』意識：Who said I wanted to participate?」『同志社法学』55巻5号，1－29頁．

Nishizawa, Y. 2009 Economic Voting: Do Institutions Affect the Way Voters Evaluate Incumbents? In Klingemann, H. D. (ed.) *The Comparative Study of Electoral Systems*. Oxford: Oxford University Press, pp.193-219.

小渕高志 2006「ポスト・マテリアリズムによる社会政策意識の変化：イングルハート指標による社会政策意識の計測」武川正吾（編）『福祉社会の価値意識：社会政策と社会意識の計量分析』東京大学出版会，223－242頁．

小川有美 2007「民意のスウィングの先にあるもの：ポスト・デモクラシーの間隙をつく」『世界』2007年10月号，80－87頁．

岡田陽介 2010「政治的義務感と投票参加：協調・同調の規定要因としての社会関係資本と政治的エピソード記憶」博士学位論文（学習院大学）．

岡田陽介 2011「政治的出来事のポジティブな記憶が政治意識に与える効果」『日本社会心理学会　第52回大会発表論文集』47頁．

Okada, Y. 2013 Do You Remember Whether You Participated in the Past Election?: The Effect of Political Episodic Memory on Political Attitudes and Electoral Participation in Japan. *Journal of Political Science and Sociology*, 18, 1-22.

大川千寿 2011a「自民党対民主党：二〇〇九年政権交代に至る政治家・有権者の動向から（三）」『国家学会雑誌』第124巻，第5・6号，1－60頁．

大川千寿 2011b「自民党対民主党：二〇〇九年政権交代に至る政治家・有権者の動向から（四・完）」『国家学会雑誌』第124巻，第9・10号，1－23頁．

大村華子 2012『日本のマクロ政体：現代日本における政治代表の動態分析』木鐸社．

Palmer, H. and Whitten, G. 2002 Economics, Politics, and the Cost of Ruling in Advanced Industrial Democracies: How Much Does Context Matter? In Dorussen, H. and Taylor, M. (eds.) *Economic Voting*, London: Routledge, pp.66-91.

Petrocik, J. 1996 Issue Ownership in Presidential Elections, with a 1980 Case Study. *American Journal of Political Science*, 40, 825-850.

Petrocik, J. 2009 Measuring Party Support: Leaners Are Not Independents. *Electoral Studies*, 28-4, 562-572.

Powell, G. B. and Whitten, G. 1993 A Cross-National Analysis of Economic Voting: Taking Account of the Political Context. *American Journal of Political Science*, 37, 391-414.

Putnam, R. 1993 *Making Democracy Work*. Princeton: Princeton University Press.

Putnam, R. 2000 *Bowling Alone: The Collapse and Revival of American Community*. New York: Simon and Schuster.

Riker, W. 1982 *Liberalism Against Populism: A Confrontation Between the Theory of Democracy and the Theory of Social Choice*. San Francisco: Freeman.

境家史郎 2011「2010年参院選における政策的対立軸」『選挙研究』27−1, 20−31頁.
Sidanius, J. and Pratto, F. 1999 *Social Dominance*. Cambridge: Cambridge University Press.
高史明・雨宮有里 2011「日本人のナショナルアイデンティティと在日コリアンへの偏見」『日本心理学会第75回大会発表論文集』212頁.
高橋秀寿 1998「ドイツ『新右翼』の構造と『政治の美学』」山口定・高橋進（編）『ヨーロッパ新右翼』朝日新聞社, 45−86頁.
竹中佳彦 2010「国会議員の政策争点態度とイデオロギー」『公共政策研究』第9号, 35−47頁.
田辺俊介 2011「『政党』支持の時代変遷：階層は政党といかに関わってきたか？」斎藤友里子・三隅一人（編）『現代の階層社会3：流動化のなかの社会意識』東京大学出版会, 47−61頁.
田中愛治 1997「『政党支持なし』層の意識構造」『レヴァイアサン』20号, 101−129頁.
Tanaka, A. 1999 Tow Faces of the Japanese Electorate: The Organized Voters vs. the Unorganized Voters on the Process of Partisan Realignment/Dealignment. *Waseda Polotical Studies*, March 1999, 33-51.
田中愛治 2003「無党派層」『新版　政治学がわかる』朝日新聞社, 60−63頁.
谷口将紀 2012『政党支持の理論』岩波書店.
谷口尚子 2005『現代日本の投票行動』慶應義塾大学出版会.
谷口尚子 2010「2009年政権交代の長期的・短期的背景」『選挙研究』26−2, 15−28頁.
轟亮 2011「階層意識の分析枠組：価値意識を中心として」斎藤友里子・三隅一人（編）『現代の階層社会3：流動化のなかの社会意識』東京大学出版会, 79−91頁.
Watanuki, J. 1967 Patterns of Politics in Present-Day Japan. In Lipset, S. M. and Rokkan, S. (eds.) *Party Systems and Voter Alignments*. New York: Free Press, pp.447-466.
綿貫譲治 1986「社会構造と価値対立」綿貫譲治・三宅一郎・猪口孝・蒲島郁夫『日本人の選挙行動』東京大学出版会, 17−53頁.
綿貫穣治 1997「出生コーホートと伝統的価値」綿貫穣治・三宅一郎 1997『環境変動と態度変容』木鐸社, 3−29頁.
山田真裕 2010「2009年総選挙における政権交代とスウィング・ヴォーティング」『選挙研究』26−2, 5−14頁.
山田真裕 2012「2009年衆院選におけるスウィング・ヴォーターの政治的認知と政治的情報環境」『政策科学』19巻3号, 163−178頁.
山岸俊男 1998『信頼の構造：こころと社会の進化ゲーム』東京大学出版会.
山口二郎 2004『戦後政治の崩壊』岩波書店.
米田幸弘 2011「政権交代：二大政党間を揺れ動く層の特徴とは何か？」田辺俊介（編著）『外国人へのまなざしと政治意識』勁草書房, 158−180頁.
善教将大 2013『日本における政治への信頼と不信』木鐸社.

あとがき

　筆者は前著『変容する日本の社会と投票行動』の冒頭で,「本書は『有権者の投票行動を分析した本』である。しかし『投票行動の本』にはしたくないと考えている」と記したが,「あとがき」では「この目標が達成されたかどうかを『読者諸賢の判断に委ねたい』という心境にはとてもなれない」と書くことになってしまった。改めて本書の冒頭では,「本書は『有権者の選択』という視点から日本における政党政治と代表制民主主義に関する考察を行おうとするものである」と述べたが，少なくとも今ここで「この目標が達成されたかどうかを読者諸賢の判断に委ねたい」と言える心境にはなっている。

　この「あとがき」を書いている時点で，本書がカバーしている時期以後，2度目の総選挙となる第47回衆院選の選挙戦が始まろうとしているが，本書で論じた日本の政党政治と代表制民主主義の基本的性格は変わっていないと考えている。

　本書は，筆者が研究代表者を務めた平成19－23年度科学研究費特別推進研究「変動期における投票行動の全国的・時系列的調査研究」（研究代表者：平野浩，研究分担者：小林良彰，池田謙一，山田真裕）の成果である。大きな研究プロジェクトの遂行をサポートして下さった方々，とりわけ学習院大学のスタッフに厚く御礼申し上げる。

　本書を，この研究プロジェクトのチームメイトであった小林良彰，池田謙一，山田真裕の各先生に捧げたい。

2014年12月

平野　浩

索 引 (アルファベット順)

A

Altemeyer, B. 20
雨宮有里 21
荒井紀一郎 240, 256

B

ベック, U. 17
文化政治（cultural politics） 10, 83, 198
Burg, W. 258

C

長期的党派性 10
Crouch, C. 16-18, 64, 68, 241

D

脱物質志向
　　ミリュー析出における―― 27
デモクラシー
　　競争―― 9
　　参加―― 9
　　ポピュリスト的解釈―― 247-248
　　リベラリスト的解釈―― 247-248
Dorussen, H. 258
Downs, A. 125, 252
Duch, R. 258

E

遠藤晶久 174, 258
エピソード記憶 232
Erikson, R. 258

F

Fiorina 252
Flanagan, S. 28

G

55年連合 131, 135, 225
合意争点型政治（valence politics） 248-251, 266
Granovetter 30
Greenstein, F. 234

Grofman, B. 124
業績投票
　　――定義 252

H

保坂稔 21
保守的権威主義（RWA）
　　――定義 20-22, 34
方向性モデル 123

I

イデオロギー
　　ミリューと―― 49-50
　　保革――の構造 83-88
　　ヒューリスティックとしての―― 125, 166
井出知之 55
飯田健 22, 252
池田謙一 12, 28, 30, 156
今井亮佑 55, 72, 75-77, 256
Inglehart, R. 27-28
一般的信頼感
　　ミリュー析出における―― 22
イシュー・オーナーシップ 84, 124
伊藤理史 67

J

自前意識 127, 147
Jou, W. 174

K

蒲島郁夫 20, 83-84, 87, 168-169
階層帰属意識
　　ミリューと―― 52-54
　　党派的感情と―― 182-185
格差社会 17
神林博史 106
寛容性
　　反民主主義への―― 28
経済投票
　　社会志向の―― 182, 261-262, 268
　　個人志向の―― 182, 261, 268
近接性モデル 123

記憶依拠モデル（memory-based model） 125
期待投票 252-253
Kitschelt, H. 91, 166
小林哲郎 30
小林良彰 9, 12
交差圧力 155, 160-164
空間モデル 123

L

Lewis-Beck, M. 258
Lin, N. 29
Lockerbie, B. 258
Lodge, M. 125

M

前田幸男 10, 69
丸山真央 18
松本正生 90
松谷満 18
Merrill, S. 124
ミドル・マス 17, 64, 68, 241
ミリュー（milieu）
　——定義 11, 18
　支持政党と—— 44-47
　投票政党と—— 47-49
　投票移動と—— 72-82
　選挙活動と—— 153-154
　党派的感情と—— 210-211
三宅一郎 10
村上泰亮 17
村瀬洋一 55

N

中北浩爾 9, 249
中村悦大 169
仁平典宏 60
西澤由隆 25, 45, 258

O

小渕高志 27
小川有美 16
岡田陽介 232, 240
大川千寿 100-101, 115, 124, 168-169
大村華子 9
オンライン・モデル（on-line model） 125-126

P

Paldam, M. 258
Petrocik, J. 45
position generator 29
Putnam, R. 22
ポスト・デモクラシー 16

R

Richardson, B. 28
Riker, W. 247
リスク
　デモクラシーと—— 16
　ミリュー析出における—— 22
　経済投票と—— 265

S

境家史郎 103, 124
世代
　——と対立軸認知 174-178
　——と政治的記憶 231-240
政治知識
　ミリューと—— 54-56
政治関心
　ミリューと—— 54-56
政治忌避
　ミリュー析出における—— 25
政治参加
　ミリューと—— 57-60
政治的記憶 167, 174, 231-240
政治的無効感
　ミリュー析出における—— 25
生産者志向 142, 147
選挙政治の社会的均質化 241
社会関係資本 22
社会的支配志向（SDO）
　——定義 20-21
新中間大衆 17
シニシズム
　ミリュー析出における—— 23
賞罰投票 252, 265
首相感情温度
　党派的感情への影響 204-214, 221-224
疎外感
　ミリュー析出における—— 23
そのつど支持 10-11, 90

相対的なポジション　125
Stevenson, R.　258

T

対人的政治環境（IPE）
　　ミリュー析出における——　28
対立争点型政治（positional politics）　248
高史明　21
高橋秀寿　18
竹中佳彦　20, 83-84, 87
田辺俊介　53
田中愛治　11, 111, 168-169
谷口将紀　10
谷口尚子　71, 123, 170
Taylor, M.　258
適応的学習　167
轟亮　67

V

ヴォラティリティ　9, 69-72, 77-81, 90, 242, 248-252

W

綿貫譲治　28, 83
Whitten, G.　258

Y

山田真裕　12, 70-72, 168-169
山口二郎　16-17
米田幸弘　71, 74
弱い紐帯
　　ミリュー析出における——　33

Z

善教将大　26, 50

著者略歴
平野　浩（ひらの　ひろし）
1959年　大阪府生まれ
1988年　学習院大学大学院政治学研究科博士課程修了　学習院大学政治学博士
現　在　学習院大学法学部教授
主要著書　『新版 アクセス日本政治論』（共編著）日本経済評論社，2011年
　　　　　『新版 現代の政党と選挙』（共著）有斐閣，2011年
　　　　　『変容する日本の社会と投票行動』木鐸社，2007年
　　　　　『21世紀を読み解く政治学』（共編著）日本経済評論社，2000年

有権者の選択：日本における政党政治と代表制民主主義の行方
The Electorates' Choice: The Future of Party Politics and Representative Democracy in Japan

2015年1月25日　第1版第1刷印刷発行 ©

著者との 了解により 検印省略	

著　者　平　野　　浩
発行者　坂　口　節　子
発行所　㈲　木　鐸　社
印　刷　㈱アテネ社　　製　本　高地製本所
〒112-0002　東京都文京区小石川5-11-15-302
電話（03）3814-4195　　ファクス（03）3814-4196
振替 東京00100-5-126746　http://www.bokutakusha.com/

乱丁・落丁本はお取替え致します

ISBN978-4-8332-2480-2　C3031

政治学（政治学）

議会制度と日本政治　■議事運営の計量政治学

増山幹高著（政策研究大学院大学・慶應義塾大学）
A5判・300頁・4000円（2003年）ISBN4-8332-2339-2

　既存研究のように，理念的な議会観に基づく国会無能論やマイク・モチヅキに端を発する行動論的アプローチの限界を突破し，日本の民主主義の根幹が議院内閣制に構造化されていることを再認識する。この議会制度という観点から戦後日本の政治・立法過程の分析を体系的・計量的に展開する画期的試み。

立法の制度と過程

福元健太郎著（学習院大学法学部）
A5判・250頁・3500円（2007年）ISBN978-4-8332-2389-8 C3031

　本書は，国会をテーマに立法の理想と現実を実証的に研究したもの。著者は「制度は過程に影響を与えるが，制度設計者が意図したとおりとは限らない」とする。すなわち［理想のどこに無理があるのか］［現実的対応のどこに問題があるのか］を的確に示すことは難しい。計量的手法も取り入れながら，立法の理想と現実に挑む。

参加のメカニズム

荒井紀一郎著（首都大東京都市教養学部）
A5判・184頁・2800円（2014年）ISBN978-4-8332-2468-0 C3031
■民主主義に適応する市民の動態

　市民による政治参加は民主主義の基盤であり，また現代政治学における重要なテーマであり続けてきた。本書はまず既存のアプローチの問題点を指摘し，強化学習という新たな理論に基づいて投票参加のパラドックスを解明する。さらに投票行動とそれ以外の政治参加を，同一のモデルを用いることによって体系的に説明する。

[シリーズ 21世紀初頭・日本人の選挙行動]（全3巻）
政治のリアリティと社会心理
池田謙一（同志社大学社会学部）
A5判・330頁・4000円（2007年）ISBN978-4-8332-2384-3 C3031
■平成小泉政治のダイナミックス
　パネル調査JES3は21世紀初頭の小泉政権期をほぼカバーし，継続性と国際比較の標準調査項目とも一致するよう工夫してある。これらの普遍性・歴史性をふまえて，小泉政権の固有性を明確にし，更に投票行動の背景を検証する。

[シリーズ 21世紀初頭・日本人の選挙行動]
変容する日本の社会と投票行動
平野　浩（学習院大学法学部）
A5判・204頁・3000円（2007年）ISBN978-4-8332-2392-8 C3031
　選挙とは，誰が議席につくのかをめぐって政党・候補者・有権者・利益団体・マスメディアなどが繰り広げるゲームである。それは資源の配分をめぐる「政治」というより大きなゲームの一部でもある。投票行動研究をどのようにその文脈のなかに位置づけることができるかを考えたもの。

[シリーズ 21世紀初頭・日本人の選挙行動]
制度改革以降の日本型民主主義
小林良彰（慶應義塾大学法学部）
A5判・336頁・3000円（2008年）ISBN978-4-8332-2402-4 C3031
　55年体制における民主主義の機能不全は，選挙制度改革以降も解消されていない。本書はその原因を解明するもので，公約提示及び政策争点と有権者の投票行動の間の関連などを，制度改革の前後で具体的に比較し，期待される変化が生じたか否かを検証する。その精緻な分析手法は追随を許さない。

総選挙の得票分析：1958－2005
水崎節文・森　裕城著
A5判・230頁・3500円（2007年）ISBN978-4-8332-2394-2 C3031
　本書は，55年体制成立以降の衆議院総選挙に焦点を当て，各政党およびその候補者の集票構造の特性を，全国の市区町村レベルにまで細分化された得票集計データを用いて分析したものである。本書の特色は，現在選挙研究の主流となっているサーベイ・データの分析ではなく，徹底したアグリゲート・データの分析によって，日本の選挙政治の把握を志向している点にある。

選挙制度変革と投票行動
三宅一郎著 （神戸大学名誉教授）
A5判・240頁・3500円（2001年）ISBN4-8332-2309-0
　選挙制度改革後，2回にわたって行われた総選挙に示された有権者の投票行動の分析から，55年体制崩壊後の政治変化を読み取る三宅政治学の現在。有権者による小選挙区・比例区の2票の使い分け，一部で言われている戦略投票との関係など，著者の一貫したアプローチを新しいそれとの整合を図ることを試みる。

選挙制度と政党システム
川人貞史著 （東京大学大学院法学政治学研究科）
A5判・290頁・4000円（2004年）ISBN4-8332-2347-3 C3031
　著者がこの十数年の間に，さまざまな分析モデルを活用して進めてきた研究の中から，「選挙制度と政党システム」に関するものを集めた論集。一貫して追求してきたテーマと分析のアプローチは発表の都度，夫々注目を集めるとともに高い評価を得てきたもの。

理論とテクノロジーに裏付けられた
新しい選挙制度
松本保美著 （早稲田大学政経学部）
46判・200頁・2000円（2003年）ISBN4-8332-2344-9
　投票に関して，既に明らかになった理論的な結論を紹介することによって，現在の投票制度の非合理性を指摘・分析するとともに，それに取って代わる投票制度を提言する。同時に，その実現可能性をコンピュータ・ネットワーク技術の面から検討する。最後に大胆なアイディアを提示して，議論の叩き台とする。

ソーシャル・ネットワークと投票行動
飽戸　弘編著
A5判・192頁・2500円（2000年）ISBN4-8332-2290-6
■ソーシャル・ネットワークの社会心理学
　90年夏，投票行動の国際比較のための共同研究事業が先進5ヵ国の研究者によって始められた。本書は，それに参加した日本チームが共通基準に基づいて十年余に及ぶ調査研究と分析を行った成果。伝統的な「組織のネットワーク」から現代的な「都市型ネットワーク」への変化に着目。

日本選挙学会編
選挙研究 日本選挙学会年報 （08年度より年2回刊）

第13号（1998年）3000円　　第18号（2003年）3500円
第14号（1999年）3000円　　第19号（2004年）3500円
第15号（2000年）3000円　　第20号（2005年）3500円
第16号（2001年）3000円　　第21号（2006年）3500円
第17号（2002年）3000円　　第22号（2007年）3500円
第23号（2008年）B5判・214頁・3500円 ISBN978-4-8332-2400-0
第24-1号（2008年）B5判・134頁・3500円 ISBN978-4-8332-2409-3
第24-2号（2009年）B5判・148頁・3500円 ISBN978-4-8332-2414-7
第25-1号（2009年）B5判・160頁・3500円 ISBN978-4-8332-2419-2(品切)
第25-2号（2009年）B5判・180頁・3500円 ISBN978-4-8332-2426-0

第26-1号（2010年）政党組織と選挙
B5判・156頁・3500円 ISBN978-4-8332-2435-2(品切)
保守党における派閥の一考察　1920-60年代＝小宮　京
アメリカ連邦公職選挙における選挙運動手段の変化＝吉野　孝
選挙制度改革と自民党総裁選出過程の変容＝上神貴佳

第26-2号（2010年）2009年総選挙の分析
B5判・200頁・3500円 ISBN978-4-8332-2439-0 C3031
2009年総選挙の政権交代とスウィング・ヴォーティング＝山田真裕
2009年政権交代の長期的・短期的背景＝谷口尚子
2009年総選挙における選挙公約＝品田　裕

第27-1号（2011年）選挙研究の現状と課題
B5判・160頁・3500円 ISBN978-4-8332-2446-8 C3031
有権者の政治的判断をめぐる研究動向＝中村悦大
実験室実験による投票研究の課題と展望＝肥前洋一
政治代表の多国間比較と日本政治分析の可能性＝大村華子

第27-2号（2011年）2010年参院選
B5判・160頁・3500円 ISBN978-4-8332-2450-5 C3031
「二次的選挙」としての参院選＝今井亮佑・日野愛郎
2010年参院選における政策的対立軸＝境家史郎
候補者選定過程における政党執行部の影響力＝鶴谷将彦

第28-1号（2012年）政治家のキャリア・リクルートと選挙戦略
B5判・174頁・3500円 ISBN978-4-8332-2456-7 C3031
候補者選定過程の開放と政党組織＝堤　英敬
小選挙区比例代表並立制下での役職配分＝藤村直史
市長選挙における二大政党の関与＝平野淳一

第28-2号（2012年）議員定数不均衡問題を考える
B5判・170頁・3500円 ISBN978-4-8332-2460-4 C3031
2011（平成23）年最高裁大法廷判決の憲法学的研究＝岡田信弘
議員定数不均衡による民主主義の機能不全＝小林良彰
定数配分と区割り＝和田淳一郎

第29-1号（2013年）［特集1］選挙制度の発生・伝播・受容（Ⅰ）
B5判・144頁・3500円 ISBN978-4-8332-2465-9 C3031
1848年サルディーニャ王国選挙法と有権者の創造＝池谷知知
ドイツ連邦議会選挙法成立過程の一考察＝河崎健
英国における2011年国民投票と選挙制度改革＝富崎　隆
［特集2］震災と選挙

第29-2号（2013年）［特集1］選挙制度の発生・伝播・受容（Ⅱ）
B5判・190頁・3500円 ISBN978-4-8332-2470-3 C3031
日本の選挙制度―その創始と経路―＝清水唯一朗
アフリカにおける選挙制度の伝播と普及＝六辻彰二
インドネシアの選挙と議会―その変遷と不変性―＝井上治
［特集2］政権交代以降の投票行動・政治意識

第30-1号（2014年）実験政治学
B5判・184頁・3500円 ISBN978-4-8332-2477-2 C3031
政治学における実験研究：概要と展望＝谷口尚子
実験室実験によるM+1ルールの検証＝黒阪健吾・肥前洋一・芦野琴美
視線追跡で明らかにする調査回答過程＝日野愛郎・山崎新・遠藤晶久
ミニ・パブリックスに映し出される集合的意思の代表制と合理性＝坂野達郎

第30-2号（2014年）近年の国政選挙と政党・政治家・有権者の変容
B5判・180頁・3500円 ISBN978-4-8332-2481-9 C3031
保革イデオロギーの影響力低下と年齢＝竹中佳彦
政権交代と国会議員の政策選択＝建林正彦
自民党の組織構造と首相の権力＝高安健将
批判的思考態度・リスクに対する態度と投票行動＝楠見　孝